20世纪以来国外学者宋史研究论著集成
(1900-2010)

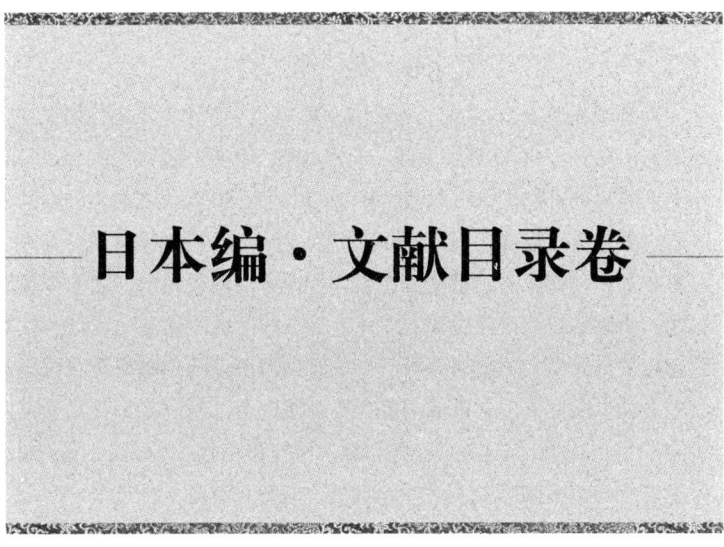

日本编·文献目录卷

吕变庭　主编

科学出版社
北京

内容简介

日本在整个20世纪，先后有900多名学者致力于宋代历史文化的研究，发表了8000多篇（部）学术成果。学界一致认为，现代科学意义上的宋史研究，始于20世纪。在20世纪80年代之前，日本的宋史研究无论深度还是广度都处于世界领先地位。至今我国学界有许多思想命题和研究范式仍然受其影响，如内藤湖南提出的"唐宋变革"命题，桑原骘藏《东洋史要》"元世祖灭宋"的写作范式，以及日本学者在东京大学文学部召开的"宋史研究者所见的中国研究之课题——士大夫、读书人、文人或精英"专题讨论会，不仅将宋代文学家还原为一个士大夫，而且他们还把思想者研究和"士大夫研究"统一起来，遂成为21世纪初期国际宋史研究的一股学术潮流。

本卷所收录的日本学者宋史研究论著文献虽尚有遗漏，但它大体能够全面反映整个20世纪日本学者的宋史研究状况。本书适合于宋史专业的教师、研究生和其他研究者参阅。

图书在版编目（CIP）数据

日本编. 文献目录卷 / 吕变庭主编. —北京：科学出版社，2017.6
（20世纪以来国外学者宋史研究论著集成：1900-2010）
ISBN 978-7-03-053436-1

Ⅰ. ①日… Ⅱ. ①吕… Ⅲ. ①中国历史—宋代—图书目录—1900-2010
Ⅳ. ①K244.09

中国版本图书馆CIP数据核字（2017）第137580号

责任编辑：陈 亮 穆 俊 / 责任校对：李 影
责任印制：张克忠 / 封面设计：黄华斌

科 学 出 版 社 出版
北京东黄城根北街16号
邮政编码：100717
http://www.sciencep.com

中国科学院印刷厂 印刷
科学出版社发行 各地新华书店经销

*

2017年6月第 一 版　开本：787×1092　1/16
2017年6月第一次印刷　印张：38
字数：456 000
定价：198.00元
（如有印装质量问题，我社负责调换）

本书编辑委员会

顾　　问（以姓氏笔画为序）
　　　　　王曾瑜　邓小南　包伟民　朱瑞熙
　　　　　李华瑞　张邦炜　葛金芳　程民生

领导小组（以姓氏笔画为序）
　　　　　组　长：杨学新
　　　　　副组长：王晓龙　吕变庭　李金闯

编委会主任：姜锡东

编委会执行主任：吕变庭

主编：吕变庭

编委会委员（以姓氏笔画为序）
　　　　　王善军　王瑞来　方　健　石立善
　　　　　平田茂树（日）　吕变庭　刘金柱
　　　　　何忠礼　汪圣铎　陈　峰　胡宝华
　　　　　姜锡东　韩　毅　游　彪　虞云国
　　　　　魏天安

编纂办公室：肖爱民

团队成员（以姓氏笔画为序）
　　　　　丁建军　王青松　王茂华　王晓龙　王晓微
　　　　　王菱菱　吕变庭　刘云军　刘秋根　闫孟祥
　　　　　李俊芳　李　殷　李　涛　杨建庭　肖爱民
　　　　　张春兰　张　婷　周云逸　周立志　姜锡东
　　　　　贾文龙　贾芳芳　唐　晔　梁松涛　廖　寅

翻译整理（以姓氏笔画为序）
　　　　　翻译：冯赫阳　赵维太　崔勇列
　　　　　审校：魏天安
　　　　　整理：朱盼盼　邱飞飞　李梦斌

日本东洋史研究及宋史研究略论

——以近藤一成教授为例（代序）

日本学习院大学　　王瑞来

日本的宋史研究，甚或是中国史研究，从学术风格与研究倾向上看，在20世纪，大体经历了一个从宏观到微观的转化。比如从内藤湖南提出"唐宋变革论"这样对中国史的整体观察，到宫崎市定丰富和发展了这一学说，可以视为宏观考察。不过，包括宫崎市定在内，还有周藤吉之、中岛敏、佐伯富，以及梅原郁等学者，已开始向微观转化，专注于制度的考证与复原。正如"唐宋变革论"对海内外的中国史学界影响极大一样，20世纪日本学者在制度史方面的研究，也极显功力，值得报以深深的敬意。正是由于这样的研究，为此后的中国史研究打下了坚实的基础，创造了发展的前提。

近藤正是在这样的氛围下，接受这样的训练，成长起来的。因此，近藤的史料解读功底坚实，堪称其同辈学者中的佼佼者。制度史的训练，构成了近藤的研究根基。可贵的是，近藤虽承制度史研究之余绪，但并未墨守一家，而是作为一种优势，在宏观的大视野下，得到了长项发挥。日本的中国史研究的学风转向，近藤可以说是其中的代表之一。宏观—微观—宏观，这样的模式归纳，并不是简单的循环重复。在我看来，内藤湖南时代提出的"唐宋变革论"，基本上属于建立在部分实证基础上的推论，所以会有后来为数甚伙的论证。而在经历了细密微观的制度史研究之后的宏观，则是基础坚实的构筑。准确地说，这样的风格应当称之为宏微相济。

恩格斯说但丁"是中世纪的最后一位诗人，同时又是新时代的最初一位诗人"。我想，在处于学风转变中的日本中国史研究领域，可以借用这句话来形容近藤。现在，在日本学界活跃的，已经多为近藤的学生一辈的学者。他们当中，很少有专注于制度史研究的。这大概是，由于他们在客观上缺乏严格的制度史研究的训练，难以为之，因为引导他们的老师一辈，已经显现出摆脱制度史研究的倾向。这种倾向，无疑遗传给了下一代学者。从主观上看，得益并享用前辈学者制度史研究成果的新一代学者，已不满足于章句考证似的钉饾之学，而是渴望更有高度的创新。

一般来说，年轻人易于接受新事物、新方法、也易于接近新学风，但出生于战后1946年的近藤，却成为日本中国史研究领域学风转变的领军人物之一，实属难能可贵。我认为这与近藤的知识结构有极大关系。近藤的英文，在他那一代日本学者中，是少有的好。这便使他可以直接关注到欧美中国史研究的最新动态，并可以分析和利用其研究成果，在学术方法上接受启发。

平心而论，日本的中国史研究学者并不十分重视欧美的中国史研究，甚至在史料解读方面还带有些许藐视，所以在《剑桥中国史》已有了几种中文译本的今天，重视信息情报的日本，居然没有日文版出版。由于近藤是少有的重视欧美中国史研究的日本学者之一，所以在二十世纪九十年代，他去英国剑桥大学研究一年，认真归纳，写出了《英国的中国学》长文。此文后来由我译成中文，介绍到汉语学界。

广阔的视野，细密的制度史训练，形成了近藤的研究特色。这就是宏观着眼，微观入手，以小见大。看似寻常的小人物、小事情、小物件，在近藤那里，都被加以深刻思考，不仅分析得入木三分，还由此及彼，对小人物、小事情、小物件置于大背景，给出大投射，引发大关注。读近藤的文章，尽管是小题目、小考证，却每每能获得大启发。

无论是欧美学者，还是日本学者，研究中国史，都有中国学者难以企及的长处。那便是，他们的头脑中，首先有欧洲史、美国史、日本史，在他们研究中国史时，这无疑便成为一个难得的参照系。这就像许倬云先生说过的那样，对于中国学者来说，中国史就是全部；而对于外国学者来说，中国史只是世界史的一部分。以世界史的视野看中国史，自然观察的广度与视角较之仅据中国史的观察大有不同。立场与角度，方法与视野相连。而思维方式，又与接受的理论与训练而形成的知识结构有关。有人说，研究中国，外国学者是站在窗外看中国，有宏观视野，但往往略于微观；中国学者则是在房间内看中国，纤微毕见，却缺乏宏观的方位感觉。然而在我看来，深受中国文化浸染的日本学者却不一样，他们一脚门里一脚门外，多数学者既有宏观视野，又有微观体察。

作为日本学者，近藤既有毫不逊于中国学者的史料解读功底，又有独特视角，还吸收了欧美学者的理论与思辨之长，这使他能够在学术上高屋建瓴，承前启后。这给我们的启示是，对于中国学者来说，具有世界史的视野是何等的重要。就是说，中国史研究者从视野到操作都应对空间畛域有所突破。

似乎与当代科学的分科细密相应，在中国史研究领域，断代研究如同过去专守一经，各划畛域，井水不犯河水，不越雷池一步。这无疑是自我设限，画地为牢。在日本学者那里，尽管在研究范围上也有大致的断代划分，但并不十分严密。20世纪90年代以来，在我经常参加的一年一度的宋代史研究会上，经常可以看到研究唐史或研究明清史学者的身影。不仅是研究者个人拥有跨领域汲取启发的愿望，学会的组织者也在做混同疆域的努力。比如，宋代史研究会就曾分别与隋唐史研究会、明清史研究会合办过年会。打破断代疆域，力求在时间畛域上的超越。在扩展研究时空方面，日本学者大都不会自设文史之限，许多研究宋代文学的学者也会参加宋代史研究会，可谓是文史不分家。这样的时空视野，既反映了日本多数学者的求知渴望，也是研究组织者引导的结果。

以宋史研究而知名的近藤，由于视野广阔、不专守一经，为多数研究者所接受。所以，他不仅连续两届担任日本宋代史研究会的世话人（相当于会长），还担任过相当于中国史学会会长的日本历史科学协议会的议长。

近藤一成先生不但时空视野广阔，还对研究前沿保持着敏锐关注。从20世纪末开始，电子技术的进步，给研究环境带来了革命性的变化。他在一次制度史研究座谈会上指出："进入二十一世纪后，研究环境发生了巨大变化。特别是伴随着中国古代典籍的电子化，将能够查询参考的史料戏剧性地推向扩大，大大改变了工具书的概念。在二十年前，学生将《四库全书》取代辞典放在书包里携带的事，是谁都不曾想象过的。在读书会上遇到疑难之处，通过电子文献查找语汇用例，已成为常识。这样的时代已经来临。"

的确，面对新的研究环境，历来提倡的皓首穷经，令人欣羡的博闻强记，已经在很大程度上失去了意义。研究上的突破，需要在方法与思辨上找出路。关于这一点，近藤就制度史研究，在一篇书评中写道："对制度，不能仅仅停留在静态平面的复原，应当深入到历史发展的脉络中，探索制度产生的过程与必然性，并进一步对当时社会中制度的实际机能进行动态的研究"（梅原郁《宋代司法制度研究》的书评，2008年）。从静态的复原走向动态的研究，不仅是研究方式的转变，更可以说是认识论上的一场革命。

在上述的制度史研究座谈会上，近藤还讲到了年轻一代学者的研究动向："现在，年轻一代研究者的研究正在进入这样的阶段，即不仅仅依赖既有的文献史料，而是运用社会史研究的手段，通过社会调查或现地收集史料这样的田野研究方式，构筑独自的史料群来展开历史研究。"对此，我知道，近藤讲到的年轻一代研究者，指的正是他的学生。近藤的学生也上过我的课，我清楚他们在近藤的训练下史料解读功底在同辈之中的佼佼程度。他的学生们呈现出新的研究势态，实在让我欣喜。说欣喜，是因为我对年轻一代研究者普遍感到失望。

在知识结构上，无论是中国学者，还是日本学者，年轻的一代似乎缺乏基础训练，研究面过于狭窄，大多只守着硕士或博士论文一点。一点之外，由于缺乏关心，甚至导致了常识性知识的不足，从而造成了知识结构的缺陷。所以在那次早大的制度史研究座谈会之后，我在一次研讨会上，接着近藤上述的话说："进入二十一世纪，伴随着科技进步，研究环境发生了革命性的变化。特别是电子版的产生，改变了工具书的概念，把博闻强记留给了电脑，我们不必花工夫去皓首穷经，资料性的考证也不再是学问。这一新局面，为我们提出了新课题。一是呼唤基本功的训练。对古汉语阅读能力的要求，对传统的目录学、版本学、校勘学的复活。二是呼唤新方法新思维。电脑代替不了人脑。柯林伍德说过，一切历史都是思想史。思想永远是历史学的灵魂。没有思想的历史学，便是王安石讥讽过的〈断烂朝报〉。"

在近藤的引导下，他的学生们的研究态势，让我消除了一些失望。薪火相传，在不远的将来，这些新锐研究者或许会成为代表日本中国史研究的新一代领军人物。我期待着，也感谢近藤的育才贡献！

出 版 前 言

相互交流是学术发展的重要动力和条件,河北大学宋史研究中心自创建以来,漆侠先生及其后继者都始终秉承开放、交流与合作的传统,不断加强与日本、韩国、美国、新加坡等国外宋史学界的学术交流,取得了显著成绩。特别是漆侠先生曾先后应邀赴美国圣地亚哥大学、俄亥俄州立大学,日本京都大学、东洋文库,新加坡国立大学及中国香港、中国台湾等国家和地区的众多兄弟院校、图书馆进行讲学和学术交流,为加强国内外宋史学界的交流与合作,做出了重大贡献。当然,相互交流的方式有很多,除了访问、讲学之外,把国外宋史学者的研究论著翻译介绍到国内来、相互学习、相互借鉴,取长补短,共同提高,无疑也是非常重要的交流方式之一。

1814年法兰西学院首开汉学(指对中国文化)讲座以后,英国、美国、德国、俄罗斯、瑞士、荷兰等国家纷纷仿效,汉学研究者日渐增多,遂使"汉学"成为一门新的学科。进入20世纪,日本、西欧、美国在汉学研究方面鼎足而立。在日本,中国学京都学派于1906年正式成立。1929年,日本又设立了京都研究所。1938年,京都研究所改为东方文化研究所,该所以对中国历史文化研究为宗旨,下设经学与文学、历史、地理、宗教、天文历算、考古学等6个研究室,代表人物有内藤湖南、高濑武次郎、狩野直喜、松本文三郎、桑原骘藏、矢野仁一、新城新藏、滨田耕作等。其中内藤湖南的"宋代近世说"逐渐成为一门国际显学,对宋史研究起到了很大的推动作用。在内藤湖南看来,一方面,宋代的文明领先于同时期的世界其他国家;另一方面,中国开始衰落也在宋代,这是一个需要理性反思的文化现象和学术悖论,也是一个颇引人注目的研究课题。在一定程度上,内藤湖南的"宋代近世说"刺激了日本学者研究宋史的热情,而20世纪中后期日本学者的宋史研究论著成倍增长,即可从一个侧面证明内藤湖南的"宋代近世说"确实对日本学界,甚至对国际学界的宋史研究都产生了巨大的学术影响。

在第二次世界大战以后，西欧各国研究汉学的热情一直高涨，而此间宋史研究异军突起。1947年5月，旅法的白乐日倡议从研究宋代社会经济入手，逐步深入认识和理解中国近代化的开端。1951年10月，法国国家科学研究院正式开始实施"宋史研究计划"。这个研究计划主要是编纂宋史研究历史手册，共分三部分内容：第一部分是导论与年表，包括宋史提要、大事年表、帝王世系、中央政府组织系统、地方政府组织系统及历史地图；第二部分是宋代名人传记；第三部分是宋代书录。在已经完成的著述中，白乐日的《11世纪末的中国商业中心图》，被布罗代尔描绘为"可以设想出来的最令人惊讶的经济图"。由于法国巴黎实施了"宋史研究计划"，欧美有一部分学者也纷纷加入其中，如德国的傅海波，美国的芮玛丽、柯睿格、梅李景英等。由此，法国的"宋史研究计划"就对欧美各国的宋史研究起到了引领和辐射作用。目前，欧洲各国的宋史研究已逐渐由经济不断向政治、社会、文化、科技等领域扩散，形成了比较全面的宋史研究格局。

美国的宋史研究起步较晚，始自20世纪80年代，但成就不俗。哈佛大学燕京学社是美国东方学研究的中心，而杨联陞教授则是这里的灵魂人物，除了他本人在宋代经济史研究领域颇有建树外，他的得意弟子余英时更是叱咤当今国际宋史学坛的一名旗手。与杨联陞教授齐名的还有普林斯顿大学的刘子健教授，他从钻研法律而入门宋史，以《宋代中国的变法》一举成名，是书也因此成为国际公认的宋史权威著作之一。20世纪90年代以来，美国的宋史研究开始转向地方宗教和政治文化，但美国学者对"宋代近世说"的理性思考并没有终结，在这个问题上，史密斯教授的观点更具代表性，与内藤湖南相呼应。史密斯教授认为北宋、南宋之际，中国经济开始转向停滞。然而，美国学者斯塔夫里阿诺斯在《全球通史》一书中认为，宋代的"商业革命"影响深远，首次出现了主要以商业而不是以行政为中心的大城市。所以，如何认识宋代的发展与停滞？这恐怕会成为一个长期争论的学术话题，而宋史研究的真正魅力亦在于此。

除日本、西欧和美国之外，韩国、新加坡、加拿大、埃及、伊朗等国也有各自相对集中的宋史研究群体，他们也时常在国际宋史研讨会上发出自己的声音，不断向世界其他国家和地区的宋史同道展示他们对宋代历史的理解和认识。

综上所述，20世纪国际风云复杂多变，就是在这不断动荡的国际形势下，"中国学"以她独有的魅力吸引着越来越多的国外学者。宋代是中国古代文化发展的顶峰，对近代欧洲文明的形成也产生了重要影响。自20世纪20年代始，日本、法国、英国、德国、美国等国家，先后涌现出了像桑原骘藏、内藤湖南、埃狄纳·巴拉兹、李约瑟、刘子健等一大批宋史研究的名家和大家。如何将他们的宋史研究成果相对系统和全面地介绍给国内学者，促进国际宋史研究领域的交流与对话，是作为中国宋史研究唯一的教育部人文社会科学重点研究基地——河北大学宋史研究中心义不容辞的历史责任。

毫无疑问，宋史研究的国际化发展大趋势已经向我们提出了更新和更高的学术要求，我们必须学会积极吸收世界各国宋史研究者的优秀学术成果，不断丰富自己，从而使我们能够站在宋史研究的国际学术制高点上去重新认识自我和发展、充实与提高自我。因此，尽快把世界各国的优秀宋史研究论著翻译、介绍给国内学者，便成为一项十分急迫的任务。目前，国内虽然已有《日本学者研究中国史论著选译》《当代海外名著译丛》《近代海外汉学名著丛刊》等比较有影响力的汉学丛书出版，而自20世纪80年代以来国外学者的宋史研究论著也已翻译了不少，成绩可观，但由于断代史与通史的区别，用通史的眼界看待宋史，总是不能完整展现国外学者宋史研究的全貌，这对于宋史研究专业的专家和学者来讲，肯定感觉不满足，况且如果不能比较客观和全面地了解国外学者的宋史研究状况，那么，我们自己的研究水平究竟处在一种什么样的地位，就难以准确判断，从长远来看，它会成为束缚国内宋史研究取得重大突破的瓶颈。基于此，我们决定启动《20世纪以来国外学者宋史研究论著集成（1900—2010）》编译工程，这不仅是宋史研究中心的工程，更是河北大学的一项工程。

截至2016年，河北大学已经走过了95年的办学历史，宋史研究中心也有了34年的学术积淀，尤其是后者从一个规模不大的研究室，成长为目前拥有30多名教职工的国际宋史研究重镇，成绩来之不易。当然，作为教育部省属高校人文社会科学重点研究基地，宋史研究中心还有更高的研究目标和学术追求。2015年10月23日下午，时任教育部社会科学司司长张东刚、副司长徐青森一行来到河北大学调研，重点是就宋史研究中心"十二五"工作总结及"十三五"规划制定工作进行专题指导。其中张司长对宋史研究中心的发展方向、重大规划项目的设置及综合改革提出了指导性意见，并提出了建立"全球宋史研究联盟"的战略目标。为此，宋史研究中心在杨学新副校长的领导下，决定以宋史研究大国的气概，编纂《20世纪以来国外学者宋史研究论著集成（1900—2010）》大型丛书。这项工程非常艰巨，不仅牵涉的部门比较多，而且需要的人力、物力也比较大，尤其要举河北大学之力，乃至国内外宋史领域、编辑出版界有关专家、学者之力，集体攻坚。所以，为了稳妥起见，我们先分批进行，成熟一部推出一部，在积累了一定编纂经验的基础上，再逐步扩大，同时等待时机，成套或成批推出。

本丛书分三大部分：第一部分为"论著总目"，第二部分为"综合类论著"，第三部分为"专题类论著"（初步分政治、法律、经济、军事、文学、教育文化、科学技术等15类专题），按照甲、乙、丙、丁的形式分10集若干编排序，具体讲，就是依集、编、（一）"论著目录"、（二）"综合类论著"、（三）"专题类论著"，以及册、卷编纂。比如，甲集日本编（一）"论著目录"，甲集日本编（二）"综合类论著"第1册某某卷。

在具体组织实施这项工程的过程中，河北大学有关领导给予了极大的支持和帮助，我们非常感谢！同时，我们也深感工程巨大，责任重大。不过，既然我们有勇气担当，就不畏惧任何困难和挫折。同世界上没有完美无缺的事物一样，这部丛书肯定会存在这样或那样的缺点和不足，希望学界同仁多给我们反馈改进意见，我们将会真诚地听取各方面的建议，并在实践中不断摸索经验，集思广益，博采众长，逐步提高编纂质量，以不负使命和众望。

编委会

2017年1月15日

编　　例

一、本书分甲、乙两编，收录1900—2010年日本学者公开出版、发表的宋史研究著作与论文篇目，共计8042条。其中，著作1369条，论文6673条。

二、本书所收论著，其研究时间有上起唐末五代，下讫元代者，地域有间涉辽、西夏、金者，以其与宋史研究关系紧密，故亦予以收录。

三、本书所收论著，按内容性质甲、乙两编各分18大类，大类下复析分为若干小类，小类下置专题性子目；同一类目所收论著，按首次发表、出版时间（公元纪年）先后排序，各自编号，甲编序号前标"甲"，乙编序号前标"乙"。

四、甲编各条按作者、书名、出版单位、出版时间次序编写；乙编各条按作者、篇名、报刊名称、卷（期）、发表时间次序编写。

五、乙编所收论文，在两种以上报刊发表者，或发表后复收入论文集、专著者，视本目录编者掌握材料情况，酌情收录其中一条。

六、论著作者为多人而未能查清者，本书只列其中一人，后加"等"；出版单位、报刊名称缺佚者，本书标为"不详"。

七、本书著录的篇名、作者等项内容，以初次发表时原书刊正文所出现的篇名、作者为准。

八、为了便于读者查阅，对已经改版或改变发行性质的丛刊、报刊名称、卷期（辑）数、出版时间的著录，一律以其原来的历史面貌为准，不做更改。

九、各条目有"满洲"字样者，系指日本关东军扶植建立之傀儡政权伪满洲国。为保持文献原有信息，本书一仍其旧。

十、各条目中有一些与我国提法不一致的词语或者不恰当的词语，在编纂过程中都将其改正过来。对于个别特殊词汇，如把"支那"改为"中国"，但是，当"支那"一词作为杂志名称或者学术团体名称出现时，为保持原有文献信息，本书一仍其旧。

十一、书后附录《作者索引》，按作者姓氏首字母顺序排列，作者姓名后附其论著所属页码，以便检索。

目　录

日本东洋史研究及宋史研究略论
出版前言
编例

甲　编

一、通论 …………………… 3
二、政治史 ………………… 17
三、经济史 ………………… 20
四、法律史 ………………… 24
五、军事史 ………………… 27
六、社会史 ………………… 28
七、文学史 ………………… 31
八、宗教与信仰 …………… 38
九、学术思想史 …………… 42
十、教育史 ………………… 51
十一、艺术史 ……………… 52
十二、科技史 ……………… 67
十三、对外关系 …………… 71
十四、民族关系 …………… 74
十五、历史地理 …………… 74
十六、语言文字学 ………… 79
十七、考古学 ……………… 81
十八、书志学 ……………… 83

乙　编

一、通论 …………………… 93
二、政治史 ………………… 98
三、经济史 ………………… 147
四、法制史 ………………… 203
五、军事史 ………………… 215
六、社会史 ………………… 226
七、文学史 ………………… 245
八、宗教与信仰 …………… 297
九、学术思想史 …………… 347
十、教育史 ………………… 407
十一、艺术史 ……………… 413
十二、科技史 ……………… 445
十三、对外关系 …………… 475
十四、民族关系 …………… 487
十五、历史地理 …………… 492
十六、语言文字学 ………… 506
十七、考古学 ……………… 521
十八、书志学 ……………… 536
人名索引 …………………… 553
机构索引 …………………… 585
后记 ………………………… 589

甲编

一、通 论

甲 0001
市村瓚次郎：《东洋史要（补订版）》，六合馆，1912年。

甲 0002
鸟山喜一：《渤海史考》，奉公会，1915年。

甲 0003
石田干之助等：《东洋历史参考图谱（第1—15辑）》，东洋历史参考图谱刊行会，1924—1930年。

甲 0004
池内宏：《白鸟博士还历记念东洋史论丛》，岩波书店，1925年。

甲 0005
高桑驹吉：《东洋史详解（上）》，共立社，1925年。

甲 0006
高桑驹吉：《东洋史详解（下）》，共立社，1925年。

甲 0007
高桑驹吉：《自蒙古之勃兴至明末》，国史讲习会，1926年。

甲 0008
泉安雄：《问题中心——东洋史系统概说》，启文社，1926年。

甲 0009
羽田亨：《内藤博士还历祝贺支那学论丛》，弘文堂书房，1926年。

甲 0010
中村久四郎：《自东汉末至南宋中期》，国史讲习会，1926年。

甲 0011
桑原骘藏：《东洋史说苑》，弘文堂书房，1927年。

甲 0012
京城帝国大学法文学部：《京城法学会论集（1）》，刀江书院，1928年。

甲 0013
狩野教授还历记念会编：《狩野教授还历记念支那学论丛》，弘文堂书房，1928年。

甲 0014
小岛祐马：《高瀬博士还历记念支那学论丛》，弘文堂书房，1928年。

甲 0015
大塚史学会：《三宅博士古稀祝贺记念论文集》，冈书院，1929年。

甲 0016
九州帝国大学支那学研究会：《支那学研究论丛》（第一辑），九州帝国大学支那学研究会，1929年。

甲 0017
中山久四郎：《总论及史籍解题》，国史讲习会雄山阁，1929年。

甲 0018
东亚同文书院：《东亚同文书院创立30周年记念论文集》，东亚同文书院支那研究所，1930年。

甲 0019
西田直二郎：《内藤博士颂寿记念史学论丛》，弘文堂，1930年。

甲 0020
小川博士还历祝贺会：《小川博士还历记念史学地理学论丛》，弘文堂，1930年。

甲 0021
桑原博士还历祝贺会：《桑原博士还历记念东洋史论丛》，弘文堂，1931年。

甲 0022
大东文化学院研究室：《学院创立20周年记念论文集》，大东文化学院，1932年。

甲 0023
田中萃一郎：《田中萃一郎史学论文集》，三田史学会，1932年。

甲 0024
西村为之助：《自上古史至宋史》，日本文学社，1932年。

甲 0025
京城帝国大学法文学部：《京城帝国大学法文学会第一部论集》，刀江书院，1933年。

甲 0026
市村博士古稀记念东洋史论丛刊行会：《市村博士古稀记念东洋史论丛》，富山房，1933年。

甲 0027
日野开三郎：《两宋总论》（《世界历史大系》第6卷），平凡社，

一、通 论

1934年。

甲 0028
台北帝国大学文政学部：《台北帝国大学文政学部史学科研究年报》（第1—7辑），岩松堂书店，1934—1942年。

甲 0029
东北帝国大学法文学部：《东北帝国大学法文学部十周年记念史学文学论集》，岩波书店，1935年。

甲 0030
京城帝国大学法文学部：《东方文化史丛考》，大阪屋号书店，1935年。

甲 0031
服部先生古稀祝贺记念论文集刊行会：《服部先生古稀祝贺记念论文集》，富山房，1936年。

甲 0032
和田清：《岩佐精一郎遗稿》，岩佐传一发行，1936年。

甲 0033
京城帝国大学法文学部：《京城帝国大学创立十周年记念论文集史学篇》，大阪屋号书店，1936年。

甲 0034
京城帝国大学法文学部：《京城帝国大学发文学会论纂》（第2辑、第4—6辑），大阪屋号书店，1936年。

甲 0035
内藤湖南：《东洋文化史研究》，弘文堂，1936年。

甲 0036
田口稔：《松崎先生还历祝贺记念文集》，柔父会，1936年。

甲 0037
九州帝国大学法文学部：《十周年记念哲学史学文学论文集》，岩波书店，1937年。

甲 0038
有高岩：《概观东洋通史》，同文书院，1937年。

甲 0039
斋藤斐章先生古稀祝贺会：《斋藤先生古稀祝贺记念论文集》，刀江书院，1937年。

甲 0040
下中弥三郎：《东洋历史大辞典（1—9）》，平凡社，1937—1939年。

甲 0041
梅溪会：《山下先生还历记念东洋史论文集》，六明馆，1938年。

甲 0042
那柯通世：《中国通史》（岩波文库本），岩波书店，1938年。

甲 0043
小沼胜术编，羽田亨监修：《宋元时期》，诚文堂新光社，1938年。

甲 0044
 羽田亨：《宋元时代总论》，诚文堂新光社，1938年。

甲 0045
 千仓武夫：《金元清三朝统治史考》，福神制本印刷所，1939年。

甲 0046
 市村瓒次郎：《中国史研究》，春秋社，1939年。

甲 0047
 池内博士还历记念东洋史论丛刊行会：《池内博士还历记念东洋史论丛》，座右宝刊行会，1940年。

甲 0048
 市村瓒次郎：《东洋史统（2）》，富山房，1940年。

甲 0049
 高濑武次郎：《立命馆大学法文学部文学科创设记念论文集》，立命馆出版部，1941年。

甲 0050
 加藤博士还历记念论文集刊行会：《加藤博士还历记念东洋史集说》，富山房，1941年。

甲 0051
 西田直二郎：《纪元二千六百年记念史学论文集》，内外出版印刷会社，1941年。

甲 0052
 有高岩：《中国政治史（上）》，白扬社，1941年。

甲 0053
 曾我部静雄：《中国政治史（下）》，白扬社，1941年。

甲 0054
 池田诚：《近世中国官僚的性质》，东亚研究会，1942年。

甲 0055
 铃木俊：《唐宋时期的中国》，日本放送出版协会，1942年。

甲 0056
 青木正儿：《支那学：小岛·本田二博士还历记念号》，弘文堂，1942年。

甲 0057
 桑原骘藏：《考史游记》，弘文堂，1942年。

甲 0058
 市村瓒次郎：《东洋史统（3）》，富山房，1943年。

甲 0059
 早稻田大学史学会：《浮田和民博士记念史学论文集》，六甲书房，1943年。

甲 0060
 曾我部静雄：《中国政治习俗论考》，筑摩书房，1943年。

甲 0061
 东亚研究所：《异族统治中国史》，日本雄辩会讲谈社，1944年。

甲 0062
吉田清治：《北宋全盛期的历史》，弘文堂，1946年。

甲 0063
东方学术协会：《中国史学入门（上）》，高桐书院，1947年。

甲 0064
内藤湖南：《中国近世史》，弘文堂，1947年。

甲 0065
田村实造：《东方史论丛（1）——北方史专号》，养德社，1947年。

甲 0066
宫崎市定：《亚洲史概说》，人文书林，1948年。

甲 0067
丽泽社：《中华六十名家言行录：青木正儿博士六十寿辰记念》，弘文堂，1948年。

甲 0068
藤枝晃：《征服王朝》，秋田屋，1948年。

甲 0069
宫崎市定：《东洋的近世》，教育时代社，1950年。

甲 0070
羽田博士还历记念会：《羽田博士颂寿记念东洋史论丛》，东洋史研究会，1950年。

甲 0071
东方学术协会：《中国史学入门（下）》，平安文库，1951年。

甲 0072
和田博士还历记念东洋史论丛编纂委员会：《和田博士还历记念东洋史论丛》，日本雄辩会讲谈社，1951年。

甲 0073
山崎宏：《中国的社会与宗教》，不昧堂书店，1954年。

甲 0074
岛田正郎：《辽的社会和文化》，弘文堂，1956年。

甲 0075
历史学研究会：《时代划分上的理论方面诸问题》，岩波书店，1956年。

甲 0076
田村实造：《北亚历史世界的形成》，哈佛燕京同志社东方文化讲座会，1956年。

甲 0077
宫崎市定：《亚洲史研究（1）》，京都大学东洋史研究会，1957年。

甲 0078
铃木俊：《东亚洲（2）》，东京诚文堂新光社，1957年。

甲 0079
爱宕松男：《契丹古代史研究》，

甲0080

宫崎市定：《亚洲史研究（2）》，京都大学东洋史研究会，1959年。

甲0081

宫崎市定编：《图说世界文化史大系—17，中国（3）》，角川书店，1959年。

甲0082

国际历史学会日本国内委员会：《日本历史学的发展与现状（1）——五代、宋、辽、金、元》，东京大学出版会，1959年。

甲0083

和田清：《东亚史研究——蒙古篇》，东洋文库，1960年。

甲0084

铃木俊：《东洋史要说——新稿版》，吉川弘文馆，1960年。

甲0085

宫崎市定：《宋与元》，中央公论社，1961年。

甲0086

筑摩书房编集部：《东亚世界的面貌变化》，筑摩书房，1961年。

甲0087

宫崎市定：《亚洲史研究（3）》，京都大学东洋史研究会，1963年。

甲0088

曾我部静雄：《中国及古代日本的乡村形态的演变》，吉川弘文馆，1963年。

甲0089

宫崎市定：《亚洲史研究（4）》，京都大学东洋史研究会，1964年。

甲0090

津田左右吉：《津田左右吉全集》，岩波书店，1964年。

甲0091

田村实造：《中国征服王朝的研究（上）》，东洋史研究会，1964年。

甲0092

外山军治：《金朝史研究》，同朋舍，1964年。

甲0093

佐伯富：《宋代的新文化》，人物往来社，1965年。

甲0094

国际历史学会日本国内委员会：《日本历史学的发展与现状（2）——五代、宋、辽、金、元》，东京大学出版会，1966年。

甲0095

藤间生大：《东亚世界的形成》，春秋社，1966年。

甲0096

小仓芳彦、堀敏一、柳田节子、三木亘：《教养人的东洋史

一、通　论

甲 0097（上）——从古代到 14 世纪》，社会思想社，1966 年。

甲 0097
增井经夫：《亚洲历史与历史学家》，吉川弘文馆，1966 年。

甲 0098
宋史提要编纂协力委员会编：《宋代史年表（北宋）》，东洋文库，1967 年。

甲 0099
桑原骘藏：《桑原骘藏全集（6 卷）》，岩波书店，1968 年。

甲 0100
山本达郎、山口修：《东洋的专制帝国》，集英社，1968 年。

甲 0101
爱宕松男：《亚细亚征服王朝》，河出书房新社，1969 年。

甲 0102
白鸟库吉：《白鸟库吉全集》第 1 卷，岩波书店，1969 年。

甲 0103
白鸟库吉：《白鸟库吉全集》第 2 卷，岩波书店，1969 年。

甲 0104
国际历史学会日本国内委员会：《日本历史学的发展与现状（3）——五代、宋、辽、金、元》，东京大学出版会，1969 年。

甲 0105
铃木俊编：《中国史》，山川出版社，1969 年。

甲 0106
神田喜一郎等编：《内藤湖南全集》第 1 卷，筑摩书房，1969 年。

甲 0107
神田喜一郎等编：《内藤湖南全集》第 7 卷，筑摩书房，1969 年。

甲 0108
神田喜一郎等编：《内藤湖南全集》第 8 卷，筑摩书房，1969 年。

甲 0109
神田喜一郎等编：《内藤湖南全集》第 9 卷，筑摩书房，1969 年。

甲 0110
神田喜一郎等编：《内藤湖南全集》第 10 卷，筑摩书房，1969 年。

甲 0111
神田喜一郎等编：《内藤湖南全集》第 11 卷，筑摩书房，1969 年。

甲 0112
周藤吉之：《宋代史研究》，东洋文库，1969 年。

甲 0113
佐伯富：《中国史研究（1）》，京都大学东洋史研究会，1969 年。

甲 0114
白鸟库吉：《白鸟库吉全集》第 3 卷，岩波书店，1970 年。

甲 0115

白鸟库吉:《白鸟库吉全集》第4卷,岩波书店,1970年。

甲 0116

白鸟库吉:《白鸟库吉全集》第5卷,岩波书店,1970年。

甲 0117

白鸟库吉:《白鸟库吉全集》第6卷,岩波书店,1970年。

甲 0118

白鸟库吉:《白鸟库吉全集》第7卷,岩波书店,1970年。

甲 0119

白鸟库吉:《白鸟库吉全集》第8卷,岩波书店,1970年。

甲 0120

神田喜一郎等编:《内藤湖南全集》第12卷,筑摩书房,1970年。

甲 0121

岩村忍:《东洋史散步》,新潮社,1970年。

甲 0122

白鸟库吉:《白鸟库吉全集》第10卷,岩波书店,1971年。

甲 0123

白鸟库吉:《白鸟库吉全集》第9卷,岩波书店,1971年。

甲 0124

宫崎市定:《在中国学习》,朝日新闻社,1971年。

甲 0125

神田喜一郎等编:《内藤湖南全集》第2卷,筑摩书房,1971年。

甲 0126

神田喜一郎等编:《内藤湖南全集》第3卷,筑摩书房,1971年。

甲 0127

神田喜一郎等编:《内藤湖南全集》第4卷,筑摩书房,1971年。

甲 0128

松田寿男:《亚洲历史》,日本放送出版协会,1971年。

甲 0129

田村实造:《中国征服王朝的研究(中)》,东洋史研究会,1971年。

甲 0130

佐伯富:《中国史研究(2)》,京都大学东洋史研究会,1971年。

甲 0131

神田喜一郎等编:《内藤湖南全集》第5卷,筑摩书房,1972年。

甲 0132

神田喜一郎等编:《内藤湖南全集》第6卷,筑摩书房,1972年。

甲 0133

神田喜一郎等编:《内藤湖南全集》第13卷,筑摩书房,1973年。

甲 0134

栗原益男、山口修:《宋朝与蒙

一、通　论

古》，社会思想社，1974年。

甲0135
青山博士古稀记念宋代史论丛刊行会：《青山博士古稀记念宋代史论丛》，省心书房，1974年。

甲0136
三上次男：《征服王朝——金朝与汉》，近藤出版社，1974年。

甲0137
宋史提要编纂协力委员会编：《宋代史年表（南宋）》，东洋文库，1974年。

甲0138
曾我部静雄：《宋代政经史之研究》，吉川弘文馆，1974年。

甲0139
塚本善隆：《塚本善隆著作集》，第1卷，大东出版社，1974年。

甲0140
塚本善隆：《塚本善隆著作集》，第2卷，大东出版社，1974年。

甲0141
周藤吉之、中岛敏：《五代与宋》，讲谈社，1974年。

甲0142
岛田正郎：《辽史》（中国古典新书），明德出版社，1975年。

甲0143
森克己编：《森克己著作选集》，国书刊行会，1975年。

甲0144
外山军治：《金史》（中国古典新书），明德出版社，1975年。

甲0145
塚本善隆：《塚本善隆著作集》，第3卷，大东出版社，1975年。

甲0146
塚本善隆：《塚本善隆著作集》，第5卷，大东出版社，1975年。

甲0147
诸桥辙次：《诸桥辙次著作集》第1卷，大修馆书店，1975年。

甲0148
诸桥辙次：《诸桥辙次著作集》第4卷，大修馆书店，1975年。

甲0149
宫崎市定：《亚洲史论考（上）·概说编》，朝日新闻社，1976年。

甲0150
宫崎市定：《亚洲史论考（下）·近世编》，朝日新闻社，1976年。

甲0151
神田喜一郎等编：《内藤湖南全集》14卷，筑摩书房，1976年。

甲0152
塚本善隆：《塚本善隆著作集》，第4卷，大东出版社，1976年。

甲 0153

塚本善隆：《塚本善隆著作集》，第 6 卷，大东出版社，1976 年。

甲 0154

诸桥辙次：《诸桥辙次著作集》第 2 卷，大修馆书店，1976 年。

甲 0155

诸桥辙次：《诸桥辙次著作集》第 5 卷，大修馆书店，1976 年。

甲 0156

诸桥辙次：《诸桥辙次著作集》第 6 卷，大修馆书店，1976 年。

甲 0157

宫崎市定：《中国史（上）》，岩波书店，1977 年。

甲 0158

梅原郁：《图说中国历史——宋王朝与新文化》，讲谈社，1977 年。

甲 0159

诸桥辙次：《诸桥辙次著作集》第 3 卷，大修馆书店，1977 年。

甲 0160

诸桥辙次：《诸桥辙次著作集》第 7 卷，大修馆书店，1977 年。

甲 0161

诸桥辙次：《诸桥辙次著作集》第 8 卷，大修馆书店，1977 年。

甲 0162

诸桥辙次：《诸桥辙次著作集》第 9 卷，大修馆书店，1977 年。

甲 0163

诸桥辙次：《诸桥辙次著作集》第 10 卷，大修馆书店，1977 年。

甲 0164

竺沙雅章：《征服王朝的时代》，讲谈社，1977 年。

甲 0165

宫崎市定：《中国史（下）》，岩波书店，1978 年。

甲 0166

谷川道雄、森正夫：《中国民众叛乱史》第 1 卷，平凡社，1978 年。

甲 0167

岛田正郎：《辽朝史研究》，创文社，1979 年。

甲 0168

谷川道雄、森正夫：《中国民众叛乱史》第 2 卷，平凡社，1979 年。

甲 0169

谷川道雄、森正夫：《中国民众叛乱史》第 3 卷，平凡社，1982 年。

甲 0170

宫崎市定：《亚洲历史研究入门（1）》，同朋舍，1983 年。

甲 0171

谷川道雄、森正夫：《中国民

众叛乱史》第4卷，平凡社，1983年。

甲 0172

日野开三郎：《日野开三郎东洋史论集（第6卷）》，三一书房，1983年。

甲 0173

日野开三郎：《日野开三郎东洋史论集（第7卷）》，三一书房，1983年。

甲 0174

山根幸夫：《中国史研究入门（上）》，山川出版社，1983年。

甲 0175

山根幸夫：《中国史研究入门（下）》，山川出版社，1983年。

甲 0176

宋代史研究会编：《宋代的社会与文化》，汲古书院，1983年。

甲 0177

塚本善隆：《塚本善隆著作集（第7卷）》，大东出版社，1983年。

甲 0178

日野开三郎：《日野开三郎东洋史论集（第10卷）》，三一书房，1984年。

甲 0179

早稻田大学文学部东洋史研究室：《中国正史的基础研究》，早稻田大学出版部，1984年。

甲 0180

增井经夫：《中国的历史书》，刀水书房，1984年。

甲 0181

田村实造：《中国征服王朝的研究（下）》，同朋舍出版，1985年。

甲 0182

江上波夫：《骑马民族国家》，平凡社，1986年。

甲 0183

松田寿男：《松田寿男著作集（第1卷）》，六兴出版社，1986年。

甲 0184

松田寿男：《松田寿男著作集（第2卷）》，六兴出版社，1986年。

甲 0185

爱宕松男：《契丹蒙古史》，三一书房，1987年。

甲 0186

梅原郁等著；桦山纮一编著：《长江文明与日本》，福武书店，1987年。

甲 0187

松田寿男：《松田寿男著作集（第3卷）》，六兴出版社，1987年。

甲 0188

松田寿男：《松田寿男著作集（第 4 卷）》，六兴出版社，1987 年。

甲 0189

松田寿男：《松田寿男著作集（第 5 卷）》，六兴出版社，1987 年。

甲 0190

松田寿男：《松田寿男著作集（第 6 卷）》，六兴出版社，1987 年。

甲 0191

日野开三郎：《日野开三郎东洋史论集（第 11 卷）》，三一书房，1988 年。

甲 0192

中村乔：《中国的年中行事》，平凡社，1988 年。

甲 0193

中岛敏：《宋代史研究及其周边》，汲古书院，1988 年。

甲 0194

刘子健博士颂寿记念宋史研究论集刊行会：《刘子健博士颂寿记念宋史研究论集》，同朋舍，1989 年。

甲 0195

寺地遵等：《关于亚洲的社会变动及周围环境的历史研究》，《广岛大学文学部 1988 年科学研究补助金（综合研究 A）研究成果报告书》，1989 年。

甲 0196

布目潮渢博士记念论集刊行会编集委员会：《东亚的法与社会：布目潮渢博士古稀记念论集》，汲古书院，1990 年。

甲 0197

田村实造：《亚洲史的思考——构成亚洲史的四个历史世界》，中央公论社，1990 年。

甲 0198

中村乔：《中国的年中行事（续）》，平凡社，1990 年。

甲 0199

中国史研究会编：《中国专制国家与社会统合：中国史像的再构成 2》，文理阁，1990 年。

甲 0200

阿部兼也：《正统与异端——天皇、天、神》，角川书店，1991 年。

甲 0201

佐伯富编，宫崎市定著：《宫崎市定全集（24 卷）》，岩波书店，1991—1994 年。

甲 0202

村上正二：《蒙古帝国史研究》，风间书房，1993 年。

一、通　　论

甲 0203
岛田正郎：《契丹国——游牧民族契丹的王朝》，东方书店，1993 年。

甲 0204
庆应义塾大学附属研究所斯道文库编纂：《阿部隆一遗稿集（第一卷）》，汲古书院，1993 年。

甲 0205
日野开三郎：《日野开三郎东洋史论集（第 13 卷）》，三一书房，1993 年。

甲 0206
宋代史研究会编：《宋代的知识人——思想、制度、地域社会》（宋代史研究会研究报告第 4 集），汲古书院，1993 年。

甲 0207
中村乔：《中国岁时史研究》，朋友书店，1993 年。

甲 0208
中村哲：《东亚专制国家与社会·经济》，青木书店，1993 年。

甲 0209
渡边信一郎：《中国古代国家的思想结构——专制国家与意识形态》，校仓书房，1994 年。

甲 0210
中村治兵卫：《中村治兵卫著作集（3 卷）》，刀水书房，1995—2008 年。

甲 0211
冈晴夫：《宋和元》，学习研究社，1996 年。

甲 0212
宋元时代史的基本问题编纂委员会编：《宋元时代史的基本问题》，汲古书院，1996 年。

甲 0213
吉田寅先生古稀记念论文集编集委员会：《吉田寅先生古稀记念亚洲史论集》，吉田寅先生古稀记念论文集编集委员会，1997 年。

甲 0214
松丸道雄、池田温、斯波义信、神田信夫、滨下武志编：《世界历史大系——中国史》第 3 卷，山川出版社，1997 年。

甲 0215
伊原弘、梅村坦：《宋朝与中亚》，中央公论社，1997 年。

甲 0216
高岛俊男、梅原郁、寺田隆信：《亡国之君：隋炀帝、宋徽宗、明崇祯帝》，讲谈社，1998 年。

甲 0217
奥崎裕司：《从中国史到世界史——谷川道雄论》，汲古书院，1999 年。

甲 0218

桦山纮一、妹尾达彦等：《中华的分裂与再生：3—13世纪》，岩波书店，1999年。

甲 0219

东洋经济史学会：《中国的历史与经济：东洋经济史学会记念论集》，中国书店，2000年。

甲 0220

伊原弘、小岛毅编：《学问人的众生相——以中国宋代为基点》，勉诚出版，2001年。

甲 0221

岛居一康：《中国的历史世界——综合系统和多元的发展》，东京都立大学出版会，2002年。

甲 0222

堀敏一：《唐末五代变革期的政治与经济》，汲古书院，2002年。

甲 0223

福井文雅编：《东方学的新视点》，五曜书房，2004年。

甲 0224

正木喜三郎：《古代·中世宗像的历史与传承》，岩田书院，2004年。

甲 0225

京都大学大学院文学研究科：《辽文化——辽宁省调查报告书》，京都大学大学院文学研究科，2006年。

甲 0226

佐竹靖彦：《宋代史的基础性研究》，朋友书店，2007年。

甲 0227

荒川慎太郎、高井康典行、渡边健哉：《辽金西夏史研究的现状（1）》，东京外国语大学亚洲、非洲语言文化研究所，2008年。

甲 0228

荒川慎太郎、高井康典行、渡边健哉：《辽金西夏史研究的现状（2）》，东京外国语大学亚洲、非洲语言文化研究所，2009年。

甲 0229

荒川慎太郎、高井康典行、渡边健哉：《辽金西夏史研究的现状（3）》，东京外国语大学亚洲、非洲语言文化研究所，2010年。

甲 0230

山崎觉士：《中国五代国家论》，思文阁出版，2010年。

甲 0231

远藤隆俊、平田茂树、浅见洋二编：《日本宋史研究的现状与课题——1980年代以降为中心》，汲古书院，2010年。

二、政　治　史

甲 0232
　　吉田宇之助：《王安石》，民友社，1903 年。

甲 0233
　　北畠竹之助：《司马温公言行录》，内外出版协会，1908 年。

甲 0234
　　尾池宜卿：《文天祥言行录》，内外出版协会，1912 年。

甲 0235
　　加藤繁：《东洋史讲座——论宋代的户籍及其变迁》，雄山阁，1930 年。

甲 0236
　　中山久四郎：《东洋史讲座第五卷第二期后编——北方民族跃动时代》，雄山阁，1930 年。

甲 0237
　　鸟居龙藏：《满蒙再探》，六文馆，1932 年。

甲 0238
　　滨名祖光、有贺极光：《契丹古传文本》，东大古族学会，1934 年。

甲 0239
　　三上次男：《金代女真研究》，满日文化协会，1937 年。

甲 0240
　　田村实造、小川裕人、外山军治：《满蒙史论丛》（1—4），日满文化协会，1938—1943 年。

甲 0241
　　和田清：《中国地方自治发展史》，中华民国法制研究会，1939 年。

甲 0242

佐伯富：《王安石》，富山房，1941年。

甲 0243

和田清：《中国官制发展史（上）》，中央大学出版部，1942年。

甲 0244

岛田正郎：《辽制之研究》，中泽印刷株式会社，1954年。

甲 0245

砺波护：《冯道》，人物往来社，1966年。

甲 0246

梅原郁：《文天祥》，人物往来社，1966年。

甲 0247

护雅夫：《游牧骑马民族国家——"苍狼"的子孙们》，讲谈社，1967年。

甲 0248

守本顺一郎：《东洋政治思想史研究》，未来社，1967年。

甲 0249

小野寺郁夫：《王安石》，人物往来社，1967年。

甲 0250

栗原益男：《乱世的皇帝——后周世宗及其时代》，桃源社，1968年。

甲 0251

山本隆义：《中国政治制度研究——内阁制度的起源和发展》，东洋史研究会，1968年。

甲 0252

鸳渊一、田村实造、三田村泰助、羽田明：《独裁政治的时代》，创元社，1969年。

甲 0253

东一夫：《王安石新法研究》，风间书房，1970年。

甲 0254

三上次男：《金代政治制度研究》，中央公论美术出版社，1970年。

甲 0255

冈崎精郎：《党项古代史研究》，东洋史研究会，1972年。

甲 0256

三上次男：《金代政治与社会研究》，中央公论美术出版社，1973年。

甲 0257

东一夫：《王安石——改革的先觉者》，讲谈社，1975年。

甲 0258

竺沙雅章：《宋太祖与宋太宗——变革期的帝王》，清水书院，1975年。

二、政　治　史

甲 0259
岛田正郎:《辽朝官制研究》,创文社,1978年。

甲 0260
东一夫:《王安石事典》,国书刊行会,1980年。

甲 0261
东一夫:《王安石与司马光——现代视角透视中国历史上的政治争斗剧》,冲积舍,1980年。

甲 0262
周藤吉之:《高丽官僚制研究——与宋制关联部分》,法政大学出版局,1980年。

甲 0263
梅原郁:《宋代官僚制度研究》,同朋舍出版,1985年。

甲 0264
三浦国雄:《王安石——立浊流之上》,集英社,1985年。

甲 0265
柳田节子:《宋元乡村制研究》,创文社,1986年。

甲 0266
栗原益男:《五代宋初藩镇年表》,东京堂出版,1988年。

甲 0267
砺波护:《冯道——乱世的宰相》,中央公论社,1988年。

甲 0268
寺地遵:《南宋初期政治史研究》,溪水社,1988年。

甲 0269
宋代史研究会编:《宋代的政治与社会》,汲古书院,1988年。

甲 0270
宫崎市定:《中国政治论集——从王安石到毛泽东》,中央公论社,1990年。

甲 0271
熊本崇:《宋代新法党官僚研究》,石卷专修大学经营学部,1992年。

甲 0272
周藤吉之:《宋与高丽制度史研究》,汲古书院,1992年。

甲 0273
吉冈真:《唐宋之间统治阶层的构成与变动的基础研究》,东方书店,1993年。

甲 0274
木田知生:《司马光和他的时代》,白帝社,1994年。

甲 0275
竺沙雅章:《范仲淹》,白帝社,1995年。

甲 0276
大泽正昭:《伸张己见的"愚民"们——传统中国的纷争与解决方

法》，角川书店，1996 年。

甲 0277

梅原郁：《皇帝政治与中国》，白帝社，2003 年。

甲 0278

杉山正明：《疾驰草原的征服者——辽西夏金元》，讲谈社，2005 年。

甲 0279

衣川强：《宋代官僚社会史研究》，汲古书院，2006 年。

甲 0280

青木敦：《以江西、湖南为中心的宋朝"政区"境界研究》，平成 16 年度至平成 18 年度科学研究费补助金（基盘研究 C 研究成果报告书），宋朝政区研究事务局，2007 年。

甲 0281

片冈一忠：《中国官印制度研究》，东方书店，2008 年。

甲 0282

宫崎圣明：《宋代官僚制度研究》，北海道大学出版会，2010 年。

甲 0283

平田茂树、远藤隆俊：《政治史研究——如何与国家史、国制史研究进行对话》，汲古书院，2010 年。

甲 0284

泽本光弘：《契丹向北方扩张疆域与契丹大字研究》，东京外国语大学亚洲、非洲语言文化研究所，2010 年。

三、经 济 史

甲 0285

加藤繁：《唐宋时期金银的研究》，东洋文库，1926 年。

三、经 济 史

甲 0286
青柳笃恒：《中国近世产业发展史》，东亚研究会，1931年。

甲 0287
清水泰次：《江南经济史考察》，外务省文化事业部，1934年。

甲 0288
建国大学研究院编纂室编：《宋元驿制记事——永乐大典所引〈金玉新书〉及〈经世大典〉逸文》，建国大学研究院，1941年。

甲 0289
曾我部静雄：《宋代财政史》，生活社，1941年。

甲 0290
佐伯富编：《宋代茶法研究资料》，东方文化研究所，1941年。

甲 0291
冈田巧：《近世中国社会经济史》，教育图书，1942年。

甲 0292
山内喜代美：《中国牙行的研究》，东亚研究所，1942年。

甲 0293
玉井是博：《中国社会经济史研究》，岩波书店，1942年。

甲 0294
宫崎市定：《五代宋初的通货问题》，星野书店，1943年。

甲 0295
宫崎市定：《五代宋初的通货政策》，星野书店，1943年。

甲 0296
井坂锦江：《东亚物产史》，大东出版社，1943年。

甲 0297
加藤繁：《中国经济史概论》，弘文堂，1944年。

甲 0298
社会经济史学会编：《社会经济史学的发展（2）》，岩波书店，1944年。

甲 0299
社会经济史学会编：《社会经济史学的发展（3）》，岩波书店，1944年。

甲 0300
曾我部静雄：《纸币发展史》，日本印刷厅，1951年。

甲 0301
加藤繁：《中国经济史考证（上）》，东洋文库，1952年。

甲 0302
加藤繁：《中国经济史考证（下）》，东洋文库，1953年。

甲0303

周藤吉之：《中国土地制度史研究》，东京大学出版会，1954年。

甲0304

大阪市立大学经济研究所编：《亚洲农业结构的变化过程》，日本评论新社，1960年。

甲0305

东京教育大学亚洲研究会宋代史研究部：《宋代社会经济史研究（上）》，不昧堂书店，1960年。

甲0306

天野元之助：《中国农业史研究》，御茶水书房，1962年。

甲0307

周藤吉之：《宋代经济史研究》，东京大学出版会，1962年。

甲0308

今堀诚二：《东洋社会经济史序说》，柳原书店，1963年。

甲0309

河原由郎：《北宋时期土地所有的问题与商业资本》，西日本学术出版社，1964年。

甲0310

周藤吉之：《唐宋社会经济史研究》，东京大学出版会，1965年。

甲0311

河上光一：《宋代的经济生活》，吉川弘文馆，1966年。

甲0312

天海谦三郎：《中国土地文书研究》，劲草书房，1966年。

甲0313

曾我部静雄：《宋代财政史（第二版）》，大安出版社，1966年。

甲0314

斯波义信：《宋代商业史研究》，风间书房，1968年。

甲0315

曾我部静雄：《宋代政经史研究》，吉川弘文馆，1974年。

甲0316

堀敏一：《均田制的研究——中国古代国家土地政策与土地所有制》，岩波书店，1975年。

甲0317

曾我部静雄：《中国社会经济史研究》，吉川弘文馆，1976年。

甲0318

天野元之助：《中国农业的地域开展》，龙溪书舍，1979年。

甲0319

天野元之助：《中国农业史研究（增补版）》，御茶水书房，1979年。

甲0320

河原由郎：《宋代社会经济史研究》，劲草书房，1980年。

三、经 济 史

甲0321
长濑守:《宋元水利史研究》,国书刊行会,1983年。

甲0322
中国史研究会:《中国史像的再构成——国家与农民》,文理阁,1983年。

甲0323
渡部忠世、樱井由躬雄:《中国江南的稻作文化》,日本放送出版协会,1984年。

甲0324
草野靖:《中国的地主经济——分种制》,汲古书院,1985年。

甲0325
古林森广:《宋代产业经济史研究》,国书刊行会,1987年。

甲0326
佐伯富:《中国盐政史研究》,法律文化社,1987年。

甲0327
斯波义信:《宋代江南经济史研究》,东京大学东洋文化研究所,1988年。

甲0328
草野靖:《中国近世的寄生地主制——田面惯行》,汲古书院,1989年。

甲0329
加藤繁:《中国货币史研究》,东洋文库,1991年。

甲0330
河上光一:《宋代盐业史的基础研究》,吉川弘文馆,1992年。

甲0331
川胜守编:《东亚生产与流通的历史社会学研究》,中国书店,1993年。

甲0332
岛居一康:《宋代税政史研究》,汲古书院,1993年。

甲0333
古林森广:《中国宋代的社会与经济》,国书刊行会,1995年。

甲0334
柳田节子:《宋元社会经济研究》,创文社,1995年。

甲0335
大泽正昭:《唐宋变革期农业社会史研究》,汲古书院,1996年。

甲0336
相田洋:《外国人与市场——边界线的中国古代史》,研文出版,1997年。

甲0337
宫泽知之:《宋代中国的国家与经济——财政·市场·货币》,创文社,1998年。

甲0338
勉诚出版编:《宋钱的世界——

东亚的国际通货》，勉诚出版，2000年。

甲0339
松田孝一：《东亚经济史诸问题》，阿吽社，2000年。

甲0340
岩井茂树：《中国近世财政史的研究》，京都大学学术出版会，2004年。

甲0341
清木场东：《北宋的商业活动》，久留米大学经济学会，2005年。

甲0342
三宅俊彦：《中国埋藏的钱货》，同成社，2005年。

甲0343
伊原弘编：《宋钱的世界》，勉诚出版，2009年。

甲0344
宫泽知之、远藤隆俊：《财政史研究》，汲古书院，2010年。

四、法 律 史

甲0345
浅井虎夫：《中国法制史》，博文馆，1904年。

甲0346
浅井虎夫：《中国法典编纂之沿革》，京都法学会，1911年。

甲0347
仁井田陞：《唐宋法律文书研究》，东方文化书院东京研究所，1937年。

甲0348
仁井田陞：《中国身份法史》，东方文化书院，1942年。

甲0349
泷川政次郎、岛田正郎：《辽律之研究》，大阪屋号书店，

四、法　律　史

1944 年。

甲 0350
滋贺秀三：《中国家族法论》，弘文堂，1950 年。

甲 0351
仁井田陞：《中国的法思想史》，日本评论社，1951 年。

甲 0352
仁井田陞：《中国法制史》，岩波书店，1952 年。

甲 0353
仁井田陞：《中国社会的法与伦理》，弘文堂，1954 年。

甲 0354
仁井田陞：《中国法制史研究——刑法》，东京大学出版会，1959 年。

甲 0355
仁井田陞：《中国法制史研究——土地法、交易法》，东京大学东洋文化研究所，1960 年。

甲 0356
仁井田陞：《中国法制史研究——奴隶农奴法、家庭村落法》，东京大学出版会，1962 年。

甲 0357
内藤乾吉：《中国法制史考证》，有斐阁，1963 年。

甲 0358
仁井田陞：《人格的外在尊重与辱骂的话语》，东京大学出版会，1964 年。

甲 0359
仁井田陞：《中国法制史研究——法与习惯、法与道德》，东京大学出版会，1964 年。

甲 0360
福岛正夫：《中国的法与政治——中国法的历史·现状和理论》，日本评论社，1966 年。

甲 0361
仁井田陞博士追悼论文集编集委员会编：《前近代亚洲的法与社会》，劲草书房，1967 年。

甲 0362
滋贺秀三：《中国家族法的原理》，创文社，1967 年。

甲 0363
仁井田陞：《中国的法与社会及历史》，岩波书店，1968 年。

甲 0364
田山茂：《蒙古法典的研究》，日本学术振兴会，1968 年。

甲 0365
岛田正郎：《东洋法史》，明好社，1970 年。

甲 0366
针生诚吉：《中国的国家与法》，

东京大学出版会，1970 年。

甲 0367

曾我部静雄：《中国律令史研究》，吉川弘文馆，1971 年。

甲 0368

泷川政次郎：《中国法制史研究》，岩南堂书店，1979 年。

甲 0369

广池千九郎：《东洋法制史研究》，创文社，1983 年。

甲 0370

梅原郁：《庆元条法事类语汇辑览》，京都大学人文科学研究所，1990 年。

甲 0371

仁井田陞：《中国法制史研究补订版（4 卷）》，东京大学出版会，1991 年。

甲 0372

梅原郁：《中国近世的法制与社会》，京都大学人文科学研究所，1993 年。

甲 0373

滋贺秀三编：《中国法制史——基本资料研究》，东京大学出版会，1993 年。

甲 0374

梅原郁：《前近代中国的刑罚》，京都大学人文科学研究所，1996 年。

甲 0375

高桥芳郎：《宋代至清代身份法的研究》，北海道大学图书刊行会，2001 年。

甲 0376

高桥芳郎：《宋代中国的法制与社会》，汲古书院，2002 年。

甲 0377

岛田正郎：《西夏法典初探》，创文社，2003 年。

甲 0378

滋贺秀三：《中国法制史论集——法典与刑罚》，创文社，2003 年。

甲 0379

梅原郁：《宋代司法机构的综合研究》，文部科学省科学研究费补助金研究成果报告书，2005 年。

甲 0380

大岛立子：《宋代至清代的法律与地域社会》，东洋文库，2006 年。

甲 0381

梅原郁：《宋代司法制度研究》，创文社，2006 年。

甲 0382

大岛立子编：《近代之前的中国的法律与社会——成果与课题》，东洋文库，2009 年。

甲 0383

小川快之:《传统中国的法律与秩序——从地域社会的观点出发》,汲古书院,2009年。

甲 0384

辻正博:《唐宋时期刑罚制度的研究》,京都大学学术出版会,2010年。

甲 0385

小川快之、远藤隆俊编:《法制史研究》,汲古书院,2010年。

甲 0386

高桥芳郎:《黄勉斋与刘后村——南宋判语的译注与讲义》,北海道大学出版会,2011年。

五、军事史

甲 0387

外山军治:《岳飞与秦桧——主战论与议和论》,富山房,1939年。

甲 0388

松本枪吉:《中国的保甲制度》,东亚研究会,1943年。

甲 0389

川添昭二:《蒙古袭来研究史论》,雄山阁,1977年。

甲 0390

日野开三郎:《唐末五代初自卫义军考(上篇)》,秀巧社,1984年。

甲 0391

小岩井弘光:《宋代兵制史研究》,汲古书院,1998年。

六、社 会 史

甲 0392

干河岸贯一：《唐宋节义家传》，青木嵩山堂，1911 年。

甲 0393

清水盛光：《中国社会的研究：社会学考察》，岩波书店，1939 年。

甲 0394

宫崎市定：《东洋朴素主义的民族与文明主义的社会》，富山房，1940 年。

甲 0395

冈崎文夫：《支那社会史》，白扬社，1941 年。

甲 0396

清水盛光：《中国家族的构造》，岩波书店，1942 年。

甲 0397

清水盛光：《中国族产制度考》，岩波书店，1949 年。

甲 0398

岛田正郎：《辽代社会史研究》，三和书房，1952 年。

甲 0399

仁井田陞：《中国的农村家庭》，东京大学出版会，1952 年。

甲 0400

多贺秋五郎：《中国宗谱的研究——资料篇》，东洋文库，1960 年。

甲 0401

砺波护：《宋代士大夫的形成》，大修馆书店，1968 年。

甲 0402

三上次男：《金代女真社会研究》，中央公论美术出版社，1972 年。

六、社　会　史

甲 0403
　　寺地刚：《宋代的义气》，文化书房博文社，1972年。

甲 0404
　　篠田统：《中国食物史》，柴田书店，1974年。

甲 0405
　　篠田统：《中国食物史研究》，八坂书房，1978年。

甲 0406
　　牧野巽：《中国家族研究（上）》，御茶水书房，1979年。

甲 0407
　　牧野巽：《中国家族研究（下）》，御茶水书房，1980年。

甲 0408
　　牧野巽：《近世中国宗族研究》，御茶水书房，1980年。

甲 0409
　　多贺秋五郎：《中国宗谱的研究（上）》，日本学术振兴会，1981年。

甲 0410
　　多贺秋五郎：《中国宗谱的研究（下）》，日本学术振兴会，1981年。

甲 0411
　　牧野巽：《家庭论》，御茶水书房，1985年。

甲 0412
　　渡边信一郎：《中国古代社会论》，青木书店，1986年。

甲 0413
　　爱宕松男：《爱宕松男东洋史学论集（2）——中国社会文化史》，三一书房，1987年。

甲 0414
　　中村乔：《中国的年中行事》，平凡社，1988年。

甲 0415
　　唐代史研究会：《中国聚落史的研究》，刀水书房，1990年。

甲 0416
　　冈田宏二：《中国华南民族社会史研究》，汲古书院，1993年。

甲 0417
　　柳田节子先生古稀记念论集编集委员会：《中国的传统社会与家庭：柳田节子先生古稀记念论集》，汲古书院，1993年。

甲 0418
　　宋代史研究会：《宋代的规范与习俗》，汲古书院，1995年。

甲 0419
　　中村乔：《中国的食谱》，平凡社，1995年。

甲 0420
　　濑川昌久：《族谱》，风响社，

1996年。

甲0421
植松正:《元代江南政治社会史研究》,汲古书院,1997年。

甲0422
布目潮渢:《中国茶文化与日本》,汲古书院,1998年。

甲0423
宋代史研究会编:《宋代社会的网络结构》,汲古书院,1998年。

甲0424
井上彻:《中国的宗族与国家的礼制——从宗法主义的视角分析》,研文出版社,2000年。

甲0425
小林义广:《欧阳修——其生平与宗族》,创文社,2000年。

甲0426
中村乔:《宋代的料理与食品》,中国艺文研究会,2000年。

甲0427
中村乔:《宋代的饮食法和食品》,中国艺文研究会、朋友书店,2000年。

甲0428
宋代史研究会编:《宋代人的认知——相互性与日常空间》,汲古书院,2001年。

甲0429
柳田节子:《宋代庶民的女性》,汲古书院,2003年。

甲0430
石田雅彦:《〈茶道〉前史的研究——从宋代片茶文化完成到日本的茶道》,雄山阁,2003年。

甲0431
大泽正昭:《唐宋时代的家庭·婚姻·女性》,明石书店,2005年。

甲0432
井上彻、远藤隆俊:《宋代至明代宗族的研究》,汲古书院,2005年。

甲0433
平田茂树、远藤隆俊、冈元司:《宋代社会的空间与交流》,汲古书院,2006年。

甲0434
胜山稔:《中国宋明时期婚姻的多学科研究》,东北大学出版社,2007年。

甲0435
伊藤正彦:《宋元乡村社会史论——明初里甲制体制的形成过程》,汲古书院,2010年。

七、文　学　史

甲 0436

古城贞吉：《中国文学史》，富山房，1906 年。

甲 0437

井口驹北堂：《苏东坡诗集评释》，大学馆，1910 年。

甲 0438

三岛中洲：《唐宋八家文》，富山房，1910 年。

甲 0439

近藤元粹编：《唐宋名诗评释》，隆文馆，1911 年。

甲 0440

土屋弘：《苏轼诗评解——附：诗源》，明治出版社，1917 年。

甲 0441

石川鸿斋、食代慎斋：《唐宋八家文讲义（1—4）》，兴文社，1918 年。

甲 0442

青木正儿：《中国近世戏曲史》，弘文堂书房，1930 年。

甲 0443

矢板重山：《苏东坡》，三乐书房，1935 年。

甲 0444

秋月胤继：《新撰唐宋八大家文钞》，大观堂，1938 年。

甲 0445

上村忠治：《苏东坡》，春秋社，1939 年。

甲 0446

石桥犀水：《蔡襄、苏东坡、黄山谷、米元章》，工坊社有信书房，1939 年。

甲 0447

中田勇次郎：《宋代的词》，弘文堂，1940年。

甲 0448

国民精修养会：《家隆卿的歌与陆游的诗》，松邑三松堂，1941年。

甲 0449

青木正儿：《中国文学艺术考》，弘文堂，1942年。

甲 0450

大槻彻心：《详解苏东坡诗集》，京文社书店，1943年。

甲 0451

青木正儿：《中国文学思想史》，岩波书店，1943年。

甲 0452

河上肇：《陆放翁鉴赏（上）》，三一书房，1949年。

甲 0453

河上肇：《陆放翁鉴赏（下）》，三一书房，1949年。

甲 0454

吉川幸次郎：《中国散文论》，弘文堂，1949年。

甲 0455

铃木虎雄：《陆放翁诗解（上）》，弘文堂，1950年。

甲 0456

铃木虎雄：《陆放翁诗解（中）》弘文堂，1954年。

甲 0457

铃木虎雄：《陆放翁诗解（下）》，弘文堂，1954年。

甲 0458

藤堂明保、片冈政雄、近藤光男编：《伍叔傥教授讲述概要》，编者誊写，1954年。

甲 0459

清水茂：《唐宋八家文（上）》，朝日新闻社，1956年。

甲 0460

清水茂：《唐宋八家文（中）》，朝日新闻社，1960年。

甲 0461

吉川幸次郎：《宋诗概论》，岩波书店，1962年。

甲 0462

笕文生：《梅尧臣》，岩波书店，1962年。

甲 0463

清水茂：《王安石》，岩波书店，1962年。

甲 0464

小川环树：《苏轼（上）》，岩波书店，1962年。

甲 0465

小川环树：《苏轼（下）》，岩波书店，1962年。

甲 0466

一海知义：《陆游》，岩波书店，

七、文　学　史

甲 0467
小栗英一：《元好问》，岩波书店，1963年。

甲 0468
前野直彬：《陆游》，集英社，1964年。

甲 0469
铃木修次：《元好问》，集英社，1965年。

甲 0470
今关寿麿、辛岛骁：《宋诗选》，集英社，1966年。

甲 0471
近藤光男：《苏东坡》，集英社，1966年。

甲 0472
清水茂：《唐宋八家文（下）》，朝日新闻社，1966年。

甲 0473
白井乐山：《唐宋词选五种综合引得初稿》，白井捷，1967年。

甲 0474
竺沙雅章：《苏东坡》，人物往来社，1967年。

甲 0475
仓石武四郎：《宋代词集》，平凡社，1970年。

甲 0476
波多野太郎：《宋词评释》，樱枫社，1971年。

甲 0477
小川环树、山本和义：《苏东坡集》，朝日新闻社，1972年。

甲 0478
宫崎市定：《水浒传：虚构中的史实》，中央公论社，1972年。

甲 0479
村上哲见：《宋词》，筑摩书房，1973年。

甲 0480
小川环树：《陆游》，筑摩书房，1974年。

甲 0481
前野直彬：《中国小说史考》，秋山书店，1975年。

甲 0482
村上哲见：《宋词研究——唐五代北宋篇》，创文社，1976年。

甲 0483
星川清孝：《唐宋八家文读本（1）》，明治书院，1976年。

甲 0484
星川清孝：《唐宋八家文读本（2）》，明治书院，1976年。

甲 0485
佐藤佐太郎：《及辰园往来——苏东坡亲感》，求龙堂，1976年。

甲 0486
伏见冲敬解说：《苏东坡赤壁

赋、桧木诗卷及其他》，二玄社，1977年。

甲0487
前野直彬编：《宋诗鉴赏辞典》，东京堂出版，1977年。

甲0488
清水茂：《唐宋八家文（1）、（2）》，朝日新闻社，1978年。

甲0489
小野四平：《中国近世短篇白话小说研究》，评论社，1978年。

甲0490
佐藤保编：《宋诗——附：金》，明治书院，1978年。

甲0491
林田慎之助：《中国中世纪文学评论史》，创文社，1979年。

甲0492
清水茂：《唐宋八家文（3）、（4）》，朝日新闻社，1979年。

甲0493
田仲一成：《中国祭祀戏剧研究》，东京大学出版会，1981年。

甲0494
安藤孝行：《杜苏唱和》，白云山房，1982年。

甲0495
河上肇：《陆放翁鉴赏》，岩波书店，1982年。

甲0496
横山伊势雄：《唐宋八家文（上）》，学习研究社，1982年。

甲0497
松川健二：《宋明的思想诗》，北海道大学图书刊行会，1982年。

甲0498
村上哲见：《圆熟士人——陆游》，集英社，1983年。

甲0499
横山伊势雄：《唐宋八家文（下）》，学习研究社，1983年。

甲0500
横田辉俊：《天才诗人——苏东坡》，集英社，1983年。

甲0501
田中克己：《苏东坡》，研文出版社，1983年。

甲0502
一海知义、入谷仙介：《陆游、高启》，岩波书店，1984年。

甲0503
船津富彦：《唐宋文学论》，汲古书院，1986年。

甲0504
竹田晃、户川芳郎、佐藤保编：《宋代词集》，学习研究社，1986年。

甲0505
高岛俊男：《水浒传的世界》，

七、文　学　史

大修馆书店，1987年。

甲0506

本田济：《近世散文选》，角川书店，1988年。

甲0507

今村与志雄：《唐宋传奇集（上）》，岩波书店，1988年。

甲0508

今村与志雄：《唐宋传奇集（下）》，岩波书店，1988年。

甲0509

山本和义等：《宋代诗词》，角川书店，1988年。

甲0510

莊司格一：《中国公案小说研究》，研文出版社，1988年。

甲0511

村上哲见、浅见洋二：《苏轼、陆游》，角川书店，1989年。

甲0512

丰福健二：《苏东坡文艺评论集》，木耳社，1989年。

甲0513

高畑常信：《东坡题跋——书艺篇》，木耳社，1989年。

甲0514

笕文生：《唐宋八家文》，角川书店，1989年。

甲0515

田森襄：《唐宋八大家文读本（4）》，明治书院，1989年。

甲0516

青山宏：《唐宋词研究》，汲古书院，1991年。

甲0517

宇野直人：《中国古典诗歌的手法与言语——以柳永为中心》，研文出版社，1991年。

甲0518

竺沙雅章解题：《东坡集》，汲古书院，1991年。

甲0519

吉原重久：《陶渊明与文天祥》，近代文艺社，1992年。

甲0520

佐竹靖彦：《梁山泊：水浒传108豪杰》，中央公论社，1992年。

甲0521

丰福健二：《苏东坡诗话集》，朋友书店，1993年。

甲0522

村上哲见：《中国文人论》，汲古书院，1994年。

甲0523

伊原弘：《读〈水浒传〉：梁山好汉》，讲谈社，1994年。

甲0524

冈本不二明：《中国近世文言小说论考》，冈山大学文学部，

1995年。

甲 0525

吹野安、石本道明：《朱熹诗集传全注释（1）》，明德出版社，1996年。

甲 0526

吹野安、石本道明：《朱熹诗集传全注释（2）》，明德出版社，1996年。

甲 0527

近藤光男：《苏东坡》，小泽书店，1996年。

甲 0528

松本一男：《苏轼处逆境而不屈——宋代官僚在左迁与肃清的时代艰难度日的智慧》，文芸社，1996年。

甲 0529

远藤哲夫：《唐宋八家文读本（3）》，明治书院，1996年。

甲 0530

泽田瑞穗：《宋明清小说丛考》，研文出版社，1996年。

甲 0531

中钵雅量：《中国小说史研究——以水浒传为中心》，汲古书院，1996年。

甲 0532

吹野安、石本道明：《朱熹诗集传全注释（3）》，明德出版社，1997年。

甲 0533

吹野安、石本道明：《朱熹诗集传全注释（4）》，明德出版社，1997年。

甲 0534

吹野安、石本道明：《朱熹诗集传全注释（5）》，明德出版社，1997年。

甲 0535

赤松纪彦、金文京：《董解元西厢记诸宫调研究》，汲古书院，1998年。

甲 0536

吹野安、石本道明：《朱熹诗集传全注释（6）》，明德出版社，1998年。

甲 0537

吹野安、石本道明：《朱熹诗集传全注释（7）》，明德出版社，1998年。

甲 0538

吹野安、石本道明：《朱熹诗集传全注释（8）》，明德出版社，1998年。

甲 0539

宇野直人：《柳永论稿词的源流与创新》，上海古籍出版社，1998年。

甲 0540

中田勇次郎：《读词丛考》，创

七、文　学　史

文社，1998 年。

甲 0541
吹野安、石本道明：《朱熹诗集传全注释（9）》，明德出版社，1999 年。

甲 0542
勉诚出版编：《宋代文人诸相》，勉诚出版，1999 年。

甲 0543
松本肇：《唐宋文学》，创文社，2000 年。

甲 0544
石川忠久：《品读汉诗：苏东坡 100 选》，日本放送出版协会，2001 年。

甲 0545
原田宪雄：《魅惑的词人李清照》，朋友书店，2001 年。

甲 0546
村上哲见：《宋词的世界——中国近世的抒情歌曲》，大修馆书店，2002 年。

甲 0547
笕文生：《唐宋文学论考》，创文社，2002 年。

甲 0548
山本和义：《诗人与造物——苏轼论考》，研文出版社，2002 年。

甲 0549
中砂明德：《江南——中国文雅的源流》，讲谈社，2002 年。

甲 0550
东英寿：《欧阳修古文研究》，汲古书院，2003 年。

甲 0551
冈本不二明：《唐宋的小说与社会》，汲古书院，2003 年。

甲 0552
芦田孝昭：《中国诗选：唐、五代至现代》，文元社、纪伊国屋书店，2004 年。

甲 0553
石川忠久：《品读汉诗：陆游 100 选》，日本放送出版协会，2004 年。

甲 0554
向岛成美、高桥明郎：《唐宋八大家文读本（5）》，明治书院，2004 年。

甲 0555
浅见洋二：《距离与想象——中国诗学的唐宋转型》，上海古籍出版社，2005 年。

甲 0556
村上哲见：《宋词研究——南宋篇》，创文社，2006 年。

甲 0557
一海知义编：《陆游诗选》，岩波书店，2007 年。

甲 0558
　浅见洋二：《中国的诗学认识——从中世到近世的转换》，创文社，2008 年。

甲 0559
　内山精也：《苏轼诗研究——宋代士大夫诗人的构造》，研文出版社，2010 年。

八、宗教与信仰

甲 0560
　细川润次郎编：《入宋三僧传》，西川忠亮，1910 年。

甲 0561
　释成寻撰，成岛浪俭补：《删补参天台五台山记》，不详，1919 年。

甲 0562
　忽滑谷快天：《禅学思想史》，玄黄社，1923 年。

甲 0563
　水野梅晓：《近世中国佛教史的研究》，中国日报社，1925 年。

甲 0564
　常盘大定：《中国的佛教与儒教、道教》，东洋文库，1930 年。

甲 0565
　久保田量远：《中国儒道佛三教史论》，东方书院，1931 年。

甲 0566
　小柳司气太编：《白云观志——附：东岳庙志》，东方文化学院东京研究所，1934 年。

甲 0567
　宇井伯寿：《中国佛教史》，岩波书店，1936 年。

甲 0568
　神尾弋春：《契丹佛教文化史考》，满洲文化协会，1937 年。

甲 0569
　小野胜年、日比野丈夫：《五台

八、宗教与信仰

山》，座右宝刊行会，1942年。

甲0570

村田治郎：《大同大华严寺》，和乐路屋书店，1943年。

甲0571

佐伯好郎：《中国基督教研究（1）——唐宋时期中国基督教》，春秋社松柏馆，1943年。

甲0572

东福寺编：《大宋径山佛鉴无准禅师》，大佛寺佛鉴禅师七百年远讳局，1950年。

甲0573

小笠原宣秀：《中国净土教家研究》，平乐寺书店，1951年。

甲0574

安藤俊雄：《天台性具思想论》，法藏馆，1953年。

甲0575

野上俊静：《辽金的佛教》，平乐寺书店，1953年。

甲0576

牧田谛亮：《中国近世佛教史研究》，平乐寺书店，1957年。

甲0577

岩井大慧：《日中佛教史论考》，东洋文库，1957年。

甲0578

岛津草子：《参天台五台山记之研究》，大藏出版株式会社，1959年。

甲0579

二玄社编：《张即之书金刚般若波罗蜜经》，二玄社，1962年。

甲0580

田坂兴道：《中国回教的传入与发展（上）、（下）》，东洋文库，1964年。

甲0581

中国思想宗教史研究会编：《中国的宗教与社会》，不昧堂书店，1965年。

甲0582

窪德忠：《中国的宗教改革——全真教研究》，法藏馆，1967年。

甲0583

吉冈义丰：《道教和佛教》，丰岛书房，1970年。

甲0584

牧田谛亮：《五代宗教史研究》，平乐寺书店，1971年。

甲0585

铃木中正：《中国史中的革命与宗教》，东京大学出版会，1974年。

甲0586

高雄义坚：《宋代佛教史研究》，百华苑，1975年。

甲0587

中村元等：《亚洲佛史、中国

编（2）——民众与佛教（从宋至今）》，佼成出版社，1976年。

甲0588

秋月观暎：《中国近世道教的形成》，创文社，1978年。

甲0589

堀池春峰：《南都佛教史的研究（上：东大寺篇）》，法藏馆，1980年。

甲0590

堀池春峰：《南都佛教史的研究（下：诸寺篇）》，法藏馆，1982年。

甲0591

竺沙雅章：《中国佛教社会史研究》，同朋舍，1982年。

甲0592

宋代史研究会编：《宋代的社会与宗教》，汲古书院，1985年。

甲0593

阿部肇一：《中国禅宗史的研究：政治社会史的考察（增订版）》，研文出版，1986年。

甲0594

石井修道：《宋代禅宗史的研究——中国曹洞宗与道元禅》，大东出版社，1987年。

甲0595

石田秀实：《气·流动的身体》，平河出版社，1987年。

甲0596

石井修道：《道元禅成立史的研究》，大藏出版有限股份公司，1991年。

甲0597

蜂屋邦夫：《金代道教研究——王重阳和马丹阳》，汲古书院，1992年。

甲0598

椎名宏雄：《宋元版禅籍的研究》，大东出版社，1993年。

甲0599

三浦国雄，渡边欣雄编：《风水论集：中国沿海地区的民俗与文化》，凯风社，1994年。

甲0600

田中良昭编：《禅学研究入门》，大东出版社，1994年。

甲0601

福岛光哉：《宋代天台净土教研究》，文荣堂出版，1995年。

甲0602

三浦国雄：《风水——中国人的迷信》，平凡社，1995年。

甲0603

石田秀实：《身体中的道：道教的身体技法》，平河出版社，1997年。

甲0604

保立道久：《故事中的中世·神

八、宗教与信仰

话、童话、民间传说的历史学》，东京大学出版会，1998年。

甲 0605
蜂屋邦夫：《金元时代的道教——七真研究》，汲古书院，1998年。

甲 0606
小田切文洋：《渡宋的天台僧人——日中文化交流一斑》，翰林书房，1998年。

甲 0607
福井文雅：《道教的历史与结构》，五曜书房，1999年。

甲 0608
永井政之：《中国佛教文化史研究：中国禅宗教团与民众》，内山书店，2000年。

甲 0609
竺沙雅章：《宋元佛教文化史研究》，汲古书院，2000年。

甲 0610
铃木哲雄编：《宋代禅宗的社会影响》，山喜房佛书林，2002年。

甲 0611
秋月龙珉：《无门关读》，讲谈社，2002年。

甲 0612
田中良昭博士古稀记念论集集刊行会编：《禅学研究的诸相：田中良昭博士古稀记念论集》，大东出版社，2003年。

甲 0613
斋藤夏来：《禅宗官寺制度研究》，吉川弘文馆，2003年。

甲 0614
丸山宏：《道教礼仪文书的历史研究》，汲古书院，2004年。

甲 0615
浅野春二：《有关台湾的道教礼仪研究》，笠间书院，2005年。

甲 0616
松本浩一：《宋代的道教与民间信仰》，汲古书院，2006年。

甲 0617
藤善真澄：《参天台五台山记的研究》，关西大学出版部，2006年。

甲 0618
西尾贤隆：《中国近世的国家与禅宗》，思文阁出版社，2006年。

甲 0619
斋藤圆真：《天台入唐入宋僧的事迹研究》，山喜房佛书林，2006年。

九、学术思想史

甲 0620

建部遁吾：《陆象山——自疆录》，哲学书院，1900年。

甲 0621

并木正韶：《宋学源流质疑》，并木让之助得月楼铅印本，1903年。

甲 0622

井上哲次郎：《日本朱子学派之哲学》，富山房，1905年。

甲 0623

川田铁弥：《日本程朱学之源流》，高千穗学校，1908年。

甲 0624

史学研究会编：《史学研究会演讲集》第1册，富山房，1908年。

甲 0625

史学研究会编：《史学研究会演讲集》第2册，富山房，1909年。

甲 0626

西村时彦：《日本宋学史》，杉木梁堂，1909年。

甲 0627

史学研究会编：《史学研究会演讲集》第3册，富山房，1910年。

甲 0628

大江文城：《程朱哲学史论》，东洋大学出版部，1911年。

甲 0629

史学研究会编：《史学研究会演讲集》第4册，富山房，1912年。

甲 0630

宇野哲人：《中国哲学史讲话》，大同馆，1914年。

甲 0631

今关寿麿：《宋元明清儒学年

九、学术思想史

表》，今关寿麿，1919 年。

甲 0632
宇野哲人：《二程子之哲学》，大同馆，1920 年。

甲 0633
高濑武次郎：《陆象山》，内外出版，1924 年。

甲 0634
后藤俊瑞：《朱子的哲学》，圣山阁，1926 年。

甲 0635
三岛复：《陆象山的哲学》（第一册），宝文馆，1926 年。

甲 0636
秋月胤继：《朱子研究》，京文社，1927 年。

甲 0637
诸桥辙次：《儒学的目的和宋儒的活动（庆历至庆元一百六十年间）》，大修馆书店，1929 年。

甲 0638
松山直藏：《北宋五子哲学——附朱子晚年定论并证》，怀德堂记念会，1931 年。

甲 0639
寺田范三：《宋学的展开和周子太极图》，外务省文化事业部，1932 年。

甲 0640
足利衍述：《镰仓室町时代之儒教》，古典全集刊行会，1932 年。

甲 0641
诸桥辙次：《经史八论》，关书院，1933 年。

甲 0642
诸桥辙次：《经学史》，松云堂书店，1933 年。

甲 0643
小柳司气太：《东洋思想的研究》，关书院，1934 年。

甲 0644
大江文城：《本邦四书训点及对注解史的研究》，关书院，1935 年。

甲 0645
秋月胤继：《陆王研究》，章华社，1935 年。

甲 0646
萩原扩：《周濂溪的哲学：初期宋代哲学的研究》，藤井书店，1935 年。

甲 0647
糸贺国次郎：《海南朱子学发达之研究》，成美堂书店，1935 年。

甲 0648
田森长次郎编：《萨藩文化总论及宋学》，铅印本，1935 年。

甲 0649

宇田尚：《儒教对日本文化的影响》，东洋思想研究所，1935 年。

甲 0650

中岛抚山：《性说疏议》，开明堂，1935 年。

甲 0651

镰田柳泓：《理学秘诀》，第一书房，1936 年。

甲 0652

武内义雄：《中国思想史》，岩波书店，1936 年。

甲 0653

武内义雄：《朱子·阳明》，岩波书店，1936 年。

甲 0654

诸桥辙次：《经学研究序说》，目黑书店，1936 年。

甲 0655

高田真治、诸桥辙次、山口察常：《儒教的史的概论》，春阳堂，1937 年。

甲 0656

后藤俊瑞：《朱子的实践哲学》，目黑书店，1937 年。

甲 0657

津田左右吉：《中国的思想与日本》，岩波书店，1938 年。

甲 0658

津田左右吉编：《东洋思想研究（二）》，岩波书店，1938 年。

甲 0659

京城帝国大学文学会编：《史学论丛》，岩波书店，1938 年。

甲 0660

小柳司气太：《续东洋思想研究》，关书院，1938 年。

甲 0661

西晋一郎：《东洋道德研究》，岩波书店，1940 年。

甲 0662

服部宇之吉：《儒教伦理概论》，富山房，1941 年。

甲 0663

京城帝国大学文学会编：《史学论丛第二》，岩波书店，1941 年。

甲 0664

后藤俊瑞：《朱子》，评论社，1943 年。

甲 0665

山田准：《陆象山与王阳明》，岩波书店，1943 年。

甲 0666

本田成之：《中国近世哲学史考》，晃文社，1944 年。

甲 0667

安田二郎：《中国近世思想研究》，弘文堂，1948 年。

甲 0668

岛田虔次：《中国近代思维的挫

九、学术思想史

折》，筑摩书房，1949年。

甲 0669

内藤湖南：《中国史学史》，弘文堂，1949年。

甲 0670

东京教育大学文学部东洋史学研究室编：《东洋史学论集（一）》，清水书院，1953年。

甲 0671

狩野直喜：《中国哲学史》，岩波书店，1953年。

甲 0672

东京教育大学文学部东洋史学研究室编：《东洋史学论集（三）》，不昧堂书店，1954年。

甲 0673

宇野哲人：《中国哲学史——近世儒学》，宝文馆，1954年。

甲 0674

东京教育大学文学部东洋史学研究室编：《东洋史学论集（四）》，不昧堂书店，1955年。

甲 0675

今井宇三郎：《宋代易学的研究》，明治图书出版，1958年。

甲 0676

和岛芳男：《日本宋学史的研究》，吉川弘文馆，1962年。

甲 0677

楠本正继：《宋明时代儒学思想的研究》，广池学园出版部，1962年。

甲 0678

荒木见悟：《佛教与儒教——中国思想的形成物》，平乐寺书店，1963年。

甲 0679

后藤俊瑞：《朱子的伦理思想》，后藤俊瑞博士遗稿刊行会，1964年。

甲 0680

市川安司：《程伊川哲学的研究》，东京大学出版会，1964年。

甲 0681

高桥进：《从自主到自为——唐宋间思想发展及其历史性质》，文理书院，1965年。

甲 0682

相良亨：《近世的儒教思想》，塙书房，1966年。

甲 0683

岛田虔次：《朱子学和阳明学》，岩波书店，1967年。

甲 0684

岛田虔次：《朱子学与阳明学的完成》，岩波书店，1967年。

甲 0685

麓保孝：《北宋儒学的展开》，书籍文物流通会，1967年。

甲 0686

岛田虔次：《宋学的展开》，岩波书店，1969年。

甲 0687

西顺藏：《中国思想论集》，筑摩书房，1969年。

甲 0688

友枝龙太郎：《朱子思想的形成》，春秋社，1969年。

甲 0689

佐藤仁：《朱子行状》，明德出版社，1969年。

甲 0690

友枝龙太郎：《陆象山》，明德出版社，1972年。

甲 0691

山本命：《对宋代儒学的伦理学的研究》，理想社，1973年。

甲 0692

荒木见悟，沟口雄三编：《朱子与王阳明》，中央公论社，1974年。

甲 0693

间野潜龙：《朱子和王阳明：新儒学与〈大学〉的理念》，清水书院，1974年。

甲 0694

市川安司：《朱子：学问及其展开》，评论社，1974年。

甲 0695

诸桥辙次、安冈正笃、阿部吉雄等：《朱子学入门》（朱子学大系第1卷），明德出版社，1974年。

甲 0696

阿部吉雄：《日本的朱子学（下）》（朱子学大系第13卷），明德出版社，1975年。

甲 0697

冈田武彦等编：《幕末维新朱子学者书简集》（朱子学大系第14卷），明德出版社，1975年。

甲 0698

楠本正继：《楠本正继先生中国哲学研究》，国士馆大学图书馆，1975年。

甲 0699

佐藤仁编：《朱子语类自第一卷至第十三卷语句索引》，采华书林，1975年。

甲 0700

阿部吉雄、铃木喜一等：《朱子的先驱（下）》（朱子学大系第3卷），明德出版社，1976年。

甲 0701

大槻信良：《朱子四书集注典据考》，中文出版社，1976年。

甲 0702

荒木见悟：《谢上蔡的担当》（朱子学大系第3卷），明德出版社，

九、学术思想史

1976 年。

甲 0703
吉川幸次郎、三浦国雄：《朱子集》，朝日新闻社，1976 年。

甲 0704
麓保孝：《宋元明清近世儒学变迁史论》，国书刊行会，1976 年。

甲 0705
宇野茂彦等：《朱子的后继（上）》（朱子学大系第 10 卷），明德出版社，1976 年。

甲 0706
阿部吉雄编：《朝鲜的朱子学·日本的朱子学（上）》（朱子学大系第 12 卷），明德出版社，1977 年。

甲 0707
冈田武彦：《宋明哲学序说》，文言社，1977 年。

甲 0708
高桥进：《朱熹与王阳明——物和心及理的比较思想论》，国书刊行会，1977 年。

甲 0709
阿部吉雄、铃木喜一等：《朱子的先驱（上）》（朱子学大系第 2 卷），明德出版社，1978 年。

甲 0710
山田庆儿：《朱子的自然学》，岩波书店，1978 年。

甲 0711
市川安司：《朱子的后继（下）》（朱子学大系第 11 卷），明德出版社，1978 年。

甲 0712
小野泽精一、福永光司、山井涌编：《气的思想——中国自然观与人的观念的发展》，东京大学出版会，1978 年。

甲 0713
三浦国雄：《朱子》，讲谈社，1979 年。

甲 0714
沟口雄三：《中国前近代思想的曲折与展开》，东京大学出版会，1980 年。

甲 0715
久须本文雄：《宋代儒学的禅思想研究》，日进堂书店，1980 年。

甲 0716
汤浅幸孙：《对中国伦理思想的研究》，同朋舍，1981 年。

甲 0717
大滨皓：《朱子的哲学》，东京大学出版会，1983 年。

甲 0718
冈田武彦：《中国思想的理想与现实》，木耳社，1983 年。

甲 0719
山根三芳：《朱子伦理思想研

究》，东海大学出版会，1983年。

甲0720
冈田武彦：《宋明哲学的本质》，木耳社，1984年。

甲0721
船越泰次：《宋白续通典辑本附解题》，汲古书院，1985年。

甲0722
高畑常信：《延平答问》（中国古典新书续篇2），明德出版社，1985年。

甲0723
市川安司：《朱子哲学论考》，汲古书院，1985年。

甲0724
佐藤仁：《朱子：少年易学老难成》，集英社，1985年。

甲0725
户川芳郎、蜂屋邦夫、沟口雄三：《儒教史》，山川出版社，1987年。

甲0726
中岛敏：《东洋史学论集——宋代史研究及其周边》，汲古书院，1988年。

甲0727
佐野公治：《四书学史的研究》，创文社，1988年。

甲0728
荒木见悟：《中国思想史的诸相》，中国书店，1989年。

甲0729
吉田公平：《陆象山与王阳明》，研文出版，1990年。

甲0730
有田和夫、大岛晃编：《朱子学的思维——中国思想史上的传统与革新》，汲古书院，1990年。

甲0731
桥本高胜：《朱子学体系改组——戴震的哲学研究》，启文社，1991年。

甲0732
山下龙二：《朱子学与反朱子学》，研文社，1991年。

甲0733
中村璋八、古藤友子：《周易本义》，明德出版社，1992年。

甲0734
庄司庄一：《中国哲史文学逍遥》，角川书店，1993年。

甲0735
三浦国雄：《气的中国文化：气功、养生、风水、易》，创元社，1994年。

甲0736
田中忠治：《朱子的读书法》，致知出版社，1994年。

甲0737
衣川强：《朱熹》，白帝社，1994年。

九、学术思想史

甲 0738
本田济:《虡斋注老子讲义录》,致知出版社,1995年。

甲 0739
沟口雄三、伊东贵之、村田雄二郎:《中国这一视角(今后的世界史4)》,平凡社,1995年。

甲 0740
高畑常信:《宋代湖南学的研究》,秋山书店,1996年。

甲 0741
近藤正则:《程伊川对〈孟子〉的接受与衍义》,汲古书院,1996年。

甲 0742
山根三芳:《宋代礼说研究》,溪水社,1996年。

甲 0743
小岛毅:《中国近世的礼的学说》,东京大学出版会,1996年。

甲 0744
佐藤仁解题:《朱子学的基本用语——北溪字义注解》,研文出版,1996年。

甲 0745
岛田虔次:《隐者的尊重:中国的历史哲学》,筑摩书房,1997年。

甲 0746
晋述一郎,本间日出男,木南卓一:《易·近思录讲义》,溪水社,1997年。

甲 0747
三浦国雄:《朱子与气和身体》,平凡社,1997年。

甲 0748
木下铁矢:《再读朱熹:理解朱子学的序说》,研文出版,1999年。

甲 0749
小岛毅:《宋学的形成与展开》,创文社,1999年。

甲 0750
筧文生、野村鲇子:《四库提要北宋五十家研究》,汲古书院,2000年。

甲 0751
桥本高胜:《中国思想的沿革(中)——隋唐·宋元》,晃洋书房,2000年。

甲 0752
松川健二:《宋明的论语》,汲古书院,2000年。

甲 0753
田中谦二:《田中谦二著作集(1)》,汲古书院,2000年。

甲 0754
田中谦二:《田中谦二著作集(2)》,汲古书院,2000年。

甲 0755
田中谦二:《田中谦二著作集(3)》,汲古书院,2001年。

甲 0756

岛田虔次：《中国思想史研究》，京都大学学术出版会，2002 年。

甲 0757

吉原文昭：《南宋学研究》，研文社，2002 年。

甲 0758

市来津由彦：《朱熹门人集团形成的研究》，创文社，2002 年。

甲 0759

土田健次郎：《道学的形成》，创文社，2002 年。

甲 0760

中岛敏：《东洋史学论集续篇》，汲古书院，2002 年。

甲 0761

三浦秀一：《中国心学的棱线》，研文出版，2003 年。

甲 0762

吾妻重二：《朱子学的新研究：近世士大夫的思想史的地位》，创文社，2004 年。

甲 0763

小岛毅：《中国思想与宗教的奔流——宋朝》，讲谈社，2005 年。

甲 0764

伊东贵之：《中国近世思想》，东京大学出版会，2005 年。

甲 0765

垣内景子：《围绕"心"与"理"——朱熹思想结构研究》，汲古书院，2005 年。

甲 0766

稻叶一郎：《中国史学史的研究》，京都大学学术出版会，2006 年。

甲 0767

小路口聪：《"即今自立"的哲学——陆九渊心学再考》，研文出版，2006 年。

甲 0768

木下铁矢：《朱子学的地位》，知泉书馆，2007 年。

甲 0769

佐藤仁：《宋代的春秋学——宋代士大夫的思考世界》，研文出版，2007 年。

甲 0770

冈田武彦：《朱子的传记与学问》，明德出版社，2008 年。

甲 0771

木下铁矢：《朱子——"工作"与"任职"的哲学》，岩波书店，2009 年。

甲 0772

吾妻重二：《宋代思想的研究——围绕儒教道教佛教的考察》，关西大学出版部，2009 年。

十、教育史

甲0773
　田内高次：《中国教育学史》，富山房，1942年。

甲0774
　宫崎市定：《科举》，秋田屋，1946年。

甲0775
　寺田刚：《宋代教育史概说》，博文社，1965年。

甲0776
　多贺秋五郎编：《近世亚洲教育史研究》，文理书院，1966年。

甲0777
　荒木敏一：《宋代科举制度研究》，同朋舍，1969年。

甲0778
　梅原郁：《宋代科举制度及其历史的展开》，京都大学，1982年。

甲0779
　宫崎市定：《科举史》，平凡社，1987年。

甲0780
　平田茂树：《科举与官僚制》，山川出版社，1997年。

甲0781
　近藤一成：《宋代中国科举社会的研究》，汲古书院，2009年。

十一、艺 术 史

甲 0782
田岛志一编:《南宋名画苑》第1辑,审美书院,1904年。

甲 0783
田岛志一编:《南宋名画苑》第2辑,审美书院,1904年。

甲 0784
田岛志一编:《南宋名画苑》第3辑,审美书院,1905年。

甲 0785
田岛志一编:《南宋名画苑》第4辑,审美书院,1905年。

甲 0786
田岛志一编:《南宋名画苑》第5辑,审美书院,1905年。

甲 0787
田岛志一编:《南宋名画苑》第6辑,审美书院,1906年。

甲 0788
田岛志一编:《南宋名画苑》第7辑,审美书院,1906年。

甲 0789
田岛志一编:《南宋名画苑》第8辑,审美书院,1906年。

甲 0790
田岛志一编:《南宋名画苑》第9辑,审美书院,1906年。

甲 0791
田岛志一编:《南宋名画苑》第10辑,审美书院,1906年。

甲 0792
田岛志一编:《南宋名画苑》第11辑,审美书院,1906年。

甲 0793
田岛志一编:《南宋名画苑》第12辑,审美书院,1907年。

十一、艺术史

甲 0794
田岛志一编:《南宋名画苑》第13辑,审美书院,1907年。

甲 0795
田岛志一编:《南宋名画苑》第14辑,审美书院,1907年。

甲 0796
田岛志一编:《南宋名画苑》第15辑,审美书院,1907年。

甲 0797
村山旬吾编:《和汉名画选》,国华社,1908年。

甲 0798
田岛志一编:《东洋美术大观·支那画》第8册,审美书院,1908年。

甲 0799
田岛志一编:《南宋名画苑》第16辑,审美书院,1908年。

甲 0800
田岛志一编:《南宋名画苑》第17辑,审美书院,1908年。

甲 0801
田岛志一编:《南宋名画苑》第18辑,审美书院,1908年。

甲 0802
田岛志一编:《南宋名画苑》第19辑,审美书院,1908年。

甲 0803
田岛志一编:《南宋名画苑》第20辑,审美书院,1909年。

甲 0804
田岛志一编:《南宋名画苑》第21辑,审美书院,1909年。

甲 0805
田岛志一编:《南宋名画苑》第22辑,审美书院,1909年。

甲 0806
田岛志一编:《南宋名画苑》第23辑,审美书院,1909年。

甲 0807
近藤元粹:《萤雪轩论画丛书》,犹兴书院出版部,1910年。

甲 0808
田岛志一编:《南宋名画苑》第24辑,审美书院,1910年。

甲 0809
田岛志一编:《南宋名画苑》第25辑,审美书院,1910年。

甲 0810
田岛志一、和田干男、窪田勘六编:《美术聚英》,审美书院,1910年。

甲 0811
田岛志一编:《中国墨宝集》,审美书院,1910年。

甲 0812
村山旬吾编:《世外庵鉴赏》,国华社,1912年。

甲 0813
国华社编:《米元章书崇国公墓

志》，国华社，1912年。

甲0814
和田干男：《笔耕图》，审美书院，1912年。

甲0815
田岛志一编：《东洋美术大观·支那画》第9册，审美书院，1912年。

甲0816
星野锡编：《东洋美术家宝集（1）》，画报社，1912年。

甲0817
田岛志一编：《东洋美术大观·支那画》第10册，审美书院，1913年。

甲0818
田山宗尧编：《尚美资料》，尚美会，1913—1916年。

甲0819
中村不折、小鹿青云：《中国绘画史》，玄黄社，1913年。

甲0820
川崎芳太郎：《长春阁鉴赏》，国华社，1914年。

甲0821
大村西崖编：《小万柳堂剧迹》，审美书院，1914年。

甲0822
窪田勘六：《禅月大师十六罗汉》，审美书院，1914年。

甲0823
油屋达编：《米芾（元章）乐兄帖》，博文堂，1914年。

甲0824
大村西崖：《中国美术史雕塑篇》，佛书刊行会图像部，1915年。

甲0825
今关寿麿纂订：《东洋画论集成（上）》，读画书院，1915年。

甲0826
窪田勘六：《艺苑欣赏》1—3辑，审美书院，1915年。

甲0827
香川默识编：《西域考古图谱（上）、（下）》，国华社，1915年。

甲0828
今关寿麿纂订：《东洋画论集成（下）》，读画书院，1916年。

甲0829
田岛志一编：《东洋美术大观·支那画》第11册，审美书院，1916年。

甲0830
窪田勘六：《艺苑欣赏》4—6辑，审美书院，1916年。

甲0831
小野玄妙：《佛教之美术及历史》，佛书研究会，1916年。

十一、艺 术 史

甲 0832
东京帝室博物馆编：《南宋画集》，西东书房，1917年。

甲 0833
藤井善助编：《中国名家书画集》，有邻社，1917年。

甲 0834
窪田勘六：《艺苑欣赏》7—9辑，审美书院，1917年。

甲 0835
相见繁一：《浅野侯爵家宝绘谱》，艺海社，1917年。

甲 0836
田岛志一编：《东洋美术大观·支那画》第12册，审美书院，1918年。

甲 0837
窪田勘六：《艺苑欣赏》10—12辑，审美书院，1918年。

甲 0838
斋藤隆三：《新古画草（7）》，新古画粹社，1919年。

甲 0839
常盘大定：《中国佛迹漫步——通向古贤之迹之第一步》，金尾文渊堂，1921年。

甲 0840
大村西崖编：《文人画选》第1辑，丹青社，1921年。

甲 0841
大村西崖编：《西金居士真迹十六罗汉》，巧艺社，1921年。

甲 0842
泷精一编：《静嘉堂鉴赏（中国画部分）》，国华社，1921年。

甲 0843
泷精一述，启明会编：《斯坦因发现的敦煌壁画》，启明会，1921年。

甲 0844
审美书院编：《曹绘董韵》，审美书院，1921年。

甲 0845
和田干男：《柳营墨宝》，精艺出版合资会社，1922年。

甲 0846
泷精一：《文人画概论》，改造社，1922年。

甲 0847
相见繁一：《云州余彩（上）》，艺海社，1922年。

甲 0848
相见繁一：《云州余彩（下）》，艺海社，1922年。

甲 0849
伊势专一郎：《中国的绘画》，内外出版，1922年。

甲 0850
大村西崖：《东洋美术史》，图

本丛刊会，1925年。

甲 0851

大东美术振兴会：《大东美术第1辑》，大东美术振兴会，1925年。

甲 0852

中川忠顺、东京帝室博物馆编：《从文化史角度看西蜀》，帝室博物馆，1925年。

甲 0853

大村西崖：《塑壁残影》，文玩庄，1926年。

甲 0854

高木文：《玉涧牧溪潇湘八景绘及其传来之研究》，聚芳阁，1926年。

甲 0855

清福会编：《宋王将明宣和博古图总说》，清福会，1926年。

甲 0856

田中传三郎编：《中国花鸟画册》，便利堂，1926年。

甲 0857

关野贞、常盘大定：《中国佛教史迹》，佛教史迹研究会，1927年。

甲 0858

山本悌二郎、纪成虎一合编：《宋元明清书画名贤详传》，丙午出版社，1927年。

甲 0859

深野达：《南宗画鉴》，南画研究会，1927年。

甲 0860

小野玄妙：《大乘佛教艺术史的研究》，大雄阁，1927年。

甲 0861

后藤博山编：《宋元花鸟画名作集》，平安精华社，1928年。

甲 0862

秋山光夫、田中一松、相见繁一编：《宋元名画集》第1期第1辑，聚乐社，1928年。

甲 0863

秋山光夫、田中一松、相见繁一编：《宋元名画集》第1期第2辑，聚乐社，1928年。

甲 0864

山中定次郎、三浦秀之助编：《唐宋精华（欧洲、美国部分）》，山中商会，1928年。

甲 0865

唐宋元明名画展览会编：《唐宋元明画家略传》，唐宋元明名画展览会，1928年。

甲 0866

武藤山治编：《听松清鉴》，春光美术社，1928年。

甲 0867

原田悟郎编：《南画渊源》，博文堂，1928年。

十一、艺　术　史

甲 0868

斋藤悦藏编：《董盦藏书画谱》，博文堂，1928年。

甲 0869

博文堂编：《北画薪传》，博文堂，1929年。

甲 0870

秋山光夫、田中一松、相见繁一编：《宋元名画集》第1期第3辑，聚乐社，1929年。

甲 0871

秋山光夫、田中一松、相见繁一编：《宋元名画集》第1期第4辑，聚乐社，1929年。

甲 0872

唐宋元明名画展览会编：《唐宋元明名画大观》，大塚巧艺社，1929年。

甲 0873

藤井善助：《有邻大观》第1册，有邻馆，1929年。

甲 0874

藤井善助：《有邻大观》第2册，有邻馆，1929年。

甲 0875

下中弥三郎：《世界美术全集第11卷（五代、北宋及高丽时代）》，平凡社，1929年。

甲 0876

下中弥三郎：《世界美术全集第12卷（南宋）》，平凡社，1929年。

甲 0877

阿部房次郎编：《爽籁馆欣赏（第一辑）》，博文堂，1930年。

甲 0878

嘉纳治兵卫：《白鹤帖》，白鹤山庄，1930年。

甲 0879

秋山光夫、田中一松、相见繁一编：《宋元名画集》第1期第5辑，聚乐社，1930年。

甲 0880

秋山光夫、田中一松、相见繁一编：《宋元名画集》第2期第1辑，聚乐社，1931年。

甲 0881

秋山光夫、田中一松、相见繁一编：《宋元名画集》第2期第2辑，聚乐社，1931年。

甲 0882

日华古今绘画展览会编：《宋元明清名画大观》（上），大塚巧艺社，1931年。

甲 0883

日华古今绘画展览会编：《宋元明清名画大观》（下），大塚巧艺社，1931年。

甲 0884

秋山光夫、田中一松、相见繁一编：《宋元名画集》第2期第3辑，聚乐社，1932年。

甲 0885

山本悌二郎：《澄怀堂书画目录》，文求堂，1932年。

甲 0886

泽村专太郎：《东洋美术史的研究》，星野书店，1932年。

甲 0887

福井利吉郎：《水墨画》，岩波书店，1933年。

甲 0888

日本美术研究所编，矢代幸雄解说：《徽宗摹张萱捣练图解说》，日本美术研究所，1935年。

甲 0889

原田尾山（谨次郎）：《北宋释巨然溪山兰若图卷——附解说》，大塚巧艺社，1936年。

甲 0890

原田尾山：《中国名画宝鉴》，大塚巧艺社，1936年。

甲 0891

鸟居龙藏：《探寻辽文化》，章华社，1937年。

甲 0892

松本荣一：《敦煌画的研究》，东方文化学院东京研究所，1937年。

甲 0893

内藤湖南：《中国绘画史》，弘文堂书房，1938年。

甲 0894

田中喜作编：《宋元名画集（续）》，聚乐社出版，1938年。

甲 0895

原田尾山：《中国画学书解题》，大塚巧艺社，1938年。

甲 0896

阿部房次郎编：《爽籁馆欣赏（第二辑）》，博文堂，1939年。

甲 0897

根津美术馆：《青山庄清赏——中国图篇》，根津美术馆，1940年。

甲 0898

关野贞、常盘大定：《中国文化史迹》1—11辑，法藏馆，1940年。

甲 0899

原田淑人：《东亚古文化研究》，座右宝刊行会，1940年。

甲 0900

关野贞、常盘大定：《中国文化史迹》12辑，法藏馆，1941年。

甲 0901

堂谷宪勇：《倪云林》，画室社，1941年。

甲 0902

支那地理历史大系刊行会编：《中国美术史》，白扬社，1941年。

甲 0903

八幡关太郎：《中国画家研究》，

十一、艺　术　史

明治书房，1942年。

甲 0904

北京近代科学图书馆编：《宋代以来的古镜拓影集》，北京近代科学图书馆，1942年。

甲 0905

青木正儿、奥村伊九良：《历代画论·唐宋元篇》，弘文堂，1942年。

甲 0906

日本美术研究所编，田中丰藏解说：《宫素然笔明妃出塞图卷》，美术研究所，1942年。

甲 0907

矢代幸雄：《东洋美术论考》，座右宝刊行会，1942年。

甲 0908

藤井善助：《有邻大观》第3册，有邻馆，1942年。

甲 0909

藤井善助：《有邻大观》第4册，有邻馆，1942年。

甲 0910

藤井善助：《有邻大观》第5册，有邻馆，1942年。

甲 0911

藤井善助：《有邻大观》第6册，有邻馆，1942年。

甲 0912

金井紫云：《东洋画题综览》，艺草堂，1943年。

甲 0913

日本关东局编：《旅顺博物馆图录》，座右宝刊行会，1943年。

甲 0914

下店静市：《中国绘画史研究》，富山房，1943年。

甲 0915

奥田诚一：《宋胡录图鉴》，座右宝刊行会，1944年。

甲 0916

堂谷宪勇：《中国美术史论》，桑名文星堂，1944年。

甲 0917

帝室博物馆：《东亚的文化》，帝室博物馆，1944年。

甲 0918

田中干郎编：《中国名画集（1）—（8）》，龙文书局，1945年。

甲 0919

岸田刘生：《宋元的写生画》，全国书房，1947年。

甲 0920

田中干郎：《宋元以来名画小集》，文求堂，1947年。

甲 0921

小林太市郎：《禅月大师的生涯和艺术》，创元社，1947年。

甲 0922

小林太市郎：《中国绘画史论

考》，大八洲出版，1947年

甲 0923
国立博物馆附属美术研究所编：《墨迹资料集第1辑》，秋叶启，1949年。

甲 0924
青木正儿：《中华文人画谈》，弘文堂，1949年。

甲 0925
田中丰藏：《东洋美术论丛》，朝日新闻社，1949年。

甲 0926
国立博物馆附属美术研究所编：《墨迹资料集第2辑》，秋叶启，1950年。

甲 0927
国立博物馆附属美术研究所编：《墨迹资料集第3辑》，秋叶启，1951年。

甲 0928
平凡社编：《世界美术全集第14卷（中国中世纪宋元）》，平凡社，1951年。

甲 0929
岛田修二郎、米泽嘉圃：《宋元绘画》，不详，1952年。

甲 0930
大阪市立美术馆编：《中国绘画目录》，大阪市立美术馆，1953年。

甲 0931
泷辽一：《东洋音乐史》，全音乐谱出版社，1953年。

甲 0932
中谷英雄编：《历代名画记画人索引——君台观左右帐记画人索引》，编者油印，1953年。

甲 0933
岛田修二郎：《宋元美术》，平凡社，1954年。

甲 0934
东京国立博物馆监修：《书道名品图录》，便利堂，1954年。

甲 0935
河出书房编：《世界美术大辞典》第1卷，河出书房，1954年。

甲 0936
田中一松：《中国宋元美术》，平凡社，1954年。

甲 0937
尾上八郎、神田喜一郎、田中亲美监修：《书道全集第15卷——中国篇10，宋Ⅰ》，平凡社，1954年。

甲 0938
河出书房编：《定本书道全集（10）——宋元》，河出书房，1955年。

甲 0939
河出书房编：《世界美术大辞典》

十一、艺术史

第 2 卷，河出书房，1955 年。

甲 0940

神田喜一郎解说：《宋黄山谷伏波神祠诗卷》，东方文化刊行会影印，1955 年。

甲 0941

田山方南编：《禅林墨迹》，禅林墨迹刊行会，1955 年。

甲 0942

尾上八郎、神田喜一郎、田中亲美监修：《书道全集第 16 卷——中国篇 11，宋 Ⅱ》，平凡社，1955 年。

甲 0943

国华社编：《国华索引》，朝日新闻社，1956 年。

甲 0944

河出书房编：《世界美术大辞典》第 3 卷，河出书房，1956 年。

甲 0945

河出书房编：《世界美术大辞典》第 4 卷，河出书房，1956 年。

甲 0946

米泽嘉圃：《中国名画——宋代花鸟》，平凡社，1956 年。

甲 0947

松下隆章、铃木敬编：《宋元名画——梁楷、牧溪、玉涧》，聚乐社，1956 年。

甲 0948

尾上八郎、神田喜一郎、田中亲美监修：《书道全集第 10 卷——中国篇 9，唐Ⅲ，五代》，平凡社，1956 年。

甲 0949

长广敏雄：《敦煌》，平凡社，1957 年。

甲 0950

东京国立文化财研究所编：《梁楷》，便利堂，1957 年。

甲 0951

小林太市郎：《唐宋的人物画》，平凡社，1957 年。

甲 0952

二玄社编：《米元章的群玉堂米帖》，二玄社，1960 年。

甲 0953

二玄社编：《宋黄山谷·李太白忆旧游诗卷》，二玄社，1960 年。

甲 0954

二玄社编：《宋黄山谷·松风阁诗卷》，二玄社，1960 年。

甲 0955

米泽嘉圃：《中国绘画史研究：山水画论》，东京大学东洋文化研究所，1961 年。

甲 0956

松下隆章、铃木敬编：《宋元名画山水》，聚乐社，1961 年。

甲 0957

中村茂夫：《中国画论的展开：晋唐宋元篇》，中山文华堂，1965年。

甲 0958

神田喜一郎、野上俊静监修：《宋拓墨宝二种》，大谷大学，1967年。

甲 0959

田中一松等编：《绘画Ⅰ（东洋美术1）》，朝日新闻社，1967年。

甲 0960

田中一松等编：《绘画Ⅱ（东洋美术2）》，朝日新闻社，1967年。

甲 0961

田中一松等编：《雕塑（东洋美术3）》，朝日新闻社，1967年。

甲 0962

田中一松等编：《陶瓷（东洋美术4）》，朝日新闻社，1968年。

甲 0963

田中一松等编：《铜器（东洋美术5）》，朝日新闻社，1968年。

甲 0964

田中一松等编：《工艺（东洋美术6）》，朝日新闻社，1969年。

甲 0965

中田勇次郎：《书道艺术》，中央公论社，1971—1973年。

甲 0966

户田祯佑编：《牧溪·玉涧》（水墨美术大系第3卷），讲谈社，1973年。

甲 0967

讲谈社编：《中国美术（全5卷）》，株式会社讲谈社，1973年。

甲 0968

铃木敬编：《李唐·马远·夏圭》（水墨美术大系第2卷），讲谈社，1973年。

甲 0969

石田干之助：《东亚文化史丛考》，东洋文库，1973年。

甲 0970

田中一松、米泽嘉圃编：《从白描到水墨画的展开》（水墨美术大系第1卷），讲谈社，1973年。

甲 0971

杉村勇造：《辽的陶器》，平凡社，1974年。

甲 0972

川上泾、户田祯佑、海老根聪郎编：《梁楷·因陀罗》（水墨美术大系第4卷），讲谈社，1975年。

甲 0973

杉村勇造解说：《苏东坡丰乐亭帖》，求龙堂，1975年。

甲 0974

学习研究社编：《宋画精华

十一、艺术史

（上）》，学习研究社，1975年。

甲 0975

学习研究社编：《宋画精华（中）》，学习研究社，1975年。

甲 0976

根津美术馆、德川美术馆编：《东山御物——以"杂华室印"相关的新资料为中心》，根津美术馆，1976年。

甲 0977

学习研究社编：《宋画精华（下）》，学习研究社，1976年。

甲 0978

中央公论社编：《文人画粹编第2卷》，中央公论社，1977年。

甲 0979

中田勇次郎：《中国书论大系4——宋（1）》，二玄社，1978年。

甲 0980

中田勇次郎：《中国书论大系5——宋（2）》，二玄社，1978年。

甲 0981

大阪市立美术馆编：《宋元的美术》，平凡社，1980年。

甲 0982

户田祯佑编：《周刊朝日百科世界的美术（94）——五代、宋代的绘画与书法》，朝日新闻社，1980年。

甲 0983

西林昭一解说：《宋高宗真草千字文范成大诗碑》，二玄社，1980年。

甲 0984

铃木敬：《中国绘画史（上）》，吉川弘文馆，1981年。

甲 0985

铃木敬先生还历记念会编：《中国绘画史论集：铃木敬先生还历记念》，吉川弘文馆，1981年。

甲 0986

东京国立博物馆：《特别展——美国两大美术馆所藏中国的绘画（图录）》，东京国立博物馆，1982年。

甲 0987

铃木敬：《中国绘画综合图录第1卷：美国及加拿大篇》，东京大学出版会，1982年。

甲 0988

铃木敬：《中国绘画综合图录第2卷：东南亚及欧洲篇》，东京大学出版会，1982年。

甲 0989

户田祯佑、小川裕充编：《中国的花鸟画与日本》，学习研究社，1983年。

甲 0990

铃木敬：《中国绘画综合图录第3卷：日本篇1·博物馆》，东京大学出版会，1983年。

甲 0991

铃木敬：《中国绘画综合图录第4卷：日本篇2·寺院及个人》，东京大学出版会，1983年。

甲 0992

铃木敬：《中国绘画综合图录第5卷：总索引》，东京大学出版会，1983年。

甲 0993

长广敏雄：《长广敏雄中国美术论集》，讲谈社，1984年。

甲 0994

大野修作：《黄庭坚卷释文解说》，同朋舍，1984年。

甲 0995

铃木敬：《中国绘画史（中）》，吉川弘文馆，1984年。

甲 0996

田中一松绘画史论集刊行会编：《田中一松绘画史论集（上）》，中央公论美术出版，1985年。

甲 0997

田中一松绘画史论集刊行会编：《田中一松绘画史论集（下）》，中央公论美术出版，1986年。

甲 0998

西东书房编：《精萃图说书法论（3）——宋》，西东书房，1988年。

甲 0999

大和文华馆编：《特别展——宋代的绘画（图录）》，大和文华馆，1989年。

甲 1000

静嘉堂文库：《静嘉堂文库宋元版图录》，静嘉堂文库美术馆，1992年。

甲 1001

岛田修二郎：《中国绘画史研究》，中央公论美术出版，1993年。

甲 1002

冈山县立美术馆编：《水墨画的至宝（展图录）》，冈山县立美术馆，1993年。

甲 1003

栃木县立博物馆编：《寒山拾得——所描绘的狂放的祖师们（展图录）》，栃木县立博物馆，1994年。

甲 1004

米泽嘉圃美术史论集编辑委员会编：《米泽嘉圃美术史论集（上）、（下）》，国华社，1994年。

甲 1005

铃木敬：《中国绘画史（下）》，吉川弘文馆，1995年。

甲 1006

五岛美术馆编：《山上宗二记——天正十四年的审美眼光

十一、艺　术　史

（展图录）》，五岛美术馆，1995年。

甲1007

奈良国立博物馆编：《特别展——东亚的佛像（展图录）》，奈良国立博物馆，1996年。

甲1008

综合美术馆编：《波士顿美术馆的至宝——中国宋、元画名品展（图录）》，综合美术馆，1996年。

甲1009

放送出版协会编：《故宫博物院》第1卷《南北朝至北宋的绘画》，日本放送出版协会，1997年。

甲1010

放送出版协会编：《故宫博物院》第2卷《南宋的绘画》，日本放送出版协会，1997年。

甲1011

放送出版协会编：《故宫博物院》第6卷《宋元的陶瓷》，日本放送出版协会，1997年。

甲1012

放送出版协会编：《故宫博物院》第10卷《宋元的书法》，日本放送出版协会，1997年。

甲1013

放送出版协会编：《故宫博物院》第14卷《工艺美术》，日本放送出版协会，1997年。

甲1014

户田祯佑：《日本美术的见解——与中国之比较》，角川书店，1997年。

甲1015

福井利吉郎：《福井利吉郎美术史论集（上）》，中央公论美术出版，1998年。

甲1016

鬼原俊枝：《幽微的探究——狩野探幽论》，大阪大学出版会，1998年。

甲1017

户田祯佑、小川裕充编：《中国绘画综合图录续篇》第1卷《美国及加拿大篇》，东京大学出版会，1998年。

甲1018

户田祯佑、小川裕充编：《中国绘画综合图录续篇》第2卷《亚洲及欧洲篇》，东京大学出版会，1998年。

甲1019

五岛美术馆学艺部编：《钝翁的审美眼光——益田钝翁的美的世界（展图录）》，五岛美术馆，1998年。

甲1020

小川裕充、弓场纪知编：《世界美术大全集》东洋编第5卷《五代、北宋、辽、西夏》，小学馆，1998年。

甲 1021

福井利吉郎：《福井利吉郎美术史论集（中）》，中央公论美术出版，1999年。

甲 1022

户田祯佑、小川裕充编：《中国绘画综合图录续篇》第3卷《日本篇》，东京大学出版会，1999年。

甲 1023

勉诚出版编：《解读〈清明上河图〉》（亚洲游学特集），勉诚出版，1999年。

甲 1024

塘耕次：《米芾——宋代多才多艺者实像》，大修馆书店，1999年。

甲 1025

岛田英诚、中泽富士雄编：《世界美术大全集》东洋篇第6卷《南宋·金》，小学馆，2000年。

甲 1026

福井利吉郎：《福井利吉郎美术史论集（下）》，中央公论美术出版，2000年。

甲 1027

山下裕二：《室町绘画的残像》，中央公论美术出版，2000年。

甲 1028

大阪市立美术馆编：《宋元的绘画》，大阪市立美术馆，2001年。

甲 1029

户田祯佑、小川裕充编：《中国绘画综合图录续篇》第4卷《总索引》，东京大学出版会，2001年。

甲 1030

冈山县立美术馆：《墨戏：魅惑的水墨画》，冈山县立美术馆，2002年。

甲 1031

宫崎法子：《解读花鸟、山水画：中国绘画的意味》，角川书店，2003年。

甲 1032

伊原弘编：《读〈清明上河图〉》，勉诚出版，2003年。

甲 1033

根津美术馆编：《南宋绘画——才情雅致的世界（展图录）》，根津美术馆，2004年。

甲 1034

古原宏伸：《中国画卷的研究》，中央公论美术出版，2005年。

甲 1035

曾布川宽：《中国美术的图像与样式》，中央公论美术出版，2006年。

甲 1036

神奈川县立历史博物馆编：《宋元佛画（展图录）》，神奈川县立历史博物馆，2007年。

甲 1037

大和文华馆编：《崇高的山水——中国与朝鲜、李郭系山水画的系谱（展图录）》，大和文华馆，2008年。

甲 1038

德川美术馆编：《探寻室町将军府的至宝（展图录）》，德川美术馆，2008年。

甲 1039

小川裕充：《卧游：中国山水画的世界》，中央公论美术出版，2008年。

甲 1040

东亚美术文化交流研究会编：《宁波的美术与海域交流》，中国书店，2009年。

甲 1041

静嘉堂文库美术馆监修：《笔墨之美——水墨画（展图录）》，静嘉堂文库美术馆，2009年。

甲 1042

奈良国立博物馆编：《圣地宁波——日本佛教1300年的源流：一切都是从此地传播来的（展图录）》，奈良国立博物馆，2009年。

十二、科技史

甲 1043

新城新藏：《东洋天文学史研究》，弘文堂书房，1928年。

甲 1044

中尾万三：《从汉书艺文志及本草衍义至本草书目的考察（大典记念号药窗志第46号附录）》，京都药学专门学校药窗会，1928年。

甲 1045

中山久四郎：《中国印刷史（附朝鲜印刷史）》，三秀舍，1930年。

甲 1046

黑田源次：《中国医学书目》，满洲医科大学中国医学研究室，1931年。

甲 1047

白井光太郎：《本草学论考》，春阳堂，1933—1934 年。

甲 1048

岛屋政一：《印刷文明史五卷（附索引一卷）》，印刷文明史刊行会，1934 年。

甲 1049

富士川游：《中国思想——科学（医学）》，岩波书店，1934 年。

甲 1050

关野贞、竹岛卓一：《辽金时代的建筑及其佛像（上）、（下）》（图片），东方文化学院东京研究所，1934—1935 年。

甲 1051

三上义夫：《中国思想——科学（数学）》，岩波书店，1934 年。

甲 1052

中尾万三：《中国思想——科学（本草的思潮）》，岩波书店，1934 年。

甲 1053

新城新藏：《中国思想——科学（天文）》，岩波书店，1935 年。

甲 1054

伊藤忠太建筑文献编纂会编：《东洋建筑研究（上）》，龙吟社，1936 年。

甲 1055

伊藤忠太建筑文献编纂会编：《东洋建筑研究（下）》，龙吟社，1937 年。

甲 1056

关野贞：《中国的建筑与艺术》，岩波书店，1938 年。

甲 1057

伊藤忠太：《中国建筑装饰（1）—（5）》，东方文化学院，1941 年。

甲 1058

小山富士夫：《中国青瓷史稿》，文中堂，1943 年。

甲 1059

小山富士夫：《宋瓷》，聚乐社，1943 年。

甲 1060

关野贞、竹岛卓一：《辽金时代的建筑及其佛像》(解说与研究)，龙文书局，1944 年。

甲 1061

薮内清：《中国数学史》，山口书店，1944 年。

甲 1062

小林太市郎：《东洋陶瓷鉴赏录·中国篇》，便利堂，1950 年。

甲 1063

京都书院编辑部编：《东西方古陶瓷名品集·第一至第十辑》，京都书院，1953 年。

十二、科技史

甲 1064

奥田诚一、广田不孤斋等:《中国的陶瓷》,东京文化出版,1955年。

甲 1065

小山富士夫编:《世界陶瓷全集第10卷——宋辽篇》,河出书房,1956年。

甲 1066

小山富士夫:《唐宋的青瓷》,平凡社,1957年。

甲 1067

小林太市郎:《唐宋的白瓷》,平凡社,1959年。

甲 1068

青山定雄:《唐宋时代的交通与地志地图的研究》,吉川弘文馆,1963年。

甲 1069

长谷部乐尔:《宋代的磁州窑》,平凡社,1966年。

甲 1070

宫下三郎:《宋元医疗》,临川书店,1967年。

甲 1071

薮内清编:《宋元时代的科学技术史》,京都大学人文科学研究所,1967年。

甲 1072

竹岛卓一:《营造法式的研究（1）》,中央公论美术出版,1970年。

甲 1073

长濑守:《宋代单锷的水利学》,综合历史教育研究所,1971年。

甲 1074

冈西为人:《绍兴校订经史证类备急本草二十八卷附解题索引》,春阳堂书店,1971年。

甲 1075

小山富士夫编:《陶瓷讲座第6卷——宋》,雄山阁,1971年。

甲 1076

竹岛卓一:《营造法式的研究（2）》,中央公论美术出版,1971年。

甲 1077

吉田光邦:《中国科学技术史论集》,日本放送出版协会,1972年。

甲 1078

薮内清:《中国的科学与日本》,朝日新闻社,1972年。

甲 1079

竹岛卓一:《营造法式的研究（3）》,中央公论美术出版,1972年。

甲 1080

长谷部乐尔:《磁州窑——陶瓷大系之三十九》,平凡社,1974年。

甲 1081
冈西为人：《中国医书本草考》，南大阪印刷中心，1974 年。

甲 1082
薮内清：《中国的数学》，岩波书店，1974 年。

甲 1083
学习研究社编：《宋瓷名品录——南宋官窑、龙泉窑及其他》，学习研究社，1974 年。

甲 1084
天野元之助：《中国古农书考》，龙溪书舍，1975 年。

甲 1085
佐中壮：《战国至宋初期间信仰与技术的关系》，皇学馆大学，1975 年。

甲 1086
座右宝刊行会编：《世界陶瓷全集（12）——宋》，小学馆，1977 年。

甲 1087
冈田登：《中国黑色火药、花药兵器、花火的起源》，采华书林，1979 年。

甲 1088
布目潮沨：《唐·宋时代的行政、经济地图的制作》，大阪大学教养部，1980 年。

甲 1089
山田庆儿：《授时历之道》，美铃书房，1980 年。

甲 1090
龟井明德：《日本贸易陶瓷史的研究》，同朋舍出版，1986 年。

甲 1091
爱宕松男：《爱宕松男东洋史学论集（1）——中国陶瓷产业史》，三一书房，1987 年。

甲 1092
渡边幸三：《本草书的研究》，武田科学振兴财团，1987 年。

甲 1093
三上次男：《三上次男著作集（4）——中国陶瓷史研究》，中央公论美术出版，1989 年。

甲 1094
薮内清：《中国的天文历法增补版》，平凡社，1990 年。

甲 1095
石田秀实：《中国医学思想史》，东京大学出版会，1992 年。

甲 1096
大泽正昭、足立启二：《陈旉农书研究——12 世纪亚洲稻作的到达点》，农山渔村文化协会，1993 年。

甲 1097
国立历史民俗博物馆编：《日本

出土的贸易陶瓷》，国立历史民俗博物馆，1993年。

甲 1098

岛尾永康：《中国化学史》，朝仓书店，1995年。

甲 1099

川田弥一郎：《宋朝验尸官——中国法医学事件簿》，详传社，1999年。

甲 1100

小曾户洋：《汉方的历史：中国·日本的传统医学》，大修馆书店，1999年。

甲 1101

佐久间重男：《景德镇窑业史研究》，第一书房，1999年。

甲 1102

井上进：《中国出版文化史——书籍世界与智慧的风景》，名古屋大学出版会，2002年。

甲 1103

宫纪子：《蒙古统治期的出版文化》，名古屋大学出版会，2006年。

十三、对外关系

甲 1104

浅井虎夫：《中国日本通商史》，金港堂书籍株式会社，1901年。

甲 1105

桑原骘藏：《宋末的提举市舶——西域人蒲寿庚的事迹》，东亚研究会，1923年。

甲 1106

藤田丰八著、池内宏编：《东西交往史研究——南海篇》，冈书院，1932年。

甲 1107

藤田丰八著、池内宏编：《东西交往史研究——西域篇及附篇》，冈书院，1933年。

甲 1108

桑原骘藏：《唐宋时期的阿拉伯人与中国的通商概况——特别是宋末提举市舶西域人蒲寿庚的事迹》，岩波书店，1935年。

甲 1109

松田寿男、小林元：《干燥的亚洲文化史论》，四海书房，1938年。

甲 1110

秋山谦藏：《日支交涉史研究》，岩波书店，1939年。

甲 1111

史学会编：《东西方交流史论（上）》，富山房，1939年。

甲 1112

史学会编：《东西方交流史论（下）》，富山房，1939年。

甲 1113

岩村忍：《十三世纪东西方交流史序论》，三省堂，1939年。

甲 1114

小叶田淳：《中世纪日中交通贸易史的研究》，刀江书院，1941年。

甲 1115

山田宪太郎：《东亚香料史》，东洋堂，1942年。

甲 1116

藤田元春：《上代日支交通史研究》，刀江书院，1943年。

甲 1117

曾我部静雄：《日本与宋金两朝的货币交流史》，宝文馆，1949年。

甲 1118

森克己：《日宋文化交流的诸问题》，刀江书院，1950年。

甲 1119

木宫泰彦：《日华文化交流史》，富山房，1955年。

甲 1120

山田宪太郎：《东西香药史》，福村书店，1956年。

甲 1121

田中健夫：《中世海外交涉史研究》，东京大学出版会，1959年。

甲 1122

曾我部静雄：《以律令为中心日中关系史的研究》，吉川弘文馆，1968年。

甲 1123

森克己：《日宋贸易的研究（3卷）》，国书刊行会，1975年。

十三、对外关系

甲1124
森克己:《日宋文化交流的诸问题（增补版）》，国书刊行会，1975年。

甲1125
西岛定生:《中国古代国家与东亚世界》，东京大学出版会，1983年。

甲1126
日野开三郎:《日野开三郎东洋史学论集第10卷：东北亚国际交流史的研究（下）》，三一书房，1984年。

甲1127
川添昭二:《回顾中世（1）——东亚的国际都市博多》，平凡社，1988年。

甲1128
藤家礼之助:《日中交流两千年（改订版）》，东海大学出版会，1988年。

甲1129
村井章介:《东亚往来：汉诗与外交》，朝日新闻社，1995年。

甲1130
川添昭二:《对外关系的历史展开》，文献出版，1996年。

甲1131
佐藤圭四郎:《东西亚交流史研究》，同朋舍，1998年。

甲1132
池田温:《东亚的文化交流史》，吉川弘文馆，2002年。

甲1133
山内晋次:《奈良平安期的日本与亚洲》，吉川弘文馆，2003年。

甲1134
石井正敏:《东亚世界与古代日本》，山川出版社，2003年。

甲1135
村井章介:《跨越边界的人们》，山川出版社，2006年。

甲1136
榎本涉:《东亚海域与日中交流——九至十四世纪》，吉川弘文馆，2007年。

甲1137
山内晋次:《日宋贸易与"硫黄之道"》，山川出版社，2009年。

甲1138
宋代史研究会编:《"宋代中国"的相对化》（宋代史研究会研究报告第9集），汲古书院，2009年。

甲1139
榎本涉、远藤隆俊编:《日宋交流史研究》，汲古书院，2010年。

甲1140
井黑忍:《金初外交史料所见欧亚大陆东方的国际关系》，东京外国语大学语言文化研究所，2010年。

十四、民族关系

甲 1141
羽田亨:《西域文明史概论》,弘文堂书房,1931年。

甲 1142
岸边茂雄、中岛敏、青木富太郎:《东亚诸民族的盛衰》,河出书房,1941年。

甲 1143
松井等:《满洲民族盛衰时期》,雄山阁,1941年。

甲 1144
安部健夫:《西维吾尔国史的研究》,汇文堂书店,1955年。

十五、历史地理

甲 1145
箭内亘、稻叶岩吉、松井等:《满洲历史地理全二卷》,南满洲铁道株式会社,1913年。

十五、历史地理

甲 1146

东京帝国大学文科大学编：《满鲜地理历史研究报告》第 1 卷，东京帝国大学文学部，1915 年。

甲 1147

东京帝国大学文科大学编：《满鲜地理历史研究报告》第 2 卷，东京帝国大学文学部，1916 年。

甲 1148

东京帝国大学文科大学编：《满鲜地理历史研究报告》第 3 卷，东京帝国大学文学部，1916 年。

甲 1149

东京帝国大学文科大学编：《满鲜地理历史研究报告》第 4 卷，东京帝国大学文学部，1918 年。

甲 1150

东京帝国大学文科大学编：《满鲜地理历史研究报告》第 5 卷，东京帝国大学文学部，1918 年。

甲 1151

东京帝国大学文科大学编：《满鲜地理历史研究报告》第 6 卷，东京帝国大学文学部，1920 年。

甲 1152

池田桃川：《江南的名胜史迹》，日本堂书店，1921 年。

甲 1153

东京帝国大学文科大学编：《满鲜地理历史研究报告》第 7 卷，东京帝国大学文学部，1921 年。

甲 1154

东京帝国大学文科大学编：《满鲜地理历史研究报告》第 8 卷，东京帝国大学文学部，1921 年。

甲 1155

东京帝国大学文科大学编：《满鲜地理历史研究报告》第 9 卷，东京帝国大学文学部，1922 年。

甲 1156

东京帝国大学文科大学编：《满鲜地理历史研究报告》第 10 卷，东京帝国大学文学部，1924 年。

甲 1157

东京帝国大学文科大学编：《满鲜地理历史研究报告》第 11 卷，东京帝国大学文学部，1926 年。

甲 1158

小川琢治：《中国历史地理研究》，弘文堂书房，1928 年。

甲 1159

小川琢治：《中国历史地理研究（续集）》，弘文堂书房，1929 年。

甲 1160

小越平陆：《黄河治水——东洋文化发祥地的改造》，政教社，1929 年。

甲 1161

东京帝国大学文科大学编：《满鲜地理历史研究报告》第 12 卷，

东京帝国大学文学部，1930年。

甲1162
东京帝国大学文科大学编：《满鲜地理历史研究报告》第13卷，东京帝国大学文学部，1932年。

甲1163
青山定雄编：《读史方舆纪要索引——中国历代地名要览》，东方文化书院，1933年。

甲1164
东京帝国大学文科大学编：《满鲜地理历史研究报告》第14卷，东京帝国大学文学部，1934年。

甲1165
东京帝国大学文科大学编：《满鲜地理历史研究报告》第15卷，东京帝国大学文学部，1937年。

甲1166
东亚研究所：《以开封为中心的运河网——宋代黄河流域运河的研究》，东亚研究所，1939年。

甲1167
冈崎文夫：《中国文献中黄河问题纲要》，东亚研究所，1939年。

甲1168
池田静夫、冈崎文夫：《江南经济开发史——地理性基础研究》，弘文堂，1940年。

甲1169
池田静夫、冈崎文夫：《江南文化开发史——地理性基础研究》，弘文堂，1940年。

甲1170
池田静夫、木村增太郎：《关于宋代以后黄河河道的确定（附表）》，东亚研究所，1940年。

甲1171
池田静夫：《中国水利地理史研究》，生活社，1940年。

甲1172
曾我部静雄：《开封与杭州》，富山房，1940年。

甲1173
箭内亘：《东洋读史地图》，富山房，1941年。

甲1174
石田干之助：《长安之春》，创元社，1941年。

甲1175
岛田正郎：《林东之沿革》，伪满洲国文教部刊，1942年。

甲1176
石田干之助：《中国关于南海的资料》，生活社，1945年。

甲1177
村田治郎编：《居庸关》，京都大学工学部，1957年。

甲1178
前田正名：《东洋历史地理研究（1）——北宋期灵州的地域构

十五、历史地理

造》,作者油印,1960年。

甲1179

前田正名:《东洋历史地理研究（2）——西夏卓罗监军司支配领域的地理性,崇宁以后河湟的形势与西夏势力的南限》,作者油印,1960年。

甲1180

前田正名:《东洋历史地理研究（3）——陕西横山的历史地理学研究》,教育书籍,1962年。

甲1181

前田正名:《河西历史地理学研究》,吉川弘文馆,1964年。

甲1182

服部克彦:《古代中国城市及其周边》,密涅瓦书房,1966年。

甲1183

日比野丈夫:《中国历史地理研究》,同朋舍,1977年。

甲1184

吉冈义信:《宋代黄河史研究》,御茶水书房,1978年。

甲1185

梅原郁:《中国近世城市的历史·地理学研究》,京都大学,1978年。

甲1186

名古屋大学文学部东洋史研究室编:《地域社会的视点——地域社会与领导者》,名古屋大学文学部东洋史研究室,1982年。

甲1187

河原正博:《汉民族华南发展史研究》,吉川弘文馆,1984年。

甲1188

梅原郁编:《中国近世的都市与文化》,京都大学人文科学研究所,1984年。

甲1189

伊原弘:《中国中世城市纪行——宋代城市与城市生活》,中央公论社,1988年。

甲1190

佐竹靖彦:《唐宋变革的地域研究》,同朋舍,1990年。

甲1191

藤田弘夫:《城市与权力:饥饿与饱食的历史社会学》,创文社,1991年。

甲1192

伊原弘:《中国开封的生活与岁时——描述的宋代城市生活》,山川出版社,1991年。

甲1193

板垣雄三等:《伊斯兰教国家的城市性》,学术振兴会,1993年。

甲1194

伊原弘:《苏州——水乡城市的过去与现在》,讲谈社,1993年。

甲1195

伊原弘：《中国人的城市与空间》，原书房，1993年。

甲1196

伊原弘：《宋代中国之旅》，NTT，1995年。

甲1197

纲野善彦：《无缘、公界、乐（增补）》，平凡社，1996年。

甲1198

仁木宏：《空间、公、共同体：中世都市于近世都市》，青木书店，1997年。

甲1199

高村雅彦：《解读中国的城市空间》，山川出版社，2000年。

甲1200

高村雅彦：《中国江南的城市与生活——水乡的环境形成》，山川出版社，2000年。

甲1201

高村雅彦等：《中国的水乡城市——苏州与周边的水文化》，鹿岛出版会，2000年。

甲1202

妹尾达彦：《长安的城市规划》，讲谈社，2001年。

甲1203

斯波义信：《中国都市史》，东京大学出版会，2002年。

甲1204

西冈弘晃：《中国近世的都市与水利》，中国书店，2004年。

甲1205

宋代史研究会编：《宋代的长江流域——从社会经济史的视点观察》，汲古书院，2006年。

甲1206

久保田和男：《宋代开封的研究》，汲古书院，2007年。

甲1207

伊原弘：《中国都市的形象——读宋代都市的景观》，勉诚出版，2009年。

甲1208

久保田和男、远藤隆俊编：《都市史研究》，汲古书院，2010年。

十六、语言文字学

甲1209

大岛正健：《韵镜与唐韵广韵》，大岛正健出版，1930年。

甲1210

渡部薰太郎：《金史名辞解》，东洋学会，1931年。

甲1211

水野弘元：《女真语的新研究》，作者自刊本，1935年。

甲1212

饭田利行：《残存在日本的中国古韵的研究》，富山房，1941年。

甲1213

长田夏树：《女真文字的构造及其音值》，日本中国学会刊行，1949年。

甲1214

长田夏树：《女真文字金石资料及其解读》，乌拉尔·阿尔泰学会刊行，1950年。

甲1215

山路广明：《契丹语研究（1—2）》，油印本，1951年。

甲1216

山路广明：《女真语解》，亚非言语研究室，1956年。

甲1217

山路广明：《契丹制字的研究》，东京言语研究室，1956年。

甲1218

藤堂明保：《中国语音韵论》，江南书院，1957年。

甲1219

山路广明：《关于女真文字制字的研究》，东京南方诸言语研究所，1958年。

甲1220

小野川秀美编：《金史语汇集成

甲 1221

小野川秀美编：《金史语汇集成（上）》，京都大学人文科学研究所，1960年。

甲 1221

小野川秀美编：《金史语汇集成（中）》，京都大学人文科学研究所，1961年。

甲 1222

小野川秀美编：《金史语汇集成（下）》，京都大学人文科学研究所，1962年。

甲 1223

西田龙雄：《女真馆译语之研究——女真语和女真文字》，松香堂，1970年。

甲 1224

西田龙雄：《亚细亚的未解读文字》，大修馆书店，1982年。

甲 1225

中野美代子：《被埋藏于沙漠中的文字》，筑摩书房，1994年。

甲 1226

花登正宏：《古今韵会举要研究——中国近世音的一个侧面》，汲古书院，1997年。

甲 1227

爱新觉罗·乌拉熙春：《女真文字书研究》，风雅社，2001年。

甲 1228

爱新觉罗·乌拉熙春：《女真语言文字新研究》，明善堂，2002年。

甲 1229

爱新觉罗·乌拉熙春：《辽金史与契丹、女真文》，东亚历史文化研究会，2004年。

甲 1230

爱新觉罗·乌拉熙春：《契丹语文字研究》，东亚历史文化研究会，2004年。

甲 1231

爱新觉罗·乌拉熙春：《契丹大字研究》，东亚历史文化研究会，2005年。

甲 1232

大岩本幸次：《金代字书的研究》，东北大学出版会，2007年。

甲 1233

东洋文库前近代中国研究班编：《〈宋会要辑稿·食货篇〉社会经济用语集成》，东洋文库前近代中国研究班，2008年。

甲 1234

荒川慎太郎、高井康典行、渡边健哉：《蒙古国的契丹文字资料与研究状况（1）》，东京外国语大学亚洲、非洲语言文化研究所，2008年。

甲 1235

爱新觉罗·乌拉熙春：《爱新觉罗·乌拉熙春女真契丹学研究》，松香堂，2009年。

十七、考　古　学

甲 1236
　　八木奘三郎:《满洲旧迹志(上)》,南满洲铁道株式会社,1924 年。

甲 1237
　　八木奘三郎:《满洲旧迹志(中)》,南满洲铁道株式会社,1925 年。

甲 1238
　　八木奘三郎:《满洲旧迹志(下)》,南满洲铁道株式会社,1926 年。

甲 1239
　　八木奘三郎:《满洲旧迹志(续)》,南满洲铁道株式会社,1929 年。

甲 1240
　　奉天图书馆编:《辽陵石刻集录》,奉天省公署印刷局,1934 年。

甲 1241
　　山下泰藏:《关于新女真国书碑》,满日社,1934 年。

甲 1242
　　鸟山喜一:《北满的两大古都遗址——东京城和白城》,京都帝国大学满蒙文化研究会,1935 年。

甲 1243
　　鸟居龙藏:《从考古学所见辽之文化》,东方文化学院东京研究所,1936 年。

甲 1244
　　岛田贞彦:《从考古学上所见的热河》,满洲国民生部刊,1940 年。

甲 1245
　　新京满洲古迹古物名胜天然记念物保存协会:《辽金古城》,伪满洲古迹古物名胜天然记念物保存协会,1941 年。

甲 1246
　　园田一龟:《吉林·滨江两省的金代史迹》,满洲帝国民政部,

1942年。

甲 1247
安马弥一郎：《女真文金石志稿》，碧文堂，1943年。

甲 1248
鸳渊一：《满洲碑记考》，目黑书店，1943年。

甲 1249
村田治郎：《满洲之史迹》，座右宝刊行会，1944年。

甲 1250
田村实造、小林行雄：《庆陵（上）——关于东蒙古辽代帝王陵及其壁画的考古学调查报告》，京都大学文学部，1952年。

甲 1251
田村实造、小林行雄：《辽代坟墓资料》，京都大学文学部，1953年。

甲 1252
田村实造、小林行雄：《庆陵（下）——关于东蒙古辽代帝王陵及其壁画的考古学调查报告》，京都大学文学部，1953年。

甲 1253
岛田正郎：《祖州城——东蒙古辽右八旗实默里地（林西县）遗存——辽代古城址的考古学、历史学发掘调查报告》，中泽印刷社，1956年。

甲 1254
二玄社编：《宋·张即之李伯嘉墓志铭》，二玄社，1962年。

甲 1255
田村实造：《庆陵调查纪行》，平凡社，1994年。

甲 1256
白石典之：《蒙古国当地的金代碑文遗迹研究》，2004至2005年度科学研究经费补助金基础研究（C）研究成果报告，2004年。

甲 1257
臼杵勋：《铁器时代的东北亚》，同成社，2004年。

甲 1258
京都大学大学院文学研究科编：《辽文化·庆陵一带调查报告》，京都大学文学研究科，2005年。

甲 1259
爱新觉罗·乌拉熙春：《从契丹文墓志所见的辽史》，松香堂，2006年。

甲 1260
京都大学文学研究科21世纪COE项目：《辽文化·辽宁省调查报告》，京都大学文学研究科，2006年。

甲 1261
武田和哉编:《草原王朝·契丹国(辽朝)的遗迹与文物——内蒙古自治区赤峰市地区的契丹遗迹、文物调查概要报告》,勉诚出版,2006年。

甲 1262
须江隆:《特集·碑石在述说》,勉诚出版,2006年。

十八、书志学

甲 1263
岛田翰:《古文旧书考四卷》,民友社,1904年。

甲 1264
岛田翰:《皕宋楼藏书源流考》,京师刊,1907年。

甲 1265
静嘉堂文库编:《静嘉堂文库图书分类目录》,静嘉堂文库,1929年。

甲 1266
宫内省图书寮编:《图书寮汉籍善本书目》,宫内省图书寮,1930年。

甲 1267
松井等:《中国史学名著解题》,共立社书店,1931年。

甲 1268
长泽规矩也:《宋刊本专集》,书志学会,1933年。

甲 1269
静嘉堂文库编:《静嘉堂宋本书影》,静嘉堂文库,1933年。

甲 1270
杂志学会、长泽规矩也:《宋刊本展览会陈列书解说(附宋版之话）》，书志学会，1933年。

甲1271

东方文化学院京都研究所编：《1934年度东洋史研究文献类目》，东方文化学院京都研究所，1935年。

甲1272

东京帝国大学文学部支那哲学研究室读经会编：《宋元学案人名索引：附·异名索引》，关书院，1935年。

甲1273

玉井是博：《南宋本大唐六典校勘记》，大阪书屋，1935年。

甲1274

远藤元男、铃木俊、原种行、田中正义编：《日本史、东洋史、西洋史史籍解题》，平凡社，1936年。

甲1275

常盘井贤十编：《宋本礼记疏校记》，东方文化学院京都研究所，1937年。

甲1276

东方文化学院京都研究所编：《1935年度东洋史研究文献类目》，东方文化学院京都研究所，1937年。

甲1277

若城久治郎编：《辽史索引》，东方文化学院京都研究所，1937年。

甲1278

长泽规矩也编：《关东现存宋元版书目》，共立社印刷所，1938年。

甲1279

东方文化学院京都研究所编：《东方文化学院京都研究所汉籍目录》，东方文化学院京都研究所，1938年。

甲1280

宇都宫清吉、内藤戊申编：《册府元龟奉使部、外臣部索引》，东方文化研究所，1938年。

甲1281

东方文化学院京都研究所编：《1936年度东洋史研究文献类目》，东方文化学院京都研究所，1939年。

甲1282

东方文化学院京都研究所编：《1937年度东洋史研究文献类目》，东方文化学院京都研究所，1939年。

甲1283

东方学研究日本委员会：《四十七种宋代传记综合引得》，东方学研究日本委员会，1939年。

甲1284

长泽规矩也编：《中国书籍解题》，文求堂，1940年。

十八、书 志 学

甲 1285

东方文化学院京都研究所编：《1938—1939年度东洋史研究文献类目》，东方文化学院京都研究所，1941年。

甲 1286

日本美术研究所编：《东洋美术文献目录》，座石宝刊行会，1941年。

甲 1287

东方文化研究所编：《东方文化研究所汉籍分类目录附书名·人名通检全两册》，东方文化研究所，1943年。

甲 1288

东方文化学院京都研究所编：《1940—1941年度东洋史研究文献类目》，京都印书馆，1945年。

甲 1289

国立博物馆附属美术研究所：《东洋美术文献目录续集》，座石宝刊行会，1948年。

甲 1290

东方文化学院京都研究所编：《1942—1943年度东洋史研究文献类目》，京都大学人文科学研究所，1949年。

甲 1291

贝塚茂树：《资治通鉴索引稿》，京都大学人文科学研究所东方部资治通鉴班，1950年。

甲 1292

东方文化学院京都研究所编：《1944—1945年度东洋史研究文献类目》，京都大学人文科学研究所，1951年。

甲 1293

东方文化学院京都研究所编：《1946—1950年度东洋史研究文献类目》，京都大学人文科学研究所，1952年。

甲 1294

坂井健一等：《广韵索引》，东京教育大学东洋文学研究室中国文化研究会，1953年。

甲 1295

后藤俊瑞：《朱子四书注索引——朱子思想索引第一册》，广岛大学文学部中国哲学研究室，1954年。

甲 1296

吉田寅编：《宋代经济史研究补助资料（2）——主要论文目录》，东京教育大学东洋史研究室亚洲史研究会，1954年。

甲 1297

日本美术研究所编：《1946—1950年东洋古美术文献目录》，东京文化财富研究所，1954年。

甲 1298

中谷英雄：《中国花人号索引》，编者油印，1954年。

甲 1299

东方文化学院京都研究所编：《1953—1954年度东洋史研究文献类目》，京都大学人文科学研究所，1955年。

甲 1300

后藤俊瑞：《朱子〈四书或问〉索引》，广岛大学文学部中国哲学研究室，1955年。

甲 1301

吉田寅编：《宋代经济史研究补助资料（3）——宋代主要法制史料目录》，东京教育大学东洋史研究室亚洲史研究会，1955年。

甲 1302

吉田寅、棚田直彦编：《宋代社会经济史研究补助资料（4）——国朝诸臣奏议目录》，东京教育大学文学部东洋史研究室，1956年。

甲 1303

内阁文库编：《内阁文库汉籍分类目录》，内阁文库，1956年。

甲 1304

佐伯富编：《职源撮要索引》，东洋史研究会，1956年。

甲 1305

吉田寅、棚田直彦编：《宋代社会经济史研究补助资料（5）——群书考索目录6、7、玉海目录（上）、（下）》，东京教育大学文学部东洋史研究室亚洲史研究会，1957年。

甲 1306

神田博士还历记念会编：《神田博士还历记念书志学论集》，神田博士还历记念会，1957年。

甲 1307

宋史提要编纂协力委员会编：《宋代研究文献目录》，东京宋史提要编纂协力委员会，1957年。

甲 1308

吉田寅、棚田直彦编：《宋代社会经济史研究补助材料（7）——宋人文集目录（上）》，东洋文库，1958年。

甲 1309

佐伯富编：《苏东坡全集索引》，江文堂，1958年。

甲 1310

吉田寅、棚田直彦编：《宋代社会经济史研究补助材料（8）——宋人文集目录（下）》，东洋文库，1959年。

甲 1311

今井宇三郎：《宋学研究文献目录——附：年表》，东京教育大学汉文学部研究室，1959年。

甲 1312

宋史提要编纂协力委员会编：《宋代研究文献目录补篇》，东洋文库，1959年。

十八、书志学

甲 1313
佐伯富编：《宋名臣言行录辑释索引》，京都大学东洋史研究室，1959 年。

甲 1314
宋史提要编纂协力委员会编：《宋代研究文献提要》，东洋文库，1961 年。

甲 1315
佐伯富编：《资治通鉴索引》，京都大学东洋史研究会，1961 年。

甲 1316
佐伯富编：《宋史职官志索引——附宋代官制序说》，京都大学东洋史研究会，1963 年。

甲 1317
广长人世：《宋学研究文献目录》，日本东京大学文学部中国哲学研究室，1964 年。

甲 1318
米田贤次郎、荒木敏一编：《资治通鉴胡注地名索引——附宋代疆域图（资治通鉴胡注底图）》，京都大学人文科学研究所，1967 年。

甲 1319
宋史提要编纂协力委员会编：《宋人传记索引》，东洋文库，1968 年。

甲 1320
马渊和夫：《韵镜校本与广韵索引》，岩南堂书店，1970 年。

甲 1321
青山定雄编：《宋代研究文献目录（3）》，东洋文库，1970 年。

甲 1322
佐伯富：《宋代文集索引》，东洋史研究会，1970 年。

甲 1323
东一夫、吉田寅编：《〈中国政治思想与社会政策〉研究文献目录（五代·宋）》，汲古书院，1971 年。

甲 1324
宋代史研究会编：《〈宋会要〉研究备要——目录》，东洋文库，1971 年。

甲 1325
吉田寅、棚田直彦编：《日本现存宋人文集目录（改订版）》，汲古书院，1972 年。

甲 1326
梅原郁、衣川强：《辽金元人传记索引》，京都大学人文科学研究所，1972 年。

甲 1327
仓石武四郎：《目录学》，东京大学东洋文化研究所东洋学文献中心，1973 年。

甲 1328
九州大学中国哲学研究室编：《二

程遗书索引》，九州大学中国哲学研究室，1973年。

甲1329

山名善让：《日本刻本资治通鉴明治十七年东京凤文馆刊本》，汲古书院，1973年。

甲1330

释行均：《宋本新修龙龛手鉴》，国书刊行会，1974年。

甲1331

衣川强编：《宋元学案·宋元学案补遗人名号别索引》，京都大学人文科学研究所，1974年。

甲1332

阿部隆一：《中国访书志》，汲古书院，1976年。

甲1333

岛居一康：《元丰九域志索引（附：〈元丰九域志〉）》，中文出版社，1976年。

甲1334

高畑常信：《张南轩集人名索引》，采华书林，1976年。

甲1335

牧田谛亮等：《中国高僧索引（上）——附大明高僧传索引》，平乐寺书店，1976年。

甲1336

牧田谛亮等：《中国高僧索引（中）——附大明高僧传索引》，平乐寺书店，1977年。

甲1337

佐藤仁：《晦庵先生朱文公文集人名索引》，中文出版社，1977年。

甲1338

梅原郁编：《续资治通鉴长编人名索引》，同朋舍，1978年。

甲1339

牧田谛亮等：《中国高僧索引（下）——附大明高僧传索引》，平乐寺书店，1978年。

甲1340

梅原郁编：《〈东京梦华录〉、〈梦梁录〉等语汇索引》，京都大学人文科学研究所，1979年。

甲1341

佐伯富编：《宋史河渠志索引》，省心书房，1979年。

甲1342

长泽规矩也、尾崎康编：《北宋版通典：宫内厅书陵部藏（1—5）》，汲古书院，1980年。

甲1343

东京大学朱子研究会：《朱子文集固有名称索引》，东丰书店，1980年。

甲1344

东洋文库宋代史研究委员会编：《宋会要辑稿食货索引：人名、书名篇》，东洋文库，1982年。

十八、书　志　学

甲 1345
佐伯富：《宋史选举志索引》，同朋舍，1982 年。

甲 1346
梅原郁编：《建炎以来系年要录人名索引》，同朋舍，1983 年。

甲 1347
村上哲见：《陆游〈剑南诗稿〉诗题索引》，奈良女子大学中国文学会，1984 年。

甲 1348
东海大学文学部东洋史研究室：《四库全书珍本书目录》，东海大学文学部东洋史研究室，1985 年。

甲 1349
东洋文库宋代史研究委员会：《宋会要辑稿食货索引：年月日、诏敕编》，东洋文库，1985 年。

甲 1350
原田种成：《宋史文苑传训点本》，汲古书院，1986 年。

甲 1351
赤城隆治、佐竹靖彦编：《宋元官箴综合索引》，汲古书院，1987 年。

甲 1352
大渊忍尔、石井昌子：《六朝唐宋的古文献所引道教典籍目录、索引》，国书刊行会，1988 年。

甲 1353
盐见邦彦：《朱子语类口语词汇索引》，中文出版社，1988 年。

甲 1354
宇都宫清吉、内藤戊申编：《册府元龟奉使部、外臣部索引〈复刻本〉》，临川书店，1988 年。

甲 1355
莊司格一：《景德传灯录固有名词索引》，大化书局，1988 年。

甲 1356
梅原郁：《续资治通鉴长编语汇索引》，同朋舍，1989 年。

甲 1357
尾崎康：《正史宋元版的研究》，汲古书院，1989 年。

甲 1358
吉田寅：《〈庆元条法事类〉诸本对校表（稿）》，立正大学东洋史研究室，1992 年。

甲 1359
静嘉堂文库编：《静嘉堂文库宋元版图录》（全二册），汲古书院，1992 年。

甲 1360
末木文美士：《宋代禅籍文献的研究》，平成四年度科研费报告，1992 年。

甲 1361
野泽佳美编：《大藏经关系研究

文献目录》，立正大学东洋史研究室，1993年。

甲1362

东洋文库宋代史研究委员会：《宋会要辑稿食货索引：职官编》，东洋文库，1995年。

甲1363

梅原郁：《宋会要辑稿编年索引》，京都大学人文科学研究所附属东洋学文献中心，1995年。

甲1364

石川重雄：《宋元释语语汇索引》，汲古书院，1995年。

甲1365

远藤和男：《契丹（辽）史研究文献目录（1892—1999年）》，远藤和男自费出版，2000年。

甲1366

梅原郁、中田实编：《西岛文库藏书目录》，就实女子大学图书馆，2001年。

甲1367

木南卓一：《论语集注私新抄》，明德出版社，2001年。

甲1368

宫泽正顺、麦谷邦夫、金正耀：《道枢一字索引》，松香堂，2002年。

甲1369

宫泽正顺：《曾慥书志的研究》，汲古书院，2002年。

乙编

一、通　论

乙 0001
　　天野南溟：《宋朝的灭亡》，《史学界》2—1、3—1，1900 年。

乙 0002
　　箭内亘：《再答羽田博士》，《史学杂志》27—3，1916 年。

乙 0003
　　内藤湖南：《概括的唐宋时代观》，《历史与地理》9—5，1922 年。

乙 0004
　　桑原骘藏：《从历史上看南北中国》，《白鸟库吉博士还历记念东洋史论丛》，1925 年。

乙 0005
　　桑原骘藏：《从历史上看南方的开发》，《东洋史说苑》，1927 年。

乙 0006
　　速水一孔：《从历史看中国南北》，《支那》18—9，1927 年。

乙 0007
　　三上次男：《以〈满鲜地理历史研究报告〉为中心所见满洲中世史研究》，《历史学研究》5—2，1935 年。

乙 0008
　　吉田清治：《唐末封建论》，《历史与地理》36，1937 年。

乙 0009
　　池田静夫：《江南集团文化史论》，《东亚经济研究》22—1，1938 年。

乙 0010
　　曾我部静雄：《宋明的灭亡与国民党政权》，《外交时报》817，1938 年。

乙 0011
　　加藤繁：《从历史看中国的统

一与分裂》,《东洋学报》9，1939年。

乙0012

那波利贞:《唐宋时期比较论》,《亚洲问题讲座》7，1939年。

乙0013

有高岩:《南宋的末路》,《南支那》,1939年。

乙0014

曾我部静雄:《宋代新闻》,《历史公论》8—3,1939年。

乙0015

中山久四郎:《中国史上唐宋两代忠义之士在金力和智力上的比较》,《史潮》9—4,1939年。

乙0016

宫崎市定:《东洋的文艺复兴与西洋的文艺复兴》,《史林》25—4,1940年。

乙0017

宫崎市定:《东洋的文艺复兴与西洋的文艺复兴》,《史林》26—1,1941年。

乙0018

水野梅晓:《苦于异族侵犯的宋朝》,《外交时报》99—4,1941年。

乙0019

前田直典:《东亚古代的终结》,《历史》1—4,1948年。

乙0020

田村实造:《东方史的构造与展开》,《史林》32—1,1948年。

乙0021

增井经夫:《对湖南博士东洋世界的肯定与〈中国近世史〉》,《中研》4,1948年。

乙0022

石母田正:《中世史研究的起点——向封建制过渡的两条道路》,《日本史研究入门》,1949年。

乙0023

堀敏一:《中国封建国家的形态》,《国家权力的诸阶段》,1950年。

乙0024

爱宕松男:《辽金宋三史的编纂与北方王朝的立场》,《文化》15—4,1951年。

乙0025

池田诚:《对中国封建社会的展望》,《史林》34—4,1951年。

乙0026

仁井田陞:《中国社会的"封建"和宿命论》,《东洋文化》5,1951年。

乙0027

古岛和雄:《〈东洋的近世〉与〈向封建主义的倾斜〉——中国中世史研究的最新动态》,《历史评论》27,1952年。

乙0028

日野开三郎:《中国中世的军阀

一、通　论

与社会经济的关系》，《各个研究及助成研究报告集录（1945年度）》（哲、史、文学编），1953年。

乙0029

池田诚：《唐宋变革是怎样展开的以农民问题为中心》，《东洋史研究》13—3，1954年。

乙0030

今堀诚二：《中国封建制的问题》，《历史教育》2—7，1954年。

乙0031

池田诚：《唐宋变革期再探》，《日本史研究》24，1955年。

乙0032

内村俊雄：《论宋代》，《历史教育》3—7，1955年。

乙0033

日野开三郎：《山河与平河——唐宋用语之八》，《东洋史学》14，1955年。

乙0034

吉田寅：《宋与元——1961年历史学界回顾与展望》，《史学杂志》71，1962年。

乙0035

西田龙雄：《西夏王国的特点及其文化》，《岩波讲座世界历史》9，1970年。

乙0036

宫崎市定：《宋代在欧洲——近世说》，《东洋史研究》30—1，1971年。

乙0037

草野靖：《怎样看待宋代史》，《史草》14，1973年。

乙0038

原田种成：《宋代史年表（北宋）补订（上）》，《东洋研究》33，1973年。

乙0039

小山正明：《亚细亚的封建制》，《现代历史学的成果与课题》2，1974年。

乙0040

柳田节子：《宫崎史学和近世论》，《近代日本历史学的发展（上）》，1976年。

乙0041

近藤一成：《1976年的历史学界——回顾与展望（五代、宋、元）》，《史学杂志》86—5，1977年。

乙0042

原田种成：《宋代史年表（南宋）补订（上）》，《东洋研究》46，1977年。

乙0043

岩间一雄：《关于中国封建制的特性——明治里甲制试论》，《冈山大学法学会杂志》27—2，

1978年。

乙0044
原田种成：《宋代史年表（南宋）补订（中）》，《东洋研究》49，1978年。

乙0045
佐竹靖彦：《关于中国近世的小农经营和国家权力》，《为了新的历史学》150，1978年。

乙0046
原田种成：《宋代史年表（南宋）补订（下）》，《东洋研究》54，1979年。

乙0047
村上正二：《征服王朝论》，《丝绸之路》6—2，1980年。

乙0048
大泽正昭：《唐宋变革时期的历史性意义》，《历史评论》357，1980年。

乙0049
丹乔二：《如何研究宋代史——关于梅原郁氏的批判》，《中岛记念论集》，1980年。

乙0050
堀敏一：《中国中世世界的形成》，《中世史讲座》1，1982年。

乙0051
木田知生：《1987年的历史学界——回顾与展望（五代、宋、元）》，《史学杂志》97—5，1988年。

乙0052
寺地遵：《日本宋代史研究（1915—1989）》，《广岛大学东洋史研究室报告》11，1989年。

乙0053
土田健次郎：《国际宋代文化研究会与全宋文编纂室》，《东洋的思想与宗教》9，1992年。

乙0054
岩井茂树：《中国专制国家与财政》，《中世的政治与党争》（中世史讲座6），1992年。

乙0055
北海道开拓记念馆：《1993年度"北方历史、文化交流研究事业"中间报告》，北海道开拓记念馆，1994年。

乙0056
高桥芳郎：《关于历史上的宋江——研究史的回顾》，《关于中国历史意识与历史认识的展开》（科学研究费补助金综合研究研究成果报告），1994年。

乙0057
伊藤正彦：《掌握中国近代之前历史的方法相关断章——围绕中村哲编〈东亚专制国家与社会、经济〉一书》，《为了新史学》214，1994年。

一、通　　论

乙 0058

北田英人:《关于十至十四世纪中国社会与自然的人类考察——白菜、油菜、柑橘栽培和意识性、自然性》,《宋元时代史的基本问题》,1996年。

乙 0059

大塚秀高:《宋代社会与物语》,《东洋文化研究所纪要》129,1996年。

乙 0060

渡边信一郎:《围绕唐宋变革期》,《古代文化》48—2,1996年。

乙 0061

斯波义信:《南宋"中间领域"社会的出现》,《宋元时代史的基本问题》,1996年。

乙 0062

松川健二:《近世中国的恕之诸相》,《二松大学院纪要》10,1996年。

乙 0063

梅原郁:《何为万里长城?——中国历史上的长城》,《中国学月刊》8—2,1997年。

乙 0064

伊原弘:《宋代史研究的新视点——有关现场调查的过程》,《史丛》59,1998年。

乙 0065

早坂俊广:《浙江省的中国哲学界以及浙东学术史研究现状》,《东洋古典学研究》5,1998年。

乙 0066

森由利亚:《国际学术动向:蒙特利尔·波士顿·洛杉矶——ICANAS2000及宋代史研究会国际会议参观记》,《中国的社会与文化》16,2001年。

乙 0067

丸桥充拓:《从"唐宋变革"史的近况开讲》,《中国史学》11,2001年。

乙 0068

小林义广:《内藤湖南的中国近世论与人物论》,《内藤湖南的世界——亚洲复苏的思想》,2001年。

乙 0069

远藤隆俊:《〈美国中国学〉之管见》,《海南史学》39,2001年。

乙 0070

榎本涉:《日本史研究中的南宋、元代》,《史滴》24,2002年。

乙 0071

木田知生:《中国近现代史与中国宋史研究的主潮——以邓广铭教授的王安石研究为中心》,《龙谷史坛》119、120,2003年。

乙 0072

寺地遵:《研究动向——关于黄宽重氏的研究现状》,《史学研究》

241,2003 年。

乙 0073

中岛乐章:《围绕宋元明移行期论》,《中国社会与文化》20,2005 年。

乙 0074

梅原郁:《追悼日比野丈夫博士的回忆》,《东方学》,2008 年。

乙 0075

须江隆:《某个北宋学问人的日常与一生——以对朱长文相关传记史料的解析为中心》,《史丛》78,2008 年。

二、政 治 史

（一）通 论

乙 0076

那波利贞:《风流天子徽宗皇帝》,《历史与地理》16—5、16—6,1925 年。

乙 0077

秋月胤继:《吕东莱》,《高濑博士还历记念支那学论丛》,1928 年。

乙 0078

青山定雄:《论唐宋时期的转运使及发运使》,《史学杂志》44—9,1933 年。

乙 0079

宫崎市定:《宋与辽和西夏的关系》,《世界文化史大系》9,1935 年。

二、政治史

乙 0080

田村実造：《澶渊之盟及其历史意义》，《史林》20—1、20—2、20—4，1935年。

乙 0081

曾我部静雄：《宋金之抗争》，《世界文化史大系》9，1935年。

乙 0082

林田益三：《贾似道之一面观》，《史官》11，1937年。

乙 0083

外山军治：《围绕黄河之道展开的金宋交涉》，《东洋史研究》2—4，1937年。

乙 0084

小平总治：《宋代徽宗、钦宗二帝的满洲迁徙》，《同仁》11—7，1937年。

乙 0085

园田一龟：《宋徽宗皇帝的配流满洲》，《满蒙》18—3，1937年。

乙 0086

外山军治：《以刘豫的齐国为中心看宋金交涉》，《满蒙史论丛》1，1938年。

乙 0087

神尾弌春：《最近契丹史学界的展望》，《满蒙》20—9，1939年。

乙 0088

外山军治：《金熙宗皇统年间与宋的媾和》，《满蒙史论丛》2，1939年。

乙 0089

榎一雄：《王韶的熙河经略》，《蒙古学报》1，1940年。

乙 0090

宫崎市定：《贾似道略传》，《东洋史研究》6—3，1941年。

乙 0091

宫崎市定：《南宋政治史》，《支那地理历史大系》4，1941年。

乙 0092

加藤繁：《南宋的再兴与都督张浚》，《史学杂志》54—2，1943年。

乙 0093

内藤戊申：《论欧阳修》，《羽田亨博士颂寿记念东洋史论丛》，1950年。

乙 0094

河原正博：《省地省民》，《史学杂志》63—12，1954年。

乙 0095

荒木敏一：《宋太祖与宋太宗》，《史学杂志》63—12，1954年。

乙 0096

池田诚：《大姓廖恩》，《历史学研究》191，1956年。

乙 0097

友枝龙太郎：《朱子的治民政策——南宋村落阶层分化与国

家权力问题》，《东方学》17，1958年。

乙0098

庄司莊一：《关于秦桧》，《甲南大学文学会论集》7，1958年。

乙0099

栗原益男：《五代宋初节镇年表——同州藩镇》，《史学杂志》68—1，1959年。

乙0100

好并隆司：《通济堰水利机构的探讨——宋代以降的国家权力与村落》，《冈山大学法文学部学术纪要》15，1962年。

乙0101

千叶熙：《蔡京》，《历史教育》11—9，1963年。

乙0102

东一夫：《宋神宗论》，《东京学艺大学纪要（社会科学）》18，1965年。

乙0103

栗原益男：《五代宋初藩镇年表——曹州藩镇》，《上智史学》10，1965年。

乙0104

长濑守：《宋代国家权力与农村——从水利问题入手》，《史潮》99，1967年。

乙0105

渡边纮良：《宋代国家权力与乡村——与史学界商榷》，《史潮》99，1967年。

乙0106

栗原益男：《五代宋初藩镇年表——澶州藩镇》，《上智史学》12，1967年。

乙0107

千叶熙：《韩侂胄》，《山崎先生退官记念东洋史学论集》，1967年。

乙0108

栗原益男：《五代宋初藩镇年表——贝州与陈州藩镇》，《上智史学》13，1968年。

乙0109

栗原益男：《五代宋初藩镇年表——宋州藩镇》，《上智史学》15，1970年。

乙0110

重田德：《乡绅支配的成立》，《岩波讲座世界史》12，1971年。

乙0111

古垣光一：《宋朝建国时期的研究——以宋初节度使为中心》，《论究》4—1，1972年。

乙0112

栗原益男：《五代宋初藩镇年表——安州与随州藩镇》，《上智史学》18（八幡一郎教授古稀记念号），1973年。

二、政治史

乙 0113
栗原益男：《五代宋初藩镇年表——晋州、金州、宿州三藩镇》，《上智史学》20（创刊20周年记念号），1975年。

乙 0114
柳田节子：《中国前近代社会中的专制统治和农民运动》，《历史评论》300，1975年。

乙 0115
小山正明：《宋代以后国家对农民统治》，《历史学研究》，1975年。

乙 0116
岛居一康：《宋朝专制统治的基础及其结构——以地主佃户制的开展与小农经营之间的关系为中心》，《为了新的历史学》143，1976年。

乙 0117
栗原益男：《五代宋初藩镇年表——邓州藩镇》，《上智史学》21，1976年。

乙 0118
栗原益男：《五代宋初藩镇年表——邢州藩镇》，《上智史学》22，1977年。

乙 0119
栗原益男：《五代宋初藩镇年表——青州藩镇》，《上智史学》23，1978年。

乙 0120
栗原益男：《五代宋初藩镇年表——泾州藩镇》，《上智史学》24，1979年。

乙 0121
渡边纮良：《淳熙末年建宁府社仓末的昏赖与贷粮》，《中岛敏先生古稀记念论集（下）》，1981年。

乙 0122
栗原益男：《五代宋初藩镇年表——耀州（崇州）藩镇》，《上智史学》26，1981年。

乙 0123
森安孝夫：《从渤海到契丹——征服王朝的成立》，《东亚世界中的日本古代史讲座》7，1982年。

乙 0124
栗原益男：《五代宋初藩镇年表——凤州藩镇》，《上智史学》28，1983年。

乙 0125
寺地遵:《五代北宋政治史概说》，《探讨中国及其历史的拓展》，1983年。

乙 0126
栗原益男：《五代宋初藩镇年表——相州藩镇》，《上智史学》30，1985年。

乙 0127
栗原益男：《五代宋初藩镇年

表——魏州藩镇》，《中国社会、制度、文化史各项问题：日野开三郎博士颂寿记念论集》，1987年。

乙0128

栗原益男：《五代宋初藩镇年表——楚州藩镇》，《上智史学》33，1988年。

乙0129

佐伯富：《关于宋代的牢城军》，《刘子健博士颂寿记念宋史研究论集》，1989年。

乙0130

小岩井弘光：《关于北宋的壮城》，《东洋史论集》5，1992年。

乙0131

寺地遵：《史嵩之的起复问题——南宋政权解体过程研究札记》，《史学研究》200，1993年。

乙0132

平田茂树：《宋代政治结构试论——以抗争与议和为线索》，《东洋史研究》52—4，1994年。

乙0133

冈元司：《围绕南宋时期温州地方行政的人为结合——以与永嘉学派间的关联为中心》，《史学研究》212，1996年。

乙0134

寺地遵：《宋代政治史研究方法试论》，《宋元时代史的基本问题》，1996年。

乙0135

富田孔明：《宋代历史君主独裁说再考（续）》，《东洋史苑》48、49，1997年。

乙0136

寺地遵：《南宋政权解体过程初期》，《东洋王朝权力解体过程的历史性研究》（文部省科学研究费补助金综合研究研究成果报告书），1997年。

乙0137

寺地遵：《宋代历史的两条政治路线》，《东洋王朝权力解体过程的历史性研究》（文部省科学研究费补助金综合研究研究成果报告书），1997年。

乙0138

小林和夫：《南唐官僚徐铉与宋太宗朝》，《早稻田大学大学院文学研究科纪要》42—4，1997年。

乙0139

小林义广：《欧阳修？欧阳脩？》，《东海史学》31，1997年。

乙0140

久保田和男：《五代宋初的洛阳与国都问题》，《东方学》，96，1998年。

乙0141

平田茂树：《宋代政治史研究的现状与课题》，《亚洲游学7 特

二、政治史

集——宋代知识分子诸相》，1999年。

乙0142

前村佳幸：《南宋新设立的县——以江西、江浙、广东为中心》，《史林》83—3，2000年。

乙0143

平田茂树：《解读政治内幕——宋代政治史研究序说》，《学问人的众生相——以中国宋代为起点》，2001年。

乙0144

前村佳幸：《北宋、金代的县的新近设立与统一废除》，《名古屋大学东洋史研究报告》26，2002年。

乙0145

平田茂树：《从周必大的〈思陵录〉与〈奉诏录〉中窥见的南宋初期的政治构造》，《人文研究》55—2，2003年。

乙0146

山根直生：《有关唐宋政治史研究的史论——从政治过程论，国家统一的地理情况开讲》，《中国史学》14，2004年。

乙0147

见城光威：《宋太宗政权考（上）——唐宋变革时期政治史研究的一个尝试》，《东北大学文学研究科研究年报》55，2005年。

乙0148

近藤一成：《宋代的修谱与国政》，《宋代至明代的宗族的研究》，2005年。

乙0149

寺地遵：《韩侂胄专权的成立》，《史学研究》247，2005年。

乙0150

高木智见：《颁福之王》，《中国史学》16，2006年。

乙0151

见城光威：《宋太宗政权考（中）——唐宋变革时期政治史研究的一个尝试》，《东北大学文学研究科研究年报》56，2006年。

乙0152

毛利英介：《澶渊之盟的历史背景——从云中会盟到澶渊之盟》，《史林》89，2006年。

乙0153

平田茂树：《宋代政治构造研究序说》，《人文研究》57，2006年。

乙0154

小林晃：《南宋中期韩侂胄专权的确立过程——以宁宗即位（1194年）后的政治抗争为中心》，《史学杂志》115—8，2006年。

乙0155

古松崇志：《契丹、宋之间澶渊体制中的国境》，《史林》90—1，2007年。

乙0156

见城光威：《宋太宗政权考（下）——唐宋变革时期政治史研究的一个尝试》，《东北大学文学研究科研究年报》57，2007年。

乙0157

平田茂树：《如何理解宋代的政治空间》，《大阪市立大学东洋史论丛·文献资料学的新可能性》3，2007年。

乙0158

與座良一：《宋初作为行政区划的军的设置及其背景》，《鹰陵史学》33，2007年。

乙0159

毛利英介：《1099年宋夏元符和议与辽宋事前交涉——辽宋并存时期的国际秩序研究》，《东方学报》82，2008年。

乙0160

片冈一忠：《五代宋时期的官印制度》，《历史人类》36，2008年。

乙0161

小林晃：《南宋宁宗史弥远政权的建立及其意义》，《东洋学报》91—1，2009年。

乙0162

古松崇志：《作为契丹与宋朝之间外交文书的牒》，《东方学报》85，2010年。

乙0163

横山健一：《宋代有关褒贬赏罚说的变迁——以二种〈春秋五论〉为线索》，《九州中国学会报》48，2010年。

乙0164

藤野月子：《关于五代十国北宋时期和蕃公主的降嫁》，《东洋史学论集》38，2010年。

乙0165

田中靖彦：《澶渊之盟与祭祀曹操——真宗时期"正统"的萌芽》，《东方学》119，2010年。

（二）五代十国史

乙0166

那波利贞：《被忽视的南唐文化的价值》，《历史与地理》4—2、4—3，1919年。

乙0167

杉本直治郎：《论五代宋初安南的士豪吴氏》，《内藤博士还历祝贺支那学论丛》，1926年。

二、政治史

乙 0168
松井等：《五代时的契丹》，《满鲜地理历史研究报告》3，1926年。

乙 0169
三岛毅：《五代总论》，《世界历史大系》6，1934年。

乙 0170
日野开三郎：《五代镇将考》，《东洋学报》25—2，1938年。

乙 0171
藤枝晃：《沙州归义军节度使始末（1）》，《东方学报》12—3，1942年。

乙 0172
藤枝晃：《沙州归义军节度使始末（2）》，《东方学报》12—4，1942年。

乙 0173
藤枝晃：《沙州归义军节度使始末（3）》，《东方学报》13—1，1943年。

乙 0174
藤枝晃：《沙州归义军节度使始末（4）》，《东方学报》13—2，1943年。

乙 0175
冈崎精郎：《后唐明宗与旧习》，《东史研新》1—4，1945年。

乙 0176
宫崎市定：《五代史中的军阀资本家——晋阳李氏》，《人文科学》2—4，1948年。

乙 0177
青山定雄：《五代宋时期江西的新兴官僚》，《和田清博士还历记念东洋史论丛》，1951年。

乙 0178
德山正人：《冯道论与五代的世相》，《史潮》45，1952年。

乙 0179
周藤吉之：《五代节度使的统治体制（上）》，《史学杂志》61—4，1952年。

乙 0180
周藤吉之：《五代节度使的统治体制（下）》，《史学杂志》61—6，1952年。

乙 0181
长部和雄：《北汉的经营与五台僧继颙》，《神户商科大学纪要》1，1953年。

乙 0182
栗原益男：《唐五代时期假父子结合的特点与藩帅的统治权利的关联》，《史学杂志》62—6，1953年。

乙 0183
志贺义雄：《五代王朝的统治构成》，《骏台史学》3，1953年。

乙 0184
志贺义雄：《五代王朝的统治构成——以五代藩镇的成立过程为

主》，《桐荫高等学校纪要》，1954年。

乙0185
河崎章夫：《关于五代端明殿学士的两个问题》，《史泉》3，1955年。

乙0186
栗原益男：《唐末五代假父子结合的姓名和年龄》，《东洋学报》38—4，1956年。

乙0187
志贺义雄：《五代藩镇结构的扩大过程——五代王朝的统治结构》，《桐荫高等学校纪要》，1957年。

乙0188
渡边道夫：《吴越国的建国过程》，《史观》56，1959年。

乙0189
松井秀一：《卢龙藩镇考》，《史学杂志》68—12，1959年。

乙0190
西川正夫：《吴、南唐两个王朝的国家权力的特性》，《法制史研究》9，1959年。

乙0191
堀敏一：《朱全忠的厅子都》，《和田博士古稀记念东洋史论丛》，1961年。

乙0192
堀敏一：《朱全忠政权的特性》，《骏台史学》11，1961年。

乙0193
日野开三郎：《藩镇体制和直属州》，《东洋学报》43—4，1961年。

乙0194
室永芳三：《有关五代节度使府的粮料使》，《东方学》21，1961年。

乙0195
室永芳三：《有关五代的北面转运使》，《史渊》89，1962年。

乙0196
西川正夫：《华北五代王朝的文官》，《东京大学东洋文化研究所纪要》27，1962年。

乙0197
田中整治：《五代后蜀的建国过程》，《北海道学艺大学纪要》14—2，1963年。

乙0198
船越泰次：《五代节度使体制下末端统治的考察——所由节级考》，《集刊东洋学》13，1965年。

乙0199
羽生健一：《关于五代的巡检使》，《东方学》29，1965年。

乙0200
菊池英夫：《所谓节度使权力的土豪阶层》，《历史教育》14—5，1966年。

二、政　治　史

乙 0201
渡边道夫:《吴越国的统治结构》,《史观》76,1967年。

乙 0202
西川正夫:《华北五代王朝的文臣与武将》,《仁井田陞博士追悼论文集（1）——前近代亚洲的法律与社会》,1967年。

乙 0203
田中整治:《南汉的建国过程和刘龑政权》,《北海道学艺大学纪要》19—1,1968年。

乙 0204
栗原益男:《五代这一时代》,《上智史学》14,1969年。

乙 0205
田中整治:《吴越和闽的关系》,《东洋史研究》28—1,1969年。

乙 0206
室永芳三:《五代的租庸使的建立与其特性》,《东洋学报》53—3、53—4,1971年。

乙 0207
畑地正宪:《有关五代地方行政中的军》,《东方学》43,1972年。

乙 0208
大泽正昭:《唐末五代政治史研究的一个观点》,《东洋史研究》31—4,1973年。

乙 0209
清木场东:《有关五代的知州》,《东方学》45,1973年。

乙 0210
畑地正宪:《论吴、南唐的制置使兼论宋代的军使兼知县事》,《九州大学东洋史学论集》1,1973年。

乙 0211
清木场东:《吴、南唐的地方行政的变迁与特征》,《东洋学报》56—2、56—3、4,1975年。

乙 0212
田中整治:《南唐和吴越的关系》,《史流》16,1975年。

乙 0213
伊藤宏明:《淮南藩镇的建立过程——吴、南唐政权的前提条件》,《名古屋大学东洋史研究报告》4,1976年。

乙 0214
佐竹靖彦:《从杭州八都到吴越王朝》,《人文学报》127,1978年。

乙 0215
清木场东:《唐末、五代的土豪集团的解体——吴的土豪集团的情况》,《鹿儿岛大学史学》28,1980年。

乙 0216
冈田宏二:《五代楚国的建国过程》,《大东文化大学纪要（人文科学）》19，1981年。

乙0217

冈田宏二：《五代楚国的特性》，《中岛敏老师古稀记念论集（下）》，1981年。

乙0218

伊藤宏明：《五代楚政权的特性》，《名古屋大学文学部研究论集》80，1981年。

乙0219

寺地遵：《南宋政权确立过程研究笔记——宋金和议、兵权回收、经界法的政治史方向考察》，《广岛大学文学部纪要》42—1特辑号，1982年。

乙0220

友永植：《唐、五代三班使臣考——宋朝武班官僚研究其一》，《宋代的社会与文化》，1983年。

乙0221

铃木隆行：《关于五代文官人事政策的一点考察》，《北大史学》24，1984年。

乙0222

鸟谷弘昭：《有关南唐的文治主义》，《立正史学》59，1986年。

乙0223

佐竹靖彦：《关于王蜀政权成立的前提》，《东洋文化研究所纪要》99，1986年。

乙0224

佐竹靖彦：《王蜀政权小史》，《人文学报》185，1986年。

乙0225

渡边孝：《有关唐、五代的衙前的称呼》，《东洋史论》6，1988年。

乙0226

谷川道雄：《有关河朔三镇的藩帅的继承》，《中国的法律与社会：栗原益男老师古稀记念论集》，1988年。

乙0227

久保田和男：《五代国都新考》，《史观》119，1988年。

乙0228

伊藤宏明：《吴、南唐政权的诸问题》，《名古屋大学文学部研究论集》101，1988年。

乙0229

富田孔明：《关于五代的枢密院使二论考的论评》，《东洋史苑》33，1989年。

乙0230

富田孔明：《五代的枢密使——有关其沿革的新的考察》，《龙谷史坛》95，1989年。

乙0231

伊藤宏明：《南汉政权的特性——地域公权与私权化》，《名古屋大学东洋史研究报告》14，1989年。

二、政　治　史

乙 0232
佐伯富：《关于五代的枢密使》，《史窗》46，1989年。

乙 0233
渡边孝：《有关唐、五代的藩镇的押衙（上）》，《社会文化史学》28，1991年。

乙 0234
大泽正昭：《唐末五代"土豪"论》，《上智史学》37，1992年。

乙 0235
佐竹靖彦：《朱温集团的特性与后梁王朝的形成》，《中国近世社会文化史论文集（"中央研究院"历史语言研究所会议论文集之一）》，1992年。

乙 0236
大泽正昭：《有关唐末五代的当地有权势者》，《中国的传统社会与家庭：柳田节子老师古稀记念论集》，1993年。

乙 0237
渡边孝：《有关唐、五代的藩镇的押衙（下）》，《社会文化史学》30，1993年。

乙 0238
山根直生：《唐末的藩镇体制的变貌——以淮南节度使为例》，《史学研究》228，2000年。

乙 0239
山崎觉士：《吴越国国王与"真王"概念——五代十国的中华秩序》，《历史学研究》752，2001年。

乙 0240
山根直生：《唐末五代徽州的地域发展与政治化重组》，《东方学》103，2002年。

乙 0241
山崎觉士：《仍将持续的海上国家——吴越国的尝试》，《古代文化》54—2，2002年。

乙 0242
山崎觉士：《五代的道制——以后唐朝为中心》，《东洋学报》85—4，2004年。

乙 0243
福井信昭：《五代十国时期的进奏院》，《大阪市立大学东洋史论丛》14，2005年。

乙 0244
友永植：《五代内官考》，《史学论丛》35，2005年。

乙 0245
中西朝美：《有关五代北宋的国书的形式——以"致书"文书的使用情况为中心》，《东洋史学论集》33，2005年。

乙 0246
山崎觉士：《从其他时代的观点来看——五代的"中国"与平王》，《宋代史研究会研究报告第9集》，2009年。

（三）宋　朝　史

1. 政治制度

乙 0247
佐伯富：《关于宋代的皇城司》，《东方学报》9，1938年。

乙 0248
中岛敏：《关于元丰的官制改革》，《史学杂志》53—12、54—4，1942年。

乙 0249
佐伯富：《宋代走马承受的研究（上）》，《东方学报》14—2，1943年。

乙 0250
佐伯富：《宋代走马承受的研究（下）》，《东方学报》14—4，1944年。

乙 0251
河上光一：《宋代的衙前》，《史学杂志》60—2，1951年。

乙 0252
堀敏一：《宋代官僚制度的研究——特别以朋党为中心》，《各项研究及补助研究报告集录（1941年度）》（哲、史、文学编），1952年。

乙 0253
山本隆义：《关于唐宋时代的翰林学士》，《东方学》4，1952年。

乙 0254
宫崎市定：《宋代州县制度的由来及其特色——关于衙前的演变》，《史林》36—2，1953年。

乙 0255
井手达郎：《南宋时代的发运使及转运使》，《东洋史学论集》3，1954年。

乙 0256
志田不动麿：《宋代皇城使的任用》，《东方学》9，1954年。

乙 0257
吉冈义信：《宋代的劝农使》，《史学研究》60，1955年。

乙 0258
冈山美智子：《关于中国的胥吏——以唐宋为主》，《史窗》9，1956年。

乙 0259
诸户立雄：《宋代对宗室的政

二、政治史

策》,《文化》22—5,1958年。

乙 0260
福泽与九郎:《关于宋代地方政治的一点管见特别是胥吏与豪民之间的关系》,《东方学》19,1959年。

乙 0261
曾我部静雄:《南宋的隅及隅官——作为中国行政区划之隅的起源》,《法制史研究》10,1960年。

乙 0262
砺波护:《关于三司使的成立——唐宋的变革与使职》,《史林》44—4,1961年。

乙 0263
中村治兵卫:《宋代的行政区划——管》,《史渊》89,1962年。

乙 0264
宫崎市定:《宋代官制序说——应该如何解读〈宋史·职官志〉》,《宋史职官志索引》,1963年。

乙 0265
岩见宏:《关于养廉银制度的创设》,《东洋史研究》22—3,1963年。

乙 0266
周藤吉之:《宋代乡村制度的演变过程》,《史学杂志》72—10,1963年。

乙 0267
柳田节子:《宋代中央集权式的文官臣僚统治的建立》,《历史学研究》288,1964年。

乙 0268
幸彻:《北宋盛时监当官的配置状况》,《东洋史研究》23—2,1964年。

乙 0269
幸彻:《北宋时期监当官的地位》,《东洋史学》26,1964年。

乙 0270
曾我部静雄:《宋代的巡检、县尉和招安政策》,《东北大学文学部研究年报》14,1964年。

乙 0271
片山正毅:《宋代幕职官的设立》,《东洋史学》27,1965年。

乙 0272
土肥祐子:《论宋代提举市舶的职官》,《史草》7,1966年。

乙 0273
衣川强:《宋代宰相考——北宋前期的情况》,《东洋史研究》24—4,1966年。

乙 0274
周藤吉之:《北宋三司的兴废》,《驹泽史学》13,1966年。

乙 0275
周藤吉之:《北宋三司的性质》,

《法政史学》18，1966年。

乙0276

佐竹靖彦：《宋代乡村制度的形成过程》，《东洋史研究》25—3，1966年。

乙0277

安田修一：《从职田制看宋代官吏》，《山崎先生退官记念东洋史论集》，1967年。

乙0278

东一夫：《关于制置三司条例司创立的考察》，《山崎先生退官记念东洋史学论集》，1967年。

乙0279

东一夫：《制置三司条例司的研究——机构及其人员组成（1）》《东京学艺大学纪要》19，1967年。

乙0280

吉冈义信：《论宋代的都水监》，《社会经济史学》33—5，1967年。

乙0281

长濑守：《宋元时期的水利官》，《历史教育》16—10，1968年。

乙0282

东一夫：《制置三司条例司的研究——机构及其人员组成（2）》，《社会文化史学》4，1968年。

乙0283

东一夫：《制置三司条例同官僚的相互关系与王安石政权的组成》，《史海》15，1968年。

乙0284

吉冈义信：《关于宋代的都水监官僚——以黄河治理为中心》，《东方学》36，1968年。

乙0285

周藤吉之：《北宋时期提举东京、司库务司和提点东京仓草场所的兴衰》，《白山史学》14（创立80周年记念号），1968年。

乙0286

周藤吉之：《北宋中期户部的复立——以左右曹为中心》，《东洋大学纪要》22，1968年。

乙0287

柳田节子：《乡村制的展开》，《岩波讲座世界史》9，1970年。

乙0288

山内正博：《南宋政权的演变》，《岩波讲座世界史》9，1970年。

乙0289

衣川强：《以文臣为中心论宋代的奉给（上）》，《东方学报》41，1970年。

乙0290

佐伯富：《宋朝集权官僚制的成立》，《岩波讲座世界史》9，1970年。

乙0291

东一夫：《编修中书条例司的研究》，《东京学艺大学纪要》（社会科学）23，1971年。

二、政　治　史

乙 0292
衣川强：《以文臣为中心论宋代的奉给（下）》，《东方学报》42，1971年。

乙 0293
村上嘉实：《宋元时期的吏事》，《关西学院史学》30，1972年。

乙 0294
乔炳南：《宋代地方自治制的研究——序论（上）》，《帝塚山大学论集》4，1972年。

乙 0295
乔炳南：《井田制与宋代的地方自治制（上）》，《帝塚山大学纪要》10，1973年。

乙 0296
乔炳南：《宋代地方自治制的研究——序论（下）》，《帝塚山大学论集》5，1973年。

乙 0297
古垣光一：《宋真宗时期磨勘制的建立》，《青山博士古稀记念宋代史论丛》，1974年。

乙 0298
乔炳南：《井田制与宋代的地方自治制（下）》，《帝塚山大学纪要》11，1974年。

乙 0299
乔炳南：《论南宋的忠义巡社制》，《帝塚山大学论集》8（十周年记念），1974年。

乙 0300
梅原郁：《宋初的寄禄官及其他——为理解宋代的官制》，《东方学报》48，1975年。

乙 0301
乔炳南：《北宋时代的乡约制度》，《帝塚山大学论集》9，1975年。

乙 0302
乔炳南：《论北宋时代的地方自治制度（上）》，《帝塚山大学纪要》12，1975年。

乙 0303
乔炳南：《南宋时代的乡约制度》，《帝塚山大学论集》10，1975年。

乙 0304
畑地正宪：《论宋代所谓"同下州"军的作用》，《山口大学文学会志》26，1975年。

乙 0305
畑地正宪：《论宋代做为行政机关的军——围绕州格化的问题》，《史渊》112（创立五十周年记念论文集），1975年。

乙 0306
乔炳南：《北宋时期的地方自治制度（下）》，《帝塚山大学纪要》13，1976年。

乙 0307
乔炳南：《关于南宋时期的地方自治制度（上）》，《帝塚山大学纪要》14，1977年。

乙 0308

乔炳南：《宋代以后中国地方自治制度的变迁（上）》，《帝塚山大学论集》15，1977年。

乙 0309

乔炳南：《宋代以后中国地方自治制度的变迁（中）》，《帝塚山大学论集》16，1977年。

乙 0310

乔炳南：《关于南宋时期的地方自治制度（中）》，《帝塚山大学纪要》15，1978年。

乙 0311

乔炳南：《宋代以后中国地方自治制度的变迁（下）》，《帝塚山大学论集》18，1978年。

乙 0312

友永植：《唐宋时代的宣徽院使》，《北大史学》18，1978年。

乙 0313

古垣光一：《关于真宗时代京朝官的磨勘法》，《史朋》11，1980年。

乙 0314

梅原郁：《宋代的恩荫制度》，《东方学报》52，1980年。

乙 0315

梅原郁：《宋代铨选一瞥——以荐举制度为中心》，《东洋史研究》39—4，1981年。

乙 0316

小岩井弘光：《关于北宋使臣》，《集刊东洋学》48，1982年。

乙 0317

竺沙雅章：《关于宋代官僚的寄居》，《东洋史研究》41—1，1982年。

乙 0318

古垣光一：《关于宋仁宗时代的磨勘之法：特以刘太后摄政时期的京朝官为中心》，《亚洲的教育与社会：多贺秋五郎博士喜寿记念论文集》，1983年。

乙 0319

长谷川诚夫：《南宋的职役与胥吏——以乡书手为中心》，《千叶工业大学研究报告（人文篇）》21，1984年。

乙 0320

梅原郁：《宋代的武阶》，《东方学报》56，1984年。

乙 0321

小林仁：《关于宋初文臣官僚差遣的晋升》，《大学院论究》16—1，1984年。

乙 0322

衣川强：《杭州临安府与宰相》，《中国近世的都市与文化》，1984年。

乙 0323

爱宕元：《五代宋初从武人统治

二、政　治　史

到文人统治》，《关于从 10 世纪到 20 世纪初的中国社会权力结构的综合研究》，（1984 年度科学研究费补助金综合研究（A）研究成果报告），1985 年。

乙 0324

小林仁：《关于宋初的家便》，《亚洲史研究》9，1985 年。

乙 0325

板桥真一：《关于北宋仁宗朝的中下级官僚》，《响沫集》5，1987 年。

乙 0326

川胜守：《中国地方行政中的县与镇》，《东洋史学论集》15，1987 年。

乙 0327

梅原郁：《北宋开封尹小考》，《东方学会创立四十周年记念东方学论集》，1987 年。

乙 0328

内河久平：《宋初地方官的晋升过程》，《东洋法史的探求：岛田正郎博士颂寿记念论集》，1987 年。

乙 0329

平田茂树：《对宋代铨选制度的考察——王安石的改革为中心》，《历史》69，1987 年。

乙 0330

熊本崇：《熙宁年间的察访使——王安石新法的推动者们》，《集刊东洋学》58，1987 年。

乙 0331

熊本崇：《中书检正官——王安石政权的推动者们》，《东洋史研究》47—1，1988 年。

乙 0332

友永植：《北宋三班使臣考》，《别府大学短期大学部纪要》7，1988 年。

乙 0333

菊田勇雄：《关于熙宁、元丰年间的司农寺——围绕司农寺的政治环境》，《中央大学亚洲史研究》13，1989 年。

乙 0334

梅原郁：《宋代的乡司》，《刘子健博士颂寿记念宋史研究论集》，1989 年。

乙 0335

温水三男：《关于北宋时期的节度、观察、防御、团练、刺史等》，《西日本史学会宫崎支部报》，1989 年。

乙 0336

友永植：《寄班祗候考》，《史学论丛》19，1989 年。

乙 0337

熊本崇：《元丰的御史——宋神宗亲政考》，《集刊东洋学》63，1990 年。

乙 0338

友永植:《内东门司考》,《史学论丛》21,1990年。

乙 0339

板桥真一:《北宋前期的资格论与财政官僚》,《东洋史研究》50—2,1991年。

乙 0340

富田孔明:《宋二府沿革的相关考察——明确其起点与转折点》,《东洋史苑》37,1991年。

乙 0341

渡边久:《从转运使到监司——宋初监司的形成》,《东洋史苑》38,1992年。

乙 0342

高桥彻:《宋初寄禄官渊源考》,《响沫集》7,1992年。

乙 0343

柳田节子:《关于宋代的县尉》,《从宋至明清的科举、官僚制及其社会的基础研究》(科学研究费补助金综合研究成果报告),1992年。

乙 0344

平田茂树:《关于宋代的言路官》,《史学杂志》101—6,1992年。

乙 0345

畑地正宪:《关于宋代的麟府路》,《东洋史研究》51—3,1992年。

乙 0346

富田孔明:《宋二府沿革的相关考察(续)》,《东洋史苑》40,1993年。

乙 0347

熊本崇:《北宋的台谏》,《石卷专修大学研究纪要》4,1993年。

乙 0348

梅原郁:《刑不上大夫——宋代官员的处罚》,《东方学报》67,1995年。

乙 0349

内河久平:《宋代荐举制的一个侧面——关于"举官自代"》,《中国古代的国家与民众:堀敏一先生古稀记念论文集》,1995年。

乙 0350

温水三男:《关于北宋河北路的知州差遣》,《西日本史学会宫崎支部报》,1995年。

乙 0351

熊本崇:《北宋的台谏——以神宗朝、哲宗朝为中心》,《东北大学东洋史论集》6,1995年。

乙 0352

梅原郁:《罚俸制度的展开——旧中国的惩戒》,《宋元时代史的基本问题》,1996年。

乙 0353

渡边久:《北宋的钤辖——宋代

军政官的一隅》,《龙谷史坛》107,1997年。

乙0354

青木敦:《淳熙臧否及其失败——宋的地方官监察制度中的两种类型（1）》,《东京大学东洋文化研究所纪要》132,1997年。

乙0355

宫崎圣明:《北宋的三司使、户部尚书的人事与经历》,《北大史学》38,1998年。

乙0356

前村佳幸:《宋代的驻镇官员》,《史学杂志》107—4,1998年。

乙0357

渡边久:《北宋的经略安抚使》,《东洋史研究》57—4,1999年。

乙0358

见城光威:《关于北宋的户部——以神宗、哲宗朝为中心》,《集刊东洋学》82,1999年。

乙0359

梅原郁:《围绕进奏院——宋代的文书传达制度》,《就实女子大学史学论集》15,2000年。

乙0360

熊本崇:《唐宋储贰问题初探》,《中国文人的思考与表现：村上哲见先生古稀记念》,2000年。

乙0361

渡边纮良:《宋代科举官僚的选任制度（平成13年度春期东洋学讲座讲演要旨）》,《东洋学报》83—2,2001年。

乙0362

渡边久:《北宋转运使与行政监督》,《龙谷大学论集》457,2001年。

乙0363

青木敦:《关于宋代监司的语义》,《历史学研究》753,2001年。

乙0364

高桥弘臣:《关于南宋初期的川陕地区的宣抚处置使、宣抚使》,《爱媛大学法文学部论集（人文）》13,2002年。

乙0365

宫崎圣明:《关于北宋的中书与三司的统摄关系》,《史朋》34,2002年。

乙0366

青木敦:《宋代地方官考课制度的基调》,《亚洲文化研究》11,2002年。

乙0367

渡边久:《围绕北宋监司》,《龙谷史坛》119、120,2003年。

乙0368

小林隆道:《关于宋代的广域区划（路）》,《史滴》25,2003年。

乙0369

熊本崇:《宋元祐三省考——围

绕"调停"与聚议》，《东北大学东洋史论集》9，2003年。

乙0370
小林隆道：《北宋时期的路的行政化——以元丰账法的确立为中心》，《东洋学报》86—1，2004年。

乙0371
小林隆道：《宋代三级行政体制的形成——从元丰帐法的分析出发》，《史观》150，2004年。

乙0372
今泉牧子：《有关宋代县令上任地的一项考察》，《上智史学》50，2005年。

乙0373
今泉牧子：《有关宋代福建县令的一项考察》，《纪尾井史学》26，2007年。

乙0374
平田茂树：《宋代地方政治管见——以札子、帖、牒、申状为线索》，《东北大学东洋史论集》11，2007年。

乙0375
青木敦：《监司与台谏——宋代地方官监察制度中所见的两种类型》，《东方学》114，2007年。

乙0376
藤本猛：《宋代的殿中省》，《东方学》114，2007年。

乙0377
熊本崇：《宋执政史——元丰以前和之后》，《东北大学东洋史论集》11，2007年。

乙0378
宫崎圣明：《北宋徽宗时期的官制改革》，《史朋》41，2008年。

乙0379
熊本崇：《宋代御史台制度再考——围绕梅原郁氏对御史台的理解》，《集刊东洋学》100，2008年。

乙0380
高桥弘臣：《南宋临安的三衙》，《爱媛大学法文学部论集（人文学科）》26，2009年。

乙0381
宫崎圣明：《宋代禁谒制度的发展》，《宋代中国的相对化》（宋代史研究会研究报告第9集），2009年。

乙0382
久保田和男：《从宋代本身的观点来看——宋朝中央情报的地方传达》，《宋代中国的相对化》（宋代史研究会研究报告第9集），2009年。

乙0383
熊本崇：《宋元祐的吏额房——对三省制的一个探讨》，《东洋史研究》69—1，2010年。

2. 政治文化

乙0384
安冈正笃:《作为政治家的王安石的性格》,《东泽》25—4,1919年。

乙0385
吉田清治:《北宋党争的主要原因》,《历史与地理》32—4,1933年。

乙0386
吉田清治:《从党争史上看熙丰年间的洛阳及其风气》,《文化》1—12,1934年。

乙0387
宫崎市定:《北宋的党争》,《世界文化史大系》9,1935年。

乙0388
吉田清治:《范仲淹的政治思想》,《文化》3—6,1936年。

乙0389
曾我部静雄:《关于佛教文化研究太学生的政治运动》,《外交时报》776,1937年。

乙0390
冈崎文夫:《欧阳修辞去宣徽使的问题》,《文化》5—5,1938年。

乙0391
冈崎文夫:《王安石内政总考》,《支那学》9—2,1938年。

乙0392
曾我部静雄:《向秦桧的和议学习》,《外交时报》794,1938年。

乙0393
宇都宫:《王应麟的政术观》,《东洋史研究》5—1,1939年。

乙0394
清水泰次:《关于后人对秦桧议和的评价》,《史潮》12—3、12—4,1943年。

乙0395
宫崎市定:《关于宋太祖被弑说》,《东洋史研究》9—4,1945年。

乙0396
外山军治:《靖康之变中新法党与旧法党的势力关系》,《羽田亨博士颂寿记念东洋史论丛》,1950年。

乙0397
中村治兵卫:《王安石登场——宋朝政权的性质》,《历史研究》157,1952年。

乙0398
荒木敏一:《宋太祖酒癖考》,《史林》38—5,1955年。

乙 0399

吉冈义信：《北宋初期南人官僚的升降——特别是王钦若、丁谓》，《铃峰女子短期大学研究集报》2，1955年。

乙 0400

栗原益男：《从铁券授受现象所看到的君臣关系（一）》，《史学杂志》65—6，1956年。

乙 0401

栗原益男：《从铁券授受现象所看到的君臣关系（二）》，《史学杂志》65—7，1956年。

乙 0402

山内正博：《南宋初期群盗性质的一个考察》，《史学杂志》66—12，1957年。

乙 0403

志田不动麿：《花石纲的开始》，《神户大学文学会研究》14，1957年。

乙 0404

菅谷军次郎：《关于宋代的朋党》，《宫城学院女子大学研究论文集》13，1958年。

乙 0405

东一夫：《关于对王安石的评价的变迁》，《东京学艺大学研究报告》（历史学）10，1959年。

乙 0406

吉田清治：《从党争史上看王安石》，《大阪府立大学纪要》7，1959年。

乙 0407

青山定雄：《关于宋代四川官僚系谱的一点考察》，《和田博士古稀记念东洋史论丛》，1961年。

乙 0408

青山定雄：《五代宋代福建的新兴官僚——特别以系谱为中心》，《中央大学文学部纪要》7，1961年。

乙 0409

东一夫：《王安石培养人才的方针》，《历史教育》11—9，1963年。

乙 0410

片野裕子：《北宋时期的党派斗争》，《史草》4，1963年。

乙 0411

青山定雄：《关于宋代华北官僚的系谱（1）》，《圣心女子大学论丛》21，1963年。

乙 0412

青山定雄：《关于宋代华北官僚的系谱（2）》，《圣心女子大学论丛》25，1965年。

乙 0413

东一夫：《王安石的万言书和地方政治》，《东京学学艺大学研究报告》17—10，1966年。

乙 0414

青山定雄：《关于宋代华北官僚

二、政治史

的系谱（3）》，《中央大学文学部纪要》45，1967年。

乙0415
周藤吉之：《王安石的新法及历史意义——以农民政策为中心》，《仁井田陞博士追悼论文集》1，1967年。

乙0416
寺地遵：《宋代的官僚观与统治者面貌》，《史学研究》103，1968年。

乙0417
外山军治：《关于南宋人李宗闵的上书》，《田村博士颂寿东洋史论丛》，1968年。

乙0418
爱宕松男：《王船山的宋太祖论——关于〈宋论〉的天命观》，《福井博士颂寿记念东洋文化论集》，1969年。

乙0419
麓保孝：《论宋代韩魏公的君臣论》，《防卫大学校纪要》18（山口教授退官记念），1969年。

乙0420
梅原郁：《王安石的新法》，《岩波讲座世界史》9，1970年。

乙0421
衣川强：《论宋代的俸薪——以文臣官僚为中心》，《东方学报》41（创立四十四周年记念论集），1970年。

乙0422
衣川强：《官僚与薪俸—宋代薪俸问题续考》，《东方学报》42，1971年。

乙0423
寺地遵：《范仲淹的政治论及其历史意义》，《广岛大学文学部纪要》31—2，1972年。

乙0424
西野贞治：《苏轼与元佑党争中的人们》，《大阪市立大学人文研究》23—3，1972年。

乙0425
衣川强：《论秦桧的议和政策》，《东方学报》45，1973年。

乙0426
千叶熙：《宋代的后妃——太祖、太宗、真宗、仁宗四朝》，《青山博士古稀记念宋代史论丛》，1974年。

乙0427
青山定雄：《关于宋代华南官僚的系谱（1）——以扬子江下游地区为中心》，《中央大学文学部纪要》72，1974年。

乙0428
青山定雄：《关于宋代华南官僚的系谱（2）——以扬子江下游地区为中心》，《宇野哲人先生白寿祝贺记念东洋史论丛》，1974年。

乙0429

舞田正达：《中国宋代政治家像》，《国际商科大学论丛》9，1974年。

乙0430

东一夫：《日本的王安石研究史——海保清陵对王安石的评价》，《木村正雄先生退官记念东洋史论集》，1976年。

乙0431

千叶熙：《英宗宣仁圣烈皇后高氏——宋代的后妃二》，《木村正雄先生退官记念东洋史学论集》，1976年。

乙0432

寺地遵：《关于秦桧以后政治过程的若干考察》，《东洋史研究》35—3，1976年。

乙0433

小栗英一：《徽宗下的宇文虚中》，《静冈大学人文论集》26，1976年。

乙0434

青山定雄：《关于宋代华南官僚的系谱（3）—以扬子江下游地区为中心》，《江上波夫教授古稀记念论集（历史篇）》，1977年。

乙0435

中岛千景：《文天祥小考》，《二松学舍大学人文论丛》12（建校100周年记念号），1977年。

乙0436

寺地遵：《关于建炎绍兴年间政治过程的若干考察》，《广岛大学文学部纪要》38—2，1978年。

乙0437

渡边纮良：《关于淳熙十六年的德政令》，《东洋学报》61—1、61—2，1979年。

乙0438

近藤一成：《关于南宋初期对王安石的评价》，《东洋史研究》38—3，1979年。

乙0439

衣川强：《宋代政治纷争之一面》，《东洋史苑》16，1980年。

乙0440

古垣光一：《关于宋代的官僚数量（1）》，《中岛敏先生古稀记念论集（下）》，1981年。

乙0441

山内弘一：《北宋国家与玉皇祭典——以恭谢天地为中心》，《东方学》62，1981年。

乙0442

寺地遵：《试论秦桧的南北构想》，《史学研究》150，1981年。

乙0443

柳田节子：《最近在中国关于王安石的评价》，《学习院史学》

二、政 治 史

19，1982年。

乙0444

山内弘一：《北宋时期的郊祀》，《史学杂志》92—1，1983年。

乙0445

寺地遵：《从吕颐浩到赵鼎——绍兴四年至八年的政治过程》，《广岛大学文学部纪要》43，1983年。

乙0446

小林义广：《有关欧阳修的历史叙述与庆历改革》，《史林》66—4，1983年。

乙0447

爱宕元：《宋太祖弑害说与上清太平宫》，《史林》67—2，1984年。

乙0448

古垣光一：《关于宋代的官僚数量（2）——特以真宗时代为中心》，《亚洲史研究》，8，1984年。

乙0449

近藤一成：《北宋"庆历之治"小考》，《史滴》5，1984年。

乙0450

毛塚康明：《旧法党官僚苏轼》，《响沫集》4，1984年。

乙0451

古垣光一：《关于宋代的官僚数量（3）——真宗朝中期以后的人事行政新问题》，《宋代的社会与宗教》，1985年。

乙0452

古垣光一：《关于宋代的官僚数量（4）——真宗朝中期以后猎官运动的激化》，《中村治兵卫先生古稀记念东洋史论丛》，1986年。

乙0453

梅原郁：《皇帝、祭祀、国都》，《历史中的城市——续城市的社会史》，1986年。

乙0454

石田肇：《知县时代的王安石》，《中国历史上的中央政治与地方社会》（1985年度科学研究补助金综合研究（A）研究成果报告），1986年。

乙0455

松本浩一：《关于宋代的赐额、赐号——主要根据〈宋会要辑稿〉中的史料》，《中国历史上的中央政治与地方社会》（1985年度科学研究费补助金综合研究（A）研究成果报告），1986年。

乙0456

柳田节子：《文、谢之死》，《响沫集》5，1987年。

乙0457

毛塚康明：《旧法党官僚再考》，《响沫集》5，1987年。

乙0458

安苏干夫：《蔡京相关研究——

特以其经历为中心》,《广岛经济大学经济研究论集》11—4,1988年。

乙0459

小岛毅:《宋代天谴论的政治理念》,《东洋文化研究所纪要》107,1988年。

乙0460

板桥真一:《围绕北宋时期——皇祐四(1052)年的诗人梅尧臣的在京派遣》,《研究集录》30,1989年。

乙0461

小岛毅:《郊祀制度的演变》,《东洋文化研究所纪要》108,1989年。

乙0462

竺沙雅章:《宋初的政治与宗教》,《刘子健博士颂寿记念宋史研究论集》,1989年。

乙0463

山内弘一:《北宋时期的太庙》,《上智史学》35,1990年。

乙0464

小岛毅:《牧民官的祈祷——以真德秀为例》,《史学杂志》100—11,1991年。

乙0465

小岛毅:《天子与皇帝——中华帝国的祭祀体系》,《王权的位相》,1991年。

乙0466

熊本崇:《宋天禧元年二月诏——宋初的御史》,《石卷专修大学研究纪要》2,1991年。

乙0467

富田孔明:《宋代皇权与相权关系的相关考察——基于对王瑞来〈论宋代相权〉的批判》,《龙谷史坛》99、100,1992年。

乙0468

小岛毅:《国家祭祀中的军神的变质》,《日中文化研究》3,1992年。

乙0469

小岛毅:《宋代的国家祭祀——〈政和五礼新仪〉的特征》,《中国礼法与日本律令制》,1992年。

乙0470

小林义广:《欧阳修的谏诤与兴论》,《名古屋大学东洋史研究报告》16,1992年。

乙0471

竺沙雅章:《宋代的士风与党争》,《中世的政治与党争》(中世史讲座)6,1992年。

乙0472

平田茂树:《关于宋代的垂帘听政》,《中国的传统社会与家族:柳田节子先生古稀记念》,1993年。

乙0473

平田茂树:《关于元祐时代的政治——以选举议论为线索》,《宋

二、政治史

代的知识分子——思想、制度、地区社会》，1993年。

乙 0474

秦玲子：《宋代之后与帝嗣的决定权》，《中国的传统社会与家族：柳田节子先生古稀记念》，1993年。

乙 0475

中岛敏：《关于南宋建炎对金使节——宇文虚中的事物等》，《东洋研究》106，1993年。

乙 0476

前川亨：《真德秀的政治思想——史弥远政权时期的朱子学动向》，《驹泽大学禅研究所年报》5，1994年。

乙 0477

汤浅阳子：《苏轼的吏隐——以密州知事时代为中心》，《中国文学报》48，1994年。

乙 0478

盐村亮太：《欧阳修"朋党论"的背景与意图》，《学林》，21，1994年。

乙 0479

稻叶一郎：《司马光的政治思想——主要围绕改革派官僚时期》，《亚洲的文化与社会（关西学院大学东洋史学专修开设三十周年记念论集）》，1995年。

乙 0480

平田茂树：《宋代的朋党与诏狱》，《人文研究》47—8，1995年。

乙 0481

小林和夫：《徐铉逸话考——围绕江南官僚的意识变化》，《史观》134，1996年。

乙 0482

熊本崇：《"权监察御史里行"李定——王安石对御史台的政策》，《宋元时代史的基本问题》，1996年。

乙 0483

熊本崇：《朱熹〈考欧阳文忠公事迹〉》，《关于中国知识分子精神结构展开的历史性研究》（科学研究费补助金综合研究研究成果报告），1996年。

乙 0484

须江隆：《庆历党争考——以苏舜钦书简为中心》，《集刊东洋学》76，1996年。

乙 0485

德永洋介：《宋代的御笔与手诏》，《东洋史研究》57—3，1998年。

乙 0486

东英寿：《欧阳修的洛阳时代》，《鹿儿岛大学人文学科论集》48，1998年。

乙 0487

久保田和男：《有关宋代皇帝诏

令的传达——以元丰改制之前为中心》,《宋代社会的网络结构》,1998年。

乙0488

平田茂树:《关于宋代朋党形成的契机》,《宋代社会的网络结构》,1998年。

乙0489

小仓正昭:《宋代的官官接待——中国儒教政治的一个挫折》,《铃鹿国际大学纪要》5,1998年。

乙0490

熊本崇:《从庆历到熙宁——围绕谏官欧阳修》,《东北大学东洋史论集》7,1998年。

乙0491

熊本崇:《宋仁宗立太子前后——庆历"改革"前史》,《集刊东洋学》79,1998年。

乙0492

富田孔明:《宋代的政权结构与太学生的上书》,《中国社会与文化》14,1999年。

乙0493

近藤一成:《宋代士大夫的政治特色》,《中华的分裂与再生》(岩波讲座世界历史9),1999年。

乙0494

平田茂树:《宋代的宫廷政治——以"家"的构造为线索》,《公家与武家:对"家"的比较文明史的考察》Ⅱ,1999年。

乙0495

梅原郁:《宦官销声匿迹的时代——宋代的政治与宦官》,《中国学月刊》,2000年。

乙0496

小林义广:《北宋仁宗朝的女宠与后嗣问题——在与欧阳修〈五代史记〉的关联(下)》,《名古屋大学东洋史研究报告》24,2000年。

乙0497

近藤一成:《文人官僚苏轼对高丽的政策》,《史滴》23,2001年。

乙0498

森田健太郎:《刘富与辛押陀罗——北宋期广州统治诸相》,《史滴》23,2001年。

乙0499

安倍直之:《南宋孝宗皇帝的亲信大臣》,《集刊东洋学》88,2002年。

乙0500

富田孔明:《北宋士大夫的皇帝、宰执论》,《东洋文化研究》4,2002年。

乙0501

谷口房男:《唐宋时期岭南地区的州县官印》,《亚洲、非洲文化研究所研究年报》37,2002年。

二、政　治　史

乙 0502
吾妻重二：《朱熹的政治思想》，《作为文化现象的中国》，2002年。

乙 0503
远藤隆俊：《河狱——宋代中国的治水与党争》，《高知大学教育学部研究报告》62，2002年。

乙 0504
高桥弘臣：《南宋初期巡幸论》，《爱媛大学法文学部论集人文学科编》15，2003年。

乙 0505
金由纪子：《南宋大朝会仪制——以宋高宗绍兴十五年的元会礼仪为中心》，《纪尾井史学》23，2003年。

乙 0506
堀内洋材：《文天祥评价考》，《亚洲文化学科年报》6，2003年。

乙 0507
藤善真澄：《宋朝的宾礼——围绕成寻的朝见》，《关西大学东西学术研究所纪要》36，2003年。

乙 0508
盐卓悟：《宋太宗的文化事业——以〈太平广记〉为中心》，《比较文化史研究》5，2003年。

乙 0509
藤本猛：《武官的清要——南宋孝宗朝的政治状况与阁门舍人》，《东洋史研究》63—1，2004年。

乙 0510
清水浩一郎：《南宋高宗朝的给事中与中书舍人——以吕中〈皇朝中兴大事记〉"再除给舍"为线索》，《历史》106，2006年。

乙 0511
富田孔明：《关于北宋士人投赟、投书的一个考察——从奔竞之风与党派形成问题来思索》，《东洋史苑》68，2007年。

乙 0512
户田裕司：《唐仲友弹劾事件的社会史角度的考察——南宋地方官的贪污与系累》，《名古屋大学东洋史研究报告》31，2007年。

乙 0513
甲斐雄一：《有关王十朋编〈楚东昌酬集〉——与南宋初期的政治状况相关联》，《中国文学论集》36，2007年。

乙 0514
久保田和男：《围绕宋代的"畋猎"》，《古代东亚的社会与文化：福井重雅先生古稀退职纪念论集》，2007年。

乙 0515
山本英史：《从官箴所见地方官的民众认识》，《大阪市立大学东洋史论丛·文献资料学的新可能性》2，2007年。

乙0516

藤本猛：《北宋末的宣和殿——皇帝徽宗与学士蔡攸》，《东方学报》81，2007年。

乙0517

小二田章：《从"名臣"到"名地方官"——范仲淹知杭州治绩所见"名地方官像"的形成》，《早稻田大学大学院文学研究科纪要》53，2007年。

乙0518

塚本麿充：《宋代皇帝御书的功能与社会——围绕宋孝宗的"太白名山碑"（东福寺藏）》，《美术史论集》7，2007年。

乙0519

渡边久：《靖康之变前后的折彦质》，《龙谷大学论集》472，2008年。

乙0520

今泉牧子：《举留与地方官——宋代地方社会实态》，《上智史学》53，2008年。

乙0521

小路口聪：《何为"不忍人之政"（3）——宋王朝的"宽仁"政策与朱熹的刑罚论》，《东洋学研究》45，2008年。

乙0522

北村璐梅：《宋代"文治主义"备忘录》，《大阪市立大学东洋史论丛》16，2009年。

乙0523

丰岛悠果：《高丽的宴会仪礼与宋的大宴》，《宋代中国的相对化》（宋代史研究会研究报告第9集），2009年。

乙0524

富田孔明：《宋代仁宗朝的荐举与党派形成问题——范仲淹、杜衍派的一个侧面》，《东洋史苑》73，2009年。

乙0525

菊池久理子：《针对朱熹弹劾唐仲友的记述及其推移》，《白山中国学》15，2009年。

乙0526

藤本猛：《崇宁五年正月的政变——对辽交涉问题上徽宗与蔡京的对立》，《史林》92—6，2009年。

乙0527

小路口聪：《何为"不忍人之政"（4）——关于朱熹的死刑论与人间的尊严》，《东洋学研究》46，2009年。

乙0528

榎并岳史：《关于南宋的"归正人"——围绕其称呼与实际状况》，《环东亚研究年报》5，2010年。

二、政治史

乙0529
久保田和男：《玉清昭应宫的建造及其被焚——探讨从宋真宗到仁宗（刘太后）时代政治文化的变化》，《都市文化研究》12，2010年。

乙0530
泷野邦雄：《关于宋太宗改元太平兴国》，《和歌山大学经济学会研究年报》14，2010年。

乙0531
小林晃：《南宋理宗朝前期的两场政治抗争——从〈四明文献〉所见理宗亲政的成立过程》，《史学》79—4，2010年。

（四）辽金西夏元史

乙0532
园田一龟：《东丹国人皇王南奔的行迹》，《奉天图书馆丛刊》22，1910年。

乙0533
松井等：《金代在满洲的疆域》，《满洲历史地理》2，1913年。

乙0534
松井等：《辽国在满洲的疆域》，《满洲历史地理》2，1913年。

乙0535
池内宏：《辽圣宗的女真征伐》，《史学杂志》26—6，1915年。

乙0536
松井等：《契丹勃兴史》，《满鲜地理历史研究报告》1，1915年。

乙0537
池内宏：《关于我的〈辽圣宗征伐女真考〉与和田学士的〈定安国考〉》，《东洋学报》6—1，1916年。

乙0538
池内宏：《辽代春水考》，《东洋报》6—2，1916年。

乙0539
池内宏：《鲜初东北境及与女真的关系（1—4）》，《满鲜地理历史研究报告》2、4、5、7，1916—1920年。

乙0540
津田左右吉：《辽代乌古敌烈考》，《满鲜地理历史研究报告》2，1916年。

乙 0541
津田左右吉:《辽国的辽东经略》,《满鲜地理历史研究报告》3, 1916年。

乙 0542
鸟山喜一:《金朝的贫民保护政策》,《东亚研究》6—7、6—8, 1916年。

乙 0543
松井等:《辽代纪年考》,《满鲜地理历史研究报告》3, 1916年。

乙 0544
羽田亨:《西辽建国始末及其纪年》,《史林》1—2, 1916年。

乙 0545
鸟山喜一:《金朝对外族的政策（1）—（4）》,《东亚研究》7—1~7—4, 1917年。

乙 0546
津田左右吉:《金代北部边境考》,《满鲜地理历史研究报告》4, 1918年。

乙 0547
津田左右吉:《辽代制度的二元体系》,《满鲜地理历史研究报告》5, 1918年。

乙 0548
池内宏:《高丽显宗朝契丹的入侵》,《满鲜地理历史研究报告》7, 1920年。

乙 0549
石滨纯太郎:《西夏学小记》,《支那学》1—3, 1920年。

乙 0550
池内宏:《高丽时期东女真的海寇》,《满鲜历史地理研究报告》8, 1921年。

乙 0551
内藤湖南:《女真种族的同源传说》,《民族与历史》6—1, 1921年。

乙 0552
石滨纯太郎:《西夏学小记续》,《支那学》3—2, 1922年。

乙 0553
池内宏:《完颜氏曷懒甸经略与尹瓘的九城之役——附蒲卢毛朵部》,《满鲜地理历史研究报告》9, 1923年。

乙 0554
池内宏:《金末的满洲》,《满鲜地理历史研究报告》10, 1924年。

乙 0555
鸟山喜一:《关于〈大金国志〉所见爱王之乱》,《白鸟库吉博士还历记念东洋史论丛》, 1925年。

乙 0556
池内宏:《〈金史·世纪〉的研究》,《满鲜地理历史研究报告》11, 1926年。

二、政治史

乙0557

鸟山喜一：《关于〈金史·世纪〉中的太师与国相》，《青丘学丛》6，1931年。

乙0558

野上俊静：《金朝对汉民族的统治政策刍议》，《大谷学报》12—2，1931年。

乙0559

池内宏：《金朝建国以前完颜氏君长的称号——〈金史·世纪〉研究补正》，《东洋学报》20—1，1932年。

乙0560

稻叶岩吉：《契丹横宣、横赐的名称》，《史林》17—1，1932年。

乙0561

长部和雄：《西夏纪年考》，《史林》18—3、18—4，1933年。

乙0562

尼古拉·涅夫斯基、石滨纯太郎：《西夏国名考补正》，《龙谷学报》305，1933年。

乙0563

鸟山喜一：《猛安谋克与金朝国势》，《京城帝大法文学会第二部论纂第1辑——朝鲜支那文的研究》，1933年。

乙0564

宫崎市定：《西夏的兴起与青白盐问题》，《东亚经济研究》18—2，1934年。

乙0565

青山公亮：《金朝行台尚书省考》，《台北帝国大学文政学部史学科研究年报》1，1934年。

乙0566

三上次男：《金代史概说》，《世界历史大系·东洋中世史》6，1934年。

乙0567

三上次男：《辽代史概说》，《世界历史大系》6，1934年。

乙0568

鸳渊一：《北平奉天故宫所藏蒙古源流及故内藤博士遗业之一斑》，《史林》19—4，1934年。

乙0569

园田一龟：《金世宗"东巡"考》，《满蒙》15—2，1934年。

乙0570

中岛敏：《西夏》，《世界历史大系·东洋中世史》6，1934年。

乙0571

八木奘三郎：《辽金民族的古传说与文化》，《满蒙》16—9，1935年。

乙0572

三上次男：《金初的官制"勃极烈"》，《史学杂志》46—7，1935年。

乙 0573
三上次男：《女真人发展与金初的官制》，《历史学研究》4—3，1935年。

乙 0574
田村实造：《契丹时代》，《世界历史大系》，1935年。

乙 0575
外山军治：《金将宗翰以山西为中心的活动》，《东洋史研究》1—6，1935年。

乙 0576
小川裕人、鸳渊一：《女真族灭亡后的满洲》，《历史大系朝鲜·满州史》，1935年。

乙 0577
小川裕人：《金代史》，《世界历史大系》，1935年。

乙 0578
园田一龟：《辽朝诸帝的东巡》，《满蒙》16—1，1935年。

乙 0579
桥本增吉：《关于〈旧五代史·契丹传〉》，《东洋史研究》2—1，1936年。

乙 0580
桥本增吉：《辽的建国年代》，《史潮》6—1，1936年。

乙 0581
秋贞实造：《契丹开国的传说与八部组织》，《东洋史研究》2—2，1936年。

乙 0582
若城久治郎：《西奚继袭的问题》，《东洋史研究》2—2，1936年。

乙 0583
三上次男：《关于系辽籍女真的太弯》，《东洋学报》24—1，1936年。

乙 0584
三上次男：《金初的勃极烈》，《史学杂志》47—8，1936年。

乙 0585
三上次男：《猛安谋克制的历史变迁》，《史学杂志》47—5，1936年。

乙 0586
外山军治：《金熙宗朝讨伐蒙古的事实》，《东洋史研究》2—2，1936年。

乙 0587
小川裕人：《关于辽的建国问题》，《东洋史研究》2—3，1936年。

乙 0588
中岛敏：《西夏政局的推移与文化》，《东方学报》6，1936年。

乙 0589
三上次男：《金朝中期的猛安谋克户（上）》，《史学杂志》48—9，1937年。

乙 0590
三上次男：《金朝中期的猛安谋

二、政　治　史

克户（下）》，《史学杂志》48—10，1937年。

乙0591
三上次男：《金初的世袭万户》，《东洋学报》24—4，1937年。

乙0592
田村实造：《辽初历史释疑三题——迭刺部、汉城、西楼》，《东洋史研究》3—2，1937年。

乙0593
小川裕人：《关于三十部女真》，《东洋学报》24—4，1937年。

乙0594
小川裕人：《世里没里即耶律氏的疑问》，《东洋史研究》2—3，1937年。

乙0595
岛田好：《金朝的曷苏馆路与宁州》，《稻叶博士还历记念满鲜史论丛》，1938年。

乙0596
三上次男：《金初的孛堇》，《稻叶博士还历记念满鲜史论丛》，1938年。

乙0597
三上次男：《金初的都统司及军帅司》，《满洲史学》2—3，1938年。

乙0598
三上次男：《金代中期女真文化的复兴运动》，《史学杂志》49—9，1938年。

乙0599
田坂兴道：《关于完颜氏的三祖传说》，《历史学研究》8—6，1938年。

乙0600
田村实造：《金海陵王迁都燕京的意义》，《东洋史研究》3—6，1938年。

乙0601
田村实造：《辽太宗向汉地扩张的考察》，《蒙古学》3，1938年。

乙0602
外山军治：《金熙宗朝的蒙古入侵》，《蒙古学》2，1938年。

乙0603
小川裕人：《关于生女真勃兴过程的考察》，《满蒙史论丛》1，1938年。

乙0604
小川裕人：《辽室君主权建立过程的考察（1—4）》，《东洋史研究》3—5、3—6、4—1、4—2，1938年。

乙0605
岛田正郎：《对辽代投下州的几点臆测》，《历史学研究》9—9，1939年。

乙0606
岛田正郎：《辽朝统治下的汉人迁徙问题》，《历史学研究》

67，1939年。

乙0607
桥口兼夫：《关于辽代的国舅帐（上）》，《史学杂志》50—2，1939年。

乙0608
桥口兼夫：《关于辽代的国舅帐（下）》，《史学杂志》50—3，1939年。

乙0609
若城久治郎：《辽代的枢密院》，《满蒙史论丛》2，1939年。

乙0610
三上次男、外山军治：《金正隆大定年间契丹的"叛乱"（上）》，《东洋学报》26—3，1939年。

乙0611
三上次男、外山军治：《金正隆大定年间契丹的"叛乱"（下）》，《东洋学报》26—4，1939年。

乙0612
增田章：《室韦与呼伦贝尔——以辽史为中心》，《蒙古研究》5，1939年。

乙0613
三上次男：《金国始祖的传说》，《史学杂志》51—7，1940年。

乙0614
田村实造：《辽代移民政策与都市州县制的成立》，《满蒙史论丛》3，1940年。

乙0615
外山军治：《金章宗时期的北方经略以及与宋朝的交战》，《满蒙史论丛》3，1940年。

乙0616
小川裕人：《关于遥辇氏传说形成过程的考察》，《满蒙史论丛》3，1940年。

乙0617
岛田正郎：《辽的皇族帐》，《历史学研究》91，1941年。

乙0618
三上次男：《关于金朝皇帝完颜氏始祖的传说》，《史学杂志》52—11，1941年。

乙0619
三上次男：《金朝的北方统治之考察》，《日本诸学振兴委员会研究报告》11，1941年。

乙0620
三上次男：《金朝改俗令的发布》，《历史学杂志》52—7，1941年。

乙0621
田村实造：《金海陵王迁都燕京的考察》，《纪元二千六百年记念史学论文集》，1941年。

乙0622
外山军治：《金世宗即位的考察——关于世宗与辽阳渤海人的关系》，《纪元二千六百年记念史学论文集》，1941年。

二、政 治 史

乙 0623
星斌夫：《蒙古第三次入侵西夏》，《东洋报》28—4，1941年。

乙 0624
北川房次郎：《辽代祖州——西楼说的根据》，《收书月报》81，1942年。

乙 0625
村田治郎：《西楼小记》，《收书月报》82、83，1942年。

乙 0626
岛田正郎：《关于辽代移民政策刍论》，《史学杂志》53—2，1942年。

乙 0627
岛田正郎：《辽、金——昭和十六年学界动向》，《历史学研究》99，1942年。

乙 0628
岛田正郎：《辽代的部族制度》，《历史学研究》98，1942年。

乙 0629
岛田正郎：《辽代的奚族》，《北亚细亚学报》1，1942年。

乙 0630
岛田正郎：《游牧民族国家所见辽代制度的特色》，《史学杂志》53—3，1942年。

乙 0631
三上次男：《关于金朝的蒲与路——有关金朝北部边境的考察之一》，《东方学报》13—2，1942年。

乙 0632
外山军治：《金朝的海陵王——佛教文化研究古今人物评传（六）》，《东洋史研究》7—4，1942年。

乙 0633
北川房次郎：《辽史营卫志对耶律俨的曲笔》，《历史学研究》13—8，1943年。

乙 0634
北川房次郎：《辽之西楼与北蕃地理志》，《收书月报》85，1943年。

乙 0635
北川房次郎：《西楼续记》，《收书月报》88，1943年。

乙 0636
村田治郎：《西楼再记》，《收书月报》88，1943年。

乙 0637
岛田正郎：《辽朝对中原的政策》，《历史日本》2—2，1943年。

乙 0638
岛田正郎：《辽代的异民族统治政策》，《蒙古》10—2，1943年。

乙 0639
青木富太郎：《〈蒙古源流〉所见西夏末帝的故事》，《史学杂志》54—7，1943年。

乙0640
日野开三郎：《兀惹部的发展（1）》，《史渊》29，1943年。

乙0641
三上次男：《金朝勃极烈制度考——金初中央执行机关的研究》，《东方学报》14—2、14—3，1943年。

乙0642
三上次男：《金朝汉人改俗的问题》，《东亚学》7，1943年。

乙0643
三上次男：《金朝前期的汉人统治政策》，《东亚研究所报》21，1943年。

乙0644
三上次男：《金代的地方统治制度》，《东方学报》14—2，1943年。

乙0645
三上次男：《金世宗对汉人统治》，《日本学研》3—10，1943年。

乙0646
神尾式春：《契丹的政治机构》，《东方文化杂考》，1943年。

乙0647
岛田正郎：《木叶山考》，《北方圈》5，1944年。

乙0648
日野开三郎：《兀惹部的发展（2）》，《史渊》30，1944年。

乙0649
日野开三郎：《兀惹部的发展（3）》，《史渊》31，1944年。

乙0650
田村实造：《辽与西夏的关系——侧重于政治史的考察》，《东亚学》9，1944年。

乙0651
日野开三郎：《兀惹部的发展（4）》，《史渊》32，1945年。

乙0652
村田治郎：《金兀术的传说》，《学海》4—4，1947年。

乙0653
岛田正郎：《辽令之复原》，《史学杂志》56—3，1947年。

乙0654
前田直典：《十世纪的九族鞑靼——蒙古人统治地域的建立》，《东洋学报》32—1，1948年。

乙0655
三上次男：《金朝御史台的组织》，《东洋学报》31—4，1948年。

乙0656
藤枝晃：《金朝实录》，《东洋史研究》10—2，1948年。

乙0657
外山军治：《金世宗》，《青木还历言行录》，1948年。

二、政　治　史

乙 0658
岛田正郎:《契丹庶孽考》,《法律论丛》23—1,1950年。

乙 0659
平岛贵义:《唐末五代时期契丹与奚的关系》,《史渊》45,1950年。

乙 0660
山本澄子:《五代宋初的党项民族及其与西夏建国的关系》,《东洋报》33—1,1950年。

乙 0661
藤枝晃:《李继迁的兴起与东西交通》,《羽田博士颂寿记念东洋史论丛》,1950年。

乙 0662
田村实造:《辽代社会经济史研究》,《研究论文集》1,1950年。

乙 0663
小川裕人:《关于所谓"女真国"的建立》,《羽田博士颂寿记念东洋史论丛》,1950年。

乙 0664
后藤胜:《围绕辽世宗即位的政争》,《岐阜史学》2,1951年。

乙 0665
平岛贵义:《阿保机的室韦经略》,《西日本史学》7,1951年。

乙 0666
平岛贵义:《辽初史的几个问题（二）——太祖的四楼》,《东洋史学》3,1951年。

乙 0667
日野开三郎:《渤海的扶余府与契丹的龙舟黄龙府（一）》,《史渊》49,1951年。

乙 0668
日野开三郎:《关于辽初所置的归州》,《和田清博士还历记念东洋史论丛》,1951年。

乙 0669
日野开三郎:《契丹回跋部女直经略（一）》,《史渊》46,1951年。

乙 0670
日野开三郎:《契丹回跋部女直经略（二）》,《史渊》47,1951年。

乙 0671
日野开三郎:《契丹回跋部女直经略（三）》,《史渊》48,1951年。

乙 0672
三上次男:《关于渤海亡国原因的考察》,《和田博士还历记念东洋史论丛》,1951年。

乙 0673
西野照太郎:《〈辽史〉共同研究——魏特夫的研究》,《读书春秋》2—5,1951年。

乙 0674
爱宕松男:《契丹部族制的研究》,

乙 0675

《东北大学文学部研究年报》3，1952年。

岛田正郎：《鸟居龙藏先生与辽代文化研究》，《北海道新闻》，1952年。

乙 0676

平岛贵义：《辽初史的几个问题——太祖的奚经略及其意义》，《西日本史学》6，1952年。

乙 0677

平岛贵义：《契丹的勃兴期与中原的关系——以汉城为中心》，《史渊》53，1952年。

乙 0678

日野开三郎：《渤海的扶余府与契丹的龙舟黄龙府（二）》，《史渊》51，1952年。

乙 0679

日野开三郎：《渤海的扶余府与契丹的龙舟黄龙府（三）》，《史渊》52，1952年。

乙 0680

冈崎精郎：《西夏建国过程的研究》，《独立研究及协作研究报告辑录（1942年度）》（哲、史、文学编），1953年。

乙 0681

冈崎精郎：《五代期夏州政权的展开》，《东方学》9，1954年。

乙 0682

押野庆正：《金代女真的研究》，《历史教育》2—8，1954年。

乙 0683

爱宕松男：《契丹氏族制的起源与图腾信仰》，《史林》38—6，1955年。

乙 0684

和田清：《兀惹考》，《东洋学报》38—1，1955年。

乙 0685

长泽和俊：《关于辽的西北路经略》，《史学杂志》66—8，1957年。

乙 0686

三上次男：《金建国前女真的统治结构——勃极烈和宰相》，《历史与文化》2（东大教养学部人文科学纪要11 历史学研究报告5集），1957年。

乙 0687

三上次男：《金朝官制史料文献的研究与〈金史·百官志〉所记官制的年代——金朝官制研究序说》，《历史与文化》3，1958年。

乙 0688

三上次男：《金初的行台尚书省及与之有关的各种政治问题》，《历史与文化》4，1959年。

二、政治史

乙0689

原口仁:《关于金正隆末征南军的动员总数》,《东洋史学》21,1959年。

乙0690

日野开三郎:《契丹圣宗统和初对东方的经略和统和九年筑城于鸭绿江口》,《朝鲜学报》21、22辑合刊,1961年。

乙0691

三上次男:《金初的三省制度(上)》,《历史与文化》5,1961年。

乙0692

岛田正郎:《辽朝北面中央官制的特色》,《法制史研究》12,1962年。

乙0693

岛田正郎:《辽朝鞫狱考》,《法律论丛》36—4,1963年。

乙0694

岛田正郎:《辽朝宣徽院考》,《法律论丛》37—2,1963年。

乙0695

三上次男:《关于张棣的金国志即金国经——与大金国志及金志的关系》,《岩井博士古稀记念典礼论文集》,1963年。

乙0696

三上次男:《金初的三省制度(下)》,《历史与文化》6,1963年。

乙0697

三上次男:《金朝女真人外戚的政治社会地位》,《铃木俊教授还历记念东洋史论丛》,1964年。

乙0698

三上次男:《金朝尚书省的研究(上)》,《历史与文化》7,1964年。

乙0699

岛田正郎:《辽朝监察官考》,《大陆杂志》30—7,1965年。

乙0700

岛田正郎:《辽朝鞫狱官考(上)》,《大陆杂志》13—1,1965年。

乙0701

岛田正郎:《辽朝鞫狱官考(下)》,《大陆杂志》13—11,1965年。

乙0702

岛田正郎:《辽朝林牙、翰林考(上)》,《大陆杂志》31—1,1965年。

乙0703

岛田正郎:《辽朝林牙、翰林考(下)》,《大陆杂志》31—2,1965年。

乙0704

三上次男:《金朝尚书省的研究(下)》,《历史与文化》8,1965年。

乙0705

岛田正郎:《辽朝于越考》,《法律论丛》40—2、3号合刊,1966年。

乙0706

田中整治:《辽与北汉的关系》,《史流》7,1966年。

乙0707

岛田正郎:《辽朝宰相考》,《法律论丛》40—6,1967年。

乙0708

岛田正郎:《契丹》,《历史教育》15—9、15—10,1967年。

乙0709

冈崎精郎:《初夏州政权的发展和贸易问题——西夏建国前史的一环》,《追手门学院大学文学部纪要》1,1967年。

乙0710

三上次男:《金代御史台及其政治社会作用》,《历史学研究报告》13,1967年。

乙0711

岛田正郎:《辽朝三省考》,《东洋史研究》27—1,1968年。

乙0712

岛田正郎:《辽朝惕隐(宗正)考》,《法律论丛》40—4、40—5、40—6号合刊,1968年。

乙0713

加藤修弘:《契丹君长权的历史研究——序言》,《亚洲文化研究》1,1968年。

乙0714

岩村忍:《漫步东洋史——波斯契丹王朝》,《心》21—9,1968年。

乙0715

加藤修弘:《论契丹社会统治权力的产生》,《亚洲文化研究》2,1969年。

乙0716

三上次男:《金末的集贤院与益政院》,《镰田博士还历记念历史学论丛》,1969年。

乙0717

爱宕松男:《辽王朝的建立及其国家结构》,《岩波讲座世界历史》9,1970年。

乙0718

外山军治:《金章宗与李妃》,《大阪外国语大学学报》29,1973年。

乙0719

大岛立子:《关于金末的红袄军》,《明代史研究》1,1974年。

乙0720

三田村泰助:《关于金景宗》,《东方学》54,1977年。

乙0721

西尾贤隆:《关于金末元初契丹人的动向》,《花园大学研究纪要》8,1977年。

乙0722

松浦茂:《有关金代女真族的构

二、政治史

成——围绕从〈金史〉百官志中所窥见的封号的规定》,《东洋史研究》36—4,1978年。

乙 0723
池内宏:《辽圣宗对高丽的征伐》,《满鲜史研究(中世第2册)》,1979年。

乙 0724
池内功:《蒙古的金国经略与汉人世候的建立(1)》,《四国学院大学创立三十周年记念论文集》,1980年。

乙 0725
池内功:《蒙古的金国经略与汉人世候的建立(2)》,《四国学院大学论集》46,1980年。

乙 0726
池内功:《史氏一族与蒙古的金国经略》,《中岛敏先生古稀记念论集(上卷)》,1980年。

乙 0727
渡边纮良:《关于金国贺宋正旦使施宜生》,《独协医科大学教养部医学科纪要》3,1980年。

乙 0728
河内良弘:《金王朝》,《丝绸之路》6—2,1980年。

乙 0729
增井宽也:《初期完颜氏政权与其基础性结构》,《立命馆文学》418—421合并号,1980年。

乙 0730
池内功:《蒙古的金国经略与汉人世候的建立(3)》,《四国学院大学论集》48,1981年。

乙 0731
池内功:《蒙古的金国经略与汉人世候的建立(4)》,《四国学院大学论集》49,1981年。

乙 0732
石田肇:《从御容的交换中所窥见的宋辽关系的一个场景》,《东洋史论》4,1982年。

乙 0733
松田光次:《辽朝汉人官僚小考——韩知古一族的系谱与其事迹》,《小野胜年博士贺寿记念东方学论集》,1982年。

乙 0734
松田光次:《辽与南唐之间的关系》,《东洋史苑》24、25,1985年。

乙 0735
牧野修二:《成吉思汗进攻金国(1)》,《爱媛大学法文学部论集·文学科篇》19,1986年。

乙 0736
牧野修二:《成吉思汗进攻金国(2)》,《爱媛大学法文学部论集·文学科篇》20,1987年。

乙 0737
松田光次:《赵志忠与〈虏廷杂

记〉——北宋时期一个归命人的事迹》，《龙谷史坛》87，1987年。

乙 0738

牧野修二：《成吉思汗进攻金国（3）》，《爱媛大学法文学部论集·文学科篇》21，1988年。

乙 0739

武田和哉：《有关辽朝的北院大王、南院大王》，《立命馆史学》10，1989年。

乙 0740

爱宕松男：《契丹部族制的静态结构》，《东洋史学论集》3，1990年。

乙 0741

牧野修二：《成吉思汗进攻金国（4）》，《爱媛大学法文学部论集·文学科篇》23，1990年。

乙 0742

远藤和男：《有关辽朝君主的即位礼仪》，《信大史学》15，1990年。

乙 0743

爱宕松男：《辽道宗宣懿皇后契丹文哀册撰者考》，《史窗》48，1991年。

乙 0744

高桥弘臣：《金末行省的特性与实际状态》，《社会文化史学》27，1991年。

乙 0745

阪上久规：《金朝对汉人的统治政策——以伪楚、伪齐为中心》，《奈良史学》11，1993年。

乙 0746

河上洋：《辽五京的外交机能》，《东洋史研究》52—2，1993年。

乙 0747

高井康典行：《从〈皇朝实录〉中所窥见的契丹皇帝起源说的背景》，《史滴》15，1994年。

乙 0748

高井康典行：《辽的"燕云十六州"的统治与藩镇体制——以南京道的兵制为中心》，《早稻田大学研究生院文学研究科纪要（史学、哲学篇）》附刊21，1994年。

乙 0749

武田和哉：《辽朝的萧氏与国舅族的构成》，《立命馆文学》537，1994年。

乙 0750

高井康典行：《契丹道与东京道》，《史滴》18，1996年。

乙 0751

杉山正明：《蒙古研究新进展：简明的选择性概述》，《宋元研究杂志》26，1996年。

乙 0752

高井康典行：《辽朝的部族制度与奚六部的改组》，《史观》

二、政治史

137，1997年。

乙0753
杉山正明：《日本对辽金元时代史的研究》，《中国社会与文化》12，1997年。

乙0754
竺沙雅章：《有关辽代的避讳》，《东方学会创立五十周年记念东方学论集》，1997年。

乙0755
远藤和男：《契丹国（辽国）品阶、官制的研究——官制表的制作（1）》，《社会科研究（大阪府高等学校社会科地理历史、公民）研究会》40，1998年。

乙0756
高井康典行：《辽的斡鲁朵的存在形态》，《内陆亚洲史研究》14，1999年。

乙0757
高桥学而：《辽朝以从嫁户为主的头下州城》，《古文化谈丛》42，1999年。

乙0758
恒石明宏：《金朝的汉化》，《奈良史学》17，1999年。

乙0759
榎森进：《松花江流域出土的"宽永通宝"及其历史背景》，《东北大学东北文化研究所纪要》31，1999年。

乙0760
藤原崇人：《金代节度使、防御使考》，《大谷大学史学论究》6，2000年。

乙0761
西尾尚也：《金的外交使节与其人选——从内政问题的观点出发》，《史泉》91，2000年。

乙0762
井黑忍：《金代提刑司考——章宗朝官制改革的一个侧面》，《东洋史研究》60—3，2001年。

乙0763
武田和哉：《有关契丹国（辽朝）的北、南枢密使制度与南北二重官制》，《立命馆东洋史学》24，2001年。

乙0764
高井康典行：《辽的武将的升迁》，《史滴》24，2002年。

乙0765
高井康典行：《斡鲁朵与藩镇》，《东洋史研究》61—2，2002年。

乙0766
饭山知保：《从金元代华北的州县祠庙祭祀中所窥见的地方官的系谱——以山西平遥应润庙的事例为中心》，《东洋学报：东洋文库和文纪要》85—1，2003年。

乙0767
饭山知保：《金元代华北社会的

当地有权势者——从碑刻中所窥见的山西忻州定襄县的情况》，《史学杂志》112—4，2003年。

乙0768

古松崇志：《女真开国传说的形成——〈金史〉的世纪研究》，《论集古典的世界像（〈古典学的再构筑〉研究成果报告集Ⅴ）》，2003年。

乙0769

日名智：《有关承认割让燕云十六州》，《东海史学》38，2003年。

乙0770

武田和哉：《契丹国（辽朝）道宗朝的政治史相关的一项考察——对庆陵出土的皇后哀册的重新讨论》，《立命馆大学考古学论集》3，2003年。

乙0771

高井康典行：《公元11世纪的女真的动向——以东女真的入倭为中心》，《亚洲游学》70，2004年。

乙0772

毛利英介：《有关从1074年到1076年的契丹（辽）宋之间地界谈判的发生原因》，《东洋史研究》62—4，2004年。

乙0773

西尾尚也：《有关金宋期间天眷年间的和议的重新讨论——与西夏的动向相关联》，《史泉》102，2005年。

乙0774

爱新觉罗·乌拉熙春、王禹浪：《辽朝国号非"哈喇（辽契丹）"考》，《东亚文史论丛》2006年特集号，2006年。

乙0775

爱新觉罗·乌拉熙春：《初鲁得氏族考》，《东亚文史论丛》2006年特集号，2006年。

乙0776

爱新觉罗·乌拉熙春：《辽朝的皇族——为金启孮先生逝世二周年而作》，《立命馆文学》594，2006年。

乙0777

爱新觉罗·乌拉熙春：《契丹的社会组织——为金启孮先生逝世二周年而作》，《立命馆文学》596，2006年。

乙0778

爱新觉罗·乌拉熙春、金适：《契丹史实新证》，《东亚文史论丛》，2007年。

乙0779

饭山知保：《有关金代地方吏员的中央升迁》，《古代东亚的社会与文化：福井重雅先生古稀退职记念论集》，2007年。

二、政　治　史

乙 0780

高井康典行：《辽代的辽西路》，《古代东亚的社会与文化：福井重雅先生古稀退职记念论集》，2007年。

乙 0781

古松崇志：《契丹、宋之间澶渊体制中的国境》，《史林》90—1，2007年。

乙 0782

堀井佳代子：《平安初期的渤海观——从图书与仪式书的探讨来看》，《文化史学》63，2007年。

乙 0783

佐藤贵保：《西夏的两个官僚集团—12世纪后期的官僚登用法》，《东洋史研究》66—3，2007年。

乙 0784

爱新觉罗·乌拉熙春：《辽史新证》，《立命馆言语文化研究》19—4，2008年。

乙 0785

饭山知保：《日本20世纪80年代至今对金朝女真族的研究》，《宋元时期的研究》37，2008年。

乙 0786

高井康典行：《头下军州的官员》，《辽金西夏史研究的现状（1）》，2008年。

乙 0787

井黑忍：《官印资料所见金代东北亚的"周边"——"南船北马"与女真的水军》，《亚洲游学》107，2008年。

乙 0788

臼杵勋：《女真社会的综合资料学研究——其形成与发展》，《亚洲游学》107，2008年。

乙 0789

木村拓：《15世纪前期朝鲜对女真人的授职与羁縻——超越明的品带》，《朝鲜史研究会论文集》46，2008年。

乙 0790

武田和哉：《有关契丹国（辽朝）的于越》，《立命馆文学》608，2008年。

乙 0791

岩崎力：《关于五代的党项（上）——西夏建国前史的再探讨（4）》，《人文研纪要》64，2008年。

乙 0792

泽本光弘：《契丹（辽）的渤海人与东丹国——通过对〈遣使记事〉的讨论》，《辽金西夏研究的现状（1）》，2008年。

乙 0793

泽本光弘：《契丹的旧渤海领域的统治与东丹国的结构——以〈耶律羽之墓志〉为线索》，《史学杂志》117—6，2008年。

乙 0794

饭山知保：《稷山段氏的金元代——有关公元 11 至 14 世纪的山西汾水下河流域的"士人阶层"的存续与质变》，《宋代中国的相对化》，2009 年。

乙 0795

高井康典行：《辽朝的士人阶层的动向——以武定军为中心》，《宋代中国的相对化》，2009 年。

乙 0796

毛利英介：《有关公元十一世纪后半北宋的国际地位——以宋丽再次通交与契丹的存在为线索》，《宋代中国的相对化》，2009 年。

乙 0797

藤原崇人：《萧妙敬与徒单太后》，《宋代中国的相对化》，2009 年。

乙 0798

武田和哉：《从紧邻诸国家的观点来看——契丹国（辽朝）的宰相制度与南北二元（重）官制》，《宋代中国的相对化》，2009 年。

乙 0799

岩崎力：《关于五代的党项（下）——西夏建国前史再考（4）》，《中央大学东洋史研究》33，2009 年。

乙 0800

阿南史代：《辽金王朝——超越千年的流逝（18）——"捺钵"的四季》，《人民中国》684，2010 年。

乙 0801

爱新觉罗·乌拉熙春：《遥辇氏迪辇鲜质可汗与陶猥思迭剌部——以契丹文〈故左龙虎军上将军正亮功臣检校太师只兖昱敵稳墓志〉为中心》，《立命馆文学》616，2010 年。

乙 0802

赤木崇敏：《10 世纪敦煌的王权与转轮圣王观》，《东洋史研究》69—2，2010 年。

乙 0803

川本芳昭：《探讨辽金的正统观——与北魏作一比较》，《史渊》147，2010 年。

乙 0804

中村乔：《〈北行日录〉所见金国赐宴的食品》，《学林》51，2010 年。

三、经济史

（一）通　论

乙 0805
　　藤田元春：《支那斗量发达史稿（上）》，《历史与地理》27—5，1931年。

乙 0806
　　藤田元春：《支那斗量发达史稿（下）》，《历史与地理》28—1，1931年。

乙 0807
　　三岛一：《关于唐宋时期贵族对寺院经济的交涉考察》，《市村博士古稀记念东洋史论丛》，1933年。

乙 0808
　　宫崎市定：《宋元经济史状况》，《世界文化史大系》9，1935年。

乙 0809
　　酒井忠夫：《关于宋代寄库》，《史学杂志》49—7，1938年。

乙 0810
　　酒井忠夫：《关于宋代寄库制度》，《史潮》8—2，1938年。

乙 0811
　　太田七郎：《佛教文化研究史上的经济枢纽区域——以冀筱泉的著书为中心》，《历史》13，1938年。

乙 0812
　　穗积文雄：《〈辽史·食货志〉所反映的经济思想》，《经济论丛》49—6，1939年。

乙 0813
　　小林高四郎：《关于佛教文化研

究经济史的研究——特别是关于唐宋时期的经济史》，《东亚问题》，1939年。

乙0814

加藤繁：《中国主要产业的发展》，《历史研究》10—2，1940年。

乙0815

村上正二：《东洋社会经济史（辽金元）》，《社会经济史学》10—11、10—12，1941年。

乙0816

岛田正郎：《辽代迁徙汉人的经济生活》，《内陆亚细亚》1，1941年。

乙0817

宫崎市定、滨口重园、青山定雄：《社会经济史学的发展（2）》（东洋社会经济史），《经济史》10—11、10—12，1941年。

乙0818

加藤繁：《经济史上的北佛教文化研究与南佛教文化研究》，《社会经济史学》12—11、12—12，1943年。

乙0819

森住利直：《宋代四川经济史全录》，《历史研究》1—5，1944年。

乙0820

岛田正郎：《辽代劳动组织考》，《法律论丛》24—1、24—2，1950年。

乙0821

宫崎市定：《中国近世产业资本的借贷》，《东洋史研究》11—1，1950年。

乙0822

岛田正郎：《辽代的群牧制》，《史学杂志》60—9，1951年。

乙0823

周藤吉之：《宋金时代庄园与佃户的考察——侧重于长安附近》，《东方学》2，1951年。

乙0824

吉田寅：《五代时期经济政策的推移——以后梁和后唐为中心》，《东洋史学论集》1，1953年。

乙0825

千叶熙：《北宋的矿山经营》，《中国的社会与宗教》，1954年。

乙0826

宫崎市定：《合资组织的发展——中国近世产业资本的借贷补遗》，《东洋史研究》13—5，1955年。

乙0827

田笼楠雄：《五代荆南的国内开发和贸易》，《史渊》74，1957年。

乙0828

日野开三郎、草野靖：《关于唐宋时期的合资》，《东洋史研究》17—1，1958年。

乙0829

菊池英夫：《关于唐宋时期为中

三、经 济 史

心的所谓"雇佣劳动"的研究》,《东洋学报》43—3,1961年。

乙 0830
宍户启壮:《宋朝的经济发展(1)王安石变法》,《政经研究》6—3,1970年。

乙 0831
宍户启壮:《宋朝的经济发展(2)王安石变法》,《政经研究》7—1,1970年。

乙 0832
渡边纮良:《关于宣和三年的私租私债减免令》,《木村论集》,1976年。

乙 0833
松田光次:《辽代经济机构的一个考察》,《东洋史苑》10,1976年。

乙 0834
畑地正宪:《有关北宋时期的承揽制》,《山口大学文学会志》28,1977年。

乙 0835
畑地正宪:《有关北宋的揽纳制的展开》,《东亚经济研究》47—3、47—4,1980年。

乙 0836
柳田节子:《宋代的客文》,《学习院大学文学部研究年报》31,1985年。

乙 0837
幸彻:《有关宋代的南北经济交流》,《历史学·地理学年报》10,1986年。

乙 0838
畑地正宪:《有关宋代的揽载》,《中国社会、制度、文化史的诸问题:日野开三郎博士颂寿记念论集》,1987年。

乙 0839
丹乔二:《关于唐宋共同体中的分工和共同体间的分工》,《日本大学人文科学研究所研究纪要》37,1989年。

乙 0840
丹乔二:《关于宋元时代江南圩田地带的村落共同体——兼评滨岛敦俊的"田头制"论》,《日本大学人文科学研究所研究纪要》40,1990年。

乙 0841
斯波义信:《宋代的消费、生产水平试探》,《中国史学》1,1991年。

乙 0842
佐藤圭四郎:《关于宋代江南的农家经济》,《东洋史论集》(东北大学)6,1995年。

乙 0843
盐卓悟:《南宋的苏州经济特性与商品流通结构》,《千里山文学论集》59，1998年。

乙0844

山田美穗：《辽朝对汉民族的统治——以辽朝的经济政策为中心》，《奈良史学》18，2000年。

乙0845

伊原弘：《宋代的社会和钱——关于庶民的资产力》，《亚洲游学》18，2000年。

乙0846

樋口能成：《南宋总领所体制下的长江经济——从湖广总领所与四川之间的关系开讲》，《史观》154，2006年。

（二）人口与户籍

乙0847

加藤繁：《宋代的户口》，《东洋史讲座》14，1930年。

乙0848

仁井田陞：《在敦煌等地发现的唐宋户籍的研究》，《国家学会杂志》48—7，1931年。

乙0849

加藤繁：《论南宋首府临安的户口》，《社会经济史》3—8，1933年。

乙0850

加藤繁：《宋代的主客户统计》，《史学》12—5，1933年。

乙0851

日野开三郎：《关于宋代的诡户》，《史学杂志》46—7，1935年。

乙0852

宫崎市定：《读史札记——宋代的户口统计》，《史林》21—1，1936年。

乙0853

青山定雄：《从地域角度考察隋唐宋三代的户数》，《历史学研究》6—4，1936年。

乙0854

日野开三郎：《论宋代的诡户及兼谈户口问题》，《史学杂志》47—1，1936年。

乙0855

池田静夫：《南宋首府临安户口的再探讨》，《文化》5—12，1938年。

乙0856

那波利贞：《梁户考》，《支那

三、经济史

佛教史学》2，1938年。

乙0857
曾我部静雄：《宋代的身丁钱与户口数问题》，《社会经济史学》8—5，1938年。

乙0858
加藤繁：《关于宋代的人口统计》，《东方学报》11—1、11—3，1940年。

乙0859
野上俊静：《"二税户"考》，《大谷学报》22—3，1941年。

乙0860
德山正人：《关于辽宋国境地带的两属户》，《史潮》11—4，1942年。

乙0861
曾我部静雄：《续宋代户口统计的新研究》，《东亚经济研究》26—4，1942年。

乙0862
曾我部静雄：《宋代户口统计的新研究》，《东亚经济研究》26—3，1942年。

乙0863
曾我部静雄：《再续宋代户口统计的新研究》，《东亚经济研究》27—4，1943年。

乙0864
曾我部静雄：《日唐令中的户籍计账与宋代户籍的源流》，《社会经济史》14—6，1944年。

乙0865
曾我部静雄：《貌阅考》，《东洋史研究》1—3，1945年。

乙0866
曾我部静雄：《户帖考》，《东洋史研究》10—3，1948年。

乙0867
河上光一：《宋初的里正、户长、耆长——宋初的村落试论》，《东洋报》34—1、2、3、4，1952年。

乙0868
河原由郎：《北宋时佃户数量的考察》，《史学研究》61，1956年。

乙0869
柳田节子：《关于宋代乡村的下等户》，《东洋学报：东洋文库和文纪要》40—2，1957年。

乙0870
吉川专心：《杭州的户口——特别是十二世纪以后》，《史学研究》70，1958年。

乙0871
小岩井弘光：《宋代户口数之我见》，《文化》22—5，1958年。

乙0872
草野靖：《宋代户口统计上的所谓客户》，《史渊》79，1959年。

乙0873
柳田节子：《关于宋代的客户》，《史学杂志》68—4，1959年。

乙 0874
曾我部静雄：《关于中国的中世和宋代的客户》，《社会经济史学》27—5，1962年。

乙 0875
草野靖：《宋代的主户、客户、佃户（上）》，《东洋学报》46—1，1963年。

乙 0876
草野靖：《宋代的主户、客户、佃户（下）》，《东洋学报》46—2，1963年。

乙 0877
冈本雅博：《宋朝户籍上的客户问题》，《东方学》28，1964年。

乙 0878
中川学：《关于唐宋间客户的研究情况》，《东洋学报》46—2，1964年。

乙 0879
丹乔二：《关于户的一个考察——主户客户制研究的前提》，《东洋史研究》27—1，1968年。

乙 0880
柳田节子：《宋代形势户的构成》，《东洋史研究》27—3，1968年。

乙 0881
梅原郁：《论宋代的户等制》，《东方学报》41（创立四十四周年记念论丛），1970年。

乙 0882
佐竹靖彦：《关于唐末宋初敦煌地区户籍制度的变质》，《冈山大学法文学部学术纪要》30，1970年。

乙 0883
宫崎市定：《从部曲到佃户（上）——唐宋间社会变革的一面》，《东洋史研究》29—4，1971年。

乙 0884
中村良广：《试论宋代的客户制度》，《秋田良学》20，1973年。

乙 0885
斯波义信：《再论南宋临安的人口》，《待兼山论丛（史学篇）》7，1974年。

乙 0886
高桥芳郎：《宋代的主客户制和户名》，《集刊东洋学》32，1975年。

乙 0887
中川学：《关于中国的客民世界》，《一桥论丛》73—4，1975年。

乙 0888
金井德幸：《宋代的主户和寺观僧道》，《木村正雄先生退官记念东洋史论集》，1976年。

乙 0889
岛居一康：《宋代的户等的定立与其功能》，《宋元代的社会和

三、经济史

乙0890
高桥芳郎:《宋代的"良贱制"和杂人、杂户》,《史朋》20,1987年。

乙0891
柳田节子:《宋代城市的户等制》,《中国古代的法与社会:栗原益男古稀记念论集》,1988年。

乙0892
梅原郁:《宋代的形势与官户》,《东方学报》60,1988年。

乙0893
梅原郁:《宋代的户与口》,《东洋史研究》,1989年。

乙0894
草野靖:《两税法之后的主客户制度(上)》,《熊本大学文学部论丛》36,1990年。

乙0895
梅原郁:《围绕宋代的户口问题》,《东方学报》62,1990年。

乙0896
草野靖:《两税法以后的主客户制度(下)》,《熊本大学文学部论丛》37,1991年。

乙0897
今井秀周:《二税户小考》,《东海女子短期大学纪要》18,1992年。

乙0898
草野靖:《宋代的形势户》,《福冈大学人文论丛》25—1,1993年。

乙0899
草野靖:《宋代的户等制的衰退与乡役的演变》,《七隈史学》1,2000年。

乙0900
久保田和男:《有关宋都开封的人口数量的一个试论——以在京禁军人数的变化为线索》,《东洋学报:东洋文库和文纪要》82—2,2000年。

乙0901
高桥弘臣:《南宋临安城外人口的增加与都市领域的扩大》,《爱媛大学法文学部论集(人文学科编)》23,2007年。

(三) 农 业

乙0902
加藤繁:《唐宋时期的庄园组织及其作为聚落的发展》,《狩野博士还历记念支那学论丛》,

1928年。

乙 0903

小林高四郎：《宋代地券考》，《社会经济史学》2—10，1933年。

乙 0904

北山康夫：《宋代的土地所有形态》，《东洋史研究》2—2，1936年。

乙 0905

仁井田陞：《从历史角度来研究中国土地台帐〈鱼鳞图册〉》，《东方学报》，1936年。

甲 0906

曾我部静雄：《宋代官户与限田问题》，《文化》4—8，1937年。

乙 0907

池田静夫：《熙宁年间的农政——农田水利与二郏的水学》，《文化》5—1、5—2，1938年。

乙 0908

玉井是博：《宋代水利田的一个特征》，《史学论丛》7，1938年。

乙 0909

曾我部静雄：《南宋的土地经界法》，《文化》25—2，1938年。

乙 0910

加藤繁：《关于中国占城稻栽培的发展》，《史学》18—2，1939年。

乙 0911

池田静夫：《从佛教视野看宋代永佃制度》，《东亚经济研究》24—3，1940年。

乙 0912

外山军治：《金代黄河泛滥与土地问题》，《东洋史研究》6—1，1940年。

乙 0913

荒木敏一：《宋代的方田均税法》，《东洋史研究》6—5，1941年。

乙 0914

小竹文夫：《中国民族开垦治田的形态——以围田或圩田为中心》，《支那研究》58，1941年。

乙 0915

宫崎市定：《王安石的黄河治水策》，《东洋问题》4—1，1942年。

乙 0916

穗积文雄：《关于宋代农田——关于宋史食货志的一点研究》，《经济论丛》54—2，1942年。

乙 0917

佐伯富：《王安石的淤田法（上、下）》，《东亚经济研究》28—12，1944年。

乙 0918

加藤繁：《中国的种稻——特别是稻作品种的发展》，《东洋学报》31—1，1947年。

乙 0919

日野开三郎：《宋代稻作贷与种及布种亩额考》，《史渊》40，1949年。

三、经 济 史

乙 0920

古川新平：《北宋前半期废监租佃的问题（1）》，《史渊》44，1950年。

乙 0921

周藤吉之：《宋代的佃户制及其与奴隶耕作的关系》，《历史学研究》143，1950年。

乙 0922

周藤吉之：《宋代官僚制与大土地所有》，《社会构成史体系》2，1950年。

乙 0923

周藤吉之：《宋代庄园的管理——特别以干人为中心》，《东洋学报》32—4，1950年。

乙 0924

福泽与九郎：《南宋时代"花利"管见》，《史学研究》8，1951年。

乙 0925

古川新平：《北宋前半期废监租佃的问题（2）》，《史渊》47，1951年。

乙 0926

河原由郎：《宋初开拓京西路农田的实况》，《史学杂志》60—12，1951年。

乙 0927

河原由郎：《做为开发京西路之一环的襄、唐二州——营田务的设置》，《史学研究》8，1951年。

乙 0928

横山英：《宋代佃户的存在形态》，《广岛大学文学部纪要》1，1951年。

乙 0929

日野开三郎：《关于南宋官田的附种》，《史学杂志》60—6，1951年。

乙 0930

日野开三郎：《宋代的长生牛》，《东洋学报》32—3，1951年。

乙 0931

西岛隽：《关于宋代的庄田》，《山口经济学杂志》2—3，1951年。

乙 0932

周藤吉之：《关于宋金时代庄园与佃户的一点考察——以长安附近为重点》，《东方学》2，1951年。

乙 0933

宫崎市定：《宋代以后的土地所有形式》，《东洋史研究》12—2，1952年。

乙 0934

河原由郎：《从宋初京西地方的开发看形势户的地涉》，《史渊》53，1952年。

乙 0935

河原由郎：《宋初京西路耕地的荒废》，《西日本史学》11，1952年。

乙 0936

仁井田陞：《中国的同族及村落

的土地所有问题——宋代以来所谓的"共同体"》,《东洋文化研究所纪要》10,1952年。

乙0937

东一夫:《关于方田均税法的机构》,《东京学艺大学研究报告》5,1953年。

乙0938

东一夫:《关于方田均税法实施地域的考察》,《东洋史学论集》1,1953年。

乙0939

河原由郎:《从宋初自耕农的壮大过程看襄州水田开发》,《史学研究》51,1953年。

乙0940

河原由郎:《宋初襄唐二州营田务的兴废》,《福冈商大论丛》3—1,1953年。

乙0941

河原由郎:《宋代特别是治平熙宁年间唐襄二州的水田开发》,《东洋史学》8,1953年。

乙0942

河原由郎:《熙宁年间襄州农地的开拓》,《史学研究》51,1953年。

乙0943

米田贤次郎:《水利方面的两三个问题》,《东方学报》22,1953年。

乙0944

日野开三郎:《论宋代的赁牛》,《史渊》56,1953年。

乙0945

日野开三郎:《论宋代的租牛》,《史渊》58,1953年。

乙0946

周藤吉之:《北宋方田均税法的实施过程》10—2,《学士院纪要》,1953年。

乙0947

周藤吉之:《关于宋元时代的佃户》,《史学杂志》40—10、40—11,1953年。

乙0948

周藤吉之:《南宋末年的公田法(上)》,《东洋学报》35—3、35—4,1953年。

乙0949

周藤吉之:《南宋末年的公田法(下)》,《东洋学报》36—1,1953年。

乙0950

周藤吉之:《宋代官田的佃权买卖——资陪或酬价交佃》,《东方学》7,1953年。

乙0951

周藤吉之:《宋代庄园制的发展》,《东洋文化研究纪要》4,1953年。

乙0952

周藤吉之:《唐末五代的庄园

三、经　济　史

制》，《东洋文化》12，1953年。

乙0953

长濑守：《北宋末年赵霖的水利政策》，《中国的社会与宗教》，1954年。

乙0954

长濑守：《北宋熙宁年间新党的农田政策》，《东洋史学论集》3，1954年。

乙0955

东一夫：《北宋仁宗朝的千步方田法》，《史潮》52，1954年。

乙0956

东一夫：《关于方田均税法实施年份的考察》，《史潮》54，1954年。

乙0957

东一夫：《关于方田均税法性质的考察》，《东洋史论集》3，1954年。

乙0958

宫崎市定：《中国史上的庄园》，《历史教育》2—6，1954年。

乙0959

河原由郎：《宋初弓箭手对陕西边沿地区农田的开发》，《福冈商大和平台论集》，1954年。

乙0960

河原由郎：《西夏赵元昊侵略之后弓箭手在陕西边沿地区耕地的开发》，《史学杂志》63—12，1954年。

乙0961

铃木俊：《中国土地制度的研究——均田制的土地公有与庄园制度土地私有》，《综合研究报告集录（1953年度）》（人文编），1954年。

乙0962

福泽与九郎：《关于宋代的乡曲（乡人）义田庄》，《史学研究》61，1956年。

乙0963

福泽与九郎：《宋代乡曲（乡人）义田庄小考》，《史学研究》62，1956年。

乙0964

吉冈义信：《宋代的湖田》，《铃峰女子短期大学研究集报》3，1956年。

乙0965

周藤吉之：《南宋的奖励种麦和一年两收》，《东洋文化研究所纪要》，1956年。

乙0966

周藤吉之：《南宋乡都的税制与土地所有》，《东洋文化研究所纪要》8，1956年。

乙0967

周藤吉之：《宋代的诡名寄产和元代汉人的投献——及同佃户制的关联》，《东洋文化研究所纪要》

9，1956年。

乙 0968
周藤吉之：《宋代的圩田和庄园制》，《东洋文化研究所纪要》10，1956年。

乙 0969
周藤吉之：《宋代佃户的划佃制——以官田为中心》，《封建制同资本制：野村博士还历记念论文集》，1956年。

乙 0970
佐藤武敏：《宋代时的湖水分配——以浙江省萧山县湘湖为中心》，《人文研究》7—8，1956年。

乙 0971
草野靖：《关于南宋的土地经界法》，《电机学研究》65，1957年。

乙 0972
福泽与九郎：《宋代州县学产考》，《史学研究》65，1957年。

乙 0973
河原由郎：《熙宁年间熙河路的耕地开发》，《重松先生古稀记念九洲大学东洋史论丛》，1957年。

乙 0974
周藤吉之：《宋代的佃户制》，《法制史研究》7，1957年。

乙 0975
长濑守：《宋代江南的水利事业——国家权力和劳动力问题》，《历史教育》6—7，1958年。

乙 0976
长濑守：《北宋的治水事业——以黄河为中心》，《宋代社会经济史研究》上，1960年。

乙 0977
好并隆司：《关于水利的律、条例和"共同体"规约——以宋代以降的浙江为中心》，《〈史学研究〉三十周年记念论丛》，1960年。

乙 0978
安田修一：《关于宋代的职田》，《史潮》76，1961年。

乙 0979
河原由郎：《北宋时期两浙一带土地所有制问题》，《史林》44—4，1961年。

乙 0980
荒木敏一：《南宋的田骨、屋骨、园骨》，《塚本博士颂寿记念佛教史学论集》，1961年。

乙 0981
吉冈义信：《宋初治理黄河的机构》，《中国水利史研究（特集：治水和水利管理方面的几个问题）》3，1961年。

乙 0982
梅原郁：《围绕土地制度问题的宋代研究动态——以周藤吉之教授的业绩为中心》，《东洋史研究》

三、经济史

19—3，1961年。

乙0983
周藤吉之：《南宋稻米种植的区域性》，《史学杂志》70—6，1961年。

乙0984
周藤吉之：《南宋的田骨、屋骨、园骨》，《东方学》21，1961年。

乙0985
长濑守：《关于宋代的塘泊》，《东京都立利并高等学校纪要》2，1962年。

乙0986
柳田节子：《宋代土地所有制的两种类型：先进地区与边境地区》，《东洋文化研究所纪要》29，1963年。

乙0987
梅原郁：《试探南宋时期淮南地区的土地制度——以营田、屯田为中心》，《东洋史学研究》21—4，1963年。

乙0988
丹乔二：《关于宋代初期的庄园——以成都府·后蜀国节度使田钦全的领地为中心》，《史潮》87，1964年。

乙0989
岛田正郎：《辽朝田制考》，《铃木教授还历记念东洋史论丛》，1964年。

乙0990
东一夫：《从土地制度看王安石的复古思想（2）》，《东京学艺大学研究报告》15—10，1964年。

乙0991
河原由郎：《北宋时期陕西路土地所有问题的一点考察》，《东洋史学》24，1964年。

乙0992
河原由郎：《北宋时期陕西一带土地所有制问题的考察——以它与商业资本的联系为中心》，《东洋史学》24，1964年。

乙0993
河原由郎：《宋代土地所有制的基本问题》，《福冈大学研究所报》5，1964年。

乙0994
吉冈义信：《宋代水则考》，《铃峰女子短期大学人文科会科学研究集报》11，1964年。

乙0995
柳田节子：《最近中国对宋代土地制度的研究——以华山〈关于宋代的客户问题〉为中心》，《东洋文化》37，1964年。

乙0996
小野寺郁夫：《宋代的陂湖之利——以越州、明州、暗州为中心》，《金泽大学法文学部论集》

（哲学文学篇）11，1964年。

乙0997

周藤吉之：《北宋末年的公田法和华北的历史"叛乱"》，《东洋文化研究的纪要》33，1964年。

乙0998

周藤吉之：《宋代的陂塘的管理机构和水利规则》，《东方学》29，1965年。

乙0999

周藤吉之：《宋代浙西地区围田的发展——与土地所有制的关系》，《东洋文化研究所纪要》39，1965年。

乙1000

渡边纮良：《宋代福建、浙东社会小论——围绕自耕农的诸问题》，《史潮》97，1966年。

乙1001

安田修一：《论宋代的职田管理》，《山崎先生退官记念东洋史学论集》，1967年。

乙1002

长濑守：《宋元时期农业水利集团的管理及其性质》，《中国水利史研究（特集：治水与水利管理方面的几个问题）》3，1967年。

乙1003

好并隆司：《关于中国水利史研究的问题——宋代以后的各项研究》，《史学研究》99，1967年。

乙1004

天野元之助：《宋代农业及其社会结构》，《人文研究：大阪市立大学大学院文学研究科纪要》14—6，1967年。

乙1005

小笠原正治：《论宋代官田的永佃》，《山崎先生退官记念东洋史学论集》40—1，1967年。

乙1006

周藤吉之：《宋代浙西地方围田发展补论》，《东洋大学大学院纪要》4，1967年。

乙1007

佐竹靖彦：《宋代四川夔州地方的民族问题和土地存有制问题（上）》，《史林》56—6，1967年。

乙1008

佐竹靖彦：《宋代四川夔州地方的民族问题和土地存有制问题（下）》，《史林》57—1，1968年。

乙1009

草野靖：《宋代官田的租种管业》，《东洋史研究》28—1，1969年。

乙1010

草野靖：《宋代官田经营的类型》，《日本女子大学文学部纪要》18，1969年。

乙1011

草野靖：《宋代民田的佃作形态》，《史草》10，1969年。

三、经济史

乙1012
曾我部静雄：《均田法中的女子劳役》，《文化》33—4，1969年。

乙1013
周藤吉之：《北宋四川佃户制再论》，《宋代史研究》，1969年。

乙1014
周藤吉之：《宋代佃户的劳役》，《宋代史研究》，1969年。

乙1015
草野靖：《大土地所有和佃户制的发展》，《岩波讲座世界史》9，1970年。

乙1016
草野靖：《宋代的划佃》，《史草》11，1970年。

乙1017
草野靖：《宋元时代的水利开发和一田二主惯例的萌芽（上）》，《东洋学报：东洋文库和文纪要》53—1，1970年。

乙1018
草野靖：《宋元时代的水利开发和一田二主惯例的萌芽（下）》，《东洋学报：东洋文库和文纪要》53—2，1970年。

乙1019
吉冈义信：《宋代黄河堤防考》，《中国水利史研究》4，1970年。

乙1020
草野靖：《从南宋文献中看田骨、田根、田租、田底》，《熊本大学法文论丛》（史学篇）28，1971年。

乙1021
长濑守：《宋元时期的水利法——亚洲水利文化圈的一个形态》，《立正大学短期大学部纪要》2，1971年。

乙1022
长濑守：《宋元时期建康周围地区各县的水利开发（1）》，《中国水利史研究》5，1971年。

乙1023
佐藤武敏：《唐宋时期的练湖》，《中国水利史研究》5，1971年。

乙1024
草野靖：《宋代合种制补考》，《东洋学报》55—1，1972年。

乙1025
草野靖：《唐宋时期农田的存在形态（上）——旧田与新田》，《熊本大学法文论丛》31，1972年。

乙1026
丹乔二：《宋代佃户制的几个问题——草野观点之探讨》，《学丛》12，1972年。

乙1027
岛居一康：《关于两税法下客户的主户化以及户名的问题》，《鹿儿岛大学史学》20，1972年。

乙1028
岛居一康：《宋代的佃户与主客户制（学界展望）》，《东洋史研究》30—4，1972年。

乙1029
西冈弘晃：《关于宋代浙东农田水利的一点考察》，《中村学园研究纪要》5，1972年。

乙1030
西冈弘晃：《宋代鉴湖的水利问题》，《史学研究》117，1972年。

乙1031
曾我部静雄：《论所谓均田法中的永业田》，《集刊东洋学》27，1972年。

乙1032
佐竹靖彦：《关于宋代的地主、佃户、佃仆的研究》，《冈山史学》25，1972年。

乙1033
柳田节子：《宋代佃户的再探讨——论草野靖先生最近的见解》，《历史学研究》395，1973年。

乙1034
周藤吉之：《北宋末年、南宋初期私债及私租的减免政策——再论宋代佃户制》，《东洋大学大学院纪要》9，1973年。

乙1035
佐竹靖彦：《唐宋变革时期江南东西路的土地所有制与土地政策——以义门的发展为线索》，《东洋史研究》31—4，1973年。

乙1036
草野靖：《唐宋时代农田的存在形态（中）》，《法文论丛》（史学篇）33，1974年。

乙1037
长濑守：《宋代江南的水利开发——特别以鄞县及周围地区为中心》，《青山博士古稀记念宋代史论丛》，1974年。

乙1038
丹乔二：《宋代的主户客户制与客户的税收负担》，《青山博士古稀记念宋代史论丛》，1974年。

乙1039
岛居一康：《宋代由客户进行的荒田复垦》，《鹿儿岛大学史学》22，1974年。

乙1040
吉冈义信：《宋代的河工——特别论"工"》，《中国水利史研究》6，1974年。

乙1041
内河久平：《关于宋初福州官庄的一点考察——论佃户与国家权力的关系》，《骏台史学》34，1974年。

乙1042
西冈弘晃：《宋代陕西的水利开

三、经 济 史

发——以丰利渠的建设为中心》，《中国水利史研究》6，1974年。

乙1043

中村治兵卫：《王安石的新法与千仓渠》，《青山博士古稀记念宋代史论丛》，1974年。

乙1044

坂野良吉：《唐宋变革与客户制度——中国地主制研究序论》，《名古屋大学东洋史研究报告》3，1975年。

乙1045

本田治：《宋代婺州的水利开发——以坡塘为中心》，《社会经济史学》41—3，1975年。

乙1046

草野靖：《旧中国田面惯例——田面的物质基础及其法律的和惯例的各种权利》，《法文论丛（森田诚一博士退官记念号）》36（史学篇），1975年。

乙1047

岛居一康：《宋代的逃业田对策及其变迁过程》，《鹿儿岛大学法文学部纪要（文学科论集）》10，1975年。

乙1048

柳田节子：《宋代地主制度与国家权力》，《东洋文化》55，1975年。

乙1049

西冈弘晃：《中国农村工业生成的基础构造——宋代淀山湖周围的问题》，《中村学园纪要》7，1975年。

乙1050

佐藤武敏：《唐宋时代的饮料水问题——以杭州为中心》，《中国水利史研究》7，1975年。

乙1051

丹乔二：《再论宋代佃户诸问题》，《木村先生退官记念东洋史论文集》，1976年。

乙1052

草野靖：《田面惯例的成立》，《法文论丛》39，1977年。

乙1053

长濑守：《宋元时期建康周围地区各县的水利开发（2）——特别是以溧阳溧水江宁三县为中心》，《中国水利史研究》8，1977年。

乙1054

岛居一康：《宋代出卖官田的政策》，《东洋史研究》36—1，1977年。

乙1055

地浓胜利：《关于宋代苏州水利田地域中的水利劳役》，《社会经济史学》43—4，1977年。

乙1056

高桥芳郎：《宋代官田的所谓佃权——其实体与历史位置》，《史朋》5，1977年。

乙1057

国方久史：《大土地所有权的展开与宋朝集权国家》，《史学研究》135，1977年。

乙1058

国方久史：《宋代下层农民的成长与在土地中小地主的崛起》，《史学研究》135，1977年。

乙1059

斯波义信：《关于江西宜春的李渠》，《东洋史研究》36—3，1977年。

乙1060

小野寺郁夫：《关于宋代谷物的粗色和细色》，《东洋史研究》36—3，1977年。

乙1061

高桥芳郎：《宋代佃户的身份问题》，《东洋史研究》37—3，1978年。

乙1062

斯波义信：《唐宋时代的水利和地方组织》，《星博士退官记念中国史论集》，1978年。

乙1063

西冈弘晃：《唐宋时代山湖水利的管理》，《中村学园研究纪要》10，1978年。

乙1064

本田治：《有关宋元时期浙东的海塘》，《中国水利史研究》9，1979年。

乙1065

斯波义信：《关于〈新刻客商一览醒迷天下水陆路程〉》，《森三树三郎博士颂寿记念东洋学论集》，1979年。

乙1066

柳田节子：《宋代的官田与形势户》，《学习院大学研究院文学研究年报》26，1980年。

乙1067

本田治：《关于宋元时代（上虞）夏盖湖的水利》，《中国水利史论集》，1981年。

乙1068

高桥芳郎：《宋代浙西三角地带的水利惯例》，《北海道大学文学部纪要》29—1，1981年。

乙1069

古林森广：《北宋前半期汴河的水路工事》，《中国水利史研究》11，1981年。

乙1070

西冈弘晃：《宋代苏州的浦塘管理和围田构筑》，《中国水利史论集》，1981年。

乙1071

本田治：《有关宋元时期的滨海田开发》，《东洋史研究》40—4，1982年。

三、经济史

乙 1072
高桥芳郎：《宋代的抗租与权力》，《宋代的社会与文化》，1983年。

乙 1073
本田治：《宋代杭州及其周围地区的水利和水利组织》，《中国近世的都市与文化》，1984年。

乙 1074
长濑守：《金代华北水利开发的发展》，《佐藤博士退官记念中国水利史论丛》，1984年。

乙 1075
斯波义信：《〈湘湖水利志〉和〈湘湖考略〉》，《佐藤博士退官记念中国水利史论丛》，1984年。

乙 1076
西冈弘晃：《关于宋代江南水利开发的一考察》，《中国近世的都市与文化》，1984年。

乙 1077
草野靖：《唐宋时代农田的存在形态（下）》，《文学部论丛》17，1985年。

乙 1078
西冈弘晃：《宋代时期苏州常熟县的水利与地区开发》，《中村学园研究纪要》17，1985年。

乙 1079
中村和之：《关于开除听候田土》，《史朋》18，1985年。

乙 1080
足立启二：《宋代两浙水稻作物的生产力水平》，《熊本大学文学部论丛》17，1985年。

乙 1081
草野靖：《贾似道公田法的系籍》，《中国社会制度、文化史的诸问题：日野开三郎博士颂寿记念论集》，1987年。

乙 1082
大泽正昭：《唐、宋畲田考》，《中国社会制度、文化史的诸问题：日野开三郎博士颂寿记念论集》，1987年。

乙 1083
藤田胜久、小野泰、松田吉郎：《中国水利史研究文献介绍》，《中国水利史研究》，1987年。

乙 1084
伊藤敏雄：《宋代的黄河治水机构》，《中国水利史研究》16，1987年。

乙 1085
北田英人：《宋元明清中国江南三角洲农业的进步与农村手工业发展关系研究》，《1986—1987年度文部科学省科学研究费补助金〈一般研究C〉研究成果报告书》，1988年。

乙 1086
大泽正昭：《关于宋代"河谷平

野"地区的农业经营》,《上智史学》34,1989年。

乙1087
泷本正史:《苏轼买田考》,《研究集录》29,1989年。

乙1088
本田治:《宋代余姚县水利开发》,《东亚的法与社会:布目潮渢博士古稀记念论集》,1990年。

乙1089
高桥芳郎:《宋代官田的"立价交佃"和"一田两主制"》,《东洋史论集》4,1990年。

乙1090
柳田节子:《宋代的农家经营和运营》,《中国的都市和农村》,1992年。

乙1091
岛居一康:《宋代两税法与客户、佃户》,《中国的传统社会与家族:柳田节子先生古稀记念》,1993年。

乙1092
高桥芳郎:《中国史上的恩与身份——宋代以后的主佃关系相关》,《史朋》26,1993年。

乙1093
本田治:《宋代地方官的水利建设和职务考评》,《中国水利史研究会设立三十周年记念中国水利史研究》,1995年。

乙1094
草野靖:《农业土地问题》,《宋元时代史的基本问题》,1996年。

乙1095
蛭田展充:《宋初河北的屯田政策》,《史观》141,1999年。

乙1096
丹乔二:《宋代佃户的转移的自由、不自由问题与"主仆之分"》,《史丛》62,2000年。

乙1097
寺地遵:《南宋末期公田法的背景》,《史学研究》231,2001年。

乙1098
井黑忍:《蒙古时代关中的农地开发——以修建泾渠为中心》,《内陆亚洲史研究》19,2004年。

乙1099
本田治:《北宋时期的唐州的水利开发》,《立命馆东洋史学》28,2005年。

乙1100
井黑忍:《从〈长安志图〉中所窥见的大元人的关中屯田经营》,《大谷大学史学论究》11,2005年。

乙1101
岸本美绪:《土地市场与"找价回赎"问题——从宋代到清代的长期动向》,《宋代至清代的法律与地域社会》,2006年。

三、经济史

乙1102
冈野诚：《北宋天圣亲令中的水利法规》，《法史学研究会会报》11，2006年。

乙1103
本田治：《知鄞县时期王安石的水利事业》，《立命馆文学》598，2007年。

乙1104
井黑忍：《从实施区田法中所窥见的金、蒙古时代农业政策的一个剖面》，《东洋史研究》67—4，2009年。

（四）手　工　业

1. 茶

乙1105
田中忠夫：《金元茶法史论——中国茶叶史论的一节》，《东亚经济研究》3—3，1919年。

乙1106
河上光一：《宋初的茶业及茶法》，《东方学》6，1953年。

乙1107
古林森广：《关于北宋茶市场的分析》，《明石工业高等专科学校研究纪要》6，1969年。

乙1108
水野正明：《宋代的茶生产》，《待兼山论丛（史学篇）》17，1983年。

乙1109
井上范男：《关于宋代茶业的专业化》，《史丛》44，1990年。

乙1110
古林森广：《宋代福建腊茶的生产与流通》，《史学研究》194，1991年。

乙1111
水野正明：《唐宋时代的产业与茶业的发展》，《东亚经济史各问题》，2000年。

乙1112
松田孝一：《关于四川专卖茶的生产》，《中国的历史与经济：东洋经济史学会记念论集》，2000年。

2. 糖

乙1113
加藤繁：《中国甘蔗与砂糖的起源》，《东亚经济研究》4—3，1920年。

乙1114
会泽卓司：《宋代甘蔗糖业的一点考察》，《文化》34—4，1971年。

3. 盐

乙1115
小幡信一郎：《青白盐与乌池、白池》，《京城帝大史学会志》10，1936年。

乙1116
河上光一：《关于北宋时期两浙一带的盐法》，《社会经济史学》29—6，1964年。

乙1117
河上光一：《宋代福建盐政小论》，《铃木俊教授还历记念东洋史文集》，1964年。

乙1118
河原由郎：《关于北宋时期河北一带盐政的考察》，《史学杂志》73—9，1964年。

乙1119
河上光一：《北宋时期淮南盐的生产结构和收盐机构》，《史学杂志》73—12，1965年。

乙1120
河上光一：《宋代解盐生产和生产形态》，《青山博士古稀记念宋代史论丛》，1974年。

乙1121
河上光一：《论宋代解盐的生产额》，《东方学》50，1975年。

乙1122
河上光一：《宋代解盐消费区的各个产盐地》，《社会经济史学》

三、经济史

40—6，1975年。

乙1123

河上光一：《南宋代盐业村的变迁》，《帝京史学》1，1985年。

乙1124

河上光一：《宋代福建食盐的生产》，《盐业史研究》3，1994年。

4. 酒

乙1125

古林森广：《试论〈宋史·食货志〉中酒的注》，《明石工业高等专门学校研究纪要》13，1972年。

乙1126

古林森广：《宋代开封的酒专卖制和造酒业》，《明石工业高等专科学校研究纪要》16，1974年。

乙1127

古林森广：《宋代酒的专卖机构》，《明石工业高等专科学校研究纪要》17，1975年。

乙1128

古林森广：《宋代农村的造酒业》，《兵库教育大学研究纪要》1，1981年。

乙1129

中村乔：《关于〈北山酒经〉的造酒法——北宋时期浙江的造酒法》，《东洋史研究》50—3，1991年。

乙1130

清木场东：《河东路的酒曲务》，《产业经济研究》46—4，2006年。

乙1131

清木场东：《淮南东路的酒曲务》，《产业经济研究》46—4，2006年。

乙1132

清木场东：《淮南西路的酒曲务》，《产业经济研究》46—4，2006年。

乙1133

清木场东：《江南东路的酒曲务》，《产业经济研究》47—2，2006年。

乙1134

清木场东：《江南西路的酒曲务》，《产业经济研究》47—2，2006年。

乙1135

清木场东：《荆湖北路的酒曲务》，《产业经济研究》47—2，2006年。

乙1136

清木场东：《荆湖南路的酒曲务》，《产业经济研究》47—2，2006年。

乙 1137
清木场东:《两浙路的酒曲务》,《产业经济研究》46—4,2006年。

5. 其他

乙 1138
古林森广:《宋代的工匠及其组织》,《东方学》33,1967年。

乙 1139
古林森广:《宋代的粮米业和制粉业》,《史学研究》108,1970年。

乙 1140
古林森广:《宋代寺院的碾硙经营》,《明石工业高等专门学校研究纪要》9,1970年。

乙 1141
斯波义信:《宋代木材的消费与生产》,《待兼山论丛》9,1975年。

乙 1142
古林森广:《关于宋代的屠宰食肉业》,《史学研究》414,1979年。

乙 1143
古林森广:《宋代江南的淡水养鱼业》,《史学研究》160,1983年。

乙 1144
古林森广:《宋元时代浙东沿海的渔业》,《史学研究》172,1986年。

(五)商业贸易

乙 1145
稻叶岩吉:《关于驵侩牙侩及牙行》,《东亚经济研究》5—2、5—3,1921年。

乙 1146
加藤繁:《关于唐宋时代的商人组织"行"》,《白鸟库吉博士还历记念东洋史论丛》,1925年。

乙 1147
加藤繁:《唐宋时期的仓库》,《史学》4—2,1925年。

三、经济史

乙1148

那波利贞：《唐宋时期的旗亭酒楼上、中、下》，《历史与地理》18—4、18—5、18—6，1926年。

乙1149

加藤繁：《关于唐宋的草市》，《史学杂志》37—1，1927年。

乙1150

加藤繁：《论宋代的房钱》，《史学杂志》38—10，1927年。

乙1151

小林高四郎：《唐宋牙人考》，《史学》8—1，1929年。

乙1152

小林高四郎：《唐宋牙人考补正》，《史学》8—3，1929年。

乙1153

加藤繁：《唐宋时期的草市及其发展》，《市村博士古稀记念东洋史论集》，1933年。

乙1154

日野开三郎：《商业城市的发展》，《历史大系》7，1934年。

乙1155

日野开三郎：《商业的发展》，《历史大系》6，1934年。

乙1156

加藤繁：《论唐宋时期的商人工会"行"以及清代的会馆》，《史学》14，1935年。

乙1157

加藤繁：《宋与金国的贸易》，《史学杂志》46—4，1935年。

乙1158

曾我部静雄：《关于宋金贸易中的铜钱问题》，《文化》4—6，1936年。

乙1159

加藤繁：《居停和停塌》，《史苑》11—3、11—4，1938年。

乙1160

佐伯富：《宋代的茶商军》，《东洋史研究》4—2，1938年。

乙1161

加藤繁：《再论宋金贸易》，《史学杂志》51—6，1940年。

乙1162

加藤繁：《宋金贸易中的茶钱与绢》，《东亚经济论丛》1—1，1941年。

乙1163

日野开三郎：《五代时期契丹与中国的海上贸易——东丹国内渤海遗民的海上活动》，《史学杂志》52—7、52—8、52—9，1941年。

乙1164

曾我部静雄：《论宋代坊场的民间经营》，《纪元二千六百年记念史学论文集》，1941年。

乙 1165
曾我部静雄:《再论宋金贸易史上的铜钱问题》,《文化》8—12,1941年。

乙 1166
加藤繁:《论宋代的商业习惯"赊"》,《东洋文化史研究》1,1944年。

乙 1167
藤本光:《关于南宋的广马贸易与西南诸国的情况》,《东京学艺大学研究报告(第5部历史学)》3,1952年。

乙 1168
吉田寅:《五代宋的回易》,《史学杂志》62—12,1953年。

乙 1169
藤本光:《广马与广盐的关系》,《东京学艺大学研究报告(第5部历史学)》4,1953年。

乙 1170
藤本光:《南宋广马考》,《东洋史学论集》1,1953年。

乙 1171
藤原星窝:《北宋时期的商品流通——特别是解盐地的问题》,《历史学研究》(50周年记念号),1953年。

乙 1172
大崎富士夫:《宋金贸易的形态》,《广岛大学文学部纪要》5,1954年。

乙 1173
吉田寅:《论宋代的回易》,《史潮》52,1954年。

乙 1174
日野开三郎:《宋初女真与山东的航海贸易》,《史渊》60,1954年。

乙 1175
田笼楠雄:《五代楚国的中原贸易》,《东洋史学》10,1954年。

乙 1176
藤本光:《续南宋广马考》,《史潮》57,1955年。

乙 1177
斯波义信:《南宋米市场的分析》,《东洋学报》39—3,1957年。

乙 1178
凑逸子:《宋代茶商的活跃》,《金泽大学法文学部论集》(哲学史学篇)15,1958年。

乙 1179
寺田隆信:《关于苏、松地区的城市棉业商》,《史林》41—6,1958年。

乙 1180
曾我部静雄:《唐宋时期的草市》,《社会经济史学》24—1,1958年。

乙 1181
石桥五郎:《唐宋时期中国沿海贸易与贸易港》,《史学杂志》

三、经　济　史

12—8、12—9、12—11，1959年。

乙1182

斯波义信：《宋代福建商人的活动及其社会经济背景》，《和田博士古稀记念东洋史论丛》，1961年。

乙1183

斯波义信：《宋代江南的村市与庙市（上）》，《东洋学报》44—1，1961年。

乙1184

斯波义信：《宋代江南的村市与庙市（下）》，《东洋学报》44—2，1961年。

乙1185

佐伯富：《关于宋代的干运、经纪》，《熊本大学法文论丛》13，1961年。

乙1186

斯波义信：《宋代商业史研究的备忘录》，《史学杂志》72—6，1963年。

乙1187

草野靖：《唐中期以来商品经济的发展和地主制》，《历史学研究》292，1964年。

乙1188

日野开三郎：《宋初女真通航山东的概况及其缘由》，《朝鲜学报》33，1964年。

乙1189

曾我部静雄：《宋代的结关》，《石田博士颂寿记念东洋史论丛》，1965年。

乙1190

吉田寅、千叶熙：《唐宋专卖制度研究的动向》，《史潮》96，1966年。

乙1191

日野开三郎：《宋初女真通航山东及其贸易》，《朝鲜学报》37、38（天理教教祖八十年祭记念号），1966年。

乙1192

小野寺郁夫：《论宋代城市的商人组织"行"》，《金泽大学法文学部论集史学篇》13，1966年。

乙1193

日野开三郎：《宋代塌坊及其由来》，《东洋史研究》27—1，1968年。

乙1194

斯波义信：《宋代油脂与蔬菜的流通——农产品商品化一例之考察》，《法文论丛》（史学篇）23（酒井三郎退官记念号），1968年。

乙1195

古林森广：《论宋代的免行——宋代商人组织"行"的研究》，《东方学》38，1969年。

乙1196
日野开三郎:《宋代的脚店户与唐代的楼脚与"转手另售"的惯例》,《史渊》102,1970年。

乙1197
泽田瑞穗:《鬼市考》,《天理大学学报》24—6,1973年。

乙1198
畑地正宪:《北宋与辽的贸易及其岁赠》,《史渊》111,1974年。

乙1199
长泽和俊:《论宋初河南地区的中转贸易》,《东西文化交流史》,1975年。

乙1200
长泽和俊:《五代宋初河西地区的中转贸易》,《东西文化交流史》,1975年。

乙1201
井上孝范:《北宋时期陕西路的对外贸易》,《九州共立大学会要》11—1、12—2,1976年。

乙1202
地浓胜利:《关于南宋时期江南西路米在市场上的流通》,《集刊东洋学》38,1977年。

乙1203
藤本光:《横山寨考——与南宋的广马联系起来》,《社会文化史学》15,1978年。

乙1204
佐藤圭四郎:《北宋时期回纥商人的东渐》,《星博士退官记念中国史论集》,1978年。

乙1205
宫泽知之:《宋代的牙人》,《东洋史研究》39—1,1980年。

乙1206
井上孝范:《有关北宋的"回易"》,《九州共立大学纪要》15—2,1980年。

乙1207
日野开三郎:《有关唐宋时期的商人公会"行"的重新讨论》,《产业经济研究》21,1980年。

乙1208
井上孝范:《有关南宋的"回易"》,《九州共立大学纪要》16—2,1981年。

乙1209
古林森广:《宋代渔获物的商品流通》,《史学研究》155,1982年。

乙1210
井上孝范:《关于宋金榷场贸易的考察——盱眙榷场的榷场法与贸易》,《九州共立大学纪要》18—3,1984年。

乙1211
柳田节子:《关于宋代官僚的商业行为》,《中村治兵卫先生古

三、经 济 史

稀记念东洋史论丛》，1986年。

乙 1212
大崎富士夫：《南宋时期福建的骚乱——尤其是与走私贸易间密切相关》，《修道商学》29—2，1989年。

乙 1213
中村治兵卫：《宋代黄河南岸的都市滑州和商人组合"行"》，《中国的都市和农村》，1992年。

乙 1214
宫泽知之：《宋代的"行"》，《鹰陵史学》19，1994年。

乙 1215
宫泽知之：《宋代的价格与市场》，《宋元时代史的基本问题》，1996年。

乙 1216
金子泰晴：《宋代流通史的网络结构论效应——市场、商人、情报》，《宋代社会的联系网络》，1998年。

乙 1217
后藤久胜：《有关北宋时期的京师与江淮地方之间的商业流通——由专卖票据的流通所窥见的》，《九州大学东洋史论集》28，2000年。

乙 1218
井上孝范：《南宋的榷场贸易——盱眙榷场与管理体制》，《中国的历史与经济：东洋经济史学会记念论集》，2000年。

乙 1219
后藤久胜：《北宋的商业流通的地域构造——以〈宋会要辑稿〉所收录的熙宁十年商税统计为中心》，《史渊》139，2002年。

乙 1220
斋藤胜：《有关公元9、10世纪敦煌的牧羊行业》，《历史学研究》796，2004年。

（六）交 通 运 输

乙 1221
松井等：《从〈许亢宗行程录〉所见辽金时期的满洲交通路线》，《满洲历史地理》2，1913年。

乙 1222
藤田丰八：《宋元时代的海

港——杭州》,《史学杂志》27—9、27—10、27—12,1916年。

乙1223
青山定雄:《唐宋汴河考》,《东方学报》2,1931年。

乙1224
青山定雄:《关于北宋的漕运法》,《市村博士古稀记念东洋史论丛》,1933年。

乙1225
曾我部静雄:《宋代的驿传邮铺》,《桑原骘藏博士还历记念东洋史论丛》,1933年。

乙1226
青山定雄:《宋之交通》,《历史大系》6,1934年。

乙1227
青山定雄:《宋代的邮铺》,《东方学报》6,1936年。

乙1228
战田节男:《宋元时代泉州的发展与广东的衰落》,《历史学研究》6—7,1936年。

乙1229
池田静夫:《宋元时期的澉蒲港》,《东亚经济研究》21—4,1937年。

乙1230
池田静夫:《宋代汴河水运的研究》,《文化》5—5,1938年。

乙1231
日野开三郎:《中国地名"埠"及其沿革》,《历史教育》13—9,1938年。

乙1232
田村实造:《宋元时代的东西交通》,《文化史大系》,1938年。

乙1233
园田一龟:《辽西交通路线的变迁》,《收书月报》26,1938年。

乙1234
池田静夫:《码头与埠头——中国港的南北两种类型(补遗)》,《文化》6—6,1939年。

乙1235
池田静夫:《码头与埠头——中国港的南北两种类型》,《文化》6—10,1939年。

乙1236
日野开三郎:《五代契丹与中国的海上交通》,《史学杂志》50—7,1939年。

乙1237
藤本光:《南宋四川的漕运》,《史潮》9—4,1939年。

乙1238
田村实造:《辽宋的交通与辽国内部经济的发展》,《满蒙史论丛》2,1939年。

乙1239
池田静夫:《北宋水运的发展》,《东亚经济研究》23—1、23—2、23—3、23—4、23—5、23—6,

三、经 济 史

1939—1940年。

乙1240

园田一龟：《关于辽西的交通路线》，《东亚论丛》3，1940年。

乙1241

日野开三郎：《五代时期南北中国的陆上交通》，《历史学研究》11—6，1941年。

乙1242

藤田元春：《中国航路的发展与船》，《纪元二千六百年记念史学论文集》，1941年。

乙1243

青山定雄：《中国中世纪交通》，《东方学报》15—1，1945年。

乙1244

大崎富士夫：《宋代漕运形态的沿革——以起用客船为中心》，《史学研究》10，1952年。

乙1245

园田一龟：《辽代满洲的交通路线》，《东洋学报》35—2，1952年。

乙1246

真上隆俊：《关于南宋邮铺的一点考察》，《东洋报》34—1、34—4，1952年。

乙1247

园田一龟：《金代满洲的交通路线》，《东洋学报》37—3，1954年。

乙1248

曾我部静雄：《南宋贸易港泉州的水军及其防御海贼的对策》，《东北大学文学部研究年报》5，1954年。

乙1249

井手达郎：《南宋的漕运——主要关于转运法》，《大学纪要》，1957年。

乙1250

岩村忍：《丝绸之路与黄金之路》，《心》11—9，1958年。

乙1251

前田正名：《西夏时代避开河西之交通路》，《史林》42—1，1959年。

乙1252

斯波义信：《宋代船运业的基础结构》，《东洋史研究》24—4，1966年。

乙1253

斯波义信：《宋代船运业的经营结构》，《东洋学报》50—1，1967年。

乙1254

古林森广：《北宋的水磨茶专卖》，《明石工业高等专门学校研究纪要》6，1969年。

乙1255

桥本纮治：《论宋代漕运的特殊性——漕运在调运北边疆军粮中的作用》，《青山博士古稀记念宋代史论丛》，1974年。

乙 1256
古林森广:《北宋熙宁元丰年间汴河的水路工程》,《中国水利史研究》11,1981年。

乙 1257
吉冈义信:《关于黄河的漕运》,《中国水利史论集》,1981年。

乙 1258
小岩井弘光:《关于宋代钱塘流域的交通》,《东北大学东洋史论集》1,1984年。

乙 1259
畑地正宪:《关于北宋时期修河物资"梢草"的供应》,《山口大学文学会志》35,1985年。

乙 1260
清木场东:《关于唐宋时期的陆运》,《东亚洲生产与流通的历史社会学研究》,1994年。

乙 1261
畑地正宪:《关于宋代草的供应与商品化》,《东亚洲生产与流通的历史社会学研究》,1994年。

乙 1262
古林森广:《宋代长江航运的实态》,《宋代社会的联系网络》,1998年。

乙 1263
深泽贵行:《南宋沿海地区的海船政策——以孝宗朝为中心》,《史观》149,2003年。

乙 1264
西奥健志:《宋代大运河的南北物流》,《东洋学报:东洋文库和文纪要》89—1,2007年。

乙 1265
小野泰:《宋代运河政策的形成——以淮南路为中心》,《东洋史苑》69,2007年。

(七)货币金融

乙 1266
田中忠夫:《北宋货币史论》,《东亚经济研究》4—11、5—1,1920年。

乙 1267
田中忠夫:《辽代货币史论》,《东亚经济研究》4—3,1920年。

乙 1268
加藤繁:《柜坊考》,《东洋报》12—4,1922年。

乙 1269
田中忠夫:《金代货币史论》,

三、经济史

《东洋》25—12，1922年。

乙1270
桑原骘藏：《唐宋时代的铜钱》，《历史与地理》13—1，1924年。

乙1271
加藤繁：《论交子的起源》，《史学》9—2，1930年。

乙1272
加藤繁：《中国纸币的历史》，《史学杂志》48—9，1931年。

乙1273
加藤繁：《日宋的金银价格及其贸易》，《社会经济史学》3—3，1933年。

乙1274
加藤繁：《官营之后的益州交子制度》，《史学杂志》45—1，1934年。

乙1275
日野开三郎：《货币及金融》，《历史大系》6，1934年。

乙1276
日野开三郎：《论交子的发展》，《史学杂志》45—2、45—3，1934年。

乙1277
加藤繁：《关于交子、关子与会子的名称》，《史学杂志》46—7，1935年。

乙1278
日野开三郎：《关于北宋时期铜铁钱的铸造额的问题》，《史学杂志》46—1，1935年。

乙1279
中岛敏：《西夏铜铁钱的铸造》，《东方学报》7，1935年。

乙1280
荒木敏一：《王安石对钱禁的解除》，《东洋史研究》21，1936年。

乙1281
加藤繁：《交子、会子与关子的词义》，《东洋学报》6，1936年。

乙1282
加藤繁：《陕西交子考》，《史学》15—1，1936年。

乙1283
日野开三郎：《北宋时期对铜铁钱的需求》，《历史学研究》6—5、6—7，1936年。

乙1284
日野开三郎：《北宋时期划定铜铁钱使用区域的政策（上）》，《东洋学报》24—1，1936年。

乙1285
日野开三郎：《北宋时期划定铜铁钱使用区域的政策（下）》，《东洋学报》24—2，1936年。

乙1286
曾我部静雄：《宋代的钱荒》，《文化》3—3，1936年。

乙1287
中岛敏：《西夏的铸钱》，《史

学杂志》47—6，1936年。

乙1288

池田静夫：《论交子的形成——中国最古老的纸币形式》，《文化》4—6，1937年。

乙1289

日野开三郎：《论便钱的语义——兼论唐宋时期支票制度的发展》，《九州帝国大学法文学部十周年记念哲学、史学、文学论文集》，1937年。

乙1290

日野开三郎：《南宋的纸币"见钱公据"及"见钱关子"的起源》，《史学杂志》48—7、48—8、48—9，1937年。

乙1291

曾我部静雄：《南宋的纸币（一）》，《社会经济史学》7—7，1937年。

乙1292

曾我部静雄：《南宋的纸币（二）》，《社会经济史学》7—8，1937年。

乙1293

佐伯富：《唐宋时期货币研究论文类目》，《东洋史研究》3—1，1937年。

乙1294

荒木敏一：《宋代的铜禁——特别是关于王安石废除铜禁的问题》，《东洋史研究》4—1，1938年。

乙1295

浅海正三：《中国纸币的历史》，《历史教育》13—1，1938年。

乙1296

日野开三郎：《论北宋时期的支票"见钱交引"——兼论纸币"钱引"的起源》，《社会经济史学》8—1、8—2、8—3，1938年。

乙1297

曾我部静雄：《柜房、禁房与牢房》，《文化》5—1，1938年。

乙1298

藤本光：《关于交子的界制》，《史潮》9—2，1939年。

乙1299

穗积文雄：《金史食货志中的货币思想》，《经济论丛》50—3，1940年。

乙1300

曾我部静雄：《南宋会子的伪造》，《文化》7—2，1940年。

乙1301

中岛敏：《关于北宋时期新铸钱的上供》，《史学杂志》51—7，1940年。

乙1302

加藤繁：《南宋初期的见钱——关子与交子及会子》，《东洋学报》28—4，1941年。

三、经 济 史

乙 1303
穗积文雄:《宋代货币考——从宋代食货志上看货币思想》,《东亚经济论丛》1—4,1941年。

乙 1304
日野开三郎:《关于北宋时期货币经济的发展与国家财政的关系的一点考察》,《历史学研究》2—4,1941年。

乙 1305
日野开三郎:《关于南宋临安府的私下会子》,《社会经济史学》11—9,1941年。

乙 1306
曾我部静雄:《宋钱流入日本的问题》,《东亚经济研究》25—4,1941年。

乙 1307
穗积文雄:《吕祖谦的货币思想》,《经济论丛》55—3,1942年。

乙 1308
穗积文雄:《叶适的货币思想》,《经济论丛》55—3,1942年。

乙 1309
加藤繁:《关于南宋时期银的流通》,《史学杂志》54—5,1943年。

乙 1310
曾我部静雄:《关于南宋行使的铜钱》,《社会经济史学》13—3,1943年。

乙 1311
中岛敏:《北宋时期新铸钱的上供与财库》,《社会经济史学》13—3,1943年。

乙 1312
加藤繁:《南宋时期银的流通及银与会子的关系》,《东洋学报》29—3、29—4,1944年。

乙 1313
日比野丈夫:《宋代铜钱问题上的新见解——从我国发掘之钱为出发点》,《东洋学报》19,1950年。

乙 1314
森克己:《宋铜钱流入日本始初》,《史渊》54—5,1950年。

乙 1315
中岛敏:《关于北宋钱的重量》,《和田清博士还历记念东洋史论丛》,1951年。

乙 1316
市古尚三:《北宋实施的王安石的新法的理由与货币政策》,《红陵大学论集》3,1952年。

乙 1317
藤本光:《关于已故加藤博士的交子界分说》,《史学杂志》62—12,1953年。

乙 1318
藤本光:《再论交子的界制》,《东洋史学论集》3,1954年。

乙1319
千叶熙：《宋代的铸钱监》，《史潮》57，1955年。

乙1320
日野开三郎：《关于宋代长生库的发展》，《佐贺龙谷学会纪要》4，1956年。

乙1321
山内正博：《北宋头子钱发展过程的一点考察》，《史学研究》69，1958年。

乙1322
宫崎市定：《〈唐宋时期金银的研究〉疑义二则》，《东洋史研究》8—2，1959年。

乙1323
太宰芳郎：《关于南宋福建的钞盐钱》，《文化学习一俗》24—4，1960年。

乙1324
幸彻：《北宋头子钱的发展过程》，《东洋史学》22，1960年。

乙1325
中岛敏：《关于北宋徽宗朝的大钱》，《和田博士古稀记念东洋史论丛》，1961年。

乙1326
草野靖：《南宋时期淮南路的通货问题——围绕铁钱交子的兴废》，《东洋学报》44，1962年。

乙1327
草野靖：《南宋行在会子的发展（上）》，《东洋学报》49—1，1966年。

乙1328
草野靖：《南宋行在会子的发展（下）》，《东洋学报》49—2，1966年。

乙1329
桑田幸三：《从货币看王安石新法的一个侧面——从宋史出发》，《经济论丛》97—2（穗积文雄教授记念号），1966年。

乙1330
曾我部静雄：《开元通宝钱的钱文读法》，《社会经济史学》33—2，1967年。

乙1331
幸彻：《论北宋时代的东南官卖法下末盐钞的意义》，《九州大学东洋史论集》1，1973年。

乙1332
中岛敏：《蔡京的当十钱和苏州钱法之狱》，《骏台史学》36，1975年。

乙1333
中岛敏：《关于北宋徽宗时期的夹锡钱》，《东洋研究》40，1975年。

乙1334
河原由郎：《北宋时期有价证券

三、经 济 史

盐"交引"盐钞的研究》，《福冈大学研究所报》28，1978年。

乙1335

幸彻：《关于北宋时代末盐钞京师现钱发行法的发行方法》，《九州大学教养部历史、地理学年报》2，1978年。

乙1336

草野靖：《在宋代使用的票据名称与其形式》，《中岛敏老师古稀记念论集》，1980年。

乙1337

幸彻：《宋代的东南官卖盐法（1）——官卖末盐钱与末盐变钞钱》，《九洲大学教养学部历史学、地理学年报》4，1980年。

乙1338

近藤一成：《南宋〈钱簿残欠〉考》，《史观》103，1982年。

乙1339

幸彻：《宋代的东南官卖盐法（2）——官卖末盐钱年收额的变化》，《九州大学教养学部历史学、地理学年报》6，1982年。

乙1340

井上泰也：《短陌惯行的重新研究——唐末五代时期的货币使用动向与国家》，《立命馆文学》475、476、477，1985年。

乙1341

幸彻：《宋代的东南官卖盐法（3）——有关熙宁元丰年间以前的官卖盐法的废除》，《九州大学教养部历史学、地理学年报》8，1985年。

乙1342

井上泰也：《管理铜钱——中国货币史的笔记》，《立命馆文学》493、494、495，1986年。

乙1343

幸彻：《关于唐、宋时代的南北经济交流与南下票据类（1）》，《九州大学教养学部历史学、地理学年报》11，1987年。

乙1344

高桥弘臣：《金代的通货政策的发展——围绕交钞》，《史境》16，1988年。

乙1345

宫泽知之：《唐宋时期的短陌与货币经济的特质》，《史林》71—2，1988年。

乙1346

草野靖：《南宋东南会子的界制与发行额》，《刘子健博士颂寿记念宋史研究论集》，1989年。

乙1347

高桥弘臣：《金代的纸币与其使用制度》，《史峰》2，1989年。

乙1348

高桥弘臣：《金末的通货混乱》，《史境》19，1989年。

乙1349

幸彻：《关于唐、宋时代的南北经济交流与南下票据类（2）》，《九州大学教养学部历史学、地理学年报》13，1989年。

乙1350

金子泰晴：《南宋初期的湖广总领所与三合同关子》，《史观》123，1990年。

乙1351

幸彻：《有关唐、宋时期的南北经济交流与南下票据类（3）》，《九州大学教养学部历史学、地理学年报》15，1991年。

乙1352

宫泽知之：《宋代陕西、河东的铁钱问题》，《东洋史研究》51—4，1993年。

乙1353

宫泽知之：《宋代四川的铁钱问题》，《中国的传统社会与家族：柳田节子先生古稀记念》，1993年。

乙1354

宫泽知之：《唐宋时期铜钱的私铸》，《中国近代的法制与社会》，1993年。

乙1355

井上泰也：《围绕宋代钞版》，《东方学》86，1993年。

乙1356

井上正夫：《宋代的国际货币——以王安石的货币政策为中心》，《经济论丛》15—1、15—2、15—3，1993年。

乙1357

幸彻：《关于唐宋时期南北商业流通与证券类的各问题》，《东亚洲生产与流通的历史社会学研究》，1994年。

乙1358

幸彻：《宋代的东南官卖盐法（4）——官卖盐法、通商盐法与末盐交钞的使用》，《九州大学教养部历史学、地理学年报》17，1994年。

乙1359

高桥弘臣：《关于南宋四川的货币》，《史境》31，1995年。

乙1360

本田精一：《关于〈东京梦华录〉中的城市钱陌》，《东方学》92，1996年。

乙1361

高桥弘臣：《南宋江南的货币——围绕元朝货币政策的考察》，《史学杂志》105—1，1996年。

乙1362

本田精一：《南宋官会子的论理与实态》，《东洋史论集》25，九州大学，1997年。

乙1363

高桥弘臣：《关于南宋江北的货

三、经济史

乙1363（续）
币》，《吉田寅先生古稀记念亚洲史论集》，1997年。

乙1364
高桥弘臣：《旧南宋领的元朝货币政策》，《爱媛大学法文学部论集人文学科编》4，1998年。

乙1365
富永昌良：《宋代货币的扩张》，《亚洲游学特集：宋钱的世界——东亚的国际通货》18，2000年。

乙1366
井上泰也：《宋代货币系统的继承》，《亚洲游学特集：宋钱的世界——东亚的国际通货》18，2000年。

乙1367
井上正夫：《作为国际货币的宋钱》，《亚洲游学特集：宋钱的世界——东亚的国际通货》18，2000年。

乙1368
三宅俊彦：《唐、宋代的窖藏钱》，《博望》1，2001年。

乙1369
本田精一：《开封铜钱杂话》，《读〈清明上河图〉》，2003年。

乙1370
毛塚康明：《王安石新法与钱荒——以围绕募役法存废的论争为线索》，《中国的传统社会与家庭：柳田节子老师古稀记念》，2003年。

乙1371
三宅俊彦：《公元10至13世纪东亚的铁钱的流通》，《日本考古学》20，2005年。

乙1372
三宅俊彦：《金代的钱货流通》，《文部科学省科学研究费补助金研究成果报告书：北东亚洲中世遗迹的考古学的研究》，2005年。

乙1373
樋口能成：《南宋湖北会子的市场结构》，《史滴》28，2006年。

乙1374
宫泽知之：《日本针对宋代货币史研究的展开》，《中国史学》17，2007年。

乙1375
三宅俊彦：《金代东北亚的钱货流通》，《亚洲游学》107，2008年。

乙1376
大田由纪夫：《从钞到银》，《宋钱的世界》，2009年。

乙1377
冈本不二明：《从笔记小说所见宋代士人的金钱感觉与经济状态》，《宋钱的世界》，2009年。

乙1378
梅原郁：《宋钱的裹表》，《古文化研究》8，2009年。

乙1379

松本裕之：《宋钱与东亚——北宋钱的特征与周边诸国的钱》，《宋钱的世界》，2009年。

乙1380

伊原弘：《宋钱的世界——钱在宋代社会中的意义》，《宋钱的世界》，2009年。

（八）财　　政

乙1381

松井等：《宋代的茶法茶马》，《东亚经济研究》1、2，1917年。

乙1382

松井等：《宋代财政与香的用途》，《东亚经济研究》3—1，1919年。

乙1383

加藤繁：《论宋代的检校库》，《史学》6—3，1927年。

乙1384

曾我部静雄：《宋代的三仓及其他》，《东亚经济史研究》13—4，1929年。

乙1385

宫崎市定：《王安石吏士合一的政策——以仓法为中心》，《桑原骘藏博士还历记念东洋史论丛》，1931年。

乙1386

曾我部静雄：《宋代开始榷茶年代考》，《史林》17—1，1932年。

乙1387

加藤繁：《宋代商税考》，《史林》19—4，1934年。

乙1388

日野开三郎：《税与财政》，《历史大系》6，1934年。

乙1389

武田金作：《关于宋代的榷酤》，《史学杂志》45—5、45—6，1934年。

乙1390

日野开三郎：《论北宋时期的便籴》，《历史学研究》4—3，1935年。

乙1391

日野开三郎：《论宋代的便籴》，《东洋学报》23—1，1935年。

乙1392

森住利直：《论南宋四川的对籴》，《史渊》10，1935年。

乙1393

加藤繁：《宋史食货志中有关住

三、经济史

税（商税之一种）的解说》，《史学杂志》47—6，1936年。

乙1394

青山定雄：《关于五代宋的蚕盐》，《史学杂志》47—6，1936年。

乙1395

日野开三郎：《五代的沿征》，《史渊》13，1936年。

乙1396

式守富司：《王安石的市易法》，《历史学研究》6—10，1936年。

乙1397

佐伯富：《宋代四川的茶法》，《东洋史研究》2—2，1936年。

乙1398

加藤繁：《宋代茶法中被忽视的一个方面》，《史学杂志》48—7，1937年。

乙1399

日野开三郎：《从寇珹传中看"凿头"的意义》，《史学杂志》48—7，1937年。

乙1400

日野开三郎：《五代藩镇的举丝绢与北宋朝的预买绢——五代苛政之一面》，《史渊》15—16，1937年。

乙1401

小沼正：《北宋末年的均籴法》，《东洋学报》25—1，1937年。

乙1402

日野开三郎：《论五代的"耗"》，《历史学研究》8—7，1938年。

乙1403

曾我部静雄：《南宋时期的和买绢及折帛钱的研究》，《史林》23—2、23—3，1938年。

乙1404

日野开三郎：《以神宗朝为中心看北宋时期的结籴》，《史渊》20，1939年。

乙1405

曾我部静雄：《南宋的役法》，《社会经济史学》8—12，1939年。

乙1406

曾我部静雄：《南宋的役法》，《社会经济史学》9—1，1939年。

乙1407

曾我部静雄：《宋代初期的职役到王安石的募役法》，《史学杂志》50—4，1939年。

乙1408

曾我部静雄：《宋代的杂徭》，《文化》6—3，1939年。

乙1409

曾我部静雄：《王安石的募役法》，《东亚经济研究》23—4、23—5，1939年。

乙1410

曾我部静雄：《月桩钱的研究》，

《宋代财政史》，1941年。

乙1411
佐伯富：《从宋代役法上看郑州废置问题》，《东洋史研究》5—1，1939年。

乙1412
加藤繁：《宋代茶的专卖与官鬻法》，《池内博士还历记念东洋史论丛》，1940年。

乙1413
小川裕人：《金代的物力钱(上)》，《东洋史研究》5—6，1940年。

乙1414
小川裕人：《金代的物力钱(中)》，《东洋史研究》6—1，1940年。

乙1415
曾我部静雄：《宋代财政机构的特色》，《史学杂志》51—7，1940年。

乙1416
藤井宏：《开中的意义与起源》，《加藤繁博士还历记念东洋史集说》，1941年。

乙1417
小川裕人：《金代的物力钱(下)》，《东洋史研究》6—3，1941年。

乙1418
今堀诚二：《关于宋代的惠民仓》，《东洋史研究》7—2，1942年。

乙1419
今堀诚二：《宋代平籴仓批判（1）》，《历史学研究》102，1942年。

乙1420
今堀诚二：《宋代平籴仓批判（2）》，《历史学研究》103，1942年。

乙1421
今堀诚二：《宋代平籴仓批判（3）》，《历史学研究》104，1942年。

乙1422
今堀诚二：《中国中世纪的常平仓（1）》，《历史》17—11，1942年。

乙1423
日野开三郎：《五代的马政与当时的马贸易（1）》，《东洋学报》29—1，1942年。

乙1424
日野开三郎：《五代的马政与当时的马贸易（2）》，《东洋学报》29—2，1942年。

乙1425
佐伯富：《宋代明矾的专卖制度》，《东亚人文学报》1—4，1942年。

乙1426
今堀诚二：《中国中世纪的常

三、经 济 史

乙1427
平仓（2）》，《历史》18—2，1943年。

乙1427
日野开三郎：《五代的马政与当时的马贸易（3）》，《东洋学报》30—2，1943年。

乙1428
佐伯富：《盐与中国社会》，《东亚人文学报》3—1，1943年。

乙1429
日野开三郎：《五代的马政与当时的马贸易（4）》，《东洋学报》30—4，1944年。

乙1430
今堀诚二：《宋代常平仓研究（上）》，《史学杂志》56—10，1946年。

乙1431
今堀诚二：《宋代常平仓研究（下）》，《史学杂志》56—11，1946年。

乙1432
佐伯富：《宋代的坐仓》，《人文科学》2—4，1948年。

乙1433
大崎富士夫：《宋代的义役》，《史学研究记念论丛》，1950年。

乙1434
青山定雄：《唐五代的关津与商税》，《横滨大学论丛》2—3，1950年。

乙1435
大崎富士夫：《宋代的税务》，《史学研究》43，1951年。

乙1436
古川新平：《熙丰年间民养马法即保马、户马二法之我见（1）》，《东洋史学》3，1951年。

乙1437
河原由郎：《免行钱的创始》，《史学研究》45，1951年。

乙1438
日野开三郎：《关于北宋时期所谓"草"（1）》，《东洋史学》2，1951年。

乙1439
周藤吉之：《五代时期的均税法》，《和田博士还历记念东洋史论丛》，1951年。

乙1440
古川新平：《熙丰年间民养马法即保马、户马二法之我见（2）》，《东洋史学》4，1952年。

乙1441
日野开三郎：《从银绢的供需上看五代北宋的岁币岁赐（上）》，《东洋学报》35—1，1952年。

乙1442
日野开三郎：《从银绢的供需上看五代北宋的岁币岁赐（下）》，

乙1443

日野开三郎：《关于北宋时期所谓"草"（2）》，《东洋史学》4，1952年。

乙1444

日野开三郎：《五代北宋的岁币岁赐的推移——五代北宋岁币赐考（1）》，《东洋史学》5，1952年。

乙1445

日野开三郎：《五代北宋的岁币岁赐的推移——五代北宋岁币赐考（2）》，《东洋史学》6，1952年。

乙1446

吉田寅：《论北宋河北的榷盐》，《东洋史学论集》3，1954年。

乙1447

吉田寅：《宋代淮南的秋监派通》，《史潮》54，1954年。

乙1448

曾我部静雄：《唐代的杂徭对金元的影响——金朝物力钱与元朝丁税溯源》，《历史教育》2—6，1954年。

乙1449

吉田寅：《五代中原王朝的私盐对策》，《东洋史论集》4，1955年。

乙1450

内山正博：《关于南宋初期中央赋入增加的考察》，《史学研究》61，1956年。

乙1451

周藤吉之：《南宋乡都的税制与土地所有》，《东洋文化研究所纪要》8，1956年。

乙1452

佐伯富：《宋初的茶叶专卖制度》，《京都大学文学部研究纪要》，1956年。

乙1453

池田诚：《宋代解州官营盐业的结构——它的支配与隶属》，《史林》33—6，1957年。

乙1454

大崎富士夫：《市易法与沿边的通商》，《修道短期大学论集》6—1，1957年。

乙1455

东一夫：《宋代两税法的钱纳》，《东京学艺大学研究报告》8，1957年。

乙1456

东一夫：《宋代农村社会的研究——税役为主》，《东京学艺大学研究报告》8，1957年。

乙1457

内山正博：《南宋的课子》，《奎松先生古稀记念》，1957年。

乙1458

草野靖：《元丰库的创立与内藏

三、经 济 史

库的推移》,《史渊》76,1958年。

乙1459

东一夫:《关于宋代的税役》,《历史教育》7—6,1958年。

乙1460

吉田寅:《宋末专卖制度的运营》,《历史教育》7—6,1958年。

乙1461

铃木俊:《青苗钱与夏税、秋税》,《古代学》6—4,1958年。

乙1462

佐伯富:《宋代林特的茶法改革》《东方学》17,1958年。

乙1463

草野靖:《关于宋代的屋税、地税》,《史学杂志》68—4,1959年。

乙1464

日野开三郎:《试论两税法以前的青苗钱地头钱(1)》,《东洋史学》20,1959年。

乙1465

日野开三郎:《试论两税法以前的青苗钱地头钱(2)》,《东洋史学》21,1959年。

乙1466

曾我部静雄:《论两税法与户税地税之间没有什么关系》,《集刊东洋学》2,1959年。

乙1467

吉田寅:《南宋的盐业经营》,《东洋史学论集》5,1960年。

乙1468

梅原郁:《宋代商税制度补说》,《东洋史研究》18—4,1960年。

乙1469

幸彻:《北宋的过税制度》,《史渊》83,1960年。

乙1470

曾我部静雄:《宋代的马政》,《东北大学文学部研究年报》10,1960年。

乙1471

草野靖:《南宋时代的淮浙盐钞法》,《史渊》86,1961年。

乙1472

草野靖:《施行青苗法的由来》,《东洋史研究》20—1,1961年。

乙1473

草野靖:《宋代通判与财政》,《东洋史学》23,1961年。

乙1474

柳田节子:《宋代的丁税》,《东洋史研究》20—2,1961年。

乙1475

日野开三郎:《两税法的四大基本性原则》,《日野开三郎东洋史学论集》4,1961年。

乙1476

曾我部静雄:《宋代商税杂考》,《集刊东洋学》6,1961年。

乙1477
周藤吉之：《南唐·北宋的沿征》，《和田博士古稀记念东洋史论丛》，1961年。

乙1478
佐伯富：《关于宋代仁宗朝的茶法》，《冈山史学》10，1961年。

乙1479
河上光一：《宋代四川榷茶法》，《史学杂志》71—11，1962年。

乙1480
河上光一：《宋代四川榷茶法的开始》，《东方学》23，1962年。

乙1481
河原由郎：《北宋时期淮南路禁榷之下的盐法——主要谈与直接生产者的关系》，《法制史研究》12，1962年。

乙1482
斯波义信：《关于宋的力胜税》，《东方古代研究》11，1963年。

乙1483
久富寿：《南宋的财政和经总制钱》，《北大史学》9，1964年。

乙1484
梅原郁：《北宋时期布帛和财政问题》，《史林》47—2，1964年。

乙1485
小岩井弘光：《宋代地方财政管见》，《集刊东洋学》11，1964年。

乙1486
曾我部静雄：《宋代的公使钱和官妓》，《文化》28—3，1964年。

乙1487
周藤吉之：《南宋的耗米和仓吏、揽户的关系》，《铃木俊教授还历记念东洋史论丛》，1964年。

乙1488
佐伯富：《关于宋代的公使钱问题（上）》，《东洋学报》47—1，1964年。

乙1489
佐伯富：《关于宋代的公使钱问题（下）》，《东洋学报》47—2，1964年。

乙1490
梅原郁：《关于南宋折帛钱的一点考察》，《史林》48—3，1965年。

乙1491
周藤吉之：《南宋义役的设立及其施行》，《东洋学报》48—4，1966年。

乙1492
周藤吉之：《宋代的租税钞》，《龙谷史坛》56、57，1966年。

乙1493
河原由郎：《北宋时期香药（南海贸易品）对国家财政的意义》，《福冈大学经济学论丛》12—2、12—3，1967年。

三、经 济 史

乙 1494
吉田寅：《论南宋时期对私盐的统制》，《山崎先生退官记念东洋史学论集》，1967年。

乙 1495
幸彻：《论北宋时代东南盐官卖法的推移》，《东方学》34，1967年。

乙 1496
山内勤：《论宋代仁宗朝的见钱和籴法》，《静冈大学教育学部研究报告》（人文、社会科学篇）18，1968年。

乙 1497
小野寺郁夫：《北宋时前半期的年收支》，《田村博士颂寿东洋史论丛》，1968年。

乙 1498
爱宕松男：《辽金时代的赋税》，《历史教育》17—6，1969年。

乙 1499
梅原郁：《两税制的展开——五代与宋的租税制》，《历史教育》17—6，1969年。

乙 1500
梅原郁：《宋代都市的税赋》，《东洋史研究》28—4，1970年。

乙 1501
周藤吉之：《论王安石青苗法之起源》，《东洋学报》53—2，1970年。

乙 1502
佐伯富：《宋代的公使库——地方财政的研究》，《史林》53—1，1970年。

乙 1503
大崎富士夫：《坊场的买扑经营》，《广岛商大论集（法文编）》11—2，1971年。

乙 1504
大崎富士夫：《南宋时期坊场的买扑经营》，《广岛商大论集（法文编）》12—1，1971年。

乙 1505
金井德幸：《南宋僧道免丁钱（上）》，《东方宗教》37，1971年。

乙 1506
金井德幸：《南宋僧道免丁钱（下）》，《东方宗教》38，1971年。

乙 1507
梅原郁：《宋代的内藏与左藏——君主专制的财库》，《东方学报》42，1971年。

乙 1508
周藤吉之：《北宋前期的举放、课钱与王安石的青苗法——围绕有利债负法》，《东洋大学大学院纪要》7，1971年。

乙 1509
安苏干夫：《南宋初期沙田、芦

场的租税政策》,《福冈大学大学院论集》4—1,1972年。

乙1510

河原由郎:《北宋前期交引在财政上的意义——以河北路粮补给为中心》,《福冈大学研究所报》16,1972年。

乙1511

梅原郁:《宋代茶法的一点考察》,《史林》55—1,1972年。

乙1512

清木场东:《论五代的商税》,《鹿大史学》20,1972年。

乙1513

周藤吉之:《青苗法中客户的贷款规定》,《山本博士还历记念东洋史论丛》,1972年。

乙1514

周藤吉之:《王安石青苗法的实施过程》,《东洋大学大学院纪要》8,1972年。

乙1515

大崎富士夫:《宋代税场的买扑》,《广岛修大论集(商经编)》14—1,1973年。

乙1516

梅原郁:《青唐的马与四川的茶——北宋时期四川茶法的展开》,《东方学报》45,1973年。

乙1517

安苏干夫:《对秦桧财政措施之考察》,《广岛经济大学研究论集》10,1974年。

乙1518

河原由郎:《宋初盐交引(盐引)的经济意义——"范祥钞法"设立之前的诸问题》,《福冈大学经济学论丛》19—2、19—3,1974年。

乙1519

山内正博:《关于创设折帛钱之管见》,《宫崎大学教育学部纪要(社会科学)》36,1974年。

乙1520

斯波义信:《宋代市籴制度的沿革》,《青山博士古稀记念宋代史论丛》,1974年。

乙1521

幸彻:《有关北宋的东南地方的官卖法制度下的末盐钞制度的设立》,《青山博士古稀记念宋代史论丛》,1974年。

乙1522

周藤吉之:《北宋末年青苗法的实施》,《东洋大学大学院纪要》10,1974年。

乙1523

近藤一成:《宋代地主的盈营利活动和买扑坊场》,《早稻田大学大学院纪要》1,1975年。

乙1524

近藤一成:《宋代永嘉学派的财

三、经济史

政理论——以叶适为中心》,《史观》92,1975年。

乙1525

松田光次:《关于辽代的榷盐法》,《龙谷史坛》70,1975年。

乙1526

小川策之介:《北宋初期的商税》,《福冈大学大学院论集》7—1,1975年。

乙1527

幸彻:《有关北宋庆历年间的官卖法制度下末盐钞制度的混乱》,《史渊》113,1976年。

乙1528

河原由郎:《北宋时期有价证券盐交引、盐钞的研究(1)》,《福冈大学研究所报》28,1977年。

乙1529

幸彻:《有关北宋庆历年间在官卖法制度下末盐钞滥发的影响》,《历史学·地理学年报》1,1977年。

乙1530

幸彻:《有关北宋时期的官卖法制度下末盐钞的现钱发行法》,《东洋史研究》36—3,1977年。

乙1531

熊本崇:《仓法考》,《集刊东洋学》38,1977年。

乙1532

爱宕松男:《关于宋代的瓷课》,《内田博士颂寿记念东洋史论集》,1978年。

乙1533

八木充幸:《北宋后期的役法、保甲法与地方财政》,《集刊东洋学》40,1978年。

乙1534

地浓胜利:《有关南宋的和籴政策——以江南西路为中心》,《星博士退官记念中国史论集》,1978年。

乙1535

井上孝范:《沿边的市易法——特别以熙宁、元丰年间熙河路市易司为中心》,《九州共立大学会要》12—2,1978年。

乙1536

幸彻:《有关北宋时期的末盐钞京师现钱发行法的去向》,《历史学·地理学年报》2,1978年。

乙1537

河上光一:《有关宋代禁榷制度下的解盐的配给》,《法政史学》31,1979年。

乙1538

井上孝范:《熙宁、元丰年间的熙河路的结籴》,《九州共立大学纪要》13—2,1979年。

乙1539

松田孝一:《北宋期四川的买茶场——牧茶形态中铺户的存在》,

《福冈大学大学院论集》11—1，1979年。

乙1540
熊本崇：《与酤榷有关的宋代豪民》，《集刊东洋学》41，1979年。

乙1541
诸户立雄：《宋代僧侣的税役问题——特别以免丁钱（清闲钱）为中心》，《秋田大学教育学部研究纪要人文社会科学》（人文科学、社会科学）29，1979年。

乙1542
八木充幸：《南宋地方财政的一点探讨》，《集刊东洋学》44，1980年。

乙1543
大崎富士夫：《买扑税场》，《广岛论集（世界篇）》，1980年。

乙1544
熊本崇：《宋制"城郭之赋"的一项讨论》，《集刊东洋学》44，1980年。

乙1545
岛居一康：《有关宋代的两税的折纳》，《史林》64—5，1981年。

乙1546
松田孝一：《南宋的茶法》，《福冈大学大学院论集》13—2，1981年。

乙1547
草野靖：《南宋财政中的会子的品搭收支》，《东洋史研究》41—2，1982年。

乙1548
福岛美千子：《关于北宋时代四川地区的茶法》，《东洋大学东洋史研究报告》1，1982年。

乙1549
清木场东：《关于五代、宋初的贩盐制——围绕河北贩盐制》，《鹿大史学》30，1982年。

乙1550
熊本崇：《北宋宋神宗时期的国家财政与市易法——以熙宁8、9年为中心》，《文化》45—3、45—4，1982年。

乙1551
丹乔二：《关于南宋江南三角洲的抗租——以对黄震〈慈溪黄氏日抄分类〉的分析为中心》，《史丛》31，1983年。

乙1552
岛居一康：《宋代两税的课税标准与户等制》，《中国史像的重新构成》，1983年。

乙1553
木良八洲雄：《宋代的免行钱》，《东方学》65，1983年。

乙1554
日野开三郎：《有关北宋时期的盐钞——附交引铺》，《日野开三郎东洋史学论集》6，1983年。

三、经 济 史

乙1555

熊本崇:《王安石的市易法与商人》,《文化》46—3、46—4,1983年。

乙1556

中村治兵卫:《宋代的鱼税、鱼利钱与渔场》,《中央大学文学部纪要》108,1983年。

乙1557

板桥真一:《关于宋初的三说法》,《集刊东洋学》52,1984年。

乙1558

船越泰次:《有关唐宋两税法的课税体系——尤其以其变迁问题为中心》,《东洋史论集》1,1984年。

乙1559

宫泽知之:《宋代的都市商业与国家——市易法新考》,《中国近世的都市与文化》,1984年。

乙1560

清木场东:《有关五代宋初的盐钱》,《东方学》68,1984年。

乙1561

熊本崇:《薛向略传——北宋财务官僚的轨迹》,《集刊东洋学》51,1984年。

乙1562

岛居一康:《关于宋代役法的赋课标准》,《岛根大学法文学部纪要(文学科篇)》7—1,1985年。

乙1563

清木场东:《有关五代的贩盐制》,《中国社会、制度、文化史的诸种问题》,1985年。

乙1564

熊本崇:《均输法试论——〈薛向略传〉补遗》,《东方学》69,1985年。

乙1565

岛居一康:《宋代身丁税的各个系统》,《东洋史研究》45—3,1986年。

乙1566

清木场东:《北宋的城内官卖制与盐钱制》,《产业经济研究》26—4,1986年。

乙1567

斯波义信:《宋代江南秋苗数量考》,《中村治兵卫先生古稀记念东洋史论丛》,1986年。

乙1568

熊本崇:《四川榷茶法——为了理解王安石的"市易法"》,《东洋史论集》2,1986年。

乙1569

安苏干夫:《宋代盐引的研究—其成果与课题》,《广岛经济大学经济研究论集》11—1,1988年。

乙1570

草野靖：《三说法——宋初的榷易法》，《熊本大学文学部编文学部论丛》25，1988年。

乙1571

草野靖：《宋代榷货务的交引铺》，《榎博士颂寿记念东洋史论丛》，1988年。

乙1572

岛居一康：《宋代的上供米与均输法》，《宋代的政治与社会》，1988年。

乙1573

冈田宏二：《南宋高宗时代广南西路的马政》，《东洋研究》92，1989年。

乙1574

梅原郁：《南宋两税制度杂考——中国一代王朝的征税》，《国家——制度与理念》，1989年。

乙1575

岛居一康：《两税折纳中的纳税价格与折纳价格》，《中国专制国家与社会统合》，1990年。

乙1576

宫泽知之：《北宋的财政与货币经济》，《中国专制国家与社会结合》，1990年。

乙1577

水野正明：《关于南宋四川的茶法》，《东亚的法与社会：布目潮渢博士古稀记念论集》，1990年。

乙1578

小仓正昭：《募役法改革中资产对应负担原则的历史性意义（1）》，《铃鹿工业高等专门学校纪要》23—2，1990年。

乙1579

小仓正昭：《王安石的募役法改革制度的各项特点》，《铃鹿工业高等专门学校纪要》23—1，1990年。

乙1580

足立启二：《专制国家与财政、货币》，《中国专制国家与社会统合》，1990年。

乙1581

小仓正昭：《募役法改革中资产对应负担原则的历史性意义（2）》，《铃鹿工业高等专门学校纪要》24—1，1991年。

乙1582

长井千秋：《淮东总领所的财政运营》，《史学杂志》101—7，1992年。

乙1583

冈元司：《叶适的宋代财政观与财政改革案》，《史学研究》197，1992年。

乙1584

青木敦：《南宋的羡余与地方财政》，《东洋学报》73—3、73—4，

三、经 济 史

1992年。

乙1585
小仓正昭：《募役法改革中资产对应负担原则的历史性意义（3）》，《铃鹿工业高等专门学校纪要》25—2，1992年。

乙1586
岛居一康：《南宋的上供米与两税米》，《东洋史研究》，51—4，1993年。

乙1587
本田治：《有关宋代的湖税》，《立命馆文学》537，1994年。

乙1588
穴泽彰子：《唐宋变革期的当地编组——以检田制为中心》，《大阪市立大学东洋史论丛》11，1994年。

乙1589
长井千秋：《南宋时期镇江府的秋苗米与原额》，《史林》78—6，1995年。

乙1590
长井千秋：《南宋时代江南的小农经营与租税负担》，《东洋史苑》47，1996年。

乙1591
岛居一康：《宋代上供的构成与财政使用》，《岛根大学法文学部纪要·社会系统学科篇》1，1996年。

乙1592
井上正夫：《辽北宋期间的通货问题》，《九州国立博物馆》14—1，1996年。

乙1593
岛居一康：《北宋的上供钱货》，《东洋史研究》57—3，1998年。

乙1594
古松崇志：《宋代役法与地方行政经费——财政运营的研究》，《东洋史研究》57—1，1998年。

乙1595
后藤久胜：《关于北宋时期河北粮草交引的流通与京师交引铺的保任》，《九州大学东洋史论集》26，1998年。

乙1596
长井千秋：《南宋时期镇江府的财政收支》，《岐阜圣德学园大学纪要（教育学部、外国语学部）》37，1999年。

乙1597
岛居一康：《南宋的上供钱货》，《历史研究》37，1999年。

乙1598
宫泽知之：《中国专制国家财政的发展》，《中华的分裂与再生》（岩波讲座世界历史9），1999年。

乙1599
安达公德：《关于北宋时期的商税》，《中国的历史与经济：东洋经济史学会记念论集》，2000年。

乙1600
安苏干夫：《宋代的盐交易相关研究的整理与课题》，《中国的历史与经济：东洋经济史学会记念论集》，2000年。

乙1601
草野靖：《宋代以来的田税催征法的演变》，《福冈大学人文论丛》32—2，2000年。

乙1602
长井千秋：《中华帝国的财政》，《东亚经济史各问题》，2000年。

乙1603
清木场东：《河北东路的商税务、税额》，《比较文化研究》25，2000年。

乙1604
清木场东：《河东路的商税务、税额》，《产业经济研究》41—1，2000年。

乙1605
清木场东：《秦凤路商税务、税额》，《产业经济研究》41—2，2000年。

乙1606
清木场东：《永兴军路商税务、税额》，《比较文化研究》26，2000年。

乙1607
山田展子：《关于宋代华北与江南的地区差异——通过北宋熙宁十年商税统计的分析》，《国际文化研究纪要》6，2000年。

乙1608
见城光威：《关于宋初的三司——宋初政权的一个侧面》，《集刊东洋学》86，2001年。

乙1609
前村佳幸：《宋代地方财政机构与监镇官》，《名古屋大学东洋史研究报告》25，2001年。

乙1610
清木场东：《淮南、两浙路的商税、税额》，《比较文化年报》10，2001年。

乙1611
清木场东：《京西南北路的商税务、税额》，《比较文化研究》27，2001年。

乙1612
草野靖：《两税法的历史性地位（上）》，《福冈大学人文论丛》34—2，2002年。

乙1613
草野靖：《两税法的历史性地位（下）》，《福冈大学人文论丛》34—3，2002年。

三、经济史

乙1614

岛居一康:《北宋的封桩与财政使用》,《中国史学》12,2002年。

乙1615

岛居一康:《宋代的上供》,《中国的历史世界——统合的系统与多元化的发展》,2002年。

乙1616

宫泽知之:《中国专制国家的财政与物流》,《中国的历史世界——统合的系统与多元化的发展》,2002年。

乙1617

清木场东:《成都府路的商税务、税额》,《产业经济研究》43—2,2002年。

乙1618

清木场东:《广南西路的商税务、税额》,《产业经济研究》43—2,2002年。

乙1619

清木场东:《荆湖南路的商税务、税额》,《产业经济研究》43—1,2002年。

乙1620

清木场东:《福建路的商税务、税额》,《产业经济研究》44—3,2003年。

乙1621

清木场东:《夔州路的商税务、税额》,《比较文化研究》12,2003年。

乙1622

清木场东:《利州路的商税务、税额》,《产业经济研究》44—1,2003年。

乙1623

清木场东:《梓州路的商税务、税额》,《产业经济研究》44—1,2003年。

乙1624

丸桥充拓:《唐宋变革期的财政构造与役法》,《日本史研究》487,2003年。

乙1625

西奥健志:《宋代市籴制度的财政背景——以储备的获取为中心》,《社会经济史学》70—3,2004年。

乙1626

宫泽知之:《五代十国时期的通货状况》,《鹰陵史学》34,2008年。

乙1627

小林隆道:《北宋前期的财政文书管理——由考察三司火灾造成的文书烧失及其复旧过程来看》,《早稻田大学大学院文学研究科纪要》55,2009年。

乙1628

岛居一康:《宋代监课的分配方

式》,《唐宋变革研究通讯：研究成果报告书》1，2010年。

乙1629

樋口能成：《南宋茶法再考——由长引、短引、小引组成的茶叶贩卖区分》,《史观》163，2010年。

（九）史料研究与整理

乙1630

穗积文雄：《旧唐书食货志论稿（一）》,《支那研究》38，1935年。

乙1631

穗积文雄：《旧唐书食货志论稿（二）》,《支那研究》39，1936年。

乙1632

穗积文雄：《旧唐书食货志论稿（三）》,《支那研究》40，1936年。

乙1633

穗积文雄：《新唐书食货志论稿》,《支那研究》41，1936年。

乙1634

穗积文雄：《旧五代史食货志论稿》,《支那研究》44，1937年。

乙1635

田村实造：《辽宋交通资料注稿》,《东方史论丛》1，1947年。

乙1636

小林新三：《10—13世纪中国本土土地问题的研究与相关研究资料的作成》,《各个研究助成研究报告集录（1954年度）》（哲史文学编），1953年。

乙1637

周藤吉之：《宋朝国史的食货志与〈宋史〉食货志的关系》,《东洋学报》43—3，1961年。

乙1638

吉田寅：《〈宋史食货志·盐〉译注序说——附录：宋、元盐业史研究文献目录》,《东洋史论集》14，2002年。

四、法 制 史

（一）法 律 史

乙 1639

加藤繁：《中国史上的公私债务的免除》，《史林》10—4，1925年。

乙 1640

石田干之助：《唐宋时期的治外法权》，《外交时报》48—7，1928年。

乙 1641

仁井田陞：《唐宋时期债权的担保》，《史学杂志》42—10，1931年。

乙 1642

曾我部静雄：《有关宋代军队的刺青》，《东洋学报》24—3，1937年。

乙 1643

仁井田陞：《唐宋法律中奴隶的地位与主人权（1）》，《史潮》8—3，1938年。

乙 1644

仁井田陞：《唐宋法律中奴隶的地位与主人权（2）》，《史潮》8—4，1938年。

乙 1645

若城久治郎：《辽代关于汉人与刑法的考察》，《满蒙史论丛》1，1938年。

乙 1646

仁井田陞：《（永乐大典本）宋代法律书过眼录》，《书香：满铁大连图书馆报》125，1940年。

乙 1647
小早川欣吾：《五代及宋代的司法制度》，《法学论丛》42—5、42—6、43—4，1940年。

乙 1648
泷川政次郎：《文苑英华的判例（上）》，《东洋学报》28—1，1941年。

乙 1649
泷川政次郎：《文苑英华的判例（下）》，《东洋学报》28—2，1941年。

乙 1650
岛田正郎：《辽律的复原》，《蒙古》10—8，1943年。

乙 1651
仁井田陞：《金代刑法考（上）——金泰和律与唐律的比较》，《东洋史研究》9—1，1944年。

乙 1652
仁井田陞：《金代刑法考（下）——金泰和律与唐律的比较》，《东洋史研究》9—2，1944年。

乙 1653
佐伯富：《关于宋代的重法区域》，《羽田亨博士颂寿记念东洋史论丛》，1950年。

乙 1654
仁井田陞：《宋代女子在家产法中的地位》，《法制史研究》1，1952年。

乙 1655
岛田正郎：《辽代法律对非契丹人的处置》，《法律论丛》26—2，1953年。

乙 1656
仁井田陞：《中国法与蒙古法——赎罪金的制度》，《法制史研究》2，1953年。

乙 1657
滋贺秀三：《中国家族法补考（1）——拜读仁井田陞博士〈宋代家产法里的女子地位〉》，《国家学会杂志》67—5、67—6，1953年。

乙 1658
宫崎市定：《借借之解"余白录"》，《东方学报》24，1954年。

乙 1659
宫崎市定：《宋元时期的法制与审判机构——元典章出现的时代与社会背景》，《东方学报》24，1954年。

乙 1660
滋贺秀三：《中国家族法补考（2）——拜读仁井田陞博士〈宋代家产法里的女子地位〉》，《国家学会杂志》67—9、67—10，1954年。

乙 1661
滋贺秀三：《中国家族法补考

四、法　制　史

（3）——拜读仁井田陞博士〈宋代家产法里的女子地位〉》，《国家学会杂志》67—11、67—12，1954年。

乙1662
滋贺秀三：《中国家族法补考（4）——拜读仁井田陞博士〈宋代家产法里的女子地位〉》，《国家学会杂志》68—7、68—8，1955年。

乙1663
仁井田陞：《中国的农奴、雇佣者的法律身份的形成和变质》，《封建制与资本制：野村博士还历记念论文集》，1956年。

乙1664
荒木敏一：《宋代教官考试法的成立及其意义》，《京都学艺大学学报》，1957年。

乙1665
矢野主税：《关于唐末监军使制》，《社会科学论丛》7，1957年。

乙1666
志田不动麿：《沙门岛》，《东方学》24，1962年。

乙1667
仁井田陞：《唐宋之法和高丽法》，《东方学》30，1965年。

乙1668
室永芳三：《五代军阀的刑狱机构与节度使裁判权》，《东洋史学》28，1965年。

乙1669
曾我部静雄：《关于宋代的刺配问题》，《文化》29—1，1965年。

乙1670
室永芳三：《五代时期的军巡院与马步院的裁判》，《东洋史研究》24—4，1966年。

乙1671
草野靖：《宋代顽佃抗租和佃户的法律身份》，《史学杂志》78—11，1969年。

乙1672
爱宕松男：《封案与拆断之制——关于宋代的缓刑》，《东方学论集》，1972年。

乙1673
滋贺秀三：《刑罚的历史——东方》，《刑罚的理论与现实》，1972年。

乙1674
草野靖：《宋代的书铺户》，《东洋史研究》32—3，1973年。

乙1675
小川阳一：《通奸为何是罪恶》，《集刊东洋学》29，1973年。

乙1676
高桥芳郎：《关于宋元时代的奴婢、雇佣者、佃仆——其法律身份的形成与特性》，《北海道大学文学部纪要》26—2，1978年。

乙1677

久保惠子：《针对北宋的独销制度的犯罪处罚规定》，《御茶水史学》24，1981年。

乙1678

仁井田陞：《庆元条法事类与宋代的出版法》，《中国法制史研究》，1981年。

乙1679

植松正：《元初的法制相关的一项考察——尤其是关于与金制之间的关联》，《东洋史研究》40—1，1981年。

乙1680

渡边纮良：《围绕宋代潭州湘潭县的黎氏——外邑的新兴阶层的听讼》，《东洋学报》65—1、65—2，1984年。

乙1681

石田肇：《北宋的击鼓与投厅》，《亚洲诸民族的社会与文化：冈本敬二先生退官记念论集》，1984年。

乙1682

赤城隆治：《有关南宋时期的诉讼——"健讼"与地方官》，《史潮》16（新），1985年。

乙1683

海老名俊树：《有关宋代的凌迟处死》，《宋代的社会与宗教》，1985年。

乙1684

赤城隆治：《诉讼性质与其周边——从中国中、近代史的最近业绩开讲》，《史潮》21，1987年。

乙1685

细川一敏：《资料·宋代的官僚与法的思想》，《文经论丛》22—3，1987年。

乙1686

池田温：《传统中国的法与社会（宋至清）》，《中国：社会与文化》3，1988年。

乙1687

海老名俊树：《关于五代宋初的敕的刑罚体系》，《立命馆史学》9，1988年。

乙1688

宫崎市定：《不辩辨奸论的奸》，《刘子健博士颂寿记念宋史研究论集》，1989年。

乙1689

柳田节子：《有关南宋时期家产分割的女承分》，《刘子健博士颂寿记念宋史研究论集》，1989年。

乙1690

川村康：《宋代折杖法初考》，《早稻田法学》65—4，1990年。

四、法 制 史

乙 1691

柳田节子：《宋代女子的财产权》，《法政史学》42，1990年。

乙 1692

石川重雄：《有关南宋时期的审判与验尸制度的整理——以〈检验（验尸）表册〉的施行为中心》，《立正大学东洋史论集》3，1990年。

乙 1693

斋藤忠和：《宋代阶级法相关试论——作为宋代军法研究的一环》，《立命馆文学》518，1990年。

乙 1694

高桥芳郎：《务限法与茶食人——宋代审判制度研究（1）》，《史朋》24，1991年。

乙 1695

永田三枝：《有关南宋时期的女性财产权》，《北大史学》31，1991年。

乙 1696

川村康：《政和八年折杖法考》，《审判与法律史的展开》，1992年。

乙 1697

川村康：《建中三年重杖处死法考》，《中国礼法与日本律令制》，1992年。

乙 1698

川村康：《唐五代杖杀考》，《东洋文化研究所纪要》117，1992年。

乙 1699

石川重雄：《有关南宋时期的民事诉讼与番诉——以〈名公书判清明集〉为线索》，《立正史学》72，1992年。

乙 1700

植松正：《务限之法与务停之法》，《香川大学教育学部研究报告第1部》86，1992年。

乙 1701

板桥真一：《围绕宋代的户绝财产与女子的财产权》，《中国的传统社会与家族：柳田节子先生古稀记念》，1993年。

乙 1702

川村康：《宋代杖杀考》，《东洋文化研究所纪要》120，1993年。

乙 1703

德永洋介：《南宋时代的纷争与审判》，《中国近世的法制与社会》，1993年。

乙 1704

梅原郁：《唐宋时期的法典编纂——律令格式与敕令格式》，《中国近代法制与社会》，1993年。

乙 1705

梅原郁：《中国法制史杂感》，《历史与社会中的法》，1993年。

乙 **1706**

辻正博：《宋初的"配流"与"配军"》，《东洋史研究》52—3，1993年。

乙 **1707**

佐立治人：《〈清明集〉的"法意"与"人情"——由诉讼当事人进行法律解释的痕迹》，《中国近代的法制与社会》，1993年。

乙 **1708**

川村康：《宋代死刑奏裁考》，《东洋文化研究所纪要》124，1994年。

乙 **1709**

丹乔二：《有关从宋代至清代的佃户、奴婢、雇佣工人的法律身份》，《松村润老师古稀记念清代史论丛》，1994年。

乙 **1710**

辻正博：《北宋"配隶"刍议》，《滋贺医科大学基础学研究》5，1994年。

乙 **1711**

川村康：《宋代断例考》，《东洋文化研究所纪要》126，1995年。

乙 **1712**

川村康：《宋代复仇考》，《宋代的法规与习俗》，1995年。

乙 **1713**

高桥芳郎：《失去双亲的女人们——有关南宋时期所谓的女子财产权》，《东洋史论集》6，1995年。

乙 **1714**

辻正博：《宋代的流刑与配役》，《史林》78—5，1995年。

乙 **1715**

长井千秋：《宋代的路的复审制度——以翻异、别勘为中心》，《前近代中国的刑罚》，1996年。

乙 **1716**

德永洋介：《金元时代的流刑》，《前近代中国的刑罚》，1996年。

乙 **1717**

梅原郁：《宋代的赎铜与罚铜——官员惩戒的一个侧面》，《前近代中国的刑罚》，1996年。

乙 **1718**

胜山稔：《有关北宋时期的奢侈禁令的实施与其构成——宋仁宗时期的各种禁令实施的要素与其变化》，《社会文化史学》36，1996年。

乙 **1719**

胜山稔：《对北宋时期的奢侈禁令的考察——宋真宗时期的金饰禁令集中与公私经济中金的集散》，《东方学》92，1996年。

乙 **1720**

辻正博：《杖刑与死刑之间——宋代的流放刑、劳役刑的展开》，

四、法　制　史

《前近代中国的刑罚》,1996年。

乙1721

川村康：《宋代主刑考》,《法与政治》48—1,1997年。

乙1722

近藤一成：《东坡的犯罪》,《东方学会创立五十周年记念东方学论集》,1997年。

乙1723

柳田节子：《宋代的义绝与离婚、再嫁》,《庆祝邓广铭教授九十华诞论文集》,1997年。

乙1724

佐立治人：《旧中国的地方裁判与法律》,《东洋史研究》56—2,1997年。

乙1725

川村康：《宋代"法共同体"初考》,《宋代社会的关系网》,1998年。

乙1726

大泽正昭：《南宋的裁判与女性财产权》,《历史学研究》717,1998年。

乙1727

榎本淳一：《再论广桥家本的〈养老卫禁律〉的散落条文是否存在》,《古代中世史科学研究（上）》,1998年。

乙1728

柳田节子：《宋代审判中的女性诉讼》,《论集中国女性史》,1999年。

乙1729

青木敦：《有关北宋末期至南宋的法令上附加的越诉规定》,《东洋史研究》58—2,1999年。

乙1730

青木敦：《健讼的地域性印象——围绕公元11世纪至13世纪江西社会的法律文化与人口迁移》,《社会经济史学》65—3,1999年。

乙1731

佐立治人：《针对唐户令应分条的恢复条文的疑问——与南宋的女子分法的讨论之间的关联》,《京都学园法学》,1999年。

乙1732

川村康：《宋代配役考》,《法与政治》51—1,2000年。

乙1733

小川快之：《宋代饶州的农业、陶瓷器业与"健讼"问题》,《上智史学》46,2001年。

乙1734

小川快之：《宋代信州的矿业与"健讼"问题》,《史学杂志》110—10,2001年。

乙1735

川村康：《宋代律法考》,《日

中律令制度的诸相》，2002年。

乙1736
辻正博：《宋代编管制度考》，《东洋史研究》61—3，2002年。

乙1737
川村康：《法与孝的相克——唐宋中国的犯规事例》，《各种角度下的中国论》，2003年。

乙1738
德永洋介：《辽金时代的法典编纂（上）》，《富山大学人文学部纪要》38，2003年。

乙1739
梅原郁：《公罪、死罪的考察——以宋代的事例为中心》，《就实大学史学论集》18，2003年。

乙1740
青木敦：《南宋女子分法再考》，《中国：社会与文化》18，2003年。

乙1741
中岛乐章：《不能买卖墓地吗？——唐代至清代的墓地买卖禁令》，《九州大学东洋史论集》32，2004年。

乙1742
大泽正昭：《唐宋时期的家庭与女性——对新视点的摸索》，《中国史学》15，2005年。

乙1743
渡边久：《北宋提点刑狱的一项考察》，《龙谷史坛》123，2005年。

乙1744
今泉牧子：《宋代县令的一个侧面——以宋代的判语为线索》，《东洋学报》87—1，2005年。

乙1745
大岛立子：《从"继承"判例中窥见的法律适用》，《宋代至清代的法与地域社会》，2006年。

乙1746
德永洋介：《辽金时代的法典编纂（下）》，《富山大学人文学部纪要》45，2006年。

乙1747
青木敦：《开发、地价、民事法规——围绕从〈清明集〉中能够窥见的若干土地典卖关系法》，《待兼山论丛（史学篇）》40，2006年。

乙1748
山本英史：《健讼的认知与实态——清初江西吉安府的情况》，《宋代至清代的法与地域社会》，2006年。

乙1749
小川快之：《宋代明州（宁波）的社会经济状况与法文化——研究上的课题》，2006年度科学研究经费补助金《中国的法文化的特性、变化及地域性差异相关研究》工作讨论报告系列1，2006年。

四、法　制　史

乙 1750
小川快之：《有关宋代长江中下游流域的农业与诉讼》，《宋代的长江流域——从社会经济史的观点出发》，2006 年。

乙 1751
高桥芳郎：《谁的妆奁——将南宋作为基点》，《史朋》40，2007 年。

乙 1752
清水浩一郎：《南宋告身的文书形式》，《历史》109，2007 年。

乙 1753
石川重雄：《高丽时期的恤刑——以虑囚、疏决、狱空为中心》，《民族文化论丛（岭南大学审校）》37，2007 年。

乙 1754
川村康：《法律未诞生之前——中国宋代的断例》，《法律诞生的时候》，2008 年。

乙 1755
山崎觉士：《天圣令中的田令与均田制之间》，《唐代史研究》11，2008 年。

（二）史料研究与整理

乙 1756
牧野巽：《论永乐大典本宋吏部条法》，《市村博士古稀记念东洋史论丛》，1933 年。

乙 1757
仁井田陞：《〈清明集〉户婚门的研究》，《东方学报》4，1933 年。

乙 1758
仁井田陞：《斯坦因探险队发现的敦煌法律史料数种》，《史学杂志》47—6，1936 年。

乙 1759
玉井是博：《中国西陲出土的契约》，《京城帝国大学创立十周年记念论文集（史学篇）》，1936 年。

乙 1760
吉川东一：《对前朝陵墓发掘的科律》，《历史研究》7—7，1937 年。

乙 1761
仁井田陞：《在敦煌发现的唐宋婚姻法关系资料》，《史学杂志》

49—7，1938年。

乙1762
泷川政次郎：《有关宋代的庆元条法事类（1）》，《法学协会杂志》58—10，1940年。

乙1763
泷川政次郎：《有关宋代的庆元条法事类（2）》，《法学协会杂志》58—11，1940年。

乙1764
仁井田陞：《永乐大典本宋代法律书二种——吏部条法总类与金玉新书》，《东方学报》12—1，1941年。

乙1765
仁井田陞：《中国近世戏曲小说的插图与刑法史料》，《东亚论丛》第5辑，1941年。

乙1766
仁井田陞、今堀诚二：《金玉新书以及淳祐新书考》，《东洋学报》29—1，1942年。

乙1767
冈崎精郎（讲）：《西夏的法典》，《历史（Historia）》7，1953年。

乙1768
曾我部静雄：《宋代的法典类》，《东北大学文学部研究年报》15，1965年。

乙1769
平田茂树：《对〈试出官法〉的考察——以熙宁四年十月的条文为中心》，《集刊东洋学》55，1986年。

乙1770
高桥芳郎：《梅原郁译注〈名公书判清明集〉订误》，《名古屋大学东洋史研究报告》12，1987年。

乙1771
川村康：《宋代的养子法——以判语为主要史料（上）》，《早稻田史学》64—1，1988年。

乙1772
川村康：《宋代史研究者必读的史料〈名公书判清明集〉》，《东方》90，1988年。

乙1773
梅原郁：《高桥芳郎氏对拙译〈清明集〉的"订误"》，《名古屋大学东洋史研究报告》13，1988年。

乙1774
石川重雄：《中国社会科学院历史研究所及宋辽金元史研究室点校〈名公书判清明集〉上册》，《立正大学东洋史论集》1，1988年。

乙1775
石川重雄：《中国社会科学院历史研究所及宋辽金元史研究

四、法　制　史

室点校〈名公书判清明集〉下册》，《立正大学东洋史论集》1，1988年。

乙1776
川村康：《宋代的养子法——以判语为主要史料（下）》，《早稻田史学》64—2，1989年。

乙1777
古垣光一：《首次明了全貌的明代版本的〈名公书判清明集〉》，《东方》85，1989年。

乙1778
平田茂树：《〈试刑法〉考——以王安石的刑法改革为线索》，《文化》52—3、52—4，1989年。

乙1779
大泽正昭：《中国社会史研究与〈清明集〉》，《索菲亚》160，1991年。

乙1780
平田茂树：《南宋审判制度小考——以〈朱文公文集〉卷百〈约束榜〉为线索》，《集刊东洋学》66，1991年。

乙1781
川村康：《庆元条法事类与宋代的法典》，《中国法制史》，1993年。

乙1782
佐竹靖彦：《〈作邑自箴〉的研究——其基础性重组》，《人文学报》238，1993年。

乙1783
佐竹靖彦：《〈作邑自箴〉——官箴与近代中国地方行政制度》，《中国法制史——基本资料研究》，1993年。

乙1784
川村康：《〈斗杀遇恩情理轻重格〉考》，《东洋史研究》53—4，1995年。

乙1785
大泽正昭：《〈清明集〉的世界——尝试定量分析》，《上智史学》42，1997年。

乙1786
兼田信一郎：《关于戴建国氏发现的天一阁博物馆所藏北宋天圣令田令——其介绍与初步整理》，《上智史学》44，1999年。

乙1787
佐立治人：《〈大周刑统〉编纂相关奇谈》，《艺林》49—3，2000年。

乙1788
冈野诚：《拙稿〈宋刑统〉的补遗》，《法史学研究会会报》6，2001年。

乙1789
小川快之：《〈清明集〉与宋代史研究》，《中国：社会与文化》18，2003年。

乙1790

大泽正昭:《胡石壁的"人情"——尝试定性分析〈名公书判清明集〉》,《宋代至清代的法律与地域社会》,2006年。

乙1791

高桥芳郎:《〈清明集〉所述说的南宋的法文化》,《亚洲游学》96,2007年。

乙1792

三上喜孝:《北宋天圣亲令备忘录》,《山行大学历史·地理·人类学论集》8,2007年。

乙1793

小川快之:《有关"健讼"的基本史料与研究:为了解传统中国法律秩序系统而进行基础构筑的尝试》,《近代世界系统之前的诸地域系统与广域关系网》,2007年。

乙1794

佐立治人:《南宋后期的怪谈集〈鬼董〉中的法制史料》,《艺林》56—2,2007年。

乙1795

大泽正昭:《刘后村的判语——〈名公书判清明集〉与〈后村先生大全集〉》,《中国史研究(韩国)》54,2008年。

乙1796

兼田信一郎:《天一阁藏品北宋〈天圣令〉的研究现状——依据〈天一阁藏明钞天圣令校正〉的出版》,《历史评论》693,2008年。

乙1797

今泉牧子:《有关〈名公书判清明集〉中县令的判语》,《中国史研究(韩国)》59,2009年。

乙1798

佐藤贵保:《有关俄罗斯藏西夏文〈天盛禁令〉第2585号断片》,《西北出土文献研究》7,2009年。

乙1799

佐藤贵保:《有关西夏语文献中"首领"的用例——从法令集〈天盛禁令〉的条文来看》,《环日本海研究年报》16,2009年。

乙1800

坂上康俊:《〈天圣令〉蓝本唐开元二十五年令说再论》,《史渊》147,2010年。

五、军事史

（一）通　论

乙 1801
市村瓒次郎：《论岳飞班师》，《史学杂志》15—2、15—3，1904 年。

乙 1802
箭内亘：《辽金时代所谓乣军》，《史学杂志》26—7，1915 年。

乙 1803
羽田亨：《辽金时代的乣军》，《艺文》6—9，1915 年。

乙 1804
藤田丰八：《释迦、塞、赭、乣军》，《史林》2—4，1917 年。

乙 1805
松井等：《契丹国军的编制与战术》，《满鲜地理历史研究报告》4，1918 年。

乙 1806
松井等：《北宋对辽的军事防御部署》，《满鲜地理历史研究报告》7，1920 年。

乙 1807
松井等：《北宋对契丹的配兵要领》，《满鲜地理历史研究报告》7，1920 年。

乙 1808
鸟山喜一：《关于乣军的疑问》，《史学杂志》37—8，1926 年。

乙 1809
藤田丰八：《问题二则——乣与洇》，《史学杂志》37—9，1926 年。

乙 1810
宫崎市定：《鄂州之役前后》，

《内藤博士颂寿记念史学论丛》，1930年。

乙 1811
重松俊章：《宋代的"均产"起义及其系统》，《史学杂志》42—8，1932年。

乙 1812
高桥匡四郎：《金国末期军粮发放问题及其展开》，《满洲史学》1—2，1937年。

乙 1813
外山军治：《辽宋金三国在燕京的角逐——特别以郭药师的常胜军为中心》，《满洲学报》5，1937年。

乙 1814
曾我部静雄：《关于宋代强制募集军人问题》，《历史公论》，1937年。

乙 1815
曾我部静雄：《论攻襄阳城》，《历史公论》6—13，1937年。

乙 1816
曾我部静雄：《论宋代军队的入墨》，《东洋报》24—3，1937年。

乙 1817
日野开三郎：《五代的监征军将》，《历史学研究》8—3，1938年。

乙 1818
长部和雄：《关于宋代的弓箭社》，《史林》24—3，1939年。

乙 1819
日野开三郎：《五代的厅直军》，《史学杂志》50—7、50—8，1939年。

乙 1820
佐伯富：《宋代雄州——缓冲地带的两属地》，《东亚人文学报》1—2，1941年。

乙 1821
德山正人：《北宋的佣兵论与民兵论》，《史潮》11—3，1942年。

乙 1822
国枝中郎：《岳飞》，《兴亚》3—3，1942年。

乙 1823
加藤繁：《都督张浚》，《支那学杂草》，1944年。

乙 1824
池田诚：《"均产"一揆的历史意义——九至十世纪变革的一个问题》，《历史学研究》152，1951年。

乙 1825
河原正博：《宋初的水战演习》，《和田清博士还历记念东洋史论丛》，1951年。

五、军事史

乙1826
矢野主税：《藩镇亲卫军的组织和特点》，《长崎大学学艺学部人文社会科学研究报告》1，1951年。

乙1827
周藤吉之：《五代节度使的牙军与部曲的关联之考察》，《东洋文化研究所纪要》2，1951年。

乙1828
小笠原正治：《论宋代的弓箭手》，《史学杂志》61—12，1952年。

乙1829
河原由郎：《关于弓箭手的给田》，《史渊》58，1953年。

乙1830
河原由郎：《宋初陕西泾原路——特别是镇戍军的弓箭手的兴置》，《福冈商大论丛》4—3，1953年。

乙1831
山内正博：《关于总领所的由来》，《东洋史学》7，1953年。

乙1832
日野开三郎、山内正博：《南宋军阀的形成》，《历史教育》2—7，1954年。

乙1833
山内正博：《南宋初期所谓武将势力的构造弱点》，《史学杂志》63—12，1954年。

乙1834
小笠原正治：《宋代弓箭手的研究（前篇）》，《中国的社会与宗教》，1954年。

乙1835
小笠原正治：《宋代弓箭手的性质与构成》，《东洋史学论集》4，1954年。

乙1836
周藤吉之：《从宋史资料中看到的头顶与探马》，《驹泽史学》4，1954年。

乙1837
大崎富士夫：《北宋末期的农民"叛乱"》，《修道短期大学论集》4—2，1955年。

乙1838
山内正博：《关于南宋初期所谓武将的私有财产的一点考察》，《史学研究》58，1955年。

乙1839
山内正博：《南宋建国时的武将势力——以张、韩、刘、岳四武将为中心的考察》，《东洋学报》38—3，1955年。

乙1840
山内正博：《南宋建国时期的武将宣抚使》，《史渊》66，1955年。

乙1841

山内正博：《南宋总领所设置相关的考察》，《史学杂志》64—12，1955年。

乙1842

小笠原正治：《宋代弓箭手研究（后篇其一）》，《东洋史学论集》4，1955年。

乙1843

岛田正郎：《契丹银牌考》，《泷川博士还历记念论文集》，1957年。

乙1844

小岩井弘光：《关于宋代的急脚递铺兵》，《集刊东洋学》1，1959年。

乙1845

堀敏一：《藩镇亲卫军的权力构造》，《东洋文化研究所纪要》20，1960年。

乙1846

山内正博：《张浚的富平出兵策》，《东洋史研究》19—1，1960年。

乙1847

山内正博：《南宋四川的张浚与吴玠——以其势力的交替过程为中心》，《史林》44—1，1961年。

乙1848

内河久平：《南宋总领所考——南宋政权与地方武将之间的势力关系》，《史潮》78、79合刊，1962年。

乙1849

室永芳三：《有关五代三司军将的名称与特性》，《有朋工业高等专门学校纪要》，1967年。

乙1850

中村健寿：《王小波李顺反乱集团的构成》，《中国农民战争史研究》1，1968年。

乙1851

佐藤和弘：《王小波李顺之乱与唐宋变革期的性质》，《中国农民战争史研究》1，1968年。

乙1852

中村健寿：《北方末期的方腊之乱》，《香兰女子短期大学研究纪要》12，1969年。

乙1853

周藤吉之：《唐宋文献中看到的头顶、头下与探马——与辽朝和元朝投下的关系》，《宋代史研究》，1969年。

乙1854

岛居一康：《王小波、李顺"叛乱"的性质》，《东洋史研究》29—1，1970年。

乙1855

中村健寿：《北宋末期方腊之乱

五、军事史

的失败》，《香兰女子短期大学研究纪要》14，1970年。

乙1856
伊原弘：《南宋四川的吴氏的势力——吴曦之乱前史》，《青山博士古稀记念宋代史论丛》，1974年。

乙1857
池内功：《李全论——南宋、金、蒙古交战期民众叛乱头领的轨迹》，《社会文化史学》14，1977年。

乙1858
寺地遵：《南宋建立时期民间武装组织与建炎年间的政治历程》，《史学研究》137，1977年。

乙1859
衣川强：《论"开禧用兵"》，《东洋史研究》36—3，1977年。

乙1860
川上恭司：《关于南宋的总领所》，《待兼山论丛（史学篇）》12，1978年。

乙1861
河原正博：《参加李顺之乱的旁户》，《法政大学文学部纪要》24，1978年。

乙1862
安苏干夫：《对于南宋草创时期张浚势力扩大的札记》，《广岛经济大学经济研究论集》1—4，1979年。

乙1863
村上正二：《宋、金抗争期中太行的义士（1）》，《大正大学大学院研究论集》3，1979年。

乙1864
安苏干夫：《关于南宋初期四大武将财政的研究》，《广岛经济大学经济研究论集》2—4，1980年。

乙1865
丹乔二：《宋代初期四川的王小波、李顺之乱》，《东洋学报》61—3、61—4，1980年。

乙1866
伊原弘：《南宋吴曦之乱后的政治动向》，《中大文学部纪要史学科》25，1980年。

乙1867
村上正二：《宋、金抗争期中太行的义士（2）》，《大正大学大学院研究论集》5，1981年。

乙1868
柳田节子：《七十年代宋代农民战争研究》，《新中国的历史动向》，1982年。

乙1869
伊原弘：《南宋总领所的任用官——以〈开禧用兵〉前后的四川为中心》，《亚洲的教育与社会：多贺秋五郎博士古稀记念论文集》，1983年。

乙1870
富田孔明：《五代的禁军构成相关的一项考察——有关李克用军团的演变》，《东洋史苑》26，1986年。

乙1871
野泽佳美：《张柔军团的建立过程与其构成》，《立正大学院年报》3，1986年。

乙1872
爱宕松男：《乣军名义考》，《史窗》44，1987年。

乙1873
富田孔明：《五代侍卫亲军考——寻求其起源》，《东洋史苑》29，1987年。

乙1874
长井千秋：《淮东总领所的功能》，《待兼山论丛》22，1988年。

乙1875
富田孔明：《后梁侍卫亲军考——解开其构成相关的诸种说法间的矛盾》，《龙谷史坛》92，1988年。

乙1876
衣川强：《刘整的"叛乱"》，《刘子健博士颂寿记念宋史研究论集》，1989年。

乙1877
渡边孝：《关于北宋的贝州王则之乱》，《史峰》4，1990年。

乙1878
金文京：《〈戏〉考——中国的文艺与军队》，《未名》8，1991年。

乙1879
长井千秋：《南宋军兵的供给》，《中国近世的法制与社会》，1993年。

乙1880
金子泰晴：《建炎年间的宋金的攻守与其背景——以李纲与张浚的巡幸论为中心》，《早稻田大学大学院文学研究科纪要（哲学、史学篇）》20，1993年。

乙1881
金子泰晴：《建炎年间的宋金攻防及其背景》，《早稻田大学大学院文学研究科纪要》20，1994年。

乙1882
金子泰晴：《岳飞在荆湖地方的军费调配——南宋湖广总领所前史》，《宋代的规范与习俗》，1995年。

乙1883
蛭田展充：《宋初陕西的军粮补给政策》，《史滴》19，1997年。

乙1884
木田知生：《围绕杨业与杨家将的各问题》，《龙谷史坛》114，2000年。

五、军事史

乙1885
中岛敏:《宋金交战时陈构的死——史传变迁试论》,《东洋研究》136,2000年。

乙1886
汤浅邦弘:《〈虎铃经〉的兵学思想》,《大阪大学大学院文学研究科纪要》41,2001年。

乙1887
西奥健志:《北宋的西北一带的军粮运输与客商》,《鹰陵史学》27,2001年。

乙1888
高桥弘臣:《关于南宋四川总领所》,《中华世界》,2002年。

乙1889
西奥健志:《北宋边境的军粮支出》,《鹰陵史学》28,2002年。

乙1890
小岩井弘光:《围绕南宋潭州飞虎军的成立》,《人文学会纪要》35,2002年。

乙1891
蛭田展充:《沈括〈三说法〉条例再考——北宋前期的军粮补给政策的一个侧面》,《早稻田大学大学院文学研究科纪要》4—48,2002年。

乙1892
松井太:《金代的契丹系武将与其军团——以萧恭的事迹为中心》,《东北亚洲研究系列(5)——东北亚的民族与政治》,2003年。

乙1893
大室智人:《北宋时代西北边的防御据点》,《中央大学亚洲史研究》30,2006年。

乙1894
寺地遵:《南宋末期对蒙防卫构想的推移》,《广岛东洋史学报》11,2006年。

乙1895
西奥健志:《宋代的物流与商人——以与军粮纳入的关联为中心》,《鹰陵史学》32,2006年。

乙1896
吉田顺一:《阔亦田之战的真相》,《早稻田大学研究所纪要》,2009年。

乙1897
畑地正宪:《关于北宋时代陕西西路的防卫战略》,《山口大学,文学会志》59,2009年。

乙1898
小林隆道:《宋代"备准"文书与情报传达——从朱熹〈绍熙州县释奠仪图〉"文公潭州牒州学备准指挥"的分析入手》,《九州大学东洋史论集》37,2009年。

乙1899
久保田和男:《北宋庆历时代与

军事问题——以范仲淹的国防政策为中心》，《唐代史研究》13，2010年。

（二）军事制度

乙1900
箭内亘：《金代兵制研究》，《满鲜地理历史研究报告》2，1916年。

乙1901
松井等：《宋代的兵制与社会改革》，《东亚经济研究》4—2，1920年。

乙1902
松井等：《王安石的保甲法》，《东亚经济研究》7—1，1923年。

乙1903
安部健夫：《生熟券支给制度略考》，《桑原骘藏博士还历纪念东洋史论丛》，1931年。

乙1904
平中苓次：《兵制的推移与藩镇》，《历史大系》5，1934年。

乙1905
日野开三郎：《兵制》，《世界历史大系》6，1934年。

乙1906
吉田清治：《宋代禁卫军与乡兵》，《文化》2—9，1935年。

乙1907
曾我部静雄：《福建的畲军》，《文化》3—7，1936年。

乙1908
浅海正三：《关于宋代保甲制度的研究》，《史潮》8—1，1938年。

乙1909
曾我部静雄：《厢与厢军的关系》，《东亚经济研究》26—1，1942年。

乙1910
曾我部静雄：《南宋的海军》，《羽田亨博士颂寿记念东洋史论丛》，1950年。

乙1911
小笠原正治：《北宋的乡兵》，《史学杂志》60—12，1951年。

乙1912
菊池英夫：《五代禁军的屯驻》，《史渊》51，1952年。

乙1913
菊池英夫：《五代末期的六军》，《史渊》53，1952年。

五、军事史

乙 1914
矢野主税:《牙中军统制的问题》,《长崎大学学艺学部人文社会科学研究报告》2,1952年。

乙 1915
堀敏一:《五代宋初禁军的发展》,《东洋文化研究所纪要》4,1953年。

乙 1916
山本隆义:《关于宋代的民兵制》,《香川大学学艺学部研究报告》3,1953年。

乙 1917
池田诚:《保甲法的成立及其展开》,《东洋史研究》12—6,1954年。

乙 1918
菊池英夫:《五代禁军的地方屯驻》,《东洋史学》11,1954年。

乙 1919
长部和雄:《五代战略物资统制的一例》,《商大论集》15,1955年。

乙 1920
山内正博:《南宋镇抚使考》,《史渊》64,1955年。

乙 1921
菊池英夫:《五代禁军的侍卫亲军司之成立》,《史渊》10,1956年。

乙 1922
曾我部静雄:《王安石的保甲法》,《东北大学文学部研究年报》8,1957年。

乙 1923
菊池英夫:《五代后周的禁军改革的背景》,《东方学》16,1958年。

乙 1924
曾我部静雄:《宋代的效用军》,《文化》22—5,1958年。

乙 1925
菊池英夫:《后周世宗的禁军改革与宋初三衙的建立》,《东洋史学》23,1960年。

乙 1926
羽生健一:《北宋的巡检和保甲法》,《史渊》92,1964年。

乙 1927
羽生健一:《论北宋时期沿边五路的保甲编排》,《史渊》100,1968年。

乙 1928
温水三男:《北宋政权建立考——以建国时禁军改编为中心》,《待兼山论丛(史学篇)》5,1972年。

乙 1929
小岩井弘光:《对南宋初期军制的一点考察——宋代兵制史研究

的一环》,《集刊东洋学》28,1972年。

乙1930

小岩井弘光:《关于宋代就粮禁军——宋代兵制史研究的一环》,《国士馆大学人文学会纪要》4,1972年。

乙1931

周藤吉之:《保甲法的上下之分和逃亡之法》,《榎博士还历记念东洋史论丛》,1975年。

乙1932

佐佐木宗彦:《论南宋初期的忠义巡社》,《铃木俊先生古稀记念东洋史论丛》,1975年。

乙1933

小岩井弘光:《关于南宋大军士兵的给养钱米——生券熟券问题》,《东洋史研究》35—4,1977年。

乙1934

池内功:《对金末义军制度的考察》,《社会文化史学》16,1978年。

乙1935

小岩井弘光:《论北宋末、南宋的就粮禁军——作为研究宋代兵制史之一环》,《人文学会纪要》10,1978年。

乙1936

小岩井弘光:《关于南宋的军资库》,《人文学会纪要》11,1979年。

乙1937

鸟谷弘昭:《吴至南唐朝的兵力基础相关的一项考察》,《历史中的民众与文化:酒井忠夫老师古稀庆贺记念论集》,1982年。

乙1938

小岩井弘光:《北宋剩员制管见——作为宋代兵制史研究的一环》,《人文学会纪要》14,1982年。

乙1939

千叶熙:《宋代的厢军(上)》,《同朋学院短期大学部纪要》2,1983年。

乙1940

斋藤忠和:《关于北宋的剩员、带甲剩员制》,《立命馆史学》8,1987年。

乙1941

小岩井弘光:《南宋的生券熟券制管见》,《集刊东洋学》62,1989年。

乙1942

斋藤忠和:《关于南宋的剩员制》,《立命馆史学》11,1990年。

乙1943

斋藤忠和:《北宋熙宁初期的禁军配置》,《京都学园高等学校论集》21,1991年。

五、军　事　史

乙 1944

久保田和男：《宋都开封和禁军军营的变迁》，《东洋学报》74—3、73—4，1993年。

乙 1945

斋藤忠和：《关于北宋的军法》，《中国近代的法制与社会》，1993年。

乙 1946

小岩井弘光：《宋代的厢军研究》，《1993年科研费报告书》，1994年。

乙 1947

小岩井弘光：《关于宋代神宗朝厢军的推移》，《东洋史论集》6，1995年。

乙 1948

友永植：《宋都监探原考（1）——唐代的作营都官》，《别府大学纪要》37，1996年。

乙 1949

友永植：《宋都监探原考（2）——五代的行营都监》，《别府大学亚洲历史文化研究所报》14，1997年。

乙 1950

藤原崇人：《有关金代禁卫组织——以侍卫亲军司为中心》，《大谷大学大学院研究纪要》17，2000年。

乙 1951

渡边纮良：《宋代的八路定差法与使阙》，《宋史研究论文集——国际宋史研讨会暨中国宋史研究会第九届年会编刊》，2002年。

乙 1952

友永植：《宋都监探原考（3）——五代的州县都监》，《史学论丛》34，2004年。

乙 1953

丸桥充拓：《唐宋变革期的军礼与秩序》，《东洋史研究》64—3，2005年。

乙 1954

长井千秋：《南宋的补给体制试论》，《爱大史学》17，2008年。

乙 1955

斋藤忠和：《兵士到何方去——从对禁军兵士的保障所见北宋募兵制的一个侧面》，《社会经济史学》73—3，2008年。

乙 1956

高桥弘臣：《南宋临安的禁军驻屯及其影响》，《爱媛大学法文学部论集》（人文学科）27，2009年。

乙 1957

與座良一：《关于北宋的将兵法》，《东洋学报》91—3，2009年。

乙 1958

與座良一：《熙宁元丰年间的军制改革——以保甲法与将兵法为中心》，《鹰陵史学》35，2009年。

乙 1959

與座良一：《关于北宋时期陕西的将兵法》，《鹰陵史学》36，2010年。

六、社 会 史

（一）通 论

乙 1960

鸟山喜一：《金初女真人的生活状态》，《小田先生颂寿记念朝鲜论集》，1934年。

乙 1961

日野开三郎：《南宋的农民问题与宋的社会政策》，《历史大系》6，1934年。

乙 1962

志田不动麿：《唐宋时期社会语言》，《史学杂志》48—5，1937年。

乙 1963

加藤繁：《中国社会史概观》，《亚洲问题讲座》7，1939年。

乙 1964

那波利贞：《中国庶民史述略》，《亚洲问题讲座》9，1939年。

乙 1965

岛田正郎：《辽代的奇兽"貏狸"》，《蒙古》9—1，1942年。

乙 1966

岸边成雄：《关于宋代的酒楼妓馆》，《史学杂志》57—27，1948年。

乙 1967

今堀诚二：《宋代的婴儿保护事业》，《广岛大学文学部纪要》8，1955年。

六、社会史

乙1968

福泽与九郎：《宋代助葬事业管见》，《福冈学艺大学纪要》7—2，1957年。

乙1969

今堀诚二：《关于宋代冬季失业者的救护事业》，《东洋学报》39—3，1957年。

乙1970

日野开三郎：《宋代农村生活概观》，《西日本史学会创立十周年记念论文集》，1960年。

乙1971

外山军治：《关于金代辽阳的张氏和熊岳的王氏》，《立命馆文学》180，1960年。

乙1972

铃木治：《关于高丽、契丹、满洲的鞍》，《朝鲜学报》37、38辑合刊，1966年。

乙1973

斯波义信：《宋代农村史研究的几个问题》，《社会经济史学》31—1、31—2、31—3、31—4、31—5，1966年。

乙1974

羽生健一：《关于北宋的耆保》，《史渊》97，1966年。

乙1975

合山究：《雅号的流行和宋代人文意识的形成》，《东方学》37，1969年。

乙1976

细野浩二：《里老人和众老人——关于〈教民榜文〉的理解》，《史学杂志》78—7，1969年。

乙1977

吉田寅：《〈救荒活民书〉和宋代的救荒政策》，《青山博士古稀记念宋代史论丛》，1974年。

乙1978

乔炳南：《南宋时期的义仓制和社仓制》，《帝塚山大学论集》13，1976年。

乙1979

乔炳南：《北宋时期的义仓制度》，《帝塚山大学论集》12，1976年。

乙1980

松浦茂：《女真社会史研究的几个问题》，《东洋史研究》35—4，1977年。

乙1981

斯波义信：《关于中国的祭祀共同体》，《社会经济史学》44—4，1979年。

乙1982

外山军治：《关于金将仆散氏的三代》，《森三树三郎博士颂寿记念东洋学论集》，1979年。

乙 1983

渡边纮良：《宋代福建社会的一个侧面——陆棠传译注补》，《独协医科大学教育医学科纪要》5，1982年。

乙 1984

梅原郁：《宋代的救济制度》，《都市的社会史》，1983年。

乙 1985

近藤一成：《杭州任官苏轼的救荒政策——宋代文人官僚政策考》，《宋代的社会与文化》，1985年。

乙 1986

横山英、寺地遵：《中国社会史的诸相》，1988年。

乙 1987

户田裕司：《黄震的广德军社仓改革——南宋社仓制度的重新讨论》，《史林》73—1，1990年。

乙 1988

伊原弘：《中国学问人的基层社会——以宋代温州永嘉学派为例》，《思想》802，1991年。

乙 1989

户田裕司：《救荒、荒政研究和对宋代社会的视角》，《历史理论和教育》84，1992年。

乙 1990

伊藤正彦：《"义役"——南宋时期的社会化结合的一形态》，《史林》75—5，1992年。

乙 1991

宫泽知之：《宋代农村社会史研究的开展》，《战后日本的中国史论争》，1993年。

乙 1992

户田裕司：《朱熹与南康军的富家、上户——从荒政看南宋社会》，《名古屋大学东洋史研究报告》17，1993年。

乙 1993

寺地遵：《义役、社仓、乡约（南宋时期台州黄岩县情况描述续篇）》，《广岛东洋史学报》创刊号，1996年。

乙 1994

伊原弘：《宋代台州临海县的庶民们的经济能力与社会——从向寺观捐款一览表来看》，《驹泽大学禅研究年报》7，1996年。

乙 1995

伊藤正彦：《中国史研究的〈地域社会论〉——方法的特点与意义》，《历史评论》582，1998年。

乙 1996

饭山知保：《金元代华北社会研究的现状与展望》，《史滴》23，2001年。

乙 1997

伊原弘：《碑文所解读的宋代的

六、社 会 史

村落社会》,《从石头上读取中国史——石刻、石碑所讲述的社会与文化》,《中国学月刊》133,2001年。

乙1998

井上徹:《对寺田浩明的疑问与提案的对答》,《集刊东洋学》87,2002年。

乙1999

井上徹:《对小岛毅的批评的对答》,《历史学研究》758,2002年。

乙2000

妹尾达彦:《"唐宋妇女史研究与历史学"国际学术研讨会》,《唐代史研究》5,2002年。

乙2001

冈元司:《南宋时期浙东的坟墓与地域社会——对岸社会的一个剖面》,《中国地域与对外关系》,2003年。

乙2002

井上徹:《对山田贤的疑问的对答》,《名古屋大学东洋史研究报告》28,2004年。

乙2003

须江隆:《宋徽宗时期的重新讨论——祠庙的纪录所述说的社会结构》,《人类科学研究》创刊号,2004年。

乙2004

三宅良干:《宋代的漏泽园——制度的发展与佛教教团的关联》,《驹泽大学佛教学部论集》38,2008年。

乙2005

冈元司:《作为病疫多发地带的南宋两浙路——环境、医疗、信仰与入宋交流》,《东洋海域交流史——实地调查研究(地域·环境·心性)》3,2009年。

乙2006

上原究一:《"汉儿"张飞——金末张飞的人气与"燕人"的来源》,《三国志研究》5,2010年。

乙2007

中尾健一郎:《北宋耆老会考》,《东洋古典学研究》30,2010年。

乙2008

中泽宽将:《从餐具看到的女真社会与日本列岛》,《考古学》605,2010年。

（二）家庭与宗族

乙 2009
藤田丰八：《关于南汉刘氏的祖先》，《东洋学报》6—2，1916年。

乙 2010
田中萃一郎：《义庄的研究》，《三田史学会杂志》11—12，1917年。

乙 2011
中田薰：《唐宋时期的家族共产制》，《国家学会杂志》40—8，1926年。

乙 2012
仁井田陞：《唐宋时期的家族共产与遗言法》，《市村博士古稀记念东洋史论丛》，1933年。

乙 2013
牧野巽：《关于乾隆十一年重修〈范式家乘〉》，《服部先生古稀祝贺记念论文集》，1936年。

乙 2014
牧野巽：《宋祠及其发展（上）》，《东方学报》9，1939年。

乙 2015
三上次男：《辽末金室完颜家的通婚形态》，《东洋学报》27—4，1940年。

乙 2016
岛田正郎：《辽代契丹人的婚姻》，《史学杂志》53—9，1942年。

乙 2017
河原正博：《南汉刘氏祖先考》，《东洋学报》31—4，1948年。

乙 2018
牧野巽：《东洋的族制与朱子家礼》，《随笔中国》3，1948年。

乙 2019
岛田正郎：《契丹文化中生母的地位——以嘉礼诸仪为中心》，《法律论丛》25—6，1952年。

乙 2020
仁井田陞：《中国家长父权的构造》，《法社会学》4，1953年。

乙 2021
岛田正郎：《再论契丹的婚姻》，《法律论丛》29—2、29—3，1955年。

乙 2022
清水茂：《北宋名人的姻戚关系——关于晏殊与欧阳修等人》，《东洋史研究》20—3，1961年。

六、社会史

乙2023
岛田正郎:《三论契丹的婚姻》,《综合法学》55,1963年。

乙2024
近藤秀树:《范氏义庄的演变》,《东洋史研究》21—4,1963年。

乙2025
青山定雄:《宋代的华北官僚的婚姻关系》,《中央大学创立八十周年记念论文集》4,1965年。

乙2026
岛田正郎:《洪皓〈松漠记闻〉所见女真婚俗与金代婚姻法》,《野田孝明教授古稀记念法律学论文集》,1966年。

乙2027
岛田正郎:《女真的婚俗与金代婚姻法》,《法律论丛》39—4、39—5、39—6,1966年。

乙2028
青山定雄:《宋代的江西籍高官的婚姻关系》,《圣心女子大学论丛》29,1967年。

乙2029
河原由郎:《北宋时期中国社会结构的研究——主要关于家产、族产》,《福冈大学研究所报》11,1968年。

乙2030
松井秀一:《北宋初期官僚的一个典型——以石介及其系谱为中心》,《东洋学报》51—1,1968年。

乙2031
福田立子:《宋代义庄小考——以明州楼氏为中心》,《史草》13,1972年。

乙2032
伊原弘:《宋代明州的官户的婚姻关系》,《中央大学大学院研究年报》1,1972年。

乙2033
畑地正宪:《五代、北宋的府州折氏》,《史渊》110,1973年。

乙2034
衣川强:《宋代的名门望族——河南吕氏》,《神户商业大学人文论集》9—1、2,1973年。

乙2035
爱宕元:《五代宋初的新兴官僚——以临淄的麻氏为中心》,《史林》57—4,1974年。

乙2036
伊原弘:《宋代婺州的官户的婚姻关系》,《中央大学大学院论究》6—1,1974年。

乙2037
乔炳南:《宋代的义庄制度》,《帝塚山大学论集》11,1976年。

乙2038
丹乔二:《宋代的小农民家族和

女性》,《日本大学人文科学研究所研究纪要》20,1978年。

乙2039
森田宪司:《〈成都氏族谱〉小考》,《东洋史研究》36—3,1978年。

乙2040
森田宪司:《宋元时期的谱牒纂修》,《东洋史研究》37—4,1979年。

乙2041
小林义广:《欧阳修的族谱编纂的意义》,《名古屋大学东洋史研究报告》6,1980年。

乙2042
佐竹靖彦:《中国古代的家庭与社会秩序》,《东京都立大学人文学报》141,1980年。

乙2043
小林义广:《宋代史研究的宗族与乡村社会的视角》,《名古屋大学东洋史研究报告》8,1982年。

乙2044
石田肇:《有关南宋明州的高氏一族——高闶、高文虎、高似孙》,《宋代的社会与宗教》,1986年。

乙2045
井上彻:《宋代以来的宗族特性的重新讨论——围绕仁井田陞的宗族"共同体"论》,《名古屋大学东洋史研究报告》12,1987年。

乙2046
寺地遵:《辽朝统治下的汉人大姓——玉田韩氏的情况(鸳渊教授收集满蒙史关系拓本解题之一)》,《广岛大学东洋史研究室报告》10,1988年。

乙2047
远藤隆俊:《有关范氏义庄的诸位、掌管人、文正位——宋代的宗族结合的特性》,《集刊东洋学》60,1988年。

乙2048
大泽正昭:《"答""仆""家庭关系"——从太平广记、夷坚志中所窥见的唐宋变革期的人际关系》,《中国专制国家与社会统一——中国史像的再构成》,1990年。

乙2049
吉田浤一:《中国家父长制论批判序说》,《中国专制国家与社会统一——中国史像的再构成》,1990年。

乙2050
小林义广:《宋代的宗族与乡村社会的秩序——以累世同居为线索》,《东海大学纪要文学部》52,1990年。

乙2051
远藤隆俊:《有关宋末元初的范

六、社 会 史

氏——江南士人阶层的一个典型》，《历史》74，1990年。

乙2052
宫本则之：《宋元时代的坟庵与祖先祭祀》，《佛教史学研究》（佛教史学会）35—2，1992年。

乙2053
川村康：《宋代赘婿小考》，《中国的传统社会与家庭：柳田节子老师古稀记念》，1993年。

乙2054
小岛毅：《福建南部的名门望族与朱子学的普及》，《宋代的学问人——思想·制度·地域社会》，1993年。

乙2055
小岛毅：《婚礼庙见考——毛奇龄对〈家礼〉的批判》，《中国的传统社会与家族：柳田节子先生古稀记念》，1993年。

乙2056
小松惠子：《宋代以来的徽州地域发展与宗族社会》，《史学研究》201，1993年。

乙2057
远藤隆俊：《有关宋代苏州的范氏义庄——同族土地所有的一个侧面》，《宋代的学问人——思想、制度、地域社会》，1993年。

乙2058
远藤隆俊：《有关宋代苏州的范文正公祠》，《中国传统社会与家庭：柳田节子老师古稀记念》，1993年。

乙2059
井上彻：《围绕宗族理解的若干问题》，《集刊东洋学》72，1994年。

乙2060
远藤隆俊：《中国近代宗族论的发展》，《集刊东洋学》71，1994年。

乙2061
中原健二：《夫与妻之间——以宋代文人为例》，《中华文人的生活》，1994年。

乙2062
胜山稔：《有关从宋元明代的文艺作品中所窥见的女家主主张的离婚事例》，《中央大学大学院研究年报》24，1995年。

乙2063
小林义广：《宋代福建莆田的方氏一族》，《中国中世史研究续篇》，1995年。

乙2064
小林义广：《有关宋代吉州的欧阳氏一族》，《东海大学纪要文学部》64，1995年。

乙2065
宇野伸浩：《辽朝皇族的通婚关系中的交换婚——从太祖时代到

圣宗时代》,《史滴》17, 1995 年。

乙 2066
佐竹靖彦:《宋代的家族与宗族——以宋代的家族与社会相关研究的进展为目的》,《人文学报》257, 1995 年。

乙 2067
胜山稔:《白话小说记事的历史史料有效性——媒妁人说谎的弊害与原因》,《史滴》18, 1996 年。

乙 2068
胜山稔:《从史学观点出发对白话小说记事的探讨——有关宋代至明代的婚姻草帖》,《中国古典小说研究》2, 1996 年。

乙 2069
胜山稔:《对在白话小说记事中出现的媒妁人的史学考察——尤其是以媒妁的专业化、与牙人之间的关系为中心》,《中国社会与文化》11, 1996 年。

乙 2070
金井德幸:《曲沃县、万载县〈农村调查报告〉中的滩祭与村社祭》,《吉田寅先生古稀记念亚洲史论集》, 1997 年。

乙 2071
宇野伸浩:《辽朝皇族的通婚关系中的交换婚——从兴宗时代到道宗时代》,《东方学会创立五十周年记念东方学论集》, 1997 年。

乙 2072
佐竹靖彦:《唐宋时期福建的家庭与社会——山洞与洞蛮》,《人文学报》277, 1997 年。

乙 2073
井上徹:《宋元以来的宗族的意义》,《历史评论》580, 1998 年。

乙 2074
胜山稔:《宋元代的聘财相关的一项考察——从高额聘财的演变中所窥见的婚姻社会》,《亚洲史研究》22, 1998 年。

乙 2075
胜山稔:《有关官府的媒妁行为——对白话小说中的"官媒"的考察》,《中国古典小说研究》3, 1998 年。

乙 2076
小林义广:《欧阳修的后半生与宗族》,《东海大学纪要文学部》70, 1998 年。

乙 2077
小林义广:《有关对北宋中期的宗族的重新认知》,《东海大学文学部纪要》68, 1998 年。

乙 2078
远藤隆俊:《宋代的"同族关系网"的形成——范仲淹与范仲温》,《宋代社会网络结构》, 1998 年。

六、社　会　史

乙 2079

佐竹靖彦：《唐宋时期福建的家庭与社会——从闽王朝的形成到科举体制的发展》，《中国近世家族与社会学术研讨会论文集》，1998 年。

乙 2080

佐佐木爱：《毛奇龄的〈朱子家礼〉批评——尤其是以宗法为中心》，《上智史学》43，1998 年。

乙 2081

胜山稔：《从中国短篇白话小说中所窥见的城市生活的一项考察——有关宋元明代女性与外界的接触》，《国际文化研究科论集》8，2000 年。

乙 2082

水口拓寿：《〈大家庭主义〉VS〈宗法主义〉——承接牧野巽的中国亲族组织论》，《中国哲学研究》14，2000 年。

乙 2083

佐佐木爱：《围绕程颐、朱熹的有关再嫁的批判言论》，《上智史学》45，2000 年。

乙 2084

佐佐木爱：《有关张载、程颐的宗法论》，《史林》83—5，2000 年。

乙 2085

冈元司：《南宋时期的地域社会的知识生产力的形成与家庭环境》，《宋代人的认知——相互性与日常空间》，2001 年。

乙 2086

谷川道雄：《六朝时期的宗族——与近世宗族间的比较》，《名古屋大学东洋史研究报告》25，2001 年。

乙 2087

吾妻重二：《宋代的家庙与祖先祭祀》，《中国的礼制与礼学》，2001 年。

乙 2088

小林义广：《宋代宗族研究的现状与课题——以范氏义庄为中心》，《名古屋大学东洋史研究报告》25，2001 年。

乙 2089

绪方贤一：《从家训中所窥见的宋代士人的日常伦理》，《宋代人的认知——相互性与日常空间》，2001 年。

乙 2090

绪方贤一：《宋代家训研究——以叶梦得为例》，《大谷学报》80—4，2001 年。

乙 2091

绪方贤一：《叶梦得的〈善行〉——以家训为导引》，《中国学志》16，2001 年。

乙 2092

小林义广：《日本关于中国家族、

宗族的研究现状与课题》，《东海大学纪要文学部》78，2002年。

乙2093

远藤隆俊：《宋代的地域社会与宗族——其学说史的讨论》，《高知大学学术研究报告（人文科学篇）》51，2002年。

乙2094

大泽正昭：《唐宋变革期的家庭规模与构成——从小说史料入手分析》，《唐代史研究》6，2003年。

乙2095

大泽正昭：《唐宋变革期的女性、婚姻、家庭的研究》，《2000年至2002年度科学研究经费补助金基础研究C2研究成果报告》，2003年。

乙2096

野村鲇子：《归有光〈先妣事略〉的系谱》，《日本中国学会报》55，2003年。

乙2097

远藤隆俊：《北宋士大夫的日常生活与宗族——以范仲淹的〈家书〉为线索》，《东北大学东洋史论集》9，2003年。

乙2098

佐佐木爱：《有关〈朱子家礼〉中的家庭亲族的构成与其大小》，《岛根大学法文学部纪要社会体系论集》8，2003年。

乙2099

藤原崇人：《金室、按出虎完颜家的主权确立与选择通婚家——以辽代女真氏族的集团构造为线索》，《大谷大学研究年报》56，2004年。

乙2100

远藤隆俊：《日本宋代宗族史研究的现状与课题》，《安大史学》1，2004年。

乙2101

青木敦：《宋元江西抚州一氏族的生存策略》，《宋代至明代宗族的研究》，2005年。

乙2102

山根直生：《唐宋年间的徽州的同族结合的诸种形态》，《历史学研究》804，2005年。

乙2103

吾妻重二：《近代宗族研究的问题点——祠堂、始祖祭祀、大家庭主义》，《宋代至明代宗族的研究》，2005年。

乙2104

武田和哉：《从萧孝恭墓志中所窥见的契丹国（辽朝）的姓氏与婚姻》，《内陆亚洲史研究》20，2005年。

乙2105

小岛毅：《研究宗族的方法——从1940年的日本的研究谈起》，

六、社　会　史

《宋代至明代宗族的研究》，2005年。

乙2106

小林义广：《宋代的两大名门望族——真定韩氏与相韩韩氏》，《宋代至明代宗族的研究》，2005年。

乙2107

须江隆：《祠庙与"地域社会"——以北宋末期以来的宗族动向为中心》，《宋代至明代宗族的研究》，2005年。

乙2108

佐佐木爱：《围绕宋代的宗法论》，《宋代至明代宗族的研究》，2005年。

乙2109

井上徹：《中国的宗族的传统》，《"血缘"的重组——东亚的父系出身与同姓结合》，2006年。

乙2110

山根直生：《静海、海门的姚氏——唐宋年间长江河口的海上势力》，《宋代的长江流域——从社会经济史的观点出发》，2006年。

乙2111

山口智哉：《宋代先贤祠考》，《大阪市立大学东洋史论丛》15，2006年。

乙2112

远藤隆俊：《北宋士大夫的寄居与宗族——乡里与移居者的交流沟通》，《宋代社会的空间与交流沟通》，2006年。

乙2113

远藤隆俊：《从族谱以及书简、笔记史料中所窥见的宋代的宗族与地域社会相关的动态研究》，《2003年至2005年度科学研究经费补助金基础研究（C）研究成果报告》，2006年。

乙2114

中岛乐章：《从累世同居到宗族形成——宋代徽州的地域开发与同族结合》，《宋代社会的空间与交流沟通》，2006年。

乙2115

大泽正昭：《唐宋时期的家庭规模与结构》，《中国社会历史评论》5，2007年。

乙2116

小林义广：《宋代苏州的地域社会与范氏义庄》，《名古屋大学东洋史研究报告》31，2007年。

乙2117

小林义广：《族谱反映的宋代人际社会》，《亚洲游学》96，2007年。

乙2118

远藤隆俊：《从坟寺到祠堂——

宋元士大夫的坟墓与祖先祭祀》，《东北大学东洋史论集》11，2007年。

乙2119
远藤隆俊：《从宋代来看中国的谱系与传说》，《文化资源——宗教》（大阪市立大学院文学研究科COE重点研究科研费共催报告书），2007年。

乙2120
大泽正昭：《有无能之夫的妻子是——〈袁氏世范〉的女性观》，《历史家的散步道》（上智大学文学部史学科编），2008年。

乙2121
山根直生：《关于宋元明时期徽州黄墩移居传说》，《九州大学东洋史论集》36，2008年。

乙2122
大泽正昭：《宋代士大夫的"兴盛之家"防卫法——以〈袁氏世范〉为中心》，《家的存续战略与婚姻——日本・亚洲・欧洲和美国》，2009年。

乙2123
冈元司：《宋代明州的史氏一族与东钱湖墓群》，《宁波的美术与海域交流》，2009年。

乙2124
小林义广：《关于宋代吉州的胡氏一族——以胡铨为中心》，《名古屋大学东洋史研究报告》34，2010年。

（三）阶　　级

乙2125
宫崎市定：《以胥的陪备为中心——中国官吏生活之一面》，《史林》30—1，1945年。

乙2126
宫崎市定：《宋代的士风》，《史学杂志》62—2，1953年。

乙2127
村上嘉实：《宋代的吏事（其一）》，《人文论究》17—4，1967年。

乙2128
村上嘉实：《宋代的吏事（其二）》，《创立八十周年关西学院大学文学部记念论文集》，

六、社会史

1970年。

乙2129

丹乔二：《宋代的地主"奴仆"关系》，《东洋学报》53—3、53—4，1971年。

乙2130

竺沙雅章：《北宋士大夫的徙居与买田——主要以东坡尺牍为资料》，《史林》54—2，1971年。

乙2131

草野靖：《宋代奴仆婢妾问题之一斑》，《青山博士古稀记念宋代史论丛》，1974年。

乙2132

青山定雄：《北宋士大夫的起家与生活伦理》，《东洋学报》57—1、57—2，1976年。

乙2133

青山定雄：《以北宋为中心的士大夫的起家和生活逻辑》，《东洋学报》57—1、57—2，1976年。

乙2134

伊原弘：《有关宋代官僚的婚姻的意义——士大夫官僚的形成与质变》，《历史与地理》254，1976年。

乙2135

柳田节子：《宋朝专制统治与农民佃户、佃人和奴婢》，《历史学研究别册特集》，1977年。

乙2136

伊原弘：《南宋定居四川的士人——以成都府路、梓州路为中心》，《东方学》54，1977年。

乙2137

堂前敏昭：《宋朝权力与农民问题的学说史式探讨》，《史丛》22，1978年。

乙2138

佐伯富：《士大夫与润笔》，《内田吟风博士颂寿记念东洋史论集》，1978年。

乙2139

伊原弘：《宋代浙西的城市与士大夫》，《集刊东洋学》45，1981年。

乙2140

浜田直也：《〈默书〉——关于北宋的士大夫柳开》，《东方宗教》63，1984年。

乙2141

宫泽知之：《宋代的发展地区的阶层构成》，《鹰陵史学》10，1985年。

乙2142

伊原弘：《宋代的士大夫纪要》，《宋代的社会与宗教》，1985年。

乙2143

渡边纮良：《有关宋代在乡的士大夫》，《史潮》19，1986年。

乙 2144
高桥芳郎：《有关宋代的士人身份》，《史林》69—3，1986年。

乙 2145
斯波义信：《关于中国庶民资料体裁的类型的纪要》，《实学史研究》3，1986年。

乙 2146
小岛毅：《关于宋朝士大夫的研究》，《中国社会和文化》1，1986年。

乙 2147
竺沙雅章：《宋代的术士和士大夫》，《东方学论集》，1987年。

乙 2148
伊原弘：《中国宋代的城市与精英——常州的发展与其限度》，《史潮》28，1990年。

乙 2149
大泽正昭：《关于中间阶层与人际关系论的一项观点》，《东亚专制国家与社会经济》，1993年。

乙 2150
柳田节子：《宋代的女户》，《中国的传统社会与家庭：柳田节子先生古稀记念》，1993年。

乙 2151
中砂明德：《刘后村与南宋士人社会》，《东方学报》（京都）66，1994年。

乙 2152
伊原弘：《中国史中的庶民们》，《月刊杂志》49—60，1994—1995年。

乙 2153
中砂明德：《士大夫规范准则的形成——南宋时期》，《东洋史研究》54—3，1995年。

乙 2154
近藤一成：《宋代的士大夫与社会》，《宋元时代史的基本问题》，1996年。

乙 2155
梅原郁：《"状元"的人生样态》，《中国学月刊》，1999年。

乙 2156
森田宪司：《从碑记的撰述中所窥见的宋元交替期的庆元的士大夫》，《奈良史学》17，1999年。

乙 2157
小林义广：《南宋时期的福建中部地域与士人——以刘克庄的日常活动与行为规范为中心》，《东海史学》36，2001年。

乙 2158
前村佳幸：《淳熙〈新安志·先达〉中的士大夫像——南宋初期的传记材料及其周边》，《名古屋大学》4—2，2006年。

六、社　会　史　　241

乙2159
伊原弘：《宋代中国的都市与知识分子——从比较史的立场考察》，《亚洲游学》86，2006年。

乙2160
近藤一成：《宋末元初湖州吴兴的士人社会》，《古代东亚的社会与文化：福井重雅先生古稀退职记念论集》，2007年。

乙2161
葭森健介：《"士庶"考——针对唐宋变革前史的一个考察》，《日本中国史研究年刊（2008年度）》，2008年。

乙2162
近藤一成：《黄震墓志与王应麟墓道的含义——宋元更替之际的庆元士人社会》，《史滴》30，2008年。

乙2163
近藤一成：《鄞县知事王安石与明州士人社会》，《早稻田大学大学院文学研究科纪要》53—4，2008年。

（四）社会生活

乙2164
松井等：《中国饮茶之风俗与唐宋时期的茶道》，《国学院杂志》21—1、21—3，1915年。

乙2165
松井等：《契丹人的衣食住》，《满鲜地理历史研究报告》9，1922年。

乙2166
桑原骘藏：《中国人编发法的演变》，《东洋史说苑》，1929年。

乙2167
曾我部静雄：《溺女考》，《东北帝国大学法文学部十周年记念史学文学论集》，1935年。

乙2168
宫崎市定：《宋世风俗》，《东泽史研究》4—2，1938年。

乙2169
田村实造：《辽陵壁画所见契丹人生活的一面》，《史林》25—3、27—1，1940年、1942年。

乙2170
岛田正郎：《契丹放偷考》，《社会经济史学》13—3，1943年。

乙 2171

鸟居龙藏：《关于契丹人与中亚民族服饰的相似问题》，《中央亚细亚》2—2，1943年。

乙 2172

三上次男：《关于金初女真人的服饰之一斑》，《史学杂志》54—2，1943年。

乙 2173

田村实造：《论契丹族的服饰》，《考古学杂志》33—12、34—7，1943年、1944年。

乙 2174

岛田正郎：《关于契丹人的饮茶》，《东洋学研究》2，1944年。

乙 2175

青木正儿：《末茶源流》，《东光》1，1947年。

乙 2176

岛田正郎：《契丹的清袚法》，《史学杂志》59—5，1950年。

乙 2177

岛田正郎：《契丹射柳考》，《民族学研究》15—1，1950年。

乙 2178

岛田正郎：《契丹的再生礼》，《和田博士还历记念东洋史论丛》，1951年。

乙 2179

岛田正郎：《契丹人的分娩习俗》，《民族学研究大会志》6，1951年。

乙 2180

入矢义高：《宋代市民生活的一个侧面——关于关扑》，《东洋史研究》11—4，1952年。

乙 2181

岛田正郎：《诞生礼在辽制中的意义》，《法哲学与法史学之诸问题：会田博士喜寿记念》，1957年。

乙 2182

和田清：《关于中国的生日祝寿》，《泷川博士还历记念论丛》1，1957年。

乙 2183

二宫启任：《高丽朝的上元节燃灯会》，《朝鲜学报》12，1958年。

乙 2184

布目潮沨：《唐宋时期饮茶的普及》，《历史教育》14—8，1966年。

乙 2185

相川佳予子：《关于宋代服饰——首饰的变迁》，《家政学研究》13—1、13—2，1966年。

乙 2186

牧尾良海：《论宋代火葬的习俗》，《智山学报》16，1968年。

乙 2187

千叶熙：《宋代的醋》，《镰田博士还历记念历史学论丛》，

六、社会史

1969年。

乙2188
岩崎力：《关于宋代青唐族的有关史料——围绕〈青唐录〉的问题》，《中央大学大学论丛（文学研究科）》5—1，1973年。

乙2189
中村乔：《寒食的起源及其传播——中国年中行事札记》，《立命馆文学》410、411，1979年。

乙2190
中村乔：《寒食清明的风俗与行事——中国年中行事札记》，《立命馆文学》412、413、414，1979年。

乙2191
今西凯夫：《〈三言〉里所描述的汴京与临安的元宵节——中国的风土与民俗》，《日本大学人文科学研究所研究纪要》30，1985年。

乙2192
水野正明：《关于宋代茶叶的普及》，《宋代的社会与宗教》，1985年。

乙2193
田中美佐：《宋代的喝茶、喝汤》，《史泉》66，1987年。

乙2194
高桥忠彦：《关于以唐宋为中心的饮茶法的变迁》，《东洋文化研究所纪要》109，1989年。

乙2195
高桥忠彦：《从宋诗来看宋代的茶文化》，《东洋文化研究所纪要》115，1991年。

乙2196
田中美佐：《宋代的饮茶与茶药》，《史窗》（京都女子大学）48，1991年。

乙2197
中村乔：《宋元时期的面食（面类）》，《立命馆文学》532，1993年。

乙2198
坂出祥伸：《关于衰老》，《中华文人的生活》，1994年。

乙2199
中村乔：《宋代的饼类》，《立命馆文学》537，1994年。

乙2200
中村乔：《〈梦粱录〉〈武林旧事〉所见的饵粢类》，《立命馆文学》539，1995年。

乙2201
中村乔：《宋代的饮食法（1）——煮》，《立命馆文学》544，1996年。

乙2202
中村乔：《宋代的饮食法（2）——烧》，《立命馆文学》545，1996年。

乙2203
中村乔：《宋代的饮食法（3）——

其他》,《立命馆文学》546,1996年。

乙 2204

盐卓悟:《宋代的肉食的普及情况——以南宋时期江南的事例为中心》,《集刊东洋学》79,1998年。

乙 2205

中村乔:《宋代的酒肆》,《立命馆文学》555,1998年。

乙 2206

中村乔:《宋代的饮食店——分茶店和专门店》,《学林》28、29,1998年。

乙 2207

伊原弘:《清明上河图和北宋的风俗》,《亚洲游学》11,1999年。

乙 2208

中村乔:《〈东京梦华录〉的犴鲊和〈梦粱录〉的犴鲊》,《学林》30,1999年。

乙 2209

臼杵勋:《有关鞁韂、女真系带金具》,《大塚初重先生颂寿记念考古学论集》,2000年。

乙 2210

盐卓悟:《宋代牛肉食考》,《中国社会与文化》16,2001年。

乙 2211

水野正明:《关于宋初的三种茶书(辑逸)》,《汲古》41,2002年。

乙 2212

山口智哉:《宋代乡饮酒礼考——从礼仪空间看人情世故的"场所"》,《史学研究》241,2003年。

乙 2213

水野正明:《五代十国时代的茶叶与茶文化》,《东洋学报》84—3,2005年。

乙 2214

盐卓悟:《宋代都市的饮食文化——从北宋到南宋的发展》,《亚洲游学》78,2005年。

乙 2215

盐卓悟:《有关唐宋代的饮食禁忌的研究》,《三岛海云记念财团研究报告》42,2005年。

乙 2216

盐卓悟:《宋代食羊文化与周边国家》,《宋代中国的相对论》,(宋代史研究会研究报告第9集),2009年。

七、文 学 史

（一）通　论

乙2217
安冈正笃：《苏东坡的生涯及其人格》，《帝国文学》25—10、25—11、25—12，1919年。

乙2218
池田四郎次郎：《唐宋八大家的名称》，《东洋文化》22，1925年。

乙2219
长泽规矩也：《宋元时期文学的发展》，《文化史大系》9，1935年。

乙2220
田中忠夫：《中国五代时期两位外国作家》，《同仁》9—3，1935年。

乙2221
塚本善隆：《日本遗存的辽代文学及其影响——真福寺藏戒珠集往生净土传与金泽文库藏汉家类聚往生传》，《东方学报》7，1936年。

乙2222
池田孝：《五代及两宋文学》，《历史大系》6，1939年。

乙2223
近藤春雄：《古文家之间文与人的问题》，《大东文化》20，1939年。

乙2224
幸田露伴：《苏东坡与海南岛》，《改造》21—3，1939年。

乙2225
今关寿麿：《五山文学与宋元明

乙2226
玉村竹二：《五山研究史概况》，《历史地理》78—3，1941年。

乙2227
古岛琴子：《关于陆放翁的爱国之心》，《历史评论》33，1951年。

乙2228
入矢义高：《东京梦华录的文章》，《东方学报》20，1951年。

乙2229
芳贺幸四郎：《中世纪文学论的新发展和宋代诗话》，《史潮》48，1953年。

乙2230
小川环树等：《苏东坡诗文用语之研究》，《各项研究及辅助研究报告集录（1952年度哲学、文学编）》，1953年。

乙2231
小川环树：《苏东坡的文艺》，《书道全集月报》1，1954年。

乙2232
早川光三郎：《苏东坡与国文学》，《斯文》10，1954年。

乙2233
小川环树：《新撰类林抄校谈记》，《中国文学报》11，1959年。

乙2234
小川环树：《朱东润〈陆游传〉》，《中国文学报》13，1960年。

乙2235
吹野安：《宋元的祭祀歌与九歌》，《大东文化大学汉学会志》4，1961年。

乙2236
吉川幸次郎：《苏东坡的文学与佛教》，《塚本博士颂寿记念佛教史学论集》，1961年。

乙2237
近藤光男：《唐宋诗与星宿——北斗》，《北海道大学外国语·外国文学研究》9，1962年。

乙2238
前野直彬：《陆游眼中的杜甫》，《中国文学报》17，1962年。

乙2239
小松原涛：《宋代的苏东坡与陈方山子——尾张归化人陈元赟外传》，《东洋文化》8，1962年。

乙2240
堤留吉：《苏东坡与白香山（上）》，《东洋文学研究》12，1963年。

乙2241
笕文生：《梅尧臣论》，《东方学报》36（创刊35周年论集），1964年。

乙2242
仓田淳之助：《诗和史学——兼论苏轼的思想》，《东洋史研究》

七、文 学 史

24—1，1965年。

乙2243

堤留吉：《苏东坡和白香山（下）》，《东洋文学研究》13，1965年。

乙2244

阿部兼也：《苏东坡文章观的一个侧面》，《汉文教室》77，1966年。

乙2245

荒井健：《苏东坡论》，《中国文学论集》，1966年。

乙2246

合山究：《宋代文艺中的俗的概念——以苏轼、黄庭坚为中心》，《九州中国学会报》13，1967年。

乙2247

合山究：《苏轼的文学思想——"性命自得"与"自然随顺"》，《中国文艺座谈会纪录》16，1967年。

乙2248

仓田淳之助：《黄山谷的风格》，《吉川博士退休记念中国文学论集》，1968年。

乙2249

村上哲见：《诗和词之间——苏东坡》，《东方学》35，1968年。

乙2250

合山究：《苏轼的文人活动及其动因》，《九州中国学会报》14，1968年。

乙2251

纲祐次：《曾巩的文章》，《城南汉学》12，1970年。

乙2252

萩尾长一郎：《中国文学史（11）》，《福冈大学人文论丛》1—3，1970年。

乙2253

尾上兼英：《庶民文化的诞生》，《岩波讲座世界史》9，1970年。

乙2254

西野贞治：《关于杭州通判任中的苏轼交友》，《大阪市立大学人文研究》21—4，1970年。

乙2255

村上哲见：《柳耆卿家世阅历考》，《集刊东洋学》25，1971年。

乙2256

萩尾长一郎：《中国文学史（12）》，《福冈大学人文论丛》2—4，1971年。

乙2257

萩尾长一郎：《中国文学史（13）》，《福冈大学人文论丛》3—1，1971年。

乙2258

萩尾长一郎：《中国文学史（14）》，《福冈大学人文论丛》3—3，1972年。

乙2259

萩尾长一郎：《中国文学史

（15）》，《福冈大学人文论丛》4—3，1972年。

乙2260

西野贞治：《论王巩——苏轼门下一个文学爱好者的生涯》，《中国的语言与文学：鸟居久靖先生华甲记念论集》，1972年。

乙2261

中村文峰：《关于东坡居士》，《中国文学论考》1，1972年。

乙2262

荻尾长一郎：《中国文学史（16）》，《福冈大学人文论丛》4—4，1973年。

乙2263

荻尾长一郎：《中国文学史（17）》，《福冈大学人文论丛》5—1，1973年。

乙2264

足立丰：《某日之东坡》，《书论》2，1973年。

乙2265

白川静：《金文学前史（上）》，《立命馆文学》346、347，1974年。

乙2266

白川静：《金文学前史（下）》，《立命馆文学》348、349，1974年。

乙2267

合山究：《苏东坡的自然观》，《目加田诚博士古稀记念中国文学论集》，1974年。

乙2268

合山究：《苏东坡文学中卑俗的高雅化》，《中国文学论集》4，1974年。

乙2269

羽床正范：《宋代文人思想——关于欧阳修》，《北九州大学文学部纪要》12，1974年。

乙2270

小栗英一：《关于高士谈》，《静冈大学人文论集》28—2，1977年。

乙2271

一海知义：《矛盾与事实——河上肇与陆放翁》，《文学》46—7，1978年。

乙2272

冈本不二明：《语言与身体——朱熹的文学论》，《日本中国学会报》31，1979年。

乙2273

高村光太郎：《关于黄山谷》，《墨美》288，1979年。

乙2274

塘耕次：《黄山谷与超俗——山谷札记》，《森三树三郎博士颂寿记念东洋学论集》，1979年。

乙2275

塘耕次：《晚年的黄山谷——另外一幅形象》，《书论》15，

七、文　学　史

1979年。

乙2276
塘耕次：《黄山谷的晚年——以书简为主要资料》，《爱知教育大学研究报告人文科学》29，1980年。

乙2277
横山伊势雄：《〈风雩言志〉考——朱熹的文学与哲学的结合》，《筑波中国文化论丛》1，1982年。

乙2278
田森襄：《词曲中表现出的女性之美——特以仕女图为媒介》，《中国文学的女性形象》，1982年。

乙2279
宇野直人：《黄莺的心情》，《节令》3，1983年。

乙2280
增子和男：《欧阳修文学论中的"理"——以诗话为中心》，《中国诗文论丛》2，1983年。

乙2281
高桥明郎：《欧阳修的散文文体（1）——关于虚字及重复两点》，《筑波中国文化论丛》4，1984年。

乙2282
泷本正史：《苏轼的水与世界观》，《集刊东洋学》52，1984年。

乙2283
田中正俊：《文学的思想性与看待历史的眼神——亚洲史的认知方向》，《历史评论》409，1984年。

乙2284
小林义广：《欧阳修研究的现状与课题》，《东海大学纪要·文学部》42，1984年。

乙2285
永井政之：《南宋居士的精神生活——以如如居士颜丙为例（1）、（2）》，《驹泽大学佛教学部论集》15、16，1984年、1985年。

乙2286
岸田知子：《欧阳修与书》，《东洋艺林论丛：中田勇次郎先生颂寿记念论集》，1985年。

乙2287
藤原有仁：《苏易简及其一族》，《东洋艺林论丛：中田勇次郎先生颂寿记念论集》，1985年。

乙2288
西野贞治：《关于王诜晋卿》，《古田敬一教授退官记念中国文学语学论集》，1985年。

乙2289
川岛郁夫：《白话文学中的存孝说话——关于小说、戏曲中可见的人物像》，《中国俗文学研究》4，1986年。

乙 2290

高桥明郎：《欧阳修散文文体的特色——与韩愈散文产生差异的原因》，《日本中国学会报》38，1986 年。

乙 2291

宇佐美文理：《欧阳修的学问与艺术论》，《中国思想史研究》9，1986 年。

乙 2292

堤邦彦：《近世怪异小说与佛书（2）——以亡妇复仇谈、食人鬼说话为中心》，《艺文研究》51，1987 年。

乙 2293

东英寿：《欧阳修的夷陵贬谪与古文复兴运动》，《中国文学论集》16，1987 年。

乙 2294

河口音彦：《梅尧臣与晏殊》，《宇部国文研究》18，1987 年。

乙 2295

横山伊势雄：《苏轼与黄庭坚——自发主义与古典主义》，《中国的文学论》，1987 年。

乙 2296

泷本正史：《扬雄的〈酒箴〉与苏轼》，《集刊东洋学》57，1987 年。

乙 2297

石本道明：《苏东坡与屈原——以旅居荆州时的作品为中心》，《国学院杂志》88—5（通卷 962），1987 年。

乙 2298

松本肇：《唐宋八大家的世界——文学与道》，《中国的文学论》，1987 年。

乙 2299

东英寿：《"太学体"考——对其北宋古文运动的考察》，《日本中国学会报》40，1988 年。

乙 2300

高津孝：《北宋文学史的展开与太学体》，《鹿儿岛大学史学》，36，1988 年。

乙 2301

高桥明郎：《欧阳修的文学理论——围绕〈梅圣俞诗集序〉（第 1 部）》，《香川大学教育学部研究报告第 1 部》72，1988 年。

乙 2302

三浦国雄：《文人与养生——以陆游为例》，《中国古代养生思想的综合的研究》，1988 年。

乙 2303

大西阳子：《围绕南宋期纪行文中的时空间表现——作为表现行为的记录》，《茶水女子大学中国文学会报》8，1989 年。

七、文　学　史

乙2304
东英寿:《欧阳修古文考——"阴柔"之美的形成过程》,《九州中国学会报》(九州中国学会)27,1989年。

乙2305
福田殖:《关于范仲淹的两三个问题》,《文学论辑》35,1989年。

乙2306
高桥明郎:《欧阳修的文学理论——围绕〈梅圣俞诗集序〉(第2部)》,《香川大教育学部研究报告第1部》75,1989年。

乙2307
高桥文治:《包拯与天》,《东洋自然观的比较研究》(1987、1988年度科学研究费补助金研究成果报告),1989年。

乙2308
乾一夫:《苏洵及其文学》,《唐宋八大家文读本》4,1989年。

乙2309
吹野安:《朱熹〈祈雨文〉表现考》,《汉文学会会报》36,1990年。

乙2310
高津孝:《宋元评点考》,《鹿儿岛大学法文学部纪要人文学科论集》31,1990年。

乙2311
近藤启吾:《谢枋得及其著书》,《汉文学会会报》36,1990年。

乙2312
铃木靖:《洪皓与洪迈》,《法政大学教养部纪要(人文科学篇)》74,1990年。

乙2313
山内正博:《苏联赵宋文学的理解——通过 V.A.Bergs(1922—1980)的成果(1)》,《宫崎大学教育学部纪要(人文科学)》65,1990年。

乙2314
石本道明:《御史台下狱中的苏轼——精神的动摇与黄州》,《汉文学会会报》36,1990年。

乙2315
小川环树:《苏东坡的文学——其多面性》,《书道研究》4—11,1990年。

乙2316
大木康:《中国江南出版文化研究》,《广岛大学文学部纪要》50—1,1991年。

乙2317
大桥靖:《关于黄山谷的黔州流谪》,《文艺论丛》37,1991年。

乙2318
东英寿:《关于西昆派文人丁

谓——王禹称的古文运动相关》，《鹿儿岛大学文科报告》27，1991年。

乙2319

东英寿：《试论王禹称的古文复兴运动》，《第4回九州大学——首尔大学中国学学术交流会议论文集》，1991年。

乙2320

明木茂夫：《白石道人歌曲中的双调形式——作为歌曲集的白石词》，《九州中国学会报》29，1991年。

乙2321

儿玉宪明：《〈律吕新书〉研究序说——以朱熹的书简为资料概观成立的经过》，《人文科学研究》80，1992年。

乙2322

冈本不二明：《宋代日记的成立及其背景——以欧阳修〈于役志〉与黄庭坚〈宜州家乘〉为线索》，《冈山大学文学部纪要》18，1992年。

乙2323

高津孝：《宋初行卷考》，《鹿儿岛大学法文学部纪要人文学科论集》36，1992年。

乙2324

熊本崇：《欧阳修传四种——以墨本修传、朱本修传的对比为中心》，《石卷专修大学研究纪要》3，1992年。

乙2325

塚本宏：《关于〈东坡题跋〉卷四中二王的存在的考察（上）》，《和洋女子大学纪要》32，1992年。

乙2326

村上哲见：《贰臣与遗民——宋末元初江南文人的亡国体验》，《东北大学文学部研究年报》43，1993年。

乙2327

东英寿：《关于行卷中可见的北宋初期古文运动——以王禹称为线索》，《中国文学论集》22，1993年。

乙2328

副岛一郎：《宋人眼中的柳宗元》，《中国文学报》47，1993年。

乙2329

泷本正史：《苏轼中的韩愈——以流谪黄州等时代为中心》，《汉文教室》174，1993年。

乙2330

日比野贞胜：《黄山谷的书与书论（1）——二重否定的形象及其理念》，《文教国文学》30，1993年。

乙2331

森山秀二：《关于欧阳修的文本——以其成立过程为中心》，

七、文学史

《立正大学教养部纪要（人文、社会科学篇）》27，1993年。

乙2332
塚本宏：《关于〈东坡题跋〉卷四中二王的存在的考察（中）》，《和洋女子大学纪要》33，1993年。

乙2333
吉井和夫：《关于苏东坡的〈大悲阁记〉》，《平野显照教授退休特集中国文学论丛（文艺论丛第42号）》，1994年。

乙2334
中田勇次郎：《黄庭坚的传记研究》，《平野显照教授退休特集中国文学论丛（文艺论丛第42号）》，1994年。

乙2335
塚本宏：《〈东坡题跋〉卷四中二王的存在的相关考察（下）》，《和洋女子大学纪要》34，1994年。

乙2336
材木谷敦：《王世贞（1526—1590）的苏轼观——关于伴随于此的思考》，《中国文学研究》21，1995年。

乙2337
田中佩刀：《陆游与夫人唐氏》，《明治大学教养论集》274，1995年。

乙2338
村越贵代美：《词、燕乐、雅乐》，《茶水女子大学中国文学会报》15，1996年。

乙2339
吉井和夫：《苏东坡的祈雨与〈太平广记〉》，《西山学报》44，1996年。

乙2340
三野丰浩：《陆游与范成大在成都的交流》，《日本中国学会报》48，1996年。

乙2341
正木佐枝子：《"东坡"于苏轼的意义》，《中国文学论集》25，1996年。

乙2342
浅见洋二：《围绕〈诗中有画〉——中国的诗与绘画》，《集刊东洋学》78，1997年。

乙2343
浅见洋二：《中国自然观中的"美"与"崇高"观念》，《侍兼山论丛》31，1997年。

乙2344
大野贵正：《四库提要诗类选译（8）——吕氏家塾读诗记三十二卷》，《诗经研究》22，1998年。

乙2345
儿玉宪明：《〈律吕新书〉研究——"声气之元"与数》，《人文科学研究》95，1998年。

乙2346

福本雅一：《沧浪亭与苏舜钦》，《国学院大学纪要》36，1998年。

乙2347

加藤国安：《歌人佐藤佐太郎的苏轼赞歌——老境的每日与喜悦》，《爱媛国文与教育》31，1998年。

乙2348

保苅佳昭：《苏轼的超然台的诗词》，《日本中国学会报》51，1999年。

乙2349

池泽滋子:《关于苏轼的"痴"——以顾恺之的"痴绝"为中心》，《橄榄》8，1999年。

乙2350

东英寿：《北宋初期的古文家与行卷——从科举的事前运动来看古文复兴的展开》，《日本中国学会报》51，1999年。

乙2351

东英寿:《关于欧阳修的行卷——着眼于科举的事前运动中同胥偃的联系》，《鹿儿岛大学法文学部纪要人文学科论集》50，1999年。

乙2352

东英寿：《关于欧阳修的科举改革与古文的复兴》，《鹿儿岛大学法文学部纪要人文学科论集》51，1999年。

乙2353

三野丰浩：《淳熙五年的陆游、范成大、杨万里》，《爱知大学文学论丛》118，1999年。

乙2354

石本道明：《诸神的官僚化——关于宋代祝文中的文学表现》，《国学院杂志》100—11，1999年。

乙2355

汤浅阳子：《"醉翁"之乐——欧阳修文学中的吏隐》，《人文论丛：三重大学人文学部文化学科研究纪要》16，1999年。

乙2356

汤浅阳子：《关于苏轼诗中对佛典的接受——以〈维摩经〉〈楞严经〉为中心》，《中国文学报》59，1999年。

乙2357

一海知义：《读游会三则》，《读游会札记》，1999年。

乙2358

长谷川泰生：《宋代禅林对苏轼的评价——以作为文学者的苏轼为中心》，《花园大学文学部研究纪要》32，2000年。

乙2359

村上哲见：《文人之最——万红友事略》，《中国文人的思考与表现：村上哲见先生古稀记念》，

七、文　学　史

2000年。

乙2360
东英寿：《欧阳修散文的特色——通过〈五代史记〉与〈旧五代史〉文章表达的比较》，《鹿儿岛大学史学》48，2000年。

乙2361
三浦国雄：《陆游与〈易经〉》，《人文研究》52—4，2000年。

乙2362
西冈淳：《陆游所咏赞的人们——对运命的共鸣》，《兴膳教授退官记念中国文学论集》，2000年。

乙2363
野村鲇子：《〈四库提要〉中的北宋文学史观》，《立命馆文学》563，2000年。

乙2364
中岛隆藏：《南宋以前"文人"像小考》，《中国文人的思考与表现：村上哲见先生古稀记念》，2000年。

乙2365
中原健二：《羽扇纶巾者——周瑜与诸葛亮》，《兴膳教授退官记念中国文学论集》，2000年。

乙2366
保苅佳昭：《第五回宋代文学研究谈话会报告》，《橄榄》10，2001年。

乙2367
池泽滋子：《日本江户时代对苏轼的研究》，《人文研纪要》42，2001年。

乙2368
东英寿：《欧阳修的古文思想——从作品中的"文"之句来看文章论》，《笠征教授华甲记念论文集》，2001年。

乙2369
笕文生：《郁然们的千载诗书之城——参加第13期苏轼学术研讨会》，《橄榄》10，2001年。

乙2370
内山精也：《黄庭坚与王安石——黄庭坚的心之轨迹》，《橄榄》10，2001年。

乙2371
内山精也：《苏轼的文学与印刷媒体——同时代文学与印刷媒体的邂逅》，《中国古典研究》46，2001年。

乙2372
西上胜：《古文与母——欧阳修〈泷冈阡表〉考》，《日本中国学会报》53，2001年。

乙2373
野村鲇子：《苏东坡与乳母》，《奈良女子大学文学部研究年报》45，2001年。

乙 2374
伊东贵之：《鬼神、怪异、乌托邦——中国近代思想、文学中"异界"的变奏》，《文学》2—6，2001年。

乙 2375
中原健二：《苏轼与羽扇纶巾》，《中国语言文化研究》1，2001年。

乙 2376
保苅佳昭：《第六回宋代文学研究谈话会报告》，《橄榄》11，2002年。

乙 2377
村越贵代美：《被保护的英雄——辛弃疾》，《可悲啊！——面对死亡的中国文学》，2002年。

乙 2378
大西阳子：《存在死亡的日常风景的具象化——以梅尧臣为例》，《可悲啊！——面对死亡的中国文学》，2002年。

乙 2379
东英寿：《从〈吉州学记〉来看欧阳修文章修改》，《鹿儿岛大学史学》49，2002年。

乙 2380
副岛一郎：《唐宋古文重的"气"之说与"雄健"之风》，《中国文学报》65，2002年。

乙 2381
河村晃太郎：《苏东坡与文同》，《关西大学中国文学会纪要》23，2002年。

乙 2382
江口尚纯：《宋代的文人与书——欧阳修及其周边》，《中国古典研究》47，2002年。

乙 2383
泷本正史：《苏轼的自然观》，《新汉字汉文教育》35，2002年。

乙 2384
坪井直子：《关于〈二十四孝〉中黄山谷的孝行——事实与虚构》，《京都语文》9，2002年。

乙 2385
西胁常记：《杨亿研究——读〈殇子述〉》，《宋代禅宗对社会的影响》，2002年。

乙 2386
东英寿：《从虚词的使用来看欧阳修古文的特色》，《鹿儿岛大学法文学部纪要人文学科论集》57，2003年。

乙 2387
塘耕次：《黄庭坚的晚年》，《爱知教育大学研究报告（人文、社会科学）》52，2003年。

乙 2388
三野丰浩：《学会参加报告——

七、文学史

记念陆游诞辰880周年暨越中山水文化国际研讨会》，《橄榄》13，2005年。

乙2389

高桥稔：《〈岳阳楼记〉中的传记体》，《东方学》112，2006年。

乙2390

佐藤菜穗子：《陆游秘闻》，《文艺论丛》68，2007年。

乙2391

浅见洋二：《宋代的宫廷文学》，《王朝文学和东亚的宫廷文学》，2008年。

乙2392

高桥幸吉：《金代对陶渊明的容纳与吸收》，《中国研究》，2009年。

乙2393

甲斐雄一：《"王状元"与福建——南宋文人王十朋与〈王状元集百家注东坡先生诗〉的译注者们》，《中国文学论集》37，2009年。

乙2394

汤浅阳子：《宋祁与古文》，《人文论丛》26，2009年。

乙2395

小林义广：《欧阳修与母亲郑氏》，《名古屋大学东洋史研究报告》33，2009年。

乙2396

中尾健一郎：《司马光与欧阳修》，《日本文学研究》44，2009年。

乙2397

甲斐雄一：《陆游与四川人士的交流——从范成大到成都赴任来看》，《日本中国学会报》62，2010年。

（二）诗

乙2398

释清潭：《唐诗与宋诗的分界》，《东洋哲学》18—2，1911年。

乙2399

久保天随：《朱子的诗》，《斯文》13—11，1931年。

乙2400

桥川时雄：《宋嘉泰重修三谢诗书后》，《服部先生古稀祝贺记念论文集》，1936年。

乙2401

高仓克己：《严沧浪的诗论》，

《立命馆文学》5—4，1938年。

乙2402

小金井东云：《欧阳修的〈日本刀歌〉》，《文科》4—3，1939年。

乙2403

林龙淳：《苏东坡爱用的词汇》，《文科》5—1，1940年。

乙2404

原田秀清：《关于中国的新诗旧诗问题》，《台大文学》5—6，1940年。

乙2405

日比野丈夫：《契丹诵诗》，《东洋史研究》7—2、7—3（合刊），1942年。

乙2406

土屋久泰：《黄山谷的诗风及其时代》，《大东文化学报》78，1942年。

乙2407

凤见章：《陆放翁的田园诗》，《农民文学》4，1951年。

乙2408

吉川幸四郎：《关于宋诗》，《墨美》10，1952年。

乙2409

小川环树：《诗中比喻的工拙与雅俗——以苏东坡为例》，《中国文学报》2，1955年。

乙2410

中田勇次郎：《道藏所见诗余》，《东方宗教》7，1955年。

乙2411

小川环树：《苏东坡古诗用韵考》，《京都大学文学部五十周年记念论集》，1956年。

乙2412

宇野哲人：《关于竹轩杂著》，《东方学》12，1956年。

乙2413

船津富彦：《围绕六一居诗话的诸问题》，《东洋文学研究》6，1957年。

乙2414

菅谷军次郎：《关于宋明清三朝的诗坛与诗派》，《宫城学院女子大学研究文集》11，1957年。

乙2415

小川环树：《欧小牧〈爱国诗人陆游〉》，《中国文学报》7，1957年。

乙2416

仓光卯平：《苏东坡诗文中的世界观及其对明清的影响》，《西南学院大学文理论集》1—2，1960年。

乙2417

山本和义：《苏轼诗论稿》，《中国文学报》13，1960年。

七、文　学　史

乙 2418
爱宕松男：《论余靖、刁约的胡语诗》，《集刊东洋学》6，1961年。

乙 2419
仓光卯平：《东坡诗的高蹈色彩》，《西南学院大学文理论集》2—2，1961年。

乙 2420
仓田淳之助：《太岳的翰苑遗芳与施注东坡诗》，《塚本博士颂寿记念佛教史学论集》，1961年。

乙 2421
横山伊势雄：《从诗话看"宋人"的评论意识》，《汉文教室》52，1961年。

乙 2422
横山伊势雄：《从宋诗论中看平淡之体》，《汉文学会学报》20，1961年。

乙 2423
一海知义：《放翁与杜甫》，《中国文学报》17，1962年。

乙 2424
西野贞治：《关于王状元注东坡诗》，《人文研究》15—6，1963年。

乙 2425
合山究：《苏轼的和陶诗——他与陶渊明的联系》，《中国文艺座谈会纪录》15，1965年。

乙 2426
横山伊势雄：《关于梅尧臣的诗论》，《汉文学会会报》24，1965年。

乙 2427
铃木修次：《元好问》，《汉诗大系》20，1965年。

乙 2428
田森襄：《诗人与词——白居易与陆游的情况》，《埼玉大学纪要》1，1965年。

乙 2429
西野贞治：《苏东坡及其门人的戏谑诗》，《大阪市立大学人文研究》16—5，1965年。

乙 2430
仓光卯平：《苏东坡诗中的宗教倾向》，《西南学院大学文理论集》6—2，1966年。

乙 2431
仓田淳之助：《关于东坡诗赵次公注》，《御茶水女子大学人文科学纪要》19，1966年。

乙 2432
仓田淳之助：《苏东坡诗论》，《东洋文化》13，1966年。

乙 2433
近藤启吾：《朱子感兴诗和若林强斋的即兴诗讲义》，《艺林》17—3，1966年。

乙 2434
泽口刚雄：《咏颂田园风光的宋诗三首》，《斯文》44，1966年。

乙 2435
合山究：《宋代文艺中"俗"的概念——论苏轼、黄庭坚》，《九州中国学会报》13，1967年。

乙 2436
横山伊势雄：《陈师道的诗与诗论》，《汉文学会会报》26，1967年。

乙 2437
岩城秀夫：《汤显祖在诗歌上的主张》，《山口大学文学志》18—1，1967年。

乙 2438
仓田淳之助：《黄山谷的性格》，《吉川博士退休记念中国文学论集》，1968年。

乙 2439
西野贞治：《论苏东坡诗中买田之语》，《大阪市立大学人文研究》19—10，1968年。

乙 2440
小川环树：《诗语与诗人的气质——以刘沧为例》，《吉川博士退休记念中国文学论集》，1968年。

乙 2441
横山伊势雄：《关于苏轼的"和陶诗"》，《汉文教室》93，1969年。

乙 2442
横山伊势雄：《陆游诗中的"愤激"与"闲适"》，《汉文学会会报》28，1969年。

乙 2443
荒井健：《黄山谷的"演雅"诗》，《橘女子大学研究纪要》2，1969年。

乙 2444
铃木三八男：《陆游的诗》，《斯文》58，1969年。

乙 2445
合山究：《关于吕本中的〈江西诗社宗派图〉》，《九州中国学会报》16，1970年。

乙 2446
合山究：《宋诗的学问性》，《中国文学论集》1，1970年。

乙 2447
今井溱：《论全五代诗》，《东方学报》41，1970年。

乙 2448
近藤光男：《中国的诗（10）——金元诗》，《中国古典文学大学月报》32，1970年。

乙 2449
合山究：《赠答品诗所反映的宋代文人有趣的交游生活》，《中

七、文学史

国文学论集》2，1971年。

乙2450
横山伊势雄：《黄庭坚诗论考——以典故的用法为中心》，《东京教育大学文学部纪要》82，1971年。

乙2451
仓田淳之助：《苏东坡的戏谑诗》，《中国的言语与文学：鸟居久靖先生花甲记念论集》，1972年。

乙2452
横山伊势雄：《论苏轼的政治批判诗》，《汉文学会报》31，1972年。

乙2453
塚泽千代：《关于李清照诗的特色》，《香川中国学会报》7，1972年。

乙2454
船津富彦：《关于苏东坡的虚构诗》，《早稻田大学大学院研究年志》16，1973年。

乙2455
船津富彦：《苕溪渔隐丛话备忘录》，《东洋大学纪要（文学部篇）》27，1973年。

乙2456
横山伊势雄：《论苏轼〈南行集〉中的诗》，《汉文学会学报》32，1973年。

乙2457
荒井健：《"沧浪诗话"与"潜溪诗眼"——宋代诗学备忘录》，《东方学报》44，1973年。

乙2458
杉村英治：《论市河宽斋的〈陆诗考实〉》，《东洋文化》33，1973年。

乙2459
中村嘉弘：《丧乱期及其之后元好问——对文化传统的使命感》，《国学院大学外国语研究室纪要》，1973年。

乙2460
中野均一郎：《"徘徊在斗牛之间"考》，《三重大学教育学部研究纪要》24—1，1973年。

乙2461
山本和义：《苏轼岭外诗考》，《入矢教授小川教授退休记念中国文学语言学论集》，1974年。

乙2462
上野日出刀：《关于朱子的诗》，《入矢教授小川教授退休记念中国文学语言学论集》，1974年。

乙2463
羽床正范：《宋代诗书一体观的考察》，《北九州大学文学部纪要》11，1974年。

乙2464
中田勇次郎：《苏东坡的书》，

乙 2465
《书论》5，1974 年。

乙 2465
横山伊势雄：《诗人之狂——苏轼》，《汉文学会学报》84，1975 年。

乙 2466
中村文峰：《论黄山谷居士》，《中国文学论考》3，1975 年。

乙 2467
长尾正和：《关于黄山谷草书〈李白忆旧游诗〉卷》，《墨美》258，1976 年。

乙 2468
尾形国治：《红叶与陆游》，《国文学解释与教材的研究》21—13，1976 年。

乙 2469
冈本不二明：《从知觉语言角度探讨"隐""秀"表现——以宋代诗话为中心》，《中国文学报》28，1977 年。

乙 2470
杉村邦彦：《米芾与黄庭坚》，《书论》11，1977 年。

乙 2471
西村富美子：《王安石的〈唐百家诗选〉论》，《四天王寺女子大学纪要》10，1977 年。

乙 2472
中村嘉弘：《关于元好问的丧乱诗》，《国学院大学外国语研究室纪要》，1977 年。

乙 2473
船津富彦：《北宋时期的诗话中出现的典故的运用方式》，《东洋学论丛》3，1978 年。

乙 2474
中村嘉弘：《元遗山诗笔记——关于山水诗》，《国学院大学外国语研究室纪要》，1978 年。

乙 2475
高村光太郎：《论黄山谷》，《墨美》288，1979 年。

乙 2476
横山伊势雄：《苏轼诗的修辞——譬喻、拟人法、典故》，《加贺博士退官记念中国文史哲学论集》，1979 年。

乙 2477
梅津幸子：《元遗山诗论》，《九州中国学报》22，1979 年。

乙 2478
入谷仙介：《此身合是诗人未——陆游剑门体验的意义》，《岛根大学法文学部纪要（文学科编）》2，1979 年。

乙 2479
一海知义：《又一幅"自画像"——河上肇的陆游研究（河上肇生辰 100 年）》，《思想》664，1979 年。

七、文 学 史

乙2480

中村嘉弘：《关于金亡后元好问的诗》，《加贺博士退官记念中国文史哲学论文集》，1979年。

乙2481

松川健二：《关于苏轼〈故周茂叔先生濂溪〉诗》，《北海道大学人文科学论集》16，1980年。

乙2482

横山伊势雄：《〈沧浪诗话〉——抒情的回归》，《中国的古典文学——作品选读》，1981年。

乙2483

樱田芳树：《严羽的〈沧浪诗话〉——传统回归及其重建》，《中国的古典文学——作品选读》，1981年。

乙2484

村山吉广：《王质〈诗总闻〉考略》，《诗经研究》7，1982年。

乙2485

大野修作：《黄庭坚诗歌中的"物"而引起的思考——格物与题画诗》，《鹿儿岛大学文科报告》18，1982年。

乙2486

森上幸义：《陆游诗的一面——诗中所见的"乌"、"鸦"的视点》，《国语国文研究与教育》10，1982年。

乙2487

山本和义：《南行集及其周边——苏诗札记》，《南山国文论集》6，1982年。

乙2488

佐藤保：《宋诗中女性形象及女性观——致所爱女性的歌》，《中国文学的女性像》，1982年。

乙2489

横山伊势雄：《宋代文人的游戏——围绕苏轼的诗》，《中国的古典（31）——唐宋八家文（下）》，1983年。

乙2490

吉井和夫：《苏轼诗中的桃花源与仇池》，《文艺论丛》20，1983年。

乙2491

山本和义：《南行集的苏轼诗——苏诗剳记》，《南山国文论集》7，1983年。

乙2492

山本和义：《苏轼的诗与名字》，《筑摩》144，1983年。

乙2493

绳田正造：《李立·黄庭坚·陆游》，《日本酿造协会杂志》78—8，1983年。

乙2494

水元日子：《朱淑真的〈断肠诗〉

乙2494（续）

及〈断肠诗集〉》,《大东文化大学中国学论集》5,1983年。

乙2495

船津富彦:《围绕欧阳修诗论的几个问题》,《东洋学论丛》9,1984年。

乙2496

高桥明郎:《关于西崑体的余派》,《中国文化》42,1984年。

乙2497

吉田寅:《中国的盐与讽刺诗——以唐、宋、元为中心》,《亚洲各民族的社会与文化:冈本敬二先生退官记念论集》,1984年。

乙2498

今场正美:《扬州苏轼的"和陶诗"》,《学林》4,1984年。

乙2499

今场正美:《惠州苏轼的"和陶诗"》,《学林》5,1985年。

乙2500

青山宏:《三杯两盏淡酒,怎敌它晚来风急——宋代歌谣中所讴歌的酒》,《日本大学文理学部学丛》38,1985年。

乙2501

山本和义:《洋川园池考——苏诗札记》,《南山国文论集》9,1985年。

乙2502

岩城秀夫:《瓶中梅的诗——宋人的审美观》,《古田敬一教授退官记念中国文学语学论集》,1985年。

乙2503

佐藤保:《欧阳修的诗》,《御茶水女子大学中国文学会报》4,1985年。

乙2504

村上哲见:《东坡诗札记——关于〈郑州西门〉》,《集刊东洋学》55,1986年。

乙2505

今场正美:《苏轼海南岛上的"和陶诗"》,《学林》7,1986年。

乙2506

内山精也:《关于苏轼两度杭州任期的诗——苏轼诗论笔记》,《中国诗文论丛》5,1986年。

乙2507

入谷仙介:《夔州的陆游》,《中国诗人论:冈村繁教授退官记念论集》,1986年。

乙2508

佐藤保:《欧阳修的诗(承前)》,《御茶水女子大学中国文学会报》5,1986年。

七、文　学　史

乙 2509
山本和义：《苏轼诗中展现的人生观》，《角山国文论集》11，1987年。

乙 2510
成濑哲生：《千家诗儿说（1）》，《德岛大学教养学部纪要（人文、社会科学）》23，1988年。

乙 2511
高田和彦：《杨亿诗论——〈武夷新集〉与〈西昆酬唱集〉》，《学林》11，1988年。

乙 2512
横山伊势雄：《关于陈与义的诗与诗法》，《人文科学研究》74，1988年。

乙 2513
内山精也：《苏轼次韵诗考》，《中国诗文论丛》7，1988年。

乙 2514
森山秀二：《梅尧臣的悼亡诗》，《汉学研究》26，1988年。

乙 2515
水元日子、鹫野正明、宇野直人：《哲学者的侧影——朱子的诗与诗论》，《汉文教室》160，1988年。

乙 2516
野岛进：《关于黄山谷诗中所见的超俗思想（上）》，《汉文教室》159，1988年。

乙 2517
野岛进：《关于黄山谷诗中所见的超俗思想（下）》，《汉文教室》160，1988年。

乙 2518
一海知义：《陆放翁诗三则（1）、（2）、（3）》，《中国语》346、347、348，1988年。

乙 2519
中原健二：《诗语〈春归〉考》，《东方学》75，1988年。

乙 2520
保苅佳昭：《欧阳修与梅尧臣的诗之对答（1）——从两人对答诗来见欧阳修》，《橄榄》2，1989年。

乙 2521
大桥靖：《关于王直方》，《文艺论丛》33，1989年。

乙 2522
大桥靖：《关于咏梅的诗——以黄山谷为中心》，《大谷大学大学院研究纪要》6，1989年。

乙 2523
河口音彦：《梅尧臣的晚年》，《宇部国文研究》20，1989年。

乙 2524
江口尚纯：《关于程大昌的"诗论"》，《诗经研究》13，1989年。

乙 2525
柳濑喜代志：《伪装的教材——

乙2525（续）

"偶成"诗的周边》，《国语教育》7，1989年。

乙2526

泷本正史：《关于苏轼的河豚诗文》，《汉文教室》163，1989年。

乙2527

泷泽精一郎：《苏轼的赠墨、寄墨》，《野州国文学》43，1989年。

乙2528

内山精也：《苏轼次韵诗考序说——以在文学史上的意义为中心》，《早稻田大学大学院文学研究科纪要附录第15辑文学、艺术篇》，1989年。

乙2529

石本道明：《"乌台诗案"前后的苏轼的诗境——关于〈楚辞〉意识》，《国学院杂志》90—2，1989年。

乙2530

西冈淳：《〈剑南诗稿〉中的诗人像——"狂"之诗人陆放翁》，《中国文学报》40，1989年。

乙2531

村上哲见：《诗中可见的苏东坡书论》，《书道研究》4—11，1990年。

乙2532

高田和彦：《关于〈西昆酬唱集〉中所收录的咏史诗——〈宋玉〉》，《学林》14、15，1990年。

乙2533

江口尚纯：《晁说之的诗序批判——同王安石的诗经学的关系》，《东洋的思想与宗教》7，1990年。

乙2534

石本道明：《陆游醉中吟初深——任蜀时期的诗与心情》，《国学院杂志》91—4，1990年。

乙2535

松尾肇子：《关于姜夔的"诗论"》，《中京大学教养论丛》31—3（通92），1990年。

乙2536

增子和男：《围绕对欧阳修诗的评价标准》，《中国文学研究》16，1990年。

乙2537

成濑哲生：《千家诗儿说（4）》，《德岛大学教养部纪要（人文、社会科学）》26，1991年。

乙2538

大西阳子：《中国最近十年的宋诗研究的动向》，《橄榄》4，1991年。

乙2539

横山伊势雄：《杨万里的诗论与诗——以近体诗为中心》，《镰田正博士八十寿记念汉文学论集》，1991年。

七、文 学 史

乙2540
泷本正史:《关于苏轼的悼亡诗》,《汉文教室》168,1991年。

乙2541
大西阳子:《范成大中的纪行诗——以纪行文〈石湖三录〉的关系为中心》,《名古屋大学中国文学论集》5,1992年。

乙2542
横山伊势雄:《关于宋代的诗与诗论中的"意"——以苏轼为中心》,《中国文化研究与教育》50,1992年。

乙2543
石本道明:《东坡咏竹诗管窥——以黄州期为中心》,《国学院中国学会报》38,1992年。

乙2544
石本道明:《流谪黄州时代的苏轼——从"杜门"到"自新"》,《国学院杂志》93—1,1992年。

乙2545
水谷诚:《关于苏轼诗中的避讳韵字——以〈礼部韵略〉、〈韵略条式〉为中心》,《中国诗文论丛》11,1992年。

乙2546
小田美和子:《陆游诗中的"愁破"》,《中国中世文学研究》23,1992年。

乙2547
一海知义:《陆诗考实探访琐记》,《未名》10,1992年。

乙2548
鹤成久章:《关于高攀龙的〈戊午吟〉——理学诗研究试论》,《哲学》45,1993年。

乙2549
铃木敏雄:《关于南宋洪适〈拟古十三首〉的拟作效果》,《中国中世文学研究》24,1993年。

乙2550
内山精也:《王安石〈明妃曲〉考(上)——围绕北宋士大夫的意识形态》,《橄榄》5,1993年。

乙2551
汤浅阳子:《苏轼的自然描写——围绕杭州通判期的诗》,《中国文学报》46,1993年。

乙2552
福田殖:《宋明的道学诗相关的两三问题》,《文学论辑》39,1994年。

乙2553
泷本正史:《关于苏轼的怪石诗文》,《汉文教室》177,1994年。

乙2554
山本和义、河野绿:《范成大〈四时田园杂兴〉抄解》,《学术(文学、语学篇)》57,1994年。

乙2555
水谷诚:《〈关于苏轼诗中的上去通押〉订补》,《中国诗文论丛》13,1994年。

乙2556
松川健二:《张九成〈论语百篇诗〉——禅味满溢的思想诗》,《论语的思想史》,1994年。

乙2557
西村富美子:《围绕燕子楼诗——〈唐诗纪事〉关于妓女诗人关盼盼的虚构性》,《人文论丛》11,1994年。

乙2558
西冈淳:《诗人与理想——陆游与一位隐者》,《爱媛大学法文学部论集文学科篇》27,1994年。

乙2559
西野贞治:《关于诗僧参寥子》,《平野显照教授退休特集中国文学论丛(文艺论丛第42号)》,1994年。

乙2560
村越贵代美:《才女的叹息——朱淑真的"愁"之主题》,《学艺国语国文学》27,1995年。

乙2561
大野修作:《关于黄庭坚诗中展现的"名人"——换骨夺胎辩》,《女子大国文》117,1995年。

乙2562
和田英信:《唐宋两朝诗比较论的成立与〈沧浪诗话〉》,《集刊东洋学》74,1995年。

乙2563
内山精也:《王安石〈明妃曲〉考(下)——围绕北宋中期士大夫的意识形态》,《橄榄》6,1995年。

乙2564
青山宏:《范成大应试期的诗》,《汉学研究》33,1995年。

乙2565
森上幸义:《对陆游诗中"痴顽"的考察》,《东洋文化》复刊75,1995年。

乙2566
森上幸义:《陆游诗中的"散才""散人"——其后退的美学》,《国语国文研究与教育》31,1995年。

乙2567
松尾幸忠:《潇湘考》,《中国诗文论丛》14,1995年。

乙2568
西冈淳:《范成大的诗风——以连作为中心》,《爱媛大学法文学部论集文学科篇》29,1995年。

乙2569
竹村则行:《围绕误入三体诗的杜常〈华清宫〉诗》,《町田三郎教授退官记念中国思想史论

七、文 学 史

丛》，1995年。

乙2570
横山伊势雄：《梅尧臣的诗论——兼及梅尧臣的"学唐人平淡处"之论》，《苏州大学学报(哲学社会科学版)》2，1996年。

乙2571
近藤正则：《围绕〈诗集传〉国风二南的主题》，《国学院杂志》97—11，1996年。

乙2572
内山精也：《〈东坡乌台诗案〉流传考——围绕北宋末至南宋初士大夫的苏轼文艺作品收集风潮》，《横滨市立大学论丛人文科学系列》47—3，1996年。

乙2573
内山精也：《苏轼的"庐山真面目"考——围绕〈题西林壁〉的表现意图》，《中国诗文论丛》15，1996年。

乙2574
东英寿：《关于欧阳修的诗——关注"以文为诗"的特色》，《鹿儿岛大学法文学部人文学科论集》46，1997年。

乙2575
盐见邦彦：《陆游〈纪年〉诗考》，《名古屋大学中国语学文学论集》10，1997年。

乙2576
一海知义：《漱石与高青邱——漱石诗注余话（3）》，《书画船》3，1997年。

乙2577
后藤秋正：《〈荔枝〉礼记（承前）——以宋诗为中心》，《北海道教育大学纪要（人文科学篇）》48—2，1998年。

乙2578
加藤国安：《苏轼的岭海期的悟达性诗学》，《东洋古典学研究》6，1998年。

乙2579
加藤国安：《佐藤佐太郎对苏轼岭海诗的欣慕——支撑歌人老境的中国诗人的语言》，《爱媛大学教育学部纪要（人文社会科学）》31—1，1998年。

乙2580
木村直子：《关于王安石的咏史诗——从人物评价的视点》，《中国学研究论集》1，1998年。

乙2581
内山精也：《东坡乌台诗案考（上）——北宋后期士大夫社会中的文学与媒体》，《橄榄》7，1998年。

乙2582
内山精也：《苏轼隐括词考——围绕对陶渊明〈归去来兮辞〉的

改编》,《中国文学研究》24,1998年。

乙2583
浅见洋二:《"诗中有画"与"著壁成绘"——中国的诗与绘画》,《日本中国学会报》50,1998年。

乙2584
浅见洋二:《距离与想像——中国的诗与媒体及作为媒体的诗》,《宋代社会的网络结构》,1998年。

乙2585
三野丰浩:《雨之诗人陆放翁》,《爱知大学文学论丛》116,1998年。

乙2586
兴膳宏:《宋代诗话中欧阳修〈六一诗话〉的意义》,《日本中国学会创立五十年记念论文集》,1998年。

乙2587
长谷部刚:《关于李因笃的杜诗评语中的音注——在诗律学史上的意义》,《中国诗文论丛》18,1999年。

乙2588
和田英信:《关于欧阳修〈诗话〉的表现形式》,《御茶水女子大学中国文学会报》18,1999年。

乙2589
浅见洋二:《关于作为史料论的文学研究——宋代文人的诗与诗学》,《亚洲游学7特集——宋代知识分子诸相》,1999年。

乙2590
森博行:《陆游诗中展现的"太平"诸相——陆游晚年的一面》,《大谷女子大学纪要》33—2,1999年。

乙2591
田中佩刀:《关于陆游诗的一考察》,《明治大学教养论集》323,1999年。

乙2592
西冈淳:《陆游的诗论》,《南山国文论集》23,1999年。

乙2593
一海知义:《河上肇与诗人陆游》,《京都民报》,1999年5月23日。

乙2594
和田英信:《诗话的成立及其变容》,《中国文人的思考与表现:村山吉广教授古稀记念》,2000年。

乙2595
内山精也:《东坡乌台诗案考(下)——北宋后期士大夫社会中的文学与媒体》,《橄榄》9,2000年。

乙2596
内山精也:《两宋隐括诗考》,《村山吉广教授古稀记念中国古典学论集》,2000年。

七、文　学　史

乙 2597
浅见洋二：《标题的诗学——沈约、王昌龄、司空图以及宋代〈著题〉论的联结者》，《中国文人的思考与表现：村山吉广教授古稀记念》，2000年。

乙 2598
三浦国雄：《天根月窟诗的展开》，《中国文人的思考与表现：村山吉广教授古稀记念》，2000年。

乙 2599
三野丰浩：《陆游与杨万里的诗歌对答（上）》，《爱知大学文学论丛》121，2000年。

乙 2600
汤浅阳子：《关于苏轼诗中对诗僧的评价——以释道潜为中心》，《人文论丛》17，2000年。

乙 2601
坂井多穗子：《关于梅尧臣的赠物受物诗》，《中唐文学会报》8，2001年。

乙 2602
江口尚纯：《关于段昌武的〈毛诗集解〉——其概观与宋代诗序说的一斑》，《静冈大学教育学部研究报告（人文社会科学篇）》51，2001年。

乙 2603
江口尚纯：《王质的诗序批判》，《中国古典研究》45，2001年。

乙 2604
泷本正史：《关于苏轼的〈石芝〉诗》，《新汉字汉文教育》32，2001年。

乙 2605
绿川英树：《成熟与衰老的诗学认识——从杜甫到欧、梅》，《中国文学报》63，2001年。

乙 2606
内山精也：《宋代八景现象考》，《中国诗文论丛》20，2001年。

乙 2607
浅见洋二：《诗源自何方？属于何人？——宋代诗学中的"内部"与"外部"、"自己"与"他人"或"货币""商品"与"资本"》，《知识分子诸相——以中国宋代为基点》，2001年。

乙 2608
浅见洋二：《中国的诗与风景——围绕〈江山之助〉》，《亚洲游学》31，2001年。

乙 2609
汤浅阳子：《关于苏轼诗中对禅语的接受》，《人文论丛》18，2001年。

乙 2610
西冈淳：《杨诚斋的放翁观——酬唱诗及其周边》，《南山大学日本文化学科论集》1，2001年。

乙 2611
坂井多穗子：《送别与食——以梅尧臣〈送苏子美〉为中心》，《橄榄》11，2002 年。

乙 2612
福田殖：《关于朱子的道学诗》，《比较文化年报》11，2002 年。

乙 2613
内山精也：《东坡风气与东坡现象》，《墨》154，2002 年。

乙 2614
内山精也：《姑苏纪游——当涂郭祥正关系遗迹调查报告》，《橄榄》11，2002 年。

乙 2615
内山精也：《黄庭坚与〈论语〉》，《孔子全书月报》7，2002 年。

乙 2616
内山精也：《苏轼及其年代》，《文人之眼》1，2002 年。

乙 2617
浅见洋二：《关于"拾得"诗，以及"诗本"、"诗材"、"诗料"——以杨万里、陆游为中心》，《橄榄》11，2002 年。

乙 2618
浅见洋二：《文学的历史学——关于宋代的诗人年谱、编年诗集以及"诗史"说》，《中国的文学史观》，2002 年。

乙 2619
神鹰德治、山口谣司：《关于〈黄山谷诗集注〉外集及别集注中所引的白氏诗文的本文》，《文艺研究》88，2002 年。

乙 2620
汤浅阳子：《钟山的某个情景——王安石诗考》，《人文论丛》19，2002 年。

乙 2621
土屋裕史：《关于欧阳修的"诗本义"——以"人情"为中心》，《中央大学大学院研究年报（文学研究科篇）》32，2002 年。

乙 2622
西冈淳：《陆游言怀诗初探》，《学术（文学、语学篇）》71，2002 年。

乙 2623
中尾弥继：《关于腊梅诗》，《佛教大学大学院纪要》29，2002 年。

乙 2624
高田和彦：《关于杨亿〈武夷新集〉中所收录的诗——制作时期与作品的性质》，《学林》36、37，2003 年。

乙 2625
和田英信：《苏轼的咏画诗（1）——以熙宁年间为中心》，《御茶水女子大学中国文学会报》

七、文　学　史

22，2003年。

乙2626
　内山精也：《李白后身郭祥正及其"和李诗"》，《中国文学研究》29，2003年。

乙2627
　矢渊孝良：《苏东坡的酒与艺术（1）》，《语言文化论丛》7，2003年。

乙2628
　汤浅阳子：《关于王安石诗对唐诗的接受》，《人文论丛》20，2003年。

乙2629
　末葭敏久：《关于覆宋刻〈东坡先生与陶渊明诗〉》，《中世纪社会的中国文学》45，2004年。

乙2630
　内山精也：《苏轼"元轻白俗"辩》，《新释汉文大系季报》101，2004年。

乙2631
　内山精也：《宋代士大夫的诗歌观——从"苏黄"到江湖派》，《橄榄》13，2005年。

乙2632
　浅见洋二：《"形似"的变容——从语言与物的关系看宋诗的日常性》，《中国社会与文化》20，2005年。

乙2633
　浅见洋二：《作者的梦、读者的梦——关于宋诗的解释学》，《文艺论丛》64，2005年。

乙2634
　三野丰浩：《〈剑南诗抄〉收录的陆游的绝句》，《语言与文化》13，2005年。

乙2635
　三野丰浩：《钱学论坛〈宋诗选注〉所收陆游的作品》，《橄榄》13，2005年。

乙2636
　三野丰浩：《姚鼐〈今体诗钞〉所收陆游的七言律诗》，《爱知大学文学论丛》132，2005年。

乙2637
　涩泽尚：《"菰"的本草学：陆游诗所咏菰草考序说》，《福岛大学研究年报》1，2005年。

乙2638
　中村孝子：《陆游的茶诗》，《橄榄》13，2005年。

乙2639
　中岛贵奈：《六如与陆游》，《国语与教育》30，2005年。

乙2640
　后藤秋正：《陆游的"柳暗花明"——兼论先行用例》，《札幌国语研究》11，2006年。

乙 2641

内山精也：《宋代士大夫的诗歌观——苏轼"白俗"之评的意味》，《松浦友久博士追悼记念中国古典文学论集》，2006年。

乙 2642

内山精也：《万里集九与宋诗》，《亚洲游学》93，2006年。

乙 2643

浅见洋二：《"买诗"与"卖文"》，《中国学的十字路：加地伸行博士古稀记念论集》，2006年。

乙 2644

三野丰浩：《〈宋诗别裁集〉收录的陆游的七言绝句》，《语言与文化》15，2006年。

乙 2645

笕文生：《陆游与晁氏》，《橄榄》14，2007年。

乙 2646

浅见洋二：《"焚弃"与"改定"——围绕唐宋时期别集的编纂与定本的制定》，《立命馆文学》598，2007年。

乙 2647

西上胜：《"闲人"与自然观赏——以苏轼黄州时期的题跋为中心》，《山形大学纪要（人文科学）》16—2，2007年。

乙 2648

内山精也：《长淮的诗境——从〈诗经〉到北宋末年》，《橄榄》15，2008年。

乙 2649

浅见洋二：《黄庭坚诗注的形成与黄氏〈山谷年谱〉——以真迹、石刻的活用为中心》，《集刊东洋学》100，2008年。

乙 2650

三野丰浩：《陆游的梅花绝句》，《语言与文化》18，2008年。

乙 2651

涩泽尚：《陆游与"菰"——围绕放翁诗作的本草学考察》，《学林》46、47，2008年。

乙 2652

西冈淳：《陆游蜀中乐府考》，《南山大学日本文化学科论集》8，2008年。

乙 2653

户崎哲彦：《宋代桂林的韩愈〈送桂州严大夫〉诗——唐宋"八桂"与"湘南"的变化》，《岛大言语文化》26，2009年。

乙 2654

静永健：《关于〈文苑英华〉所收的杜甫诗文（1）》，《文学研究》106，2009年。

七、文 学 史

乙2655
三野丰浩：《〈宋诗钞〉所收陆游的六言绝句》，《爱知大学文学论丛》139，2009年。

乙2656
芳村弘道：《南宋选学书〈选诗演义〉考》，《日本中国学会报》62，2010年。

乙2657
高桥文治：《元好问辞职国史院——兼论〈饮酒〉五首、〈后饮酒〉五首与陶渊明》，《中国研究（庆应义塾大学日吉纪要）》3，2010年。

乙2658
黑川桃子：《广濑淡窗对陆游诗的汲取——以"论诗诗"为中心》，《近世文艺》92，2010年。

乙2659
石本道明：《杨万里〈天问天对解〉初探》，《国学院杂志》111—2，2010年。

乙2660
须山哲治：《有关〈沧浪诗话〉的"兴趣"——以"兴"的概念为中心》，《大东文化大学汉学会志》49，2010年。

乙2661
永田知之：《〈吟窗杂录〉小考——试探其作为诗学文献的性质》，《东方学报》85，2010年。

（三）词

乙2662
中田勇次郎：《两宋词人姓氏考》，《支那学》8—2，1936年。

乙2663
中田勇次郎：《唐五代词韵考》，《支那学》8—4，1936年。

乙2664
丰田穰：《唐代词的起源——特以乐府对照》，《汉学会杂志》6—1，1938年。

乙2665
中田勇次郎：《关于词律中看到的重叠韵之例举》，《支那学》9—2，1938年。

乙2666
神田喜一郎：《本邦填词史话

（1）—（11）》，《台大文学》，1940—1943年。

乙2667
伊藤乔：《词的创始期——以李白为中心》，《东洋大学论纂》2，1942年。

乙2668
中田勇次郎：《蜀地词人李珣的〈琼瑶集〉》，《学海》3—3，1946年。

乙2669
冈崎俊夫：《天上人间——帝王词家李重光》，《中国文学》103，1948年。

乙2670
花崎采坦：《李易安》，《桃源》10，1948年。

乙2671
中田勇次郎：《姜白石的梅花词》，《东光》3，1948年。

乙2672
中田勇次郎：《唐五代词的韵律》，《大谷学报》28—3、28—4，1949年。

乙2673
神田喜一郎：《宋元时期缁流的填词作家》，《佛教史学》2—1，1951年。

乙2674
田中谦二：《论欧阳修的词》，《东方学》7，1953年。

乙2675
村上哲见：《烛背、灯背——读词琐记》，《中国文学报》1，1954年。

乙2676
田森襄：《从诗形上看短句》，《埼玉大学纪要（人文社会科学篇）》3，1954年。

乙2677
小川环树：《苏东坡〈念奴娇·赤壁怀古〉》，《中国的名著：仓石博士还历记念》，1961年。

乙2678
小川环树：《辛弃疾〈菩萨蛮·愁孤台下〉》，《中国文学报》14，1961年。

乙2679
青山宏：《关于唐宋词中的梦回之语》，《日本大学樱丘高等学校研究纪要》1，1967年。

乙2680
青山宏：《唐宋词中的梦境的描写——李煜的词〈喜迁莺〉》，《日本大学樱丘高等学校研究纪要》1，1967年。

乙2681
长田夏树：《诗词的接合点"乐章集"——宋词札记之一》，《神户外大论丛》19—3，1968年。

七、文　学　史

乙2682
村上哲见：《论张子野的词》，《吉川博士退休记念中国文学论集》，1968年。

乙2683
西纪昭：《东坡的初期送别词》，《中国中世文学研究》7，1968年。

乙2684
长田夏树：《晁端礼与苏门：琴趣外篇的词人们——宋词札记之二》，《神户外大论丛》21—3，1970年。

乙2685
垂水英彦：《关于李清照的创作》，《中国文学论集》1，1970年。

乙2686
青山宏：《李清照词的特色》，《汉学研究》7，1970年。

乙2687
村上哲见：《"词"名的变迁——对于"词"的认识》，《日本中国会学报》23，1971年。

乙2688
波多野太郎：《读词杂志》，《中国的语言与文学：鸟居久靖先生花甲记念论集》，1972年。

乙2689
村上哲见：《关于柳耆卿词形态方面之特色》，《东方学》43，1972年。

乙2690
村上哲见：《东坡词札记二则》，《集刊东洋学》29，1973年。

乙2691
村上哲见：《柳耆卿词综论》，《东北大学教养部纪要》17，1973年。

乙2692
横山伊势雄：《东坡词论考——作词场合与作品分析》，《东京教育大学文学部纪要》92，1973年。

乙2693
村上哲见：《关于周美成的词》，《东北大学教养部纪要》19，1974年。

乙2694
村上哲见：《论苏东坡的词》，《入矢教授、小川教授退休记念中国文学语学论集》，1974年。

乙2695
中原健二：《关于柳永词——其艳词之一考察》，《中国文学报》25，1975年。

乙2696
野口一雄：《柳永的羁旅词——常用语之一考察》，《日本中国学会报》29，1977年。

乙2697
青山宏：《秦少游词论稿（1）》，《汉学研究》16、17合刊号，

乙2698

青山宏：《玉田词论稿》，《东洋文化》58，1978年。

乙2699

岩城秀夫：《梅花与还魂——苏轼再起的悲歌》，《日本中国学会报》30，1978年。

乙2700

野口一雄：《东坡词题注小考》，《中哲文学会报》3，1978年。

乙2701

青山宏：《秦少游词论稿（2）》，《日本大学人文科学研究所研究纪要》23，1980年。

乙2702

青山宏：《宋人词话集（1）》，《汉学研究》18、19合刊号，1980年。

乙2703

山本和义：《黄州的苏轼与〈赤壁赋〉》，《书论》20，1982年。

乙2704

宇野直人：《关于柳耆卿词作的基本态度》，《中国文学研究》8，1982年。

乙2705

青山宏：《宋人词话集（2）》，《汉学研究》20，1983年。

乙2706

宇野直人：《柳耆卿词论序说》，《早稻田大学大学院文学研究科纪要附录》9，1983年。

乙2707

宇野直人：《作为诗语的"狂"与柳耆卿的词》，《中国文学研究》9，1983年。

乙2708

长田夏树：《宋词雅俗言助语辞杂验——关于宋词文学语言中的雅俗》，《神户外大论丛》35—2，1984年。

乙2709

村上哲见：《陶枕词考——〈全宋词〉补遗三首》，《奈良女子大学文学部研究年报》28，1984年。

乙2710

青山宏：《秦少游词论稿（3）》，《日本大学人文科学研究所研究纪要》29，1984年。

乙2711

萩原正树：《关于王沂孙的咏物词》，《学林》4，1984年。

乙2712

宇野直人：《关于柳永的对句法》，《中国文学研究》10，1984年。

乙2713

宇野直人：《柳永中"宋玉"的意义》，《中国诗文论丛》3，1984年。

乙2714

清水茂：《对仗与反复——苏轼

七、文 学 史

〈水调歌头〉"人有悲欢离合，月有阴晴圆缺"的手法》，《古田敬一教授退官记念中国文学语学论集》，1985年。

乙2715
松尾肇子：《〈词源〉与〈乐府指迷〉》，《日本中国学会报》37，1985年。

乙2716
村上哲见：《吴文英（梦窗）及其词》，《中国诗人论：冈村繁教授退官记念论集》，1986年。

乙2717
高畑常信：《苏东坡的赤壁赋及其周边》，《香川大学国文研究》11，1986年。

乙2718
青山宏：《宋人词话集（3）》，《汉学研究》22、23、24，1985、1986年。

乙2719
萩原正树：《从词牌来看柳永与周邦彦》，《学林》8，1986年。

乙2720
萩原正树：《柳永与太晟府》，《学林》7，1986年。

乙2721
石本道明：《关于苏轼的蟠溪祷雨》，《汉文学会会报》31，1986年。

乙2722
保苅佳昭：《词对东坡的意义——特通过与诗比较》，《汉学研究》25，1987年。

乙2723
青山宏：《宋代"寒食""清明"词与风土》，《日本大学人文科学研究所研究纪要》33，1987年。

乙2724
佐井雅美：《宋词入声押韵常用字考》，《汉学研究》25，1987年。

乙2725
明木茂夫：《白石道人歌曲的旋律与词牌》，《中国文学论集》17，1988年。

乙2726
青山宏：《北宋的词论（1）》，《日本大学人文科学研究所研究纪要》35，1988年。

乙2727
青山宏：《宋人词话集（4）》，《汉学研究》26，1988年。

乙2728
佐井雅美：《宋词入声韵词牌调考》，《汉学研究》26，1988年。

乙2729
保苅佳昭：《从苏东坡的词来看"狂"》，《汉学研究》27，1989年。

乙 2730

黑坂满辉：《关于周敦颐的〈爱莲说〉》，《福井大学教育学部纪要（人文科学）》37，1989年。

乙 2731

萩原正树：《柳永的后半生及其词》，《学林》12，1989年。

乙 2732

宇野直人：《柳永词中的词牌与题材》，《中国文学研究》15，1989年。

乙 2733

宇野直人：《柳永所用词牌一览表》，《中国诗文论丛》8，1989年。

乙 2734

保苅佳昭：《关于苏东坡词中可见的"雨"——特以雨停风景描写为中心》，《汉学研究》28，1990年。

乙 2735

大地武雄：《（文苑）苏东坡与赤壁》，《新汉文教育》11，1990年。

乙 2736

青山宏：《宋人词话集（5）》，《汉学研究》28，1990年。

乙 2737

宇野直人：《关于柳永的羁旅词中的创作态度》，《中国文学研究》16，1990年。

乙 2738

宇野直人：《柳永的词风与北宋的城市生活》，《日本中国学会报》42，1990年。

乙 2739

保苅佳昭：《关于苏东坡词中可见的"梦"之语——特以其对世间的认识为中心》，《汉学研究》29，1991年。

乙 2740

波多野太郎：《〈赤壁赋〉的主题及其基盘》，《新汉文教育》12，1991年。

乙 2741

村上哲见：《姜白石词序说》，《日本中国学会报》43，1991年。

乙 2742

明木茂夫：《词学中记谱法的结构》，《日本中国学会报》43，1991年。

乙 2743

青山宏：《宋人词话集（6）》，《日本大学文理学部人文科学研究所研究纪要》42，1991年。

乙 2744

宇野直人：《关于柳永的假说手法——以〈长相思〉词及离别词为线索》，《竹田晃先生退官记念东亚洲文化论丛》，1991年。

七、文 学 史

乙 2745
内山精也：《苏轼次韵词考——以诗词间可见的次韵异同为中心》，《日本中国学会报》44，1992年。

乙 2746
青山宏：《宋人词话集（7）》，《日本大学文理学部人文科学研究所研究纪要》44，1992年。

乙 2747
保苅佳昭：《关于柳永词中可见的"雨"之语——特以雨停风景描写为中心》，《商学集志人文科学篇》24—2、3，1993年。

乙 2748
保苅佳昭：《关于苏东坡词中可见的"多情"之语》，《商学集志人文科学篇》25—1，1993年。

乙 2749
保苅佳昭：《关于王安石的词》，《橄榄》5，1993年。

乙 2750
保苅佳昭：《关于直至唐朝的诗中可见的"多情"之语——以考察苏东坡词中"多情"之语为目的》，《商学集志人文科学篇》22—3，1993年。

乙 2751
村上哲见：《读宋词（2）——北宋的词》，《中国语》403，1993年。

乙 2752
村上哲见：《读宋词（3）——南宋的词、词的乐曲》，《中国语》404，1993年。

乙 2753
高畑常信：《苏东坡的"中秋词"》，《香川大学国文研究》18，1993年。

乙 2754
明木茂夫：《〈词源〉犯调考——其"犯"的意义》，《文学研究》90，1993年。

乙 2755
青山宏：《宋人词话集（8）》，《日本大学文理学部人文科学研究所研究纪要》46，1993年。

乙 2756
砂山稔：《关于欧阳修的青词——欧阳修与道教思想》，《东方宗教》81，1993年。

乙 2757
青山宏：《宋人词话集（9）》，《日本大学文理学部人文科学研究所研究纪要》48，1994年。

乙 2758
宇野直人：《关于柳永怀古词中可见的结构意识》，《中国文学研究》20，1994年。

乙 2759
越野美纪：《菩萨蛮考》，《御

茶水女子大学中国文学会报》13，1994年。

乙2760
正木佐枝子：《关于苏轼的婉约词——根据与北宋词风的相关性》，《中国文学论集》23，1994年。

乙2761
明木茂夫：《〈词源〉宫调俗名考——其命名方法中可见的"换读结构"》，《中国文学论集》24，1995年。

乙2762
青山宏：《关于李弥逊的词》，《栗原圭介博士颂寿记念东洋学论集》，1995年。

乙2763
宇野直人：《历代七夕诗的变迁与柳永的〈二郎神〉词》，《宋代的规范与习俗》，1995年。

乙2764
宇野直人：《关于柳永的咏物词中可见的创作态度》，《中村璋八博士古稀记念东洋学论集》，1996年。

乙2765
森博行：《关于陆游〈钗头凤〉一词》，《大谷女子大学纪要》31—2，1997年。

乙2766
日野俊彦：《关于评语"豪放"的产生——以对苏轼词的评价为中心》，《新汉字汉文教育》27，1998年。

乙2767
小林忠雄：《苏轼〈赤壁赋〉小考》，《国学院中国学会报》44，1998年。

乙2768
正木佐枝子：《关于考察日期前后的〈赤壁赋〉主题——特以〈后赤壁赋〉为焦点》，《中国文学论集》27，1998年。

乙2769
萩原正树：《高阳台、庆春泽与庆春宫》，《橄榄》8，1999年。

乙2770
中原健二：《李清照——作为宋代词人、学者、才女的代表》，《中国学月刊》117，1999年。

乙2771
森博行：《关于陆游的"清商怨"词》，《兴膳教授退官记念中国文学论集》，2000年。

乙2772
松尾肇子：《关于张炎〈词源〉的清空说》，《中国文人的思考与表现：村上哲见先生古稀记念》，2000年。

乙2773
汤浅阳子：《关于苏轼的〈黄州雪堂记〉》，《兴膳教授退官记

七、文　学　史

念中国文学论集》，2000 年。

乙 2774

村越贵代美：《关于姜夔〈凄凉犯〉中的犯调》，《御茶水女子大学中国文学会报》20，2001 年。

乙 2775

三野丰浩：《姜夔〈除夜自石湖归苕溪〉十首浅释》，《爱知大学文学论丛》124，2001 年。

乙 2776

芳村弘道、萩原正树：《资料介绍：唐圭璋氏〈全宋词〉编纂的一个过程——通过寄中田勇次郎先生的两封唐氏书函——附词学文库分类目录补遗、正误表》，《学林》35，2002 年。

乙 2777

萩原正树：《全宋词律谱未收词牌考——寇准至欧阳修》，《学林》34，2002 年。

乙 2778

保苅佳昭：《苏轼词编年研究——中国古典文学研究中的日本人的研究领域》，《日本大学精神文化研究所纪要》34，2003 年。

乙 2779

池田智幸：《贺铸词中乐府文学的影响——〈寓声词牌〉小考》，《学林》36、37，2003 年。

乙 2780

池田智幸：《宋代〈六州歌头〉考（上）》，《学林》38，2003 年。

乙 2781

藤原祐子：《柳永词论——其故事性与表现》，《中国研究集刊》34，2003 年。

乙 2782

笕久美子：《陆游与"错、错、错"》，《中国》21—20，2004 年。

乙 2783

池田智幸：《宋代〈六州歌头〉考（下）》，《学林》39，2004 年。

（四）曲

乙 2784

盐谷温：《宋杂剧》，《斯文》2—2，1920 年。

乙 2785

青木正儿：《南北曲源流考》，《狩野教授还历记念支那学论丛》，1928年。

乙2786

入矢义高:《东坡梦》,《支那学》12—5，1947年。

乙2787

入矢义高:《北宋的演艺（上）——以〈东京梦华录〉中京瓦伎艺的文章为中心》,《东光》8，1949年。

乙2788

入矢义高:《北宋的演艺（下）——以〈东京梦华录〉中京瓦伎艺的文章为中心》,《东光》9，1949年。

乙2789

水谷真成:《金元戏曲方言考》,《东光》8，1949年。

乙2790

中川薰:《从〈宋元戏曲史〉看到的王国维的戏曲观》,《鸟取大学学艺学部研究报告（人文科学）》4，1953年。

乙2791

岩城秀夫:《宋代戏剧管窥——以陆游、刘克庄诗为资料》,《中国文学报》19，1964年。

乙2792

田中谦二:《院本考——戏剧观念的意向之物》,《日本中国学会报》20，1968年。

乙2793

田仲一成:《论南宋时代福建地方剧》,《日本中国学会报》22，1970年。

乙2794

川上忠雄:《金元时代的剧场与观众》,《千叶商大论丛》13—3，1975年。

乙2795

川上忠雄:《宋代的傀儡戏与亲剧》,《千叶商大论丛》12—4，1975年。

乙2796

岩城秀夫:《温州杂剧考——宋代戏剧初探》,《日本中国学会报》28，1976年。

乙2797

辻宏一:《关于唐宋大曲的构成与"序破急"的构成》,《文学·语学》80、81，1978年。

乙2798

高桥文治:《金元墓的孝子图与元曲》,《未名》8，1989年。

乙2799

阿部泰记:《地方剧〈秦香莲〉的内容与特色》,《中国文学论集》24，1995年。

乙2800

村越贵代美:《姜夔"征招""角招"词考》,《东方学》90，1995年。

乙2801

福冈正博:《作为弑母的目连戏》,《中国俗文学研究》11，1995年。

七、文　学　史

乙 2802

池泽滋子：《丁谓与西昆酬唱集》，《日本中国学会报》50，1998年。

乙 2803

田仲一成：《南戏〈拜月亭记〉文本的流传与分化》，《日本中国学会创立五十年记念论文集》，1998年。

乙 2804

池泽滋子：《钱易试论——〈西昆酬唱集〉周边的文人研究》，《橄榄》11，2002年。

乙 2805

绿川英树：《文字之乐——梅尧臣晚年的唱和活动"乐"的共同体》，《中国文学报》65，2002年。

乙 2806

岩城秀夫：《丁都赛杂剧雕砖出土的意义——北宋演剧流转探寻》，《中国语言文化研究》2，2002年。

乙 2807

冈本不二明：《斋郎考——围绕宋代歌舞戏的一个问题》，《中国文史论丛》5，2009年。

（五）文　　集

乙 2808

泽田总清：《宋元的选学》，《大东文化学报》2，1940年。

乙 2809

木村三四吾：《宋版刘梦得文集解题》，《天理图书馆报》4，1955年。

乙 2810

梅津幸子：《元遗山的〈中州集〉》，《九州中国学报》23，1981年。

乙 2811

森野繁夫：《宋代李善注文选》，《东方学》64，1982年。

乙 2812

大野修作：《黄庭坚集的文本》，《鹿儿岛大学文科报告》19，1983年。

乙 2813

深泽一幸：《读陈起著〈芸居乙稿〉》，《中国近代的城市与文化》，1984年。

乙 2814

矢渊孝良：《〈洞天清禄集〉中可见的文房趣味（上）》，《金泽大学教养部论集（人文科学篇）》25—1，1987年。

乙2815
东英寿：《欧阳修编纂〈居士集〉的意图》，《中国文学论集》17，1988年。

乙2816
石本道明：《苏轼〈祷祝文〉小考》，《国学院大学大学院纪要》（文学研究科）19，1988年。

乙2817
萩原正树：《晏几道与〈花间集〉》，《学林》14、15，1990年。

（六）小　　说

乙2818
狩野直喜：《水浒传与中国戏曲》，《艺文》1—5，1910年。

乙2819
吉川幸次郎：《中国小说论》，《中国文学时报》2，1936年。

乙2820
斋藤护一：《全像水浒传的出现》，《中国文学月报》2，1936年。

乙2821
仁井田陞：《从中国近世的戏曲小说中所窥见的私法》，《中田先生还历祝贺法制史论集》，1937年。

乙2822
长泽规矩也：《大唐三藏法师取经记与大唐三藏取经诗话》，《书志学》13—6，1939年。

乙2823
中桥一夫：《〈中国小说〉与西欧的精神》，《中国文学》69，1941年。

乙2824
入矢义高：《关于话本的性质》，《东方学报》12—3，1942年。

乙2825
入矢义高：《水浒传的结构》，《京都汉学大会纪要》，1942年。

乙2826
入矢义高：《关于宋代的讲谈》，《学艺》1—2，1943年。

乙2827
神谷衡平：《关于宋人的小说》，《中国语杂志》5—1，1950年。

七、文　学　史

乙 2828
　田中谦二：《董西厢里所见俗语助词》，《东方学报》18，1950年。

乙 2829
　相浦杲：《水浒传的语言》，《东方学》5，1950年。

乙 2830
　上村幸次：《从醉翁谈录看宋代的说话》，《山口大学文学会志》4—2，1953年。

乙 2831
　白木直也：《关于杨定见〈水浒传〉"发凡"的解释》，《广岛大学文学部纪要》8，1955年。

乙 2832
　大龙一雄：《白蛇传研究（第一回）》，《分析》3，1955年。

乙 2833
　志田不动麿：《水浒传与花石纲》，《神户大学文学会研究》6，1955年。

乙 2834
　内田道夫：《从短篇看中国小说的传统——以南宋的志怪小说为中心》，《东京支那学报》2，1956年。

乙 2835
　稻田尹：《〈醉翁谈录〉和〈太平广记〉》，《神田博士还历记念书志学论集》，1957年。

乙 2836
　稻田尹：《宋元话本类型考（1）》，《鹿儿岛大学文科报告》7，1958年。

乙 2837
　内田道夫：《近世小说的样式——以变文的影响为中心》，《文化》22—5，1958年。

乙 2838
　小西升：《宋元话本的结构》，《中国文艺座谈会》11，1958年。

乙 2839
　泽田瑞穗：《关于话本小说的"发迹变泰"》，《天理大学学报》10—2，1958年。

乙 2840
　稻田尹：《宋元话本类型考（2）》，《鹿儿岛大学文科报告》8，1959年。

乙 2841
　稻田尹：《宋元话本类型考（3）》，《鹿儿岛大学文科报告》9，1960年。

乙 2842
　千叶熙：《水浒传式的社会》，《历史教育》8—8，1960年。

乙 2843
　船津富彦：《苏东坡的小说观》，《东洋文学研究》9，1961年。

乙 2844
桑山龙平：《金瓶梅饮食考（1）》，《中文研究》1，1961年。

乙 2845
桑山龙平：《金瓶梅饮食考（2）》，《天理大学学报》13—1，1961年。

乙 2846
小野忍：《金瓶梅》，《中国的名著：仓石博士还历记念》，1961年。

乙 2847
桑山龙平：《金瓶梅饮食考（3）》，《中文研究》2，1962年。

乙 2848
稻田尹：《宋元话本类型考（4）》，《鹿儿岛大学文科报告》13，1964年。

乙 2849
前野直彬：《关于宋人传奇》，《集刊东洋学》11，1964年。

乙 2850
增田涉：《论所谓"话本"》，《人文研究》16—5，1965年。

乙 2851
阿部兼也：《关于宋代水浒传说》，《集刊东洋学》16，1966年。

乙 2852
宫崎市定：《有两位宋江吗？》，《东方学》34，1967年。

乙 2853
金丸邦三：《论宋代小说话本的形式》，《东京外语大学论集》15（文学、语学特集号），1967年。

乙 2854
大内田三郎：《〈水浒传〉的语言——以评林本〈水浒传〉的用语为中心》，《天理大学学报》21-3，1970年。

乙 2855
宫崎市定：《水浒传（序言）——虚构中的史实》，中央公论社，1972年。

乙 2856
相田洋：《水浒传的世界——中国民众的世界观》，《历史学研究》394，1973年。

乙 2857
横山伊势雄：《宋"话本"中的人物形象》，《东京教育大学文学部纪要》102，1975年。

乙 2858
阿部泰记：《关于金瓶梅的通俗性》，《文学研究》73，1976年。

乙 2859
长尾光之：《"水浒"集团的形成与性质》，《福岛大学教育学部论集（人文科学）》28—2，1976年。

乙 2860
宫田一郎：《金瓶梅的语言

七、文　学　史

（1）》，《人文研究》29—7，1977年。

乙2861

相田洋：《变文的世界》，《福冈教育大学纪要》26—2，1977年。

乙2862

宫田一郎：《金瓶梅的语言（2）》，《人文研究》30—2，1978年。

乙2863

传田章：《桂英死报——王魁说话》，《中国文学的女性形象》，1982年。

乙2864

木田知生：《从包拯到"包公"》，《龙谷大学论集》422，1983年。

乙2865

村山郁子：《宋代以后对〈李娃传〉的基础性考察》，《汉文学会会报》30，1984年。

乙2866

村上公一：《宋元明短篇白话小说中描述的冤罪》，《名古屋大学中国语学文学论集》4，1984年。

乙2867

涩谷誉一郎：《关于南宋〈说话四家〉》，《艺文研究》49，1986年。

乙2868

外山军治：《〈松漠纪闻〉杂考》，《神田喜一郎博士追悼中国学论集》，1986年。

乙2869

大西阳子：《〈容斋随笔〉中所见的表现形式——在与读者的联系中》，《御茶水女子大学中国文学会报》6，1987年。

乙2870

村上公一：《〈三言二拍〉中的判语、判语》，《名古屋大学文学部研究论集》103，1988年。

乙2871

冈本不二明：《某妓女的传说——南宋志怪小说管见》，《人文》12，1988年。

乙2872

尾崎保子：《宋代话本小说〈陈巡检海岭失妻记〉考》，《学苑》579，1988年。

乙2873

森纪子：《新都的杨氏与小说二题》，《明末清初时期的研究》，1989年。

乙2874

繁原央：《〈离魂记〉的变容——其公案小说化》，《汉文学会会报》36，1990年。

乙2875

冈本不二明：《宋代美人局考——犯罪与演剧》，《高知大国文》21，1990年。

乙 2876
野崎充彦：《梦说话类型考——以〈太平广记〉为中心》，《中国学志》（大阪市立大学）5，1990年。

乙 2877
菅谷省吾：《关于〈太平广记〉所收录的龙说——龙与人的接近》，《四条畷学园女子短期大学研究论集》25，1991年。

乙 2878
竹村则行：《〈梅妃传〉的作者及其成书时期》，《高校通信东书国语》313，1991年。

乙 2879
寺田隆信：《关于"出九"的语义》，《集刊东洋学》67，1992年。

乙 2880
冈本不二明：《王魁说话考》，《东方学》86，1993年。

乙 2881
中钵雅量：《宋金说话的地区性——以〈五代史〉〈说三分〉语为中心》，《爱知教育大学研究报告（人文科学）》42，1993年。

乙 2882
佐竹靖彦：《水浒传里的传统》，《中国的传统社会与家庭：柳田节子老师古稀记念》，1993年。

乙 2883
丰后宏记：《胡与猴——关于〈大唐三藏取经诗话〉的猴行者形象的形成》，《学林》20，1994年。

乙 2884
冈本不二明：《关于〈夷坚志·甲志〉二十卷的成立过程》，《冈山大学文学部纪要》21，1994年。

乙 2885
冈本不二明：《关于〈夷坚志·乙志〉二十卷的成立过程》，《冈山大学文学部纪要》23，1995年。

乙 2886
冈本不二明：《宋代话本〈陈巡检海岭失妻记〉再考》，《宋代的规范与习俗》，1995年。

乙 2887
日下翠：《身为官商的西门庆》，《九州大学大学院比较社会文化研究科纪要》1，1995年。

乙 2888
中里见敬：《关于话本小说与白话文的起源——以〈六十家小说〉的版本特点为线索》，《山形大学纪要（人文科学）》13—2，1995年。

乙 2889
东英寿：《关于欧阳修的〈归田录〉》，《九州中国学会报》34，1996年。

七、文　学　史

乙2890
笕文生：《从欧阳修〈归田录〉（1）—（3）——国家、困、一方》，《中国语》435—437，1996年。

乙2891
胜山稔：《有关中国白话小说中引用历史史料的价值——以其方式方法与整理问题点为中心》，《史境》33，1996年。

乙2892
胜山稔：《中国史研究与"小说"——对其可能性的摸索》，《史滴》18，1996年。

乙2893
增子和男：《〈死神〉谈议——以中国古代小说为中心》，《梅光女学院大学公开讲座论集》38，1996年。

乙2894
奥村佳代子：《僧侣欺骗人妻的故事——短篇小说的定型化与普通化》，《关西大学中国文学会纪要》20，1999年。

乙2895
胜山稔：《关于白话小说研究中"话本"的定义》，《东北大学大学院国际文化研究科论集》7，1999年。

乙2896
氏冈真士：《〈宣和遗事〉与吕中》，《中国古典小说研究》5，1999年。

乙2897
西上胜：《情史的产生——围绕〈太平广记〉第二七四〈情感〉》，《未名》17，1999年。

乙2898
大塚秀高：《天书与泰山——〈宣和遗事〉中的〈水浒传〉精致之谜》，《东洋文化研究所纪要》140，2000年。

乙2899
材木谷敦：《儿童与文字与小说——围绕〈警世通言〉序的"通俗性"》，《中央大学文学部纪要》184，2001年。

乙2900
大木康：《小说始于宋代仁宗》，《知识分子诸相——以中国宋代为基点》，2001年。

乙2901
大塚秀高：《读〈水浒传〉》，《读中国的英雄豪杰》，2002年。

乙2902
大塚秀高：《〈绿窗新话〉中的宋代小说话本的特点——围绕"遇"（附：绿窗新话、新话摭撷粹对照表）》，《中国古典小说研究》7，2002年。

乙2903
福田知可志：《女侠的故事——关于〈夷坚志〉〈侠妇人〉》，《中国学志》17，2002年。

乙2904

笠井直美：《"我们"的境界——岳飞故事的通俗文艺言论中的国家与民族（上）》，《语言文化论集》23—2，2002年。

乙2905

笠井直美：《"我们"的境界——岳飞故事的通俗文艺言论中的国家与民族（下）》，《语言文化论集》24—1，2002年。

乙2906

原濑隆司：《评话本〈岳飞〉的语言》，《大东文化大学纪要（人文科学）》40，2002年。

乙2907

中野美代子：《〈清明上河图〉是〈金瓶梅〉的亲生父母？》，《读〈清明上河图〉》，2003年。

乙2908

大塚秀高：《瘟神的物语——宋江的字为什么是公明》，《首届明代文学国际研讨会论文集》，2004年。

乙2909

盐卓悟：《唐宋代的屠杀、肉食观——以〈太平广记〉、〈夷坚志〉为线索》，《史泉》105，2007年。

乙2910

林雅清：《鲁智深形象再考（上）、（下）》，《千里山文学论集》79、80，2008年。

乙2911

大塚秀高:《宋代的通俗类书——从〈青琐高议〉的结构、内容来看》，《日本亚洲研究》6，2009年。

乙2912

户仓英美、上原究一、铃木弥生、武井遥香、铃木政光：《读〈太平广记〉——落入虎口的故事》，《东京大学中国语中国文学研究室纪要》12，2009年。

乙2913

上悠纪：《〈夷坚志〉中的女性——统计分析的尝试》，《上智史学》54，2009年。

乙2914

大桥由治：《文言小说研究序说——〈青琐高议〉》，《大东文化大学纪要（人文科学）》48，2010年。

（七）年　　谱

乙2915
中田勇次郎：《秦淮海诗文年谱》，《支那学》10，1942年。

乙2916
仓田淳之助：《施宿编东坡先生年谱的发现》，《东方学报》36，1964年。

乙2917
长尾正和：《苏东坡年谱》，《墨美》255，1975年。

乙2918
西野贞治：《关于苏诗的注与年谱》，《神田喜一郎博士追悼中国学论集》，1986年。

乙2919
内山精也：《张先和韵词二首系年稿——夏承焘〈张子野年谱〉补正》，《中国诗文论丛》10，1991年。

乙2920
后藤淳一：《秦观年谱考（上）》，《中国诗文论丛》12，1993年。

乙2921
后藤淳一：《秦观年谱考（中）——（1）》，《中国诗文论丛》13，1994年。

乙2922
后藤淳一：《秦观年谱考（中）——（2）》，《中国诗文论丛》14，1995年。

乙2923
石本道明：《宋代诗人年谱目录稿北宋篇——〈宋诗选注〉所收录的按诗人分类的宋代文学研究文献目录（4）》，《橄榄》6，1995年。

乙2924
矢田博士：《晁端友略年谱稿》，《橄榄》6，1995年。

乙2925
一海知义：《市河宽齐的〈陆放翁年谱〉》，《日本中国学会创立五十年记念论文集》，1998年。

乙2926
市河宽斋：《〈陆游年谱〉释文》，《未名》28，2010年。

（八）史料研究与整理

乙 2927
竹内照夫：《放翁私议》，《东京支那学会报》10，1952年。

乙 2928
竹内照夫：《放翁私议补遗》，《东京支那学会报》11，1952年。

乙 2929
船津富彦：《〈沧浪诗话〉源流考》，《东洋文学研究》7，1959年。

乙 2930
横山伊势雄：《〈沧浪诗话〉研究》，《东京教育大学文学部纪要》62，1967年。

乙 2931
黑川洋一：《关于中唐至北宋杜甫资料的发现》，《四天王寺女子大学纪要》3，1970年。

乙 2932
村山吉广：《太宰春台的〈朱氏诗传膏肓〉——徂徕学中的〈诗经〉》，《诗经研究》1，1974年。

乙 2933
清水洁：《关于王安石的〈周南诗词解〉》，《宇野哲人先生白寿祝贺协议记念东洋学论丛》，1974年。

乙 2934
高岛俊男：《水浒传语汇词典稿——C部分》，《冈山大学法文学部学术纪要（文学编）》38，1978年。

乙 2935
高岛俊男：《水浒传语汇词典稿——F部分》，《冈山大学法文学部学术纪要（文学编）》39，1978年。

乙 2936
外山军治：《洪皓与〈松漠纪闻〉》，《爱泉女子短大纪要》12、13，1978年。

乙 2937
相田洋：《〈三言〉的世界》，《福冈教育大学纪要》28，1978年。

乙 2938
外山军治：《〈松漠纪闻〉的作者洪皓》，《金朝史研究》，1979年。

乙 2939
原田种成：《宋史文苑传札记（1）》，《大东文化大学汉学会志》20，1981年。

乙 2940
大塚秀高：《从公案话本到公案

七、文学史

小说集——在〈丙部小说之末流〉的话本研究中所占位置》，《集刊东洋学》47，1982年。

乙2941

原田种成：《宋史文苑传札记（2）》，《大东文化大学汉学会志》21，1982年。

乙2942

丰福健二：《〈六一诗话〉的成立》，《小尾博士古稀记念中国学论集》，1983年。

乙2943

丰福健二：《〈六一诗话附录〉笔记（上）》，《武库川国文》21，1983年。

乙2944

原田种成：《宋史文苑传札记（3）》，《大东文化大学汉学会志》22，1983年。

乙2945

丰福健二：《〈六一诗话附录〉笔记（中）》，《武库川国文》23，1984年。

乙2946

吉田公平：《关于钱绪山〈王文成公全书〉所收录的〈文录续篇〉的编纂》，《东北大学教养部纪要》41—1，1984年。

乙2947

原田种成：《宋史文苑传札记（4）》，《大东文化大学汉学会志》23，1984年。

乙2948

丰福健二：《〈六一诗话附录〉笔记（下）》，《武库川国文》25，1985年。

乙2949

石田肇：《高似孙撰〈史略〉相关基础性考察》，《群马大学教育学部纪要（人文·社会科学篇）》35，1985年。

乙2950

中岛敏：《庄季裕〈鸡肋篇〉——关于其结构排列》，《东洋学报》66，1985年。

乙2951

村上哲见：《再议陆游〈剑南诗稿〉——附〈渭南文集〉杂记》，《神田喜一郎博士追悼中国学论集》，1986年。

乙2952

近藤一成：《围绕〈长编〉中收录的——则苏东坡逸话》，《亚洲年代记的研究》（昭和六十年度科学研究费补助金综合的研究（A）研究成果报告），1986年。

乙2953

原田种成：《宋史文苑传札记（5）》，《大东文化大学汉学会志》25，1986年。

乙 2954
市来津由彦：《闽北的朱松与朱熹——围绕程氏语录资料的收集》，《集刊东洋学》62，1989 年。

乙 2955
中森健二：《葛立方传考》，《学林》12，1989 年。

乙 2956
内山精也：《郭祥正〈青山集〉考（上）》，《橄榄》3，1990 年。

乙 2957
内山精也：《钱钟书〈宋诗选注〉的读法——向王水照教授（复旦大学中文系）请教》，《橄榄》4，1991 年。

乙 2958
小林徹行：《漱玉词的辑本系谱与作品辨别》，《汲古》19，1991 年。

乙 2959
小松建男：《〈封陟〉本文对照表》，《筑波中国文化论丛》10，1991 年。

乙 2960
小松建男：《〈封陟〉的改作——从〈太平广记〉到〈醉翁谈录〉》，《大塚汉文学会会报》49，1991 年。

乙 2961
中村博保、金小贤：《〈西湖三塔记〉的翻译与考察》，《静冈大学教育学部研究报告（人文·社会科学篇）》43，1992 年。

乙 2962
河野绿：《范成大〈四时田园杂兴〉选释（1）》，《南山国文论集》17，1993 年。

乙 2963
矢泽仁：《关于〈临济录〉及其注释书（末疏）的见解——围绕〈名〉》，《宗学研究》35，1993 年。

乙 2964
河野绿：《范成大〈四时田园杂兴〉选释（2）》，《南山国文论集》18，1994 年。

乙 2965
名畑嘉则：《关于〈苏轼文集〉与〈二程遗书〉的重复》，《中国哲学》24，1995 年。

乙 2966
村越贵代美：《南宋对周邦彦作品的编纂》，《图书馆情报大学研究报告》14—2，1996 年。

乙 2967
佐藤一好：《关于〈拊掌录〉〈李璋题壁〉的出处——关于〈梦溪笔谈〉〈中吴纪闻〉中可见的李璋的谐谑》，《大阪教育大学日本亚洲语言文化研究》5，1998 年。

乙 2968
石本道明：《苏辙的〈诗集传〉

与朱熹的〈诗集传〉》，《国学院杂志》102—10，2001年。

乙2969
谷口义介：《〈西湖三塔记〉的成立》，《学林》35，2002年。

乙2970
盐卓悟：《作为历史史料的〈夷坚志〉——其虚构与史实》，《中国笔记小说研究》6，2002年。

乙2971
谷口义介：《〈西湖三塔记〉的结构》，《学林》36、37，2003年。

乙2972
西冈淳：《杨万里〈朝天续集〉札记》，《南山大学日本文化学科论集》3，2003年。

乙2973
西尾和子：《〈太平广记〉与〈太平御览〉的境界——以〈晋书〉与〈南史〉为线索》，《京都府立大学和汉语研究》7，2009年。

八、宗教与信仰

（一）通　论

乙2974
田横宗直：《关于宋儒的禅学研究》，《史学杂志》23—12，1912年。

乙2975
松本文三郎：《中国佛道二教的暗斗》，《高濑博士还历记念支那学论丛》，1928年。

乙2976
高雄义坚：《金代道佛两教的特征》，《支那学》5—1，1929年。

乙2977
塚本善隆：《宋朝廷的财政困难

与佛教教团》，《宗教研究》7—5，1930年。

乙2978
井上以智为：《天台山的道教与佛教》，《桑原骘藏博士还历记念东洋史论丛》，1931年。

乙2979
柴田宜胜：《道佛二教的对立》，《历史大系》6，1934年。

乙2980
三岛毅：《宋代教界的融合性倾向》，《历史大系》6，1934年。

乙2981
常盘大定：《儒佛两教交涉史中金朝的李屏山》，《东方学报》6，1936年。

乙2982
畑中净园：《宋代居士的概况及其印施活动》，《大谷学报》2，1953年。

乙2983
荒木见悟：《儒佛在真心上的对立——宋明思想研究札记》，《九州中国学会报》7，1961年。

乙2984
窪德忠：《宋代的道教与摩尼教》，《和田博士古稀记念东洋史论丛》，1961年。

乙2985
窪德忠：《金代的新道教与佛教——三教调和思想的看法》，《东方学》25，1963年。

乙2986
木村肥佐生：《蒙古族的古典文化与宗教》，《东洋学术研究》18，1966年。

乙2987
鸳渊一：《初期蒙古族风俗杂记——宗教礼仪特写》，《神户山手女子短期大学纪要》10，1967年。

乙2988
荒木见悟：《宋代的儒教和佛教》，《历史教育》17—3，1969年。

乙2989
重松俊章：《宋元教匪研究》，《大陆杂志》46—6，1973年。

乙2990
秋月观暎：《逍遥山王隆万寿宫与宋代士人——王安石、曾巩、朱子》，《道教研究论集：道教的思想与文化》，1977年。

乙2991
松川健二：《齐物与观物》，《北海道大学人文科学论集》14，1977年。

乙2992
竺沙雅章：《宋元时代社会与宗教的综合研究》，《科学研究费补助综合研究报告(1979年度)》，1980年。

八、宗教与信仰

乙2993
金井德幸：《社神与道教》，《道教》2，1983年。

乙2994
今井秀周：《金朝的宗教政策》，《东海女子短期大学纪要》11，1985年。

乙2995
阿部肇一：《宋代的庐山——禅与儒道》，《宗教学论集》13，1987年。

乙2996
荒木见悟：《宋元时代的佛教道教相关研究回顾》，《久留米大学比较文化研究所纪要》1，1987年。

乙2997
吾妻重二：《关于宋儒晁说之——考证学与佛教信仰》，《东方学》73，1987年。

乙2998
荒木见悟：《禅与儒教的纠葛》，《禅与哲学》，1988年。

乙2999
吉川忠夫：《胁不至席——围绕全真教与禅宗》，《禅文化研究所纪要》15，1988年。

乙3000
大野修作：《惠洪〈石门文字禅〉的文学世界》，《禅学研究》67，1989年。

乙3001
横手裕：《看话与内丹——宋元时代的佛教、道教交流的一个侧面》，《思想》814，1992年。

乙3002
田中正树：《宋代士大夫与儒教、佛教、道教》，《私学研修》139、140，1995年。

乙3003
土田健次郎：《道学与华严教学》，《华严学论集》，1997年。

乙3004
松本浩一：《宋代的葬仪：黄箓斋与儒教的葬礼》，《图书馆信息大学研究报告》20—1，2001年。

乙3005
野村英登：《关于全真教南宗吸取接纳佛教的一项考察——以翁葆光的内丹思想为例》，《东洋大学中国哲学文学科纪要》10，2002年。

乙3006
金文京：《南宋的儒佛道三教合一思想与出版：以王日休〈龙舒净土文〉与〈速成法〉为例》，《三教关联论丛》，2005年。

乙3007
吾妻重二：《有关宋代的景灵宫：道教祭祀与儒教祭祀的交叉》，《道教斋法礼仪的思想史研究》，

2006年。

乙3008
伊原弘：《泉州的异邦人与外来宗教》，《港町的世界史》，2006年。

（二）佛　　教

乙3009
胁谷扔谦：《辽代的密教》，《无尽灯》，1912年。

乙3010
胁谷扔谦：《辽金时代的佛教》，《龙谷史坛》126，1912年。

乙3011
常盘大定：《契丹的佛教》，《宗教界》10—2，1913年。

乙3012
鹫尾顺敬：《入宋僧念救》，《中央史坛》6—4，1913年。

乙3013
胁谷扔谦：《辽金佛教的中心》，《龙谷史坛》135，1913年。

乙3014
高雄义坚：《度牒考》，《六体学报》226，1920年。

乙3015
重松俊章：《宋元时期的白云宗门》，《史渊》2，1930年。

乙3016
松永有见：《宋辽时代的密教》，《密教研究》38，1930年。

乙3017
小野玄妙：《唐宋以后的观音信仰及其艺术》，《密宗学报》200，1930年。

乙3018
曾我部静雄：《宋代度牒杂考》，《史学杂志》41—6，1930年。

乙3019
野上俊静：《辽朝与佛教》，《大谷学报》13—4，1932年。

乙3020
野上俊静：《辽代佛教研究》，《摩由罗》2，1933年。

乙3021
三岛一：《唐宋寺院特权化之一瞥》，《历史学研究》4，1934年。

乙3022
野上俊静：《金帝室与佛教》，《大

八、宗教与信仰

谷学报》15—1，1934年。

乙3023

野上俊静：《辽代社会中的佛教》，《史学研究》5—3，1934年。

乙3024

冈田宜法：《北宋时期密修的状况》，《大正大学学报创立第十周年创立特辑号》21—23，1935年。

乙3025

浅海正三：《宋代朝廷与日本僧侣》，《历史教育》10—5，1935年。

乙3026

野上俊静：《金李屏山考》，《大谷学报》16—3，1935年。

乙3027

塚本善隆：《宋元时期的佛教》，《文化史大系》，1935年。

乙3028

小川贯弌：《钱氏吴越国的佛教》，《龙谷史坛》18，1936年。

乙3029

神尾弌春：《契丹佛教文献的东传》，《契丹佛教文化史考》，1937年。

乙3030

森田义三：《宋代残留的无学祖元之法嗣》，《史观》13，1937年。

乙3031

森田义三：《论道元的南宋禅林观》，《史观》12，1937年。

乙3032

田村实造：《契丹佛教的社会史考察》，《大谷学报》18—1，1937年。

乙3033

松本文三郎：《赵宋时期的释经事业》，《佛教研究》1—3，1937年。

乙3034

原田忠四郎：《僧成桑与日宋交通》，《历史地理》69—4、69—6，1937年。

乙3035

野上俊静：《辽代佛教研究的进展》，《中国佛教史学》1—3，1937年。

乙3036

小川贯弌：《关于宋代的功德坟寺》，《龙谷史坛》21，1938年。

乙3037

小林照道：《关于西夏佛教的诸研究》，《中国佛教史学》2—3，1938年。

乙3038

野上俊静：《辽代燕京的佛教》，《中国佛教史学》2—4，1938年。

乙3039

宇井伯寿：《北宗禅的信众与传教》，《佛教研究》2—3、2—4，

1938年。

乙3040

春日礼智：《辩才大师元照传与净土教》，《大谷学报》20—1，1939年。

乙3041

高雄义坚：《关于宋代净土教的一点考察》，《佛教学会年报》11，1939年。

乙3042

高雄义坚：《宋以后的净土教》，《中国佛教史学》3—3、3—4，1939年。

乙3043

麻生履善：《大智律师元照的事迹》，《龙谷史坛》23，1939年。

乙3044

那波利贞：《基于佛教信仰组织的中晚唐及五代的社邑》，《史林》24—3、24—4，1939年。

乙3045

野上俊静：《关于金代的佛教的研究》，《中国佛教史学》3—2，1939年。

乙3046

野上俊静：《关于辽代的邑会》，《大谷学报》20—1，1939年。

乙3047

野上俊静：《金朝的财政政策与宗教教团》，《东洋史研究》4—6，1939年。

乙3048

常盘大定讲：《平安时代入辽的日本僧》，《东方学报（东京）》11—1，1940年。

乙3049

春日礼智：《"中国净土教"的回顾——宋代以后》，《中国佛教史学》4—2，1940年。

乙3050

高雄义坚：《宋代的度及度牒制》，《佛教研究》4—2，1940年。

乙3051

高雄义坚：《宋代僧官制度的研究》，《中国佛教史学》4—4，1940年。

乙3052

古田绍钦：《禅宗史上径山的研究》，《宗教研究》2—3，1940年。

乙3053

圭室谛成：《日本禅宗与中国禅宗的区别》，《日华佛教研究会年报》4，1940年。

乙3054

铃木中正：《初期中国禅宗宗教性体验的表现形式》，《佛教研究》4—3，1940年。

乙3055

铃木中正：《关于宋代的佛教结社》，《史学杂志》51—7，1940年。

八、宗教与信仰

乙 3056
铃木宗忠：《关于禅宗的传统说教》，《禅学研究》34，1940年。

乙 3057
山本义导：《关于蒙古佛教史的私见》，《龙谷史坛》24、25，1940年。

乙 3058
伊藤古鉴：《临济禅由四料拣区分根器》，《禅学研究》33，1940年。

乙 3059
塚本善隆：《宋代童行试经得度制度》，《中国佛教史学》4—1，1940年。

乙 3060
荻须纯道：《宋僧契嵩的思想对五山禅僧的影响》，《龙谷学报》330，1941年。

乙 3061
高雄义坚：《宋代天台宗与禅宗的抗争》，《龙谷大学论丛》331，1941年。

乙 3062
高雄义坚：《关于宋代寺院制度的一点考察——特别以其住持继承法为中心》，《中国佛教史学》5—2，1941年。

乙 3063
古田绍钦：《最近的中国禅宗史研究》，《佛教研究》5—5、5—6，1941年。

乙 3064
铃木中正：《宋代佛教结社的研究》，《史学杂志》52—1、52—2、52—3，1941年。

乙 3065
铃木中正：《关于佛教的禁戒对宋代民众生活的影响》，《宗教研究》3—1，1941年。

乙 3066
石井修道：《关于净土教研究现状的一点看法》，《佛教研究》5—5、5—6，1941年。

乙 3067
塚本善隆：《道君皇帝与空明度牒政策》，《中国佛史》4—4，1941年。

乙 3068
高雄义坚：《不可弃法师俊芿的入宋》，《中国佛教史学》5—3、5—4，1942年。

乙 3069
畑中净园：《后周世宗的废佛考》，《大谷学报》23—4，1942年。

乙 3070
塚本善隆：《成寻的入宋旅行记所见日支佛教的消长之天台山卷》，《中国佛教史学》5—3、5—4，1942年。

乙 3071
荻须纯道：《禅宗史上的南宋虚堂智愚》，《中国佛史》7—2，1943年。

乙 3072
高雄义坚：《唐宋佛教史上圭峰宗密的地位》，《龙谷史坛》30，1943年。

乙 3073
三好鹿雄：《成寻的遗迹开宝寺与现存铁塔寺的关系》，《中国佛教史学》6—3，1943年。

乙 3074
野上俊静：《契丹人与佛教》，《佛教研究》7—4，1944年。

乙 3075
小笠原宣秀：《中国近代佛教结社的问题》，《龙谷大学论集》336，1949年。

乙 3076
牧田谛亮：《后周世宗的佛教政策》，《东洋史研究》11—3，1951年。

乙 3077
小笠原宣秀：《关于中国近代净土教的一点考察》，《龙谷史坛》34，1951年。

乙 3078
阿部肇一：《钱镠的佛教政策》，《史学杂志》61—12，1952年。

乙 3079
安藤俊雄：《雪川仁岳的异议——以其哲学的根据为中心》，《大谷学报》31—3、31—4，1952年。

乙 3080
牧田谛亮：《五代佛教的特点》，《宗教研究》131，1952年。

乙 3081
小笠原宣秀：《中国近代净土教中的实践》，《龙谷史坛》37，1952年。

乙 3082
野上俊静：《宋人看金初的佛教——以松漠纪闻的记载为中心》，《佛教史学》3—2，1952年。

乙 3083
阿部肇一：《吴越忠懿王的佛教政策》，《驹泽史学》2，1953年。

乙 3084
横井圣山：《灯史的系谱》，《日本佛教学会年报》19，1953年。

乙 3085
牧田谛亮：《君主专制社会中佛教教团的立场（上）——以宋僧赞宁中心》，《佛教文化研究》3，1953年。

乙 3086
牧田谛亮：《僧史略的世界》，《印度学佛教学研究》2—1，

八、宗教与信仰

1953年。

乙3087

畑中净园:《五代佛教的一动向——精舍与书院》,《印度学佛教学研究》2—1,1953年。

乙3088

野上俊静:《征服王朝佛教史论》,《大谷学报》34—2,1953年。

乙3089

塚本俊孝:《五代南唐的王室与佛教》,《佛教文化研究》3,1953年。

乙3090

大村兴道:《从佛性论看中国的性之说》,《佛教论丛》3,1954年。

乙3091

牧田谛亮:《君主独裁社会中佛教教团的立场(下)——以宋僧契嵩为中心》,《佛教文化研究》4,1954年。

乙3092

牧田谛亮:《中国民俗佛教成立的一个过程——泗州大圣僧伽和尚》,《东方学报》25,1954年。

乙3093

畑中净园:《吴越的佛教——天台德韶及其法嗣永明延寿》,《大谷大学研究年报》7,1954年。

乙3094

小笠原宣秀:《宋僧宗颐的劝孝文》,《史学研究》54,1954年。

乙3095

塚本俊孝:《宋初的佛教与奝然》,《佛教文化研究》4,1954年。

乙3096

塚本善隆:《清凉寺中封存释迦像的东大寺奝然手印立誓书》,《佛教文化研究》4,1954年。

乙3097

牧田谛亮:《宋代佛教史学的发展》,《印度学佛教学研究》3—2,1955年。

乙3098

那波利贞:《中晚唐及五代佛教寺院俗讲中变文的演出方法》,《甲南大学文学会论集》2,1955年。

乙3099

保坂玉泉:《构成五家七宗基准的教外别传思想》,《驹泽大学研究纪要》14,1956年。

乙3100

大井际断:《赵州禅与云门禅》,《日本佛教学会年报》22,1956年。

乙3101

古田绍钦:《公案(注)历史发展形态真理性问题》,《佛教的根本真理》,1956年。

乙3102

牧田谛亮:《朝鲜战后佛教史学

的回顾和展望（近代佛教史）》，《佛教史学》5—3、4，1956年。

乙3103
青山宏：《碾玉观音中的因果思想》，《铎》2，1956年。

乙3104
增永灵凤：《中国禅宗史上五家的地位和性质》，《驹泽大学研究纪要》14，1956年。

乙3105
竺沙雅章：《宋代福建的社会与寺院》，《东洋史研究》15—2，1956年。

乙3106
古田绍钦：《现成公案（注）的意义》，《印度学佛教学研究》5—1，1957年。

乙3107
藤吉慈海：《朱子的佛教批判》，《佛教史学》6—1，1957年。

乙3108
荻须纯道：《日宋文化交流与我国的禅》，《印度学佛教学研究》7—1，1958年。

乙3109
荻须纯道：《宋代念佛禅的潮流》，《龙谷史坛》44，1958年。

乙3110
吉田贤杭：《宋儒的心性论和大乘起性论》，《文化纪要》2，1958年。

乙3111
藤泽诚：《关于契嵩非韩》，《日本中国学会报》10，1958年。

乙3112
竺沙雅章：《唐末五代福建佛教的发展》，《佛教史学》7—1，1958年。

乙3113
阿部肇一：《关于宋代佛契嵩（上）》，《驹泽史学》8，1959年。

乙3114
冈玄雄：《日本交流与南都净土教》，《佛教史学》8—1、2，1959年。

乙3115
宫之助：《入宋僧奝然的事迹（上）》，《日本历史》133，1959年。

乙3116
宫之助：《入宋僧奝然的事迹（下）》，《日本历史》134，1959年。

乙3117
横山伊势雄：《禅对宋代诗论的影响》，《汉文学会会报》18，1959年。

乙3118
今井宇三郎：《宋代的佛教思想》，《历史教育》8—6，1960年。

八、宗教与信仰

乙3119
镰田茂雄：《从华严思想看辽代密教的特征》，《印度学佛教学研究》8—2，1960年。

乙3120
石田充之：《亲鸾圣人——依宋代净土教的意义》，《龙谷大学论集》365、366，1960年。

乙3121
小川贯弌：《从亲鸾圣人看宋朝文化的各个方面》，《龙谷大学论集》365、366，1960年。

乙3122
阿部肇一：《关于宋代佛契嵩（下）》，《驹泽史学》9，1961年。

乙3123
安藤智信：《关于宋代的张商英》，《东方学》22，1961年。

乙3124
外山军治：《金代辽阳的渤海人与佛教》，《塚本博士颂寿记念佛教史论丛》，1961年。

乙3125
曾我部静雄：《宋代福州的佛教》，《塚本博士颂寿记念佛教史学论丛》，1961年。

乙3126
滋野井恬：《宋代功德史制度管窥》，《大谷学报》41—1，1961年。

乙3127
阿部肇一：《宋代黄龙派的发展——关于黄龙慧南》，《驹泽史学》10，1962年。

乙3128
金井德幸：《关于宋代的佛教》，《历史教育》10—8，1962年。

乙3129
竺沙雅章：《宋代的佛教》，《史窗》21，1962年。

乙3130
间野潜龙：《关于宋代学僧常总》，《大谷学报》42—4，1963年。

乙3131
山本荣吾：《重源入宋传之我见》，《日本历史》199，1964年。

乙3132
小笠原宣秀：《宋代居士王日休和净土教》，《结城教授颂寿记念佛教思想史论集》，1964年。

乙3133
竺沙雅章：《苏轼和佛教》，《东方学报》36（创刊三十五周年记念论集），1964年。

乙3134
柴田泰：《宋代净土教剖析——关于永明延寿》，《印度学佛教学研究》13—2，1965年。

乙3135
吉田大进：《论宋代南宗禅势力扩张的一个原因》，《东洋大学文学院纪要》2，1965年。

乙3136
阿部肇一：《南宋的大慧宗杲》，《驹泽大学文学部研究纪要》24，1966年。

乙3137
安藤智信：《王安石和佛教——以钟山隐居时期为中心》，《东方宗教》28，1966年。

乙3138
荻须纯道：《宋代禅的影响和日本文化》，《印度学佛教学研究》14—2，1966年。

乙3139
间野潜龙：《宋代的西行求法及其意义》，《印度学佛教学研究》14—2，1966年。

乙3140
小笠原宣秀：《宋元时期的净土教》，《历史教育》14—8，1966年。

乙3141
胁谷扔谦：《兴明寺的和尚和终南大师》，《龙谷史坛》84，1966年。

乙3142
中山正晃：《赵宋天台与净土宗（上）》，《龙谷史坛》56，1966年。

乙3143
中山正晃：《赵宋天台宗与净土宗（下）》，《龙谷史坛》57，1966年。

乙3144
道端良秀：《宋代佛教和人头税》，《山崎先生退官记念东洋史论集》，1967年。

乙3145
荻须纯道：《禅宗史话宋代的临济宗——黄龙和杨岐》，《禅文化》43，1967年。

乙3146
荻须纯道：《大慧宗杲禅师——禅宗史话》，《禅文化》45，1967年。

乙3147
小川贯弌：《北宋时代的公度制与祠部牒》，《龙谷史坛》58，1967年。

乙3148
小笠原宣秀：《宋元时代的居士与白衣道师》，《宗教研究》190，1967年。

乙3149
滋野井恬：《十一世纪以后中国佛教界概况》，《大谷大学研究年报》19，1967年。

乙3150
佐藤达玄：《北宋丛林经济生活——以〈禅苑清规〉为中心》，《驹泽大学佛教学部研究纪要》25，1967年。

八、宗教与信仰

乙 3151
小坂机融:《宋代寺院的僧尼制度与清规——特别以籍帐的供申与行游为中心》,《驹泽大学佛教学部研究纪要》26,1968 年。

乙 3152
小川贯弌:《宋代的受戒制与六念、戒牒》,《龙谷大学论集》385,1968 年。

乙 3153
小川贯弌:《宋代寺院的特质》,《印度学佛教学研究》17—1,1968 年。

乙 3154
中山正晃:《赵宋天台宗与净土宗(续)》,《龙谷大学佛教文化研究所纪要》7,1968 年。

乙 3155
长谷部好一:《洞门的动向及其系谱——关于芙蓉楷下》,《印度学佛教学研究》18—1,1969 年。

乙 3156
椎名宏雄:《北宋禅中的戒律问题》,《宗学研究》11,1969 年。

乙 3157
长部和雄:《赵宋时代的中国式密宗——天息灾译〈文殊义轨经〉研究》,《密宗文化》93,1970 年。

乙 3158
冈部长章:《芭蕉书翰中宋风禅要的证言——新书翰文化释义》,《印度学佛教学研究》19—1,1970 年。

乙 3159
铃木泰山:《宋代禅林的风俗礼仪——不刷牙的中国人和不洗脸的日本人》,《日本历史》260,1970 年。

乙 3160
石井修道:《大慧宗杲和他的弟子们(1)——与〈五灯会元〉的成立过程相结合》,《印度学佛教学研究》18—2,1970 年。

乙 3161
土桥秀高:《中国戒律的折射——以僧制、清规为中心》,《龙谷大学论集》393,1970 年。

乙 3162
小坂机融:《论宋代禅林的动向——围绕〈入众须知〉的性质》,《印度学佛教学研究》18—2,1970 年。

乙 3163
安藤智信:《〈宋高僧传〉与作者赞宁的立场》,《印度学佛教学研究》19—2,1971 年。

乙 3164
大村丰隆:《宋元时代的来朝僧与镰仓禅——围绕五山文学的渊源》,《东北福祉大学论丛》10,1971 年。

乙 3165
日比宣正：《赵宋天台宗两重能所观的形成》，《大崎学报》125、126，1971年。

乙 3166
三崎良周：《成寻阿阇梨和北宋的密教》，《早稻田大学文学院文学研究科纪要》17，1971年。

乙 3167
石井修道：《大慧宗杲和他的弟子们（2）——〈宗门联灯会要〉的历史性质》，《印度学佛教学研究》19—2，1971年。

乙 3168
阿部肇一：《南宋后期禅宗的动向——以虎丘派的社会立场为中心》，《佛教史学》16—1，1972年。

乙 3169
道端良秀：《宋代的大乘戒坛》，《印度学佛教学研究》21—1，1972年。

乙 3170
石井修道：《大慧宗杲和他的弟子们（3）——大慧〈正法眼藏〉与〈联灯会要〉》，《印度学佛教学研究》20—2，1972年。

乙 3171
小川弘贯：《大惠宏智所表现之如来藏、佛性》，《驹泽大学佛教学部研究纪要》30，1972年。

乙 3172
石井修道：《大慧宗杲和他的弟子们（4）——关于其著作》，《印度学佛教学研究》21—2，1973年。

乙 3173
石井修道：《大慧宗杲和他的弟子们（5）——敬畏之语着意与忘怀》，《印度学佛教学研究》22—1，1973年。

乙 3174
原田弘道：《宋朝的禅和道元禅师的立场》，《驹泽大学佛教学部研究纪要》31，1973年。

乙 3175
铃木宣邦：《赵宋天台教序说——知礼传研究》，《驹泽大学大学院佛教学研究会年报》8，1974年。

乙 3176
石井修道：《大慧宗杲和他的弟子们（6）——与真歇清了的关系》，《印度学佛教学研究》23—1，1974年。

乙 3177
小川贯弌：《苏门居士的佛法源流论》，《龙谷史坛》68、69，1974年。

乙 3178
安藤智信：《孤山智圆与明教契嵩——宋代二高僧反映的儒佛二教之地位》，《大谷学报》55—3，

八、宗教与信仰

1975 年。

乙 3179

长泽和俊：《释智猛的入竺求法行》，《东洋学术研究》14—3，1975 年。

乙 3180

今井秀周：《金朝的寺观名额的发售》，《东方宗教》45，1975 年。

乙 3181

近藤良一：《北宋禅中的念佛与净土》，《冈本素光博士喜寿记念论集》，1975 年。

乙 3182

楠俊道：《宋代清规与禅戒》，《宗学研究》17，1975 年。

乙 3183

森江俊孝：《永明延寿的人生观》，《驹泽大学佛教学部论集》6，1975 年。

乙 3184

滋野井恬：《宋代玄中寺史中的一点研究》，《佛教研究论集》，清文堂出版，1975 年。

乙 3185

安藤智信：《佛日明教契嵩传私考》，《大谷大学研究年报》29，1976 年。

乙 3186

横山秀哉：《关于宋朝禅林的伽蓝结构》，《禅研究所纪要》6，7，1976 年。

乙 3187

金井德幸：《宋代的村庄与佛教》，《佛教史学研究》18—2，1976 年。

乙 3188

赖富本宏：《中国密教之一剖面（上）——以赞宁的密教观为中心》，《南都佛教》37，1976 年。

乙 3189

铃木哲雄：《法眼宗的形成（1）》，《爱知学院大学文学部纪要》6，1976 年。

乙 3190

日置孝彦：《宋代戒律史上所出现的元照净土教》，《金泽文库研究纪要》13，1976 年。

乙 3191

石井修道：《大慧宗杲和他的弟子们（7）——真净克文与大慧宗杲》，《印度学佛教学研究》24—2，1976 年。

乙 3192

石井修道：《大慧宗杲和他的弟子们（8）——与〈真歇清了〉的关系（承前）》，《印度学佛教学研究》25—1，1976 年。

乙 3193

永井政之：《曹洞禅者与泰山灵岩寺》，《印度学佛教学研究》25—1，1976 年。

乙 3194
永井政之：《万松行秀考》，《宗教研究》230，1976年。

乙 3195
阿部肇一：《关于北宋的学僧——德洪觉范》，《驹泽史学》24，1977年。

乙 3196
久须本文雄：《程门诸子中的禅》，《禅文化研究所纪要》9，1977年。

乙 3197
赖富本宏：《中国密教之一剖面（下）——以赞宁的密教观为中心》，《南都佛教》38，1977年。

乙 3198
石井修道：《从宋代禅宗史上看道元禅的位置》，《南都佛教》39，1977年。

乙 3199
西尾贤隆：《宋代日中佛教交流史——〈禅苑清规〉与〈永丰清规〉》，《佛教史学研究》19—1，1977年。

乙 3200
永井政之：《万松行秀的禅及其周边》，《宗学研究》19，1977年。

乙 3201
春日礼智：《道元所见之宋朝佛教》，《印度学佛教学研究》27—1，1978年。

乙 3202
镜岛元隆：《如净禅师传研究》，《驹泽大学佛教学部研究纪要》36，1978年。

乙 3203
末广照纯：《唐末至宋之天台系谱》，《天台学报》20，1978年。

乙 3204
纳富常夫：《宋朝教学与谌睿（1）——华严戒律》，《金泽文库研究》24—1、2，1978年。

乙 3205
纳富常夫：《宋朝教学与谌睿（2）——华严戒律》，《金泽文库研究》24—4，1978年。

乙 3206
日置孝彦：《称名寺与宋代净土教——以性仙的〈观经疏管见钞〉为中心》，《金泽文库研究》24—1、24—2，1978年。

乙 3207
石附胜龙：《默照禅与五位思想——宏智禅师的情况》，《印度学佛教学研究》27—1，1978年。

乙 3208
石井修道：《大慧宗杲和他的弟子们（9）——关于其著作（承前）》，《印度学佛教学研究》26—2，1978年。

乙 3209
松田光次：《辽的灭亡与佛教——

八、宗教与信仰

围绕〈元史·张德辉传〉的记载》,《龙谷大学佛教文化研究所纪要》17,1978年。

乙3210
须山长治:《梁唐宋高僧传的一点考察(1)——习禅者与达摩系禅僧》,《印度学佛教学研究》26—2,1978年。

乙3211
阿部肇一:《北宋末的法党与佛教、道教》,《渡边三男博士古稀记念日中语文交涉史论丛》,1979年。

乙3212
今井秀周:《金大定二十年的寺观等存留限制》,《印度学佛教学研究》27—2,1979年。

乙3213
竺沙雅章:《宋代卖牒考》,《佛教史学研究》22—1,1979年。

乙3214
阿部肇一:《北宋末南宋初的曹洞宗与官僚檀越》,《佛教的历史与文化》,1980年。

乙3215
大松博典:《南宋天台研究序说——宗印、法照的情况》,《驹泽大学佛教学部论集》11,1980年。

乙3216
大松博典:《南宋天台竹庵可观的作用》,《印度学佛教学研究》29—1,1980年。

乙3217
今井秀周:《有关金代辽阳的清安寺》,《印度学佛教学研究》29—1,1980年。

乙3218
日置孝彦:《〈万善同归集〉揭示的净土教义》,《曹洞宗研究员研究生研究纪要》12,1980年。

乙3219
野上俊静:《有关辽代的学僧思孝——介绍房山石经之一》,《佛教的历史与文化》,1980年。

乙3220
中条道昭:《琅琊慧觉与长水子璇》,《宗学研究》22,1980年。

乙3221
中条道昭:《长水子璇传之考察(1)——以传记资料为中心》,《驹泽大学大学院佛教学研究会年报》14,1980年。

乙3222
中条道昭:《长水子璇传之考察(2)——从出生到参见慧觉》,《曹洞宗研究员研究生研究纪要》12,1980年。

乙3223
佐藤秀孝:《江南曹洞系谱》,《驹泽大学佛教学部论集》11,1980年。

乙 3224

大松博典：《南宋天台与禅宗》，《宗学研究》23，1981年。

乙 3225

井上顺惠：《有关辽代的千人邑会》，《禅学研究》60，1981年。

乙 3226

土桥秀高：《元照戒观的展望》，《印度学佛教学研究》30—1，1981年。

乙 3227

阿部肇一：《〈宋高僧传〉与〈禅林僧宝传〉——北宋的赞宁与德洪的僧史观》，《历史上的民众与文化：酒井忠夫先生古稀祝贺记念论集》，1982年。

乙 3228

福原隆善：《日宋天台净土教的交流——以对源信的源清记的见解为中心》，《叡山学院研究纪要》5，1982年。

乙 3229

横山秀哉：《关于宋代天童寺伽蓝的规模》，《禅研究所纪要》11，1982年。

乙 3230

阿部肇一：《〈宗门武库〉与〈从容录〉——关于南宋初期的禅宗教化》，《亚洲的教育与社会：多贺秋五郎博士古稀记念论文集》，1983年。

乙 3231

长谷川昌弘：《松源崇狱的思想》，《印度学佛教学研究》32—1，1983年。

乙 3232

榑林津龙：《关于大慧宗杲的宏智禅师像赞》，《宗学研究》25，1983年。

乙 3233

矶部彰：《大唐三藏西天取经传说的形成——围绕唐、五代玄奘三藏的神秘化》，《宋代的社会与文化》，1983年。

乙 3234

今井秀周：《金代女真的信仰——有关吸收引进佛教》，《东海女子短期大学纪要》9，1983年。

乙 3235

石井修道：《中国五山十刹制度的基础性研究（2）》，《驹泽大学佛教学部论集》14，1983年。

乙 3236

伊藤隆寿：《梦庵和尚节释肇论及其周边》，《驹泽大学佛教学部研究纪要》41，1983年。

乙 3237

伊藤隆寿：《宋代的华严学与肇论》，《印度学佛教学研究》32—1，1983年。

八、宗教与信仰

乙 3238

永井政之：《关于北宋禅林的仪式——围绕〈禅苑清规〉的一段》《印度学佛教学研究》32—1，1983年。

乙 3239

永井政之：《南宋禅林与中国的社会风俗——围绕如净录、虚堂录的因事上堂试论（3）》，《曹洞宗研究员研究生研究纪要》15，1983年。

乙 3240

竺沙雅章：《宋元时代的慈恩宗》，《南都佛教》50，1983年。

乙 3241

佐藤秀孝：《关于云髻山的开庵嗣宗》，《曹洞宗研究员研究生研究纪要》15，1983年。

乙 3242

佐藤秀孝：《明州的禅寺与禅僧——以宋元为中心》，《宗学研究》25，1983年。

乙 3243

阿部肇一：《金朝的曹洞禅——万松行秀传与湛然居士》，《中国文化》，1984年。

乙 3244

阿部肇一：《万松行秀传与〈湛然居士集〉——金代曹洞禅的发展》，《亚洲诸民族的社会与文化：冈本敬二先生退官记念论集》，1984年。

乙 3245

原田弘道：《宋代丛林的性格》，《佛教经济研究》13，1984年。

乙 3246

竺沙雅章：《宋元时期的杭州寺院与慈恩宗》，《中国近世的都市与文化》，1984年。

乙 3247

石川重雄：《关于宋代杭州上天竺寺的考察》，《社会文化史学》21，1985年。

乙 3248

石井修道：《宏智正觉与天童如净》，《宋代的社会与宗教》，1985年。

乙 3249

石井修道：《中国与日本曹洞宗的成立及其性质》，《宗教学论集》13，1987年。

乙 3250

岩崎力：《宋代河西藏族与佛教》，《东洋史研究》46—1，1987年。

乙 3251

永井政之：《南宋临安府明庆寺考》，《宗教学论集》13，1987年。

乙 3252

竺沙雅章：《宋代的东亚佛教的交流》，《佛教史学研究》31—1，1987年。

乙3253

竺沙雅章：《有关宋元佛教的庵堂》，《东洋史研究》46—1，1987年。

乙3254

阿部肇一：《北宋的张商英与佛教》，《宗教学论集》14，1988年。

乙3255

阿部肇一：《普陀山信仰与禅宗——对中国曹洞宗庶民信仰的展望》，《东洋教育史研究》11，1988年。

乙3256

桂华淳祥：《有关真定府获鹿县灵岩院——金代买卖寺院的情况》，《大谷学报》68—1，1988年。

乙3257

金井崚纯：《弧山智圆的三教观》，《天台学报》30，1988年。

乙3258

铃木省训：《五祖法演禅师研究序说》，《中国的佛教与文化》，1988年。

乙3259

石川重雄：《宋代勅差住持制小考——以高丽寺尚书省牒碑为线索》，《宋代的政治与社会》，1988年。

乙3260

永井政之：《南宋佛教信仰的一个侧面——上天竺寺、法惠寺、明庆寺》，《驹泽大学佛教学部论集》19，1988年。

乙3261

永井政之：《破戒与超俗——以济颠评价为线索》，《中国的佛教与文化》，1988年。

乙3262

中野醇子：《辽西京大同府与华严寺》，《北大史学》28，1988年。

乙3263

佐藤成顺：《北宋时期的杭州的净土教者》，《中国的佛教与文化》，1988年。

乙3264

成河峰雄：《〈禅苑清规〉尊宿迁化的研究（2）——出丧以后》，《禅研究所纪要》17，1989年。

乙3265

桂华淳祥：《金朝寺观名额的发卖与乡村社会》，《大谷大学史学研究》3，1989年。

乙3266

中田吉信：《关于泉州清净寺的创立问题》，《东洋学报》70—1、70—2，1989年。

乙3267

佐藤炼太郎：《关于紫柏真可的禅》，《印度哲学佛教学》4，1989年。

八、宗教与信仰

乙 3268
长谷川昌弘：《虎丘派的禅风》，《佐藤匡玄博士颂寿记念东洋学论集》，1990 年。

乙 3269
长谷川昌弘：《南宋禅宗史上的虎丘派》，《佛教史学研究》33—1，1990 年。

乙 3270
成河峰雄：《〈禅苑清规〉尊宿迁化的研究（1）——葬前》，《禅学研究》68，1990 年。

乙 3271
入矢义高：《南泉斩猫私解》，《禅文化》136，1990 年。

乙 3272
汤城吉信：《契嵩的非韩》，《待兼山论丛（哲学篇）》24，1990 年。

乙 3273
西口芳男：《黄龙慧南的临济宗转向与泐潭澄——附论〈宗门撼英集〉的定位及其资料价值》，《禅文化研究所纪要》16，1990 年。

乙 3274
西胁常记：《舍利信仰与僧传中的叙述——为了理解慧洪禅林僧宝传叙述》，《禅文化研究所纪要》16，1990 年。

乙 3275
一色英树：《"人间万事塞翁失马"与晦机禅师》，《汉文学会会报》36，1990 年。

乙 3276
永井政之：《中国佛教建立的一个侧面——围绕荼田比与木乃伊的试论》，《驹泽大学佛教院论集》21，1990 年。

乙 3277
佐藤成顺：《宋代的公乡净土信仰者——关于杨杰》，《大正大学大学院研究论集》14，1990 年。

乙 3278
柏仓明裕：《四明知礼与慈云遵式》，《印度学佛教学研究》40—1，1991 年。

乙 3279
福岛光哉：《慈云遵式的净土思想》，《大谷学报》70—3，1991 年。

乙 3280
福岛光哉：《天台净土教的两个侧面——围绕知礼与遵式的念佛三昧论》，《佛教学研讨会》54，1991 年。

乙 3281
宫泽正顺：《关于对达摩大师胎息论的评价——以曾慥的〈道枢〉为中心》，《盐入良道先生追悼论文集天台思想与东亚洲文化的研究》，1991 年。

乙 3282
山口修：《奝然的入宋与上表文》，

《佛教大学佛教文化研究所年报》9，1991年。

乙 3283

岩村康夫：《关于杨岐方会中的梦与觉》，《印度学佛教学研究》40—1，1991年。

乙 3284

永井政之：《中国佛教建立的一个侧面——围绕万回信仰》，《驹泽大学佛教院论集》22，1991年。

乙 3285

竺沙雅章：《有关白莲宗》，《中国史与西洋世界的发展：新野自吉、诸户立雄两教授退官记念历史论集》，1991年。

乙 3286

佐藤秀孝：《南宋末曹洞禅僧列传（上）》，《驹泽大学佛教学部论集》22，1991年。

乙 3287

佐藤秀孝：《南宋末期曹洞宗的动向——以天童如净为中心》，《佛教史学研究》34—1，1991年。

乙 3288

阿部肇一：《关于〈宋高僧传〉中所著新罗僧传》，《台湾的宗教与中国文化：山崎宏先生颂寿记念论集》，1992年。

乙 3289

柏仓明裕：《灵芝元照的净土教与天台净土教》，《宗教研究》291，1992年。

乙 3290

长谷川昌弘：《密庵咸杰的思想》，《印度学佛教学研究》40—2，1992年。

乙 3291

长谷川昌弘：《南宋时期洞济交流的相关考察》，《宗学研究》34，1992年。

乙 3292

长谷川昌弘：《宋朝禅中的国土观》，《日本佛教学会年报》58，1992年。

乙 3293

佐藤秀孝：《南宋末曹洞禅僧列传（下）》，《驹泽大学佛教学部研究纪要》50，1992年。

乙 3294

柏仓明裕：《赵宋时代的净土观》，《真宗教学研究》17，1993年。

乙 3295

长谷川昌弘：《佛眼清远的思想》，《印度学佛教学研究》41—2，1993年。

乙 3296

宫泽勘次：《知礼的妙宗钞与亲鸾的往生思想的共通项》，《印度学佛教学研究》42—1，1993年。

乙 3297

石川重雄：《宋元时期的款待：

八、宗教与信仰

施水庵的发展——僧侣的云游修行与民众教化活动》,《宋代的学问人——思想、制度、地域社会》,1993年。

乙3298

石井正敏:《入宋巡礼僧》,《亚洲中的日本史(5):自我意识与互相理解》,1993年。

乙3299

藤善真澄:《围绕成寻与宋人——〈参天台五台山记札记〉成寻与苏东坡》,《关西大学东西学术研究所纪要》26,1993年。

乙3300

田村正敬:《十牛图论考——禅的思想》,《宫崎大学教育学部纪要人文科学》73,1993年。

乙3301

岩村康夫:《关于圆悟克勤中的现成公案》,《印度学佛教学研究》42—1,1993年。

乙3302

福岛光哉:《灵芝元照的净土教——〈观经义疏〉与天台净土教》,《大谷大学研究年报》45,1994年。

乙3303

丸山宏:《有关台湾南部的功德》,《中国史的教与国家》,1994年。

乙3304

小林顺彦:《赵宋天台的修忏的展开——特以遵式为中心》,《大正大学大学院研究论集》18,1994年。

乙3305

永井政之:《中国佛教建立的一个侧面——三佛忌的确立与发展》,《驹泽大学佛教院论集》25,1994年。

乙3306

竺沙雅章:《由新出资料中所窥见的辽代的佛教》,《禅学研究》72,1994年。

乙3307

永井政之:《中国佛教建立的一个侧面——中国禅宗的送葬礼仪的确立与发展》,《驹泽大学佛教院论集》26,1995年。

乙3308

中山正晃:《赵宋净土教与泉涌俊芿》,《龙谷大学论集》445,1995年。

乙3309

谷井俊仁:《契丹佛教政治试论》,《中国佛教石经的研究》,1996年。

乙3310

藤善真澄:《入唐僧与杭州、越州》,《关西大学东西学术研究所纪要》29,1996年。

乙3311

竺沙雅章:《有关宋代佛教社会史》,《宋元时代史的基本问题》,

1996年。

乙3312
长谷川昌弘：《关于宋代居士对〈华严经〉的接受》，《华严学论集》，1997年。

乙3313
大松博典：《宋代接受〈首楞严经〉的问题点》，《驹泽大学禅研究所年报》8，1997年。

乙3314
吉田刚：《关于中国华严的祖统说》，《华严学论集》，1997年。

乙3315
千叶正：《关于宋代密教的展开》，《驹泽大学禅研究所年报》8，1997年。

乙3316
竺沙雅章：《辽代华严宗的一项考察——主要是新出华严宗典籍的文献学研究》，《大谷大学研究年报》49，1997年。

乙3317
吉田刚：《北宋时代华严兴隆的经过——长水子璇在华严教学史上的定位》，《驹泽大学禅研究所年报》9，1998年。

乙3318
石井修道：《大慧宗杲的看话禅与"磨砖作镜"的故事》，《驹泽大学禅研究所年报》9，1998年。

乙3319
永井政之：《中国佛教建立的一个侧面——定光佛信仰的确立与发展》，《驹泽大学佛教院论集》29，1998年。

乙3320
吉田刚：《晋水净源与宋代华严》，《禅学研究》77，1999年。

乙3321
上川通夫：《一切经与中世的佛教》，《中世史研究年报》24，1999年。

乙3322
斋藤智宽：《唐、五代宋初时期禅之思想中的无情佛性、说法说》，《集刊东洋学》81，1999年。

乙3323
广田宗玄：《有关大慧宗杲的"弁邪正说"》，《禅学研究》78，2000年。

乙3324
桂华淳祥：《宋金代山西的寺院》，《大谷大学研究年报》52，2000年。

乙3325
西胁常记：《宋代的佛教史书》，《中国思想史研究》22，2000年。

乙3326
竺沙雅章：《燕京大都的华严宗——宝集寺与崇国寺的僧侣

八、宗教与信仰

们》，《大谷大学史学论究》6，2000年。

乙3327
佐藤成顺：《宋代的天台、净土教在上海地区的传播》，《大正大学大学院研究论集》24，2000年。

乙3328
福岛光哉：《宋代佛教中"观经"的解释——以知礼与元照为例》，《真宗教学研究》20，2001年。

乙3329
吉田刚：《长水子璇对宗密教学的接受与展开》，《南都佛教》80，2001年。

乙3330
镰田茂雄：《唐末宋初的华严与密教——以安岳石窟为线索》，《国际佛教学大学院大学研究纪要》4，2001年。

乙3331
上川通夫：《奝然入宋的历史意义》，《爱知县立大学文学部论集》50，2001年。

乙3332
上川通夫：《中世佛教与"日本国"》，《日本史研究》463，2001年。

乙3333
广田宗玄：《湛堂文准与大慧宗杲》，《禅学研究》81，2002年。

乙3334
横内裕人：《高丽续藏经与中世日本——院政期的东亚世界观》，《佛教史学研究》45—1，2002年。

乙3335
吉田刚：《长水子璇的无情成佛说》，《印度学佛教学研究》51—1，2002年。

乙3336
今野春树：《草原的菩萨》，《贝塚》58，2002年。

乙3337
井上泰也：《拜读成寻的"日记"——〈参天台五台山记〉的金钱出纳》，《立命馆文学》577，2002年。

乙3338
石井修道：《如何把握南宋禅？》，《宋代禅宗对社会的影响》，2002年。

乙3339
松本浩一：《道教咒术〈天心法〉的起源与特性——尤其是通过与雷法间的比较》，《图书馆信息大学研究报告》20—2，2002年。

乙3340
藤原崇人：《辽代兴宗时期设置庆州僧录司的背景》，《佛教史学研究》，46—2，2002年。

乙3341

远藤隆俊:《宋代中国的护照——日本僧成寻的巡礼》,《史学研究》237,2002年。

乙3342

竺沙雅章:《宋代宫廷的送葬与禅宗教团》,《宋代禅宗对社会的影响》,2002年。

乙3343

坂上雅翁:《关于五台山大圣竹林寺》,《印度学佛教学研究》51—2,2003年。

乙3344

大塚纪弘:《中世"禅律"佛教与"禅教律"十宗观》,《史学杂志》112—9,2003年。

乙3345

吉田刚:《宋代华严礼忏仪轨的成立》,《印度学佛教学研究》52—1,2003年。

乙3346

榎本涉:《讲座:日本人的外语习得——中世的日本僧与汉语》,《历史与地理》567,2003年。

乙3347

金井德幸:《宋代寺院的建立基础——住持与云游僧》,《立正大学东洋史论集》15,2003年。

乙3348

末木文美士:《〈碧严录〉中的颂与评唱》,《东洋文化》83,2003年。

乙3349

森公章:《入宋僧成寻与其国际认知》,《白山史学》39,2003年。

乙3350

石井修道:《宋代禅宗史的特色——以宋代灯史的系谱为线索》,《东洋文化》83,2003年。

乙3351

土屋太祐:《北宋期禅宗的无事禅批判与圆悟克勤》,《东洋文化》83,2003年。

乙3352

榎本涉:《日中、日朝僧侣往来年表(1127年至1250年)》,《公元8至17世纪的东亚海域的人、物、信息的交流——以海域与港口城市的形成,民族、地域间的相互认识为中心(上)》,2004年。

乙3353

井上泰也:《(续)拜读成寻的"日记"——〈参天台五台山记〉的人物形像》,《立命馆文学》584,2004年。

乙3354

上川通夫:《如意宝珠法的建立》,《觉禅钞的研究》,2004年。

乙3355

手岛崇裕:《入宋僧的性格变化

八、宗教与信仰

与平安中后期朝廷》,《公元8至17世纪的东亚海域的人、物、信息的交流——以海域与海港城市的形成,民族、地域间的相互认识为中心(上)》,2004年。

乙3356

永井政之:《天尊受肉——有关宋代〈度人经〉的秘教解释》,《东洋大学中国学会报》10,2004年。

乙3357

原美和子:《日中、日朝僧侣往来年表(公元838至1126年)》,《公元8至17世纪的东亚海域的人、物、信息的交流——以海域与港口城市的形成,民族、地域间的相互认识为中心(上)》,2004年。

乙3358

佐藤秀孝:《有关明州天宁寺的直翁可举》,《驹泽大学佛教院研究纪要》62,2004年。

乙3359

齐藤圆真:《在开封的成寻(二)——对神宗帝的朝献》,《天台学报》48,2005年。

乙3360

石井正敏:《成寻——百闻一见的入宋僧》,《古代的人物6——王朝的变貌与武者》,2005年。

乙3361

佐藤秀孝:《灵石如芝的活动与其功绩》,《驹泽大学佛教院论集》36,2005年。

乙3362

佐藤秀孝:《有关宏智正觉的嗣法门人》,《驹泽大学佛教院研究纪要》63,2005年。

乙3363

半田晴久:《日本入宋僧研究——以日本汉文史料为中心》,浙江大学博士学位论文,2006年。

乙3364

大西启司:《古格·普兰王国的佛教复兴与黄金》,《东洋史苑》69,2006年。

乙3365

大原嘉丰:《朝阳北塔体现出的辽佛教的一个侧面——以华严信仰为中心》,《辽文化·辽宁省调查报告书》,2006年。

乙3366

大塚纪弘:《镰仓前期的入宋僧与南宋教院》,《日本历史》702,2006年。

乙3367

古松崇志:《法均与燕京马鞍山的菩萨戒坛——契丹(辽)的大乘菩萨戒的流行》,《东洋史研究》65—3,2006年。

乙3368

山本元隆:《宋代佛教教团对檀

越的处理——以〈四分律行事钞资持记〉为中心》,《宗教学论集》(驹泽宗教学研究会)25,2006年。

乙3369
上川通夫:《日本中世佛教的建立》,《日本史研究》522,2006年。

乙3370
远藤隆俊:《义天与成寻——公元11世纪东亚的国际环境与入宋僧》,《大阪市立大学东洋史论丛附刊特集号:文献史料学的新的可能性》,2006年。

乙3371
佐藤秀孝:《虚堂智愚的嗣法门人——南宋末元初江南禅林中虚堂门下的动向》,《驹泽大学教学部研究纪要》64,2006年。

乙3372
萩原哉:《三世佛的造像——以钟山石窟第3号窟的三佛为中心》,《印度学佛教学研究》56—1,2007年。

乙3373
石井正敏:《有关从〈成寻阿阇梨母集〉中所窥见的成寻以及从僧的书信》,《中央大学文学部纪要》(史学科)52,2007年。

乙3374
石井正敏:《有关源隆国宛成寻书信》,《中央史学》30,2007年。

乙3375
横内裕人:《辽、高丽与日本佛教——围绕研究史》,《东洋古代文化》136,2008年。

乙3376
金井德幸:《宋代转轮藏及其信仰》,《立正史学》104,2008年。

乙3377
井上泰也:《续之续·读成寻"日记"——〈参天台五台山记〉所见宋代的日常性》,《立命馆文学》608,2008年。

乙3378
玄幸子:《有关宋代社会对〈佛说天地八阳神咒经〉的吸收——从P.3759所看到的》,《敦煌写本研究年报》2,2008年。

乙3379
佐藤成顺:《〈佛祖统纪〉所见宋朝开国与佛教的谶记——志磐的宋代佛教史观》,《三康文化研究所年报》39,2008年。

乙3380
藤原崇人:《契丹(辽)的受戒仪与不空密教》,《辽金西夏史研究的现在》,2009年。

乙3381
野泽佳美:《关于宋福州版开元寺藏题记——整理与问题点》,

八、宗教与信仰

《立正大学文学部论丛》129，2009年。

乙3382
原田正俊：《日本的禅宗与宋元的佛教——生活规范与佛事法会》，《亚洲游学》122，2009年。

乙3383
佐藤成顺：《宋真宗的御制佛书以及参加制作的沙门与官人》，《三康文化研究所年报》40，2009年。

乙3384
金井德幸：《宋代的寺钟——围绕时报与铜禁》，《立正史学》108，2010年。

乙3385
藤原崇人：《契丹（辽）后期政权下的学僧与佛教——通过鲜演的例子来看》，《史林》93—6，2010年。

乙3386
藤原崇人：《栴檀瑞像坐落的首都——金朝上京会宁府与佛教》，《环东金研究年报》5，2010年。

乙3387
伊吹敦：《北宗禅律一致思想的形成》，《东洋学研究》47，2010年。

乙3388
竺沙雅章：《辽金时期燕京的禅宗》，《禅学研究》88，2010年。

乙3389
佐藤成顺：《北宋太宗、真宗时期首都开封的沙门》，《三康文化研究所年报》41，2010年。

（三）道　教

乙3390
市村瓒次郎：《金元之际的道教》，《史学杂志》40—4，1929年。

乙3391
久保田量远：《宋元时期的道教》，《文化史大系》，1935年。

乙3392
野上俊静：《关于全真教产生的一点考察》，《中国佛教史学》4—1，1940年。

乙 3393
道端良秀：《关于道教之俗讲》，《中国佛教史学》5—2，1941 年。

乙 3394
窪德忠：《关于王重阳遇仙之说》，《东亚论丛》6，1941 年。

乙 3395
小田龙明：《宋代的道教——特别是北宋诸帝的道教信仰与宗教政策》，《满铁调查月报》22—8，1942 年。

乙 3396
梅崎谛道：《长春真人研究抄》，《佛教文化研究》1，1944 年。

乙 3397
窪德忠：《关于全真教开山祖王重阳遇化的传说》，《史学杂志》55—4，1944 年。

乙 3398
窪德忠：《初期全真教团性质之一面》，《东方学》1，1951 年。

乙 3399
窪德忠：《金元时期道教团体的特点》，《和田博士还历记念东洋史论丛》，1951 年。

乙 3400
窪德忠：《成立道教与民众道教》，《宗教研究》，1952 年。

乙 3401
那波利贞：《道教在日本的流传（2）》，《东方宗教》4、5，1954 年。

乙 3402
那波利贞：《道教在日本的流传（3）》，《东方宗教》4、5，1954 年。

乙 3403
窪德忠：《初期全真教的发展过程》，《史学杂志》63—12，1954 年。

乙 3404
窪德忠：《宋代的新道教》，《历史教育》5—6，1957 年。

乙 3405
窪德忠：《宋代的新道教——以全真教为中心》，《历史教育》12—8，1964 年。

乙 3406
藤野岩友：《〈云笈七签〉中的三魂七魄》，《城南汉学》12，1970 年。

乙 3407
波多野太郎：《介绍〈宋元道教之发展〉》，《东方宗教》39，1972 年。

乙 3408
蜂屋邦夫：《关于〈重阳真人金关玉锁诀〉》，《东洋文化研究所纪要》58，1972 年。

乙 3409
窪德忠：《关于老子八十一化图

八、宗教与信仰

说——以其资料问题为中心》，《东洋文化研究所纪要》58，1972年。

乙3410
宫川尚志：《道教史上所见的五代》，《东方宗教》42，1973年。

乙3411
宫川尚志：《宋徽宗与道教》，《东海大学文学部纪要》23，1975年。

乙3412
宫川尚志：《林灵素与宋徽宗》，《东海大学文学部纪要》24，1976年。

乙3413
宫川尚志：《南宋道士白玉蟾〈要旨〉》，《宗教研究》230，1976年。

乙3414
坂出祥伸：《北宋十神太一和九宫贵神》，《关西大学中国文学会纪要（竹内、坂塚两先生退休记念特辑）》7，1978年。

乙3415
宫川尚志：《南宋道士白玉蟾的事迹》，《内田吟风博士颂寿记念东洋史论集》，1978年。

乙3416
桂华淳祥：《金末全真道士孙伯英》，《东方宗教》53，1979年。

乙3417
小川贯弌：《北宋神宗的内道场》，《佛教历史与文化》，1980年。

乙3418
松本浩一：《张天师与南宋的道教》，《酒井忠夫先生古稀记念论集》，1982年。

乙3419
砂山稔：《关于杜光庭的思想——在道德、古今、寰瀛中》，《集刊东洋学》54，1985年。

乙3420
三浦国雄：《气的复权——气功与道教》，《伊藤漱平教授退官记念中国学论集》，1986年。

乙3421
蜂屋邦夫：《谭长真的生涯与思想》，《东洋文化研究所纪要》108，1989年。

乙3422
宫泽正顺：《关于天真皇人》，《中国学研究》9，1990年。

乙3423
横手裕：《全真教的变容》，《中国哲学研究》2，1990年。

乙3424
秋月观暎：《净明道形成论考——读中国最近的研究成果》，《东方宗教》78，1991年。

乙3425
山田俊：《碧虚子陈景元的思

想》，《集刊东洋学》65，1991年。

乙 3426

花崎隆一郎：《关于俞琰的卦变说》，《中国研究集刊》（大阪大学）14，1994年。

乙 3427

丸山宏：《金允中的道教礼仪学》，《对道教文化的展望》，1994年。

乙 3428

尾崎正治：《〈道藏欠经目录〉之管见》，《中国的人生观、世界观》，1994年。

乙 3429

三浦国雄：《陈抟睡功及其展开》，《町田三郎教授退官记念中国思想史论丛》，1995年。

乙 3430

窪德忠：《关于三尸驱除法——以符箓法为中心》，《养生》，世界养生学会，1995年。

乙 3431

横手裕：《白玉蟾与南宋江南道教》，《东方学报》68，1996年。

乙 3432

三浦秀一：《金元之际的全真教——从范玄通、王栖云到姬知常》，《东北大学文学部研究年报》45，1996年。

乙 3433

横手裕：《宋元道教中关于"真诰"的若干考察》，《六朝道教的研究》，1998年。

乙 3434

砂山稔：《苏符与苏籀——围绕道教的两苏及其孙》，《东方宗教》91，1998年。

乙 3435

砂山稔：《王安石与道教——以太一信仰的关系为中心》，《日本中国学会创立五十年记念论文集》，1998年。

乙 3436

田中文雄：《道教齐坛的结构与功能》，《道教的历史与文化》，1998年。

乙 3437

浅野春二：《〈无上黄大斋立成仪〉中向幽魂、正荐亡位的贡品》，《国学院中国学会报》45，1999年。

乙 3438

松下道信：《全真教南宗的性命说的发展》，《中国哲学研究》15，2000年。

乙 3439

浅野春二：《〈上清灵宝大法〉——展示灵宝法的传统与革新的仪礼指南》，《读道教经典》，2001年。

乙 3440

三浦秀一：《吴澄〈道德真经注〉

八、宗教与信仰

的思想》，《集刊东洋学》86，2001年。

乙 3441

小林正美：《天师道中受法的课程与道士的阶级制度》，《东洋的思想与宗教》18，2001年。

乙 3442

坂出祥伸：《冥界的道教的神格——围绕〈急急如律令〉》，《东洋史研究》62—1，2003年。

乙 3443

铃木健郎：《白玉蟾的内丹说》，《东方宗教》102，2003年。

乙 3444

松下道信：《白玉蟾与其出版活动：全真教真宗克服师授想法》，《东方宗教》104，2004年。

乙 3445

浅野春二：《黄箓斋的道士与斋主——以〈无上黄箓大斋立成仪〉为例》，《亚洲文化的思想与仪礼》，2005年。

乙 3446

横手裕：《道教性说的众生相：从唐代到宋代》，《道教研究的尖端：第19回国际宗教学宗教史会议世界大会道教论集》，2006年。

乙 3447

浅野春二：《根据神虎法的招魂仪礼——以宁全真授、王契真纂〈上清灵宝大法〉为资料》，《国学院中国学会报》52，2006年。

乙 3448

高桥幸吉：《元好问与道教》，《艺文研究》92，2007年。

乙 3449

吾妻重二：《宋代的景灵宫》，《东亚的儒家礼仪研究：关西大学东西学术研究所研究报告书》，2007年。

乙 3450

酒井规史：《南宋时代道士的称号——经箓的法位与"道法"的职名》，《东洋的思想宗教》25，2008年。

乙 3451

浅野春二：《由神虎法来看招魂礼仪的特性：从找魂、啸、招魂歌的观点出发》，《国学院中国学会报》54，2008年。

（四）其 他 教

乙 3452
重松俊章：《唐宋时期的弥勒教匪——附更生佛教匪》，《史渊》3，1931年。

乙 3453
三上次男：《论东京的萨满教》，《石棺墓》3—11，1934年。

乙 3454
石田干之助：《宋元时期的耶稣教、回教》，《世界文化史大系》9，1935年。

乙 3455
重松俊章：《唐宋时期的摩尼教与魔教问题》，《史渊》12，1936年。

乙 3456
鸟居龙藏：《满洲辽墓与景教的关系》，《史学杂志》47—6，1936年。

乙 3457
石田干之助：《宋元时期的回教》，《文化史大系》，1936年。

乙 3458
重松俊章：《宋元时期红巾军与元末的弥勒、白莲教匪（1）》，《史渊》24，1940年。

乙 3459
矢吹庆辉：《化胡经中的摩尼教（遗稿）》，《大正大学学报》30，1940年。

乙 3460
田坂兴道：《回纥对摩尼教的迫害运动》，《东方学报》11—1，1940年。

乙 3461
望月信亨：《印度与中国弥勒崇拜的史实》，《大正大学学报》30，1940年。

乙 3462
小林又三：《中国基督教传教史》，《满铁调查月报》20—2、20—3，1940年。

乙 3463
佐伯好郎：《再论百灵庙附近的景教遗踪》，《东方学报》11—1，1940年。

乙 3464
重松俊章：《宋元时期红巾军与元末的弥勒、白莲教匪（2）》，《史渊》26，1941年。

八、宗教与信仰

乙 3465

平山力：《中国弥勒教匪与天命思想》，《京城帝国大学史学会志》17，1941年。

乙 3466

重松俊章：《宋元时期红巾军与元末的弥勒、白莲教匪（3）》，《史渊》28，1942年。

乙 3467

重松俊章：《宋元时期红巾军与元末的弥勒、白莲教匪（4）》，《史渊》32，1944年。

乙 3468

岛田正郎：《契丹的萨满》，《民族学研究大会志》7，1952年。

乙 3469

中村健寿：《关于北宋末期的方腊之乱中的宗教》，《香兰女子短期大学研究纪要》13，1971年。

乙 3470

竺沙雅章：《方腊之乱与吃菜事魔》，《东洋史研究》32—4，1974年。

乙 3471

竺沙雅章：《论吃菜事魔》，《青山博士古稀记念宋代史论丛》，1974年。

乙 3472

蒲田大作：《契丹古传说的一种解释——萨满教研究的一个环节》，《民族学研究》49—3，1982年。

（五）民间信仰

乙 3473

松井等：《契丹人的信仰》，《满鲜地理历史研究报告》8，1926年。

乙 3474

神尾弌春：《青牛白马祭仪考》，《宗教研究》4—1，1942年。

乙 3475

日野开三郎：《宋代的长生牛》，《东洋学报》32—3，1950年。

乙 3476

岛田正郎：《咒术在辽代社会中的作用》，《东方学》4，1952年。

乙3477
　岛田正郎：《辽代时期巫的地位》，《史学杂志》65—11，1956年。

乙3478
　冈崎精郎：《关于西夏的民族信仰》，《古代学》5—1，1956年。

乙3479
　河原正博：《关于宋代的杀人祭鬼》，《政法史学》19，1967年。

乙3480
　高原武雄：《关于勃兴期蒙古人信仰的广度与深度》，《爱知工业大学研究报告》5，1970年。

乙3481
　中村治兵卫：《宋代广德军祠山庙的牛祭——宋代社会的一个事例》，《史渊》109，1972年。

乙3482
　宫崎市定：《论宋代的杀人祭鬼习俗》，《中国学志》7，1973年。

乙3483
　吉田隆英：《崔子王与崔府君信仰》，《集刊东洋学》29，1973年。

乙3484
　中村治兵卫：《五代的巫》，《东洋文化》55，1975年。

乙3485
　金井德幸：《南宋祭祀社会的发展》，《宗教社会史研究》，1977年。

乙3486
　竺沙雅章：《论宋代浙西的道民》，《东洋史研究》36—3，1977年。

乙3487
　中村治兵卫：《北宋王朝与巫》，《中央大学文学部纪要》88，1978年。

乙3488
　今井秀周：《金代女真的信仰——祭天》，《森三树三郎博士颂寿记念东洋史论丛》，1979年。

乙3489
　金井德幸：《宋代的村社与社神》，《东洋史研究》38—2，1979年。

乙3490
　金井德幸：《宋代的乡社与土地神》，《中岛敏先生古稀记念论集（上）》1980年。

乙3491
　泽田瑞穗：《宋代的神咒信仰——以〈夷坚志〉的故事为中心》，《东方宗教》56，1980年。

乙3492
　吉田隆英：《唐宋拜月考》，《日本中国学会报》34，1982年。

乙3493
　中村治兵卫：《宋代巫师的特征——关于入巫过程的考察》，

八、宗教与信仰

《中央大学文学部纪要》104，1982年。

乙3494

中村治兵卫：《关于宋朝的祈雨》，《多贺秋五郎博士古稀记念论文集》，1983年。

乙3495

藤岛建树：《征服王朝期的信仰形态——金、元交替期的河东的情况》，《大谷大学真宗综合研究所纪要》1，1984年。

乙3496

金井德幸：《宋代浙西的村社与土神——宋代农村社会的宗教构成》，《宋代的社会与宗教》，1985年。

乙3497

金井德幸：《宋代浙西地方的土神信仰的建立》，《宗教社会史研究》2，1985年。

乙3498

三浦国雄：《朱子鬼神论补》，《大阪市立大学人文研究》37—3，1985年。

乙3499

金井德幸：《南宋福建的祭祀社会与乡约》，《立正大学东洋史论集》1，1988年。

乙3500

金井德幸：《南宋"里社庙"的祭祀基础》，《立正大学东洋史论集》2，1989年。

乙3501

金井德幸：《有关宋代小祠庙的赐额》，《汲古》5，1989年。

乙3502

金井德幸：《南宋的县尉与立庙》，《立正史学》68，1990年。

乙3503

小岛毅：《城隍庙制度的确立》，《思想》792，1990年。

乙3504

小岛毅：《正祠与淫祠——福建地方志中的记述与论理》，《东京大学东洋文化研究所纪要》114，1991年。

乙3505

金井德幸：《有关南宋的祠庙与赐额——释文珦与刘克庄的观点》，《宋代的学问人——思想、制度、地域社会》，1992年。

乙3506

须江隆：《徐偃王庙考——宋代的祠庙相关的一项考察》，《集刊东洋学》69，1993年。

乙3507

金井德幸：《宋代的五通信仰与祖庙》，《立正史学》76，1994年。

乙3508

金井德幸：《有关宋代荆湖南北路的鬼的信仰：杀人祭鬼的周边

乙3509
地区》,《驹泽大学禅研究所年报》5,1994年。

乙3509
梅原郁:《国都的惯例活动——天地祭》,《中国学月刊》5—12,1994年。

乙3510
须江隆:《社神的变貌——围绕宋代的土神信仰》,《文化》,58—1、2,1994年。

乙3511
须江隆:《有关唐宋时期祠庙的庙额、封号的赐予》,《中国社会与文化》9,1994年。

乙3512
大塚秀高:《瘟神的故事——宋江为何字公明》,《宋代的规范与习俗》,1995年。

乙3513
古林森广:《宋代的海神庙相关的一项考察》,《吉备国际大学研究纪要》5,1995年。

乙3514
古林森广:《宋代的长江流域的水神信仰》,《中国水利史的研究》,1995年。

乙3515
金井德幸:《宋代的妖神信仰与"食菜事魔"、"杀人祭鬼"再考》,《立正大学东洋史论集》8,1995年。

乙3516
砂山稔:《曾巩与麻姑信仰——似麻姑妒忌脸色》,《栗原圭介博士颂寿记念东洋学论集》,1995年。

乙3517
金井德幸:《南宋妖神信仰描述:山魈、瘟鬼、社祠》,《驹泽大学禅研究所年报》7,1996年。

乙3518
须江隆:《福建莆田的方氏与祥应庙》,《宋代社会的网络结构》,1998年。

乙3519
松本浩一:《宋代的社与祠庙》,《史境》38、39合并号,1999年。

乙3520
今井秀周:《辽祭山仪考》,《东海女子短期大学纪要》26,2000年。

乙3521
须江隆:《宋代的祠庙的纪录——以"方腊之乱"相关言论为中心》,《历史》95,2000年。

乙3522
金井德幸:《宋代的厉鬼与城隍神:寻找明初"祭历坛"的渊源》,《立正大学东洋史论集》13,2001年。

八、宗教与信仰

乙 3523
铃木阳一：《浙东的神明与地域文化：以伍子胥、防风、钱镠为素材》，《宋代人的认知——相互性与日常空间》，2001年。

乙 3524
木村明史：《宋代的民间医疗与巫觋观：地方官取缔巫觋的一个侧面》，《东方学》101，2001年。

乙 3525
松本浩一：《宋代的祠庙与祭祀》，《图书馆信息大学研究报告》20—1，2001年。

乙 3526
须江隆：《从碑文中所窥见的宋代的民间信仰》，《中国学月刊》（特集：从石头上读取中国史——石刻、石碑所讲述的社会与文化）133，2001年。

乙 3527
水越知：《宋代社会与祠庙信仰的发展——作为地域核心的祠庙的出现》，《东洋史研究》60—4，2002年。

乙 3528
今井秀周：《有关契丹瑟瑟仪的一个解释》，《东海女子短期大学纪要》23，2003年。

乙 3529
森田健太郎：《宋代四海信仰的实像——通过祠庙政策来看》，《早稻田大学大学院文学研究科纪要》49，2003年。

乙 3530
水越知：《宋元时期的东岳庙——作为地域社会的核心信仰》，《史林》86—5，2003年。

乙 3531
须江隆：《宣和二年的震撼：宋徽宗时期突然承认匾牌与所有权》，《东方学会》84，2003年。

乙 3532
今井秀周：《有关从〈辽史〉中所窥见的神门——鸟居起源的一则史料》，《日本宗教文化史研究》8—1，2004年。

乙 3533
二阶堂善弘：《有关〈法海遗珠〉的元帅神——道教的醮、民间信仰的礼仪与元帅》，《道教斋法礼仪的思想史研究》，2006年。

乙 3534
水越知：《伍子胥信仰与江南地域社会：信仰圈的构造分析》，《宋代社会的空间与交流沟通》，2006年。

乙 3535
大西启司：《关于西夏土著信仰的一个考察》，《日本西藏学会会报》55，2009年。

（六）史料研究与整理

乙 3536
妻木直良：《论契丹大藏经雕造的事实》，《东洋报》2—3，1912年。

乙 3537
妻木直良：《关于开宝敕版大藏经》，《史林》4—2，1919年。

乙 3538
菅野银八：《关于海印寺大藏经版》，《史林》7—3，1922年。

乙 3539
池内宏：《高丽朝的大藏经》，《东洋报》13—3、14—1，1923、1924年。

乙 3540
池内宏：《关于〈高丽朝的大藏经〉的一、二补正》，《东洋学报》14—4，1924年。

乙 3541
藤堂佑范：《宋版大藏经的零本》，《历史与地理》17—6，1926年。

乙 3542
石滨纯太郎：《金字蒙文藏经与金光明经的断篇》，《支那学》4—3，1927年。

乙 3543
樱部文镜：《蒙文金光明经断简考补笺》，《支那学》4—4，1928年。

乙 3544
牧野巽：《庆元条法事类的道释门——宋代宗教法制方面的一份资料》，《宗教研究》9—2、9—4，1932年。

乙 3545
常盘大定、桥川时雄、服部宇之吉：《金刻大藏经的发现》，《宗教研究》11—2，1934年。

乙 3546
石田干之助：《碛砂大藏经与金刻藏经的发现及其影印》，《大正大学学报创立第十周年记念特辑号》21—23，1935年。

乙 3547
秃氏祐祥：《大藏经的宋本、契丹本及高丽本系统》，《佛教学之诸问题》，1935年。

乙 3548
小野玄妙：《北宋官版大藏经与

八、宗教与信仰

辽金元及高丽诸藏的关系》，《三藏》3—8，1935年。

乙 3549

樱部文镜：《有关金藏的第二报告》，《宗教研究所刊》12—5，1935年。

乙 3550

常盘大定：《金李屏山撰〈鸣道集说〉》，《服部先生古稀祝贺记念论集》，1936年。

乙 3551

常盘大定：《文山寺法鼓台所藏宋版章疏大观——附专文及缺本》，《宗教研究》（新）13—1、13—2，1936年。

乙 3552

森克己：《对宋版大藏经输入的社会考察》，《宗教研究》13—4，1936年。

乙 3553

塚本善隆：《金刻大藏经的发行及其刊行》，《日华佛教研究会年报》1，1936年。

乙 3554

塚本善隆：《做为佛教史料的金刻藏经——特别是宋释教目录与唐宋法相宗章疏》，《东方学报》6，1936年。

乙 3555

岩井大慧：《关于印造宋元版藏经的两个新史料》，《历史教育》11—12，1937年。

乙 3556

野上俊静：《〈龙龛手鉴〉杂考——契丹佛教研究之一》，《大谷学报》18—1，1937年。

乙 3557

川濑一马：《西大寺藏赵氏刊印之南宋版大般若波罗蜜多经》，《椎园》4，1938年。

乙 3558

常盘大定：《西夏文字大藏经的雕刊》，《东方学报》9，1939年。

乙 3559

高雄义坚：《宋代净土教典籍与我国诸家的态度》，《龙谷大学佛教学史学论丛》，1939年。

乙 3560

秃氏祐祥：《高丽时朝的写经》，《宝云》25，1939年。

乙 3561

小川贯弌：《思溪园觉禅院与思溪版大藏经的问题》，《龙谷学报》324，1939年。

乙 3562

酒井紫朗：《关于宋碛砂版大藏经》，《三藏》8—9，1940年。

乙 3563

窪德忠：《道藏》，《三藏》8—8，1940年。

乙 3564
小野玄妙：《宋代思溪圆觉禅院同法宝资福寺新雕刻两大藏经杂考》，《日华佛教研究会年报》3，1940 年。

乙 3565
小柳司气太：《关于道藏》，《三藏》8—8，1940 年。

乙 3566
酒井紫朗：《华北五台山所藏佛教文献调查概况》，《密教研究》76，1941 年。

乙 3567
铃木宗忠：《宋版藏经的研究——动机与目的》，《宗教研究》3—2，1941 年。

乙 3568
小川贯弌：《历代编年释氏通鉴对校拾遗记》，《龙谷学报》331，1941 年。

乙 3569
小川贯弌：《吴兴妙严寺版藏经杂记》，《中国佛教史学》5—1，1941 年。

乙 3570
小川贯弌：《太原崇善寺新出管主八的施入经与西夏文大藏经的残叶》，《中国佛教史学》6—1，1942 年。

乙 3571
川上正史：《宋勒版藏经传入安南考》，《中国佛教史学》7—1，1943 年。

乙 3572
铃木宗忠：《宋版藏经各版——其组织与内容》，《文化》10—10，1943 年。

乙 3573
吉冈义丰：《宋太宗的道藏之编纂》，《史学杂志》63—12，1954 年。

乙 3574
窪德忠：《关于道藏（1）——其建立过程》，《东方宗教》6，1954 年。

乙 3575
相见香雨：《新出现的宋拓华严入法界品善财参问变向经(上)》，《大和文化》15，1954 年。

乙 3576
吉冈义丰：《关于〈云笈七签〉》，《宗教研究》146，1955 年。

乙 3577
相见香雨：《新出现的宋拓华严入法界品善财参问变向经(下)》，《大和文化》16，1955 年。

乙 3578
博林皓堂：《雪宝颂古和宏智颂古——制作宏智颂古的意义》，《日本佛教学会年报》22，1956 年。

八、宗教与信仰

乙 3579

吉冈义丰:《关于道藏的成立》,《宗教研究》14—4,1956年。

乙 3580

窪德忠:《涵芬楼影印本道藏校勘记——有关全真教资料》,《东方宗教》10,1956年。

乙 3581

大石守雄:《敕修百文清规考异》,《印度学佛教学研究》5—2,1957年。

乙 3582

田岛柏堂:《关于日向长善寺版的〈碧岩集〉》,《印度学佛教学研究》5—1,1957年。

乙 3583

窪德忠:《老子八十一化图之己见》,《龙谷史坛》56、57,1966年。

乙 3584

内田吟风:《宋释智猛撰〈游行外国传〉集录解注》,《神户大学文学会研究》39,1967年。

乙 3585

佐藤达玄:《论〈禅苑清规〉》,《印度学佛教学研究》15—2,1967年。

乙 3586

窪德忠:《关于老子八十一化图说——围绕陈致虚本的存在》,《东洋文化研究所纪要》46,1968年。

乙 3587

安藤智信:《宋人批评佛教的备忘录》,《印度学佛教学研究》17—2,1969年。

乙 3588

大平尧道:《景德传灯录研究》,《龙谷大学佛教文化研究所》8,1969年。

乙 3589

小川贯弌:《白云宗大藏经局的机构》,《龙谷史坛》62,1969年。

乙 3590

铃木哲雄:《关于〈景德传灯录〉的夹注》,《宗学研究》13,1971年。

乙 3591

铃木哲雄:《关于〈景德传灯录〉诸本》,《宗教研究》206,1971年。

乙 3592

石井修道:《景德传灯录问答(上)》,《驹泽大学佛教学部论集》16,1971年。

乙 3593

铃木哲雄:《〈溪山语录〉产生的背景及其特点》,《印度学佛教学研究》20—2,1972年。

乙 3594

森克己:《论戒觉的〈渡宋记〉》,

《中央大学文学部纪要》63，1972年。

乙 3595
石井修道：《〈攻愧集〉所见之禅宗资料——投子义青的法系》，《东方宗教》39，1972年。

乙 3596
石井修道：《宏智广录考》，《驹泽大学佛教学部研究纪要》30，1972年。

乙 3597
石井修道：《宏智录的历史特色（上）——宏智颂古拈古》，《宗学研究》14，1972年。

乙 3598
石井修道：《景德传灯录问答（下）》，《驹泽大学佛教学部论集》2，1972年。

乙 3599
小坂机触：《关于〈禅苑清规〉的演变过程——介绍高丽本的考察》，《印度学佛教学研究》20，1972年。

乙 3600
石井修道：《大慧语录的基础研究——大慧传研究再探讨（上）》，《驹泽大学佛教学部研究纪要》31，1973年。

乙 3601
石井修道：《宏智录的历史特色（中）——围绕〈道元和尚广录〉的引用问题》，《宗学研究》15，1973年。

乙 3602
小野胜年：《戒觉的〈渡宋记〉》，《龙谷大学论集》400、401，1973年。

乙 3603
椎名宏雄：《关于〈景德传灯录抄注〉》，《印度学佛教学研究》21—2，1973年。

乙 3604
石井修道：《大慧语录的基础研究——大慧传研究再探讨（中）》，《驹泽大学佛教学部研究纪要》32，1974年。

乙 3605
野村博：《西夏语译〈白伞盖陀罗尼经〉断片考》，《龙谷史坛》68、69，1974年。

乙 3606
山内舜雄：《〈佛遗教经论疏节要〉的考察》，《驹泽大学佛教学部研究纪要》33，1975年。

乙 3607
石井修道：《大慧语录的基础研究——大慧传研究再探讨（下）》，《驹泽大学佛教学部研究纪要》33，1975年。

乙 3608
永井政之：《关于〈五灯会元续略〉的成书》，《印度学佛教学

八、宗教与信仰

研究》24—1，1975 年。

乙 3609

永井政之：《关于创建〈圜悟心要〉的一点考察》，《印度学佛教学研究》23—2，1975 年。

乙 3610

椎名宏雄等：《宋元版景德传灯录书志的考察》，《禅研究所纪要》4、5，1975 年。

乙 3611

武内孝善：《宋代翻译经典的特色（附宋代翻译经典编年目录）》，《密教文化》113，1976 年。

乙 3612

椎名宏雄：《宋元版禅籍研究（1）——〈五灯会元〉》，《印度学佛教学研究》25—1，1976 年。

乙 3613

石井修道：《宋代曹洞宗禅籍考——投子义青的两种语录》，《驹泽大学佛教学部研究纪要》35，1977 年。

乙 3614

石井修道：《宋代禅籍逸书序跋考（1）》，《驹泽大学佛教学部论集》8，1977 年。

乙 3615

野村博：《西夏语译经史研究——西夏语文献〈盗闻〉所见李元昊的译经事业》，《佛教史学研究》19—2，1977 年。

乙 3616

中村菊之进：《宋传法院译经三藏惟净的传记及年谱》，《文化》41—1、41—2，1977 年。

乙 3617

高桥秀英：《称名寺的宋朝天台典籍》，《金泽文库研究》24—1、24—2，1978 年。

乙 3618

森口光俊：《宋代日称等佛典翻译之特色》，《智山学报》27，1978 年。

乙 3619

石井修道：《宋代禅籍逸书序跋考（2）》，《驹泽大学佛教学部论集》9，1978 年。

乙 3620

小川贯弌：《关于敦煌的戒牒》，《龙谷史坛》73、74，1978 年。

乙 3621

竺沙雅章：《契丹大藏经小考》，《内田吟风博士贺寿记念东洋史学论集》，1978 年。

乙 3622

椎名宏雄：《宋元版禅籍研究（2）——〈正宗记〉、〈定祖图〉、〈正宗论〉》，《印度学佛教学研究》26—2，1978 年。

乙 3623

椎名宏雄：《宋元版禅籍研究

（3）——〈镡津文集·辅教编〉》，《印度学佛教学研究》27—1，1978年。

乙3624
森江俊孝：《关于〈宗镜录〉与〈观心玄枢〉》，《印度学佛教学研究》27—2，1979年。

乙3625
藤堂恭俊：《以我国现存唐宋净土经典籍为中心的日中交流资料八题》，《鹰陵史学》5，1979年。

乙3626
安藤智信：《〈莲宗宝鉴〉管窥——围绕与契嵩的关系》，《大谷学报》60—1，1980年。

乙3627
森江俊孝：《关于〈宗镜录〉与〈注心赋〉》，《曹洞宗研究员研究生研究纪要》12，1980年。

乙3628
椎名宏雄：《宋元版禅籍研究（4）——〈如如居士语录〉、〈三教大全语录〉》，《印度学佛教学研究》29—2，1981年。

乙3629
椎名宏雄：《宋元版禅籍研究（5）——〈宗门统要集〉、〈宗门统要续集〉》，《印度学佛教学研究》30—2，1982年。

乙3630
椎名宏雄：《宋元版禅籍研究（6）——罗湖野录、感山云卧纪谈》，《印度学佛教学研究》31—1，1982年。

乙3631
桂华淳祥：《金代帝室的佛教信仰的相关资料》，《印度学佛教学研究》32—1，1983年。

乙3632
今井秀周：《金代宗教史料小考——关于〈佛祖历代通载〉和〈释氏稽古略〉》，《东海女子短期大学纪要》10，1984年。

乙3633
椎名宏雄：《宋元版的禅籍研究（7）——北磵语录、外集、文集、诗集、全集》，《印度学佛教学研究》33—1，1984年。

乙3634
椎名宏雄：《宋元版的禅籍与五山版》，《宗学研究》26，1984年。

乙3635
坂内荣夫：《〈钟吕传道集〉与内丹思想》，《中国思想研究》7，1985年。

乙3636
中村菊之进：《宋福州版大藏经考》，《密教文化》152、153、154，1985、1986年。

乙3637
藤善真澄：《宋朝译经始末考》

八、宗教与信仰

《关西大学文学部论集》36—1、36—2、36—3、36—4，1986年。

乙 3638
福井文雅：《有关〈悟真篇〉的构成》，《东方宗教》70，1987年。

乙 3639
宫泽正顺：《关于〈道枢〉的结构——以〈坐忘篇〉为中心》，《大正大学研究纪要（佛教学部、文学部）》73，1988年。

乙 3640
宫泽正顺：《关于〈道枢·悟真篇〉与张平叔的〈悟真篇〉》，《中国学研究》7，1988年。

乙 3641
吾妻重二：《〈悟真篇〉的内丹思想》，《中国古代养生思想的综合研究》，1988年。

乙 3642
西口芳男：《关于福州东禅寺版〈景德传灯录〉——兼为东寺藏、上醍醐寺藏的调查报告》，《禅文化研究所纪要》15，1988年。

乙 3643
仙石景章：《〈宗镜录〉引用的各文献——关于〈永嘉集〉与〈证道歌〉》，《宗学研究》30，1988年。

乙 3644
椎名宏雄：《宋元版禅籍的逸书》，《宗学研究》30，1988年。

乙 3645
中村菊之进：《宋版大藏经本源寺本（三圣寺旧藏）拾遗》，《同朋学园佛教文化研究所纪要》10，1989年。

乙 3646
椎名宏雄：《宋元代的大藏经解说书与禅籍资料》，《驹泽大学佛教学部论集》20，1989年。

乙 3647
大松博典：《关于〈楞严经义疏注经〉》，《宗学研究》32，1990年。

乙 3648
佐藤炼太郎：《对〈碧岩录〉的文献学的探讨》，《印度哲学佛教学》5，1990年。

乙 3649
宫泽正顺：《关于〈列仙传〉与〈神仙传〉——以曾慥的〈类说〉为中心》，《牧尾良海博士喜寿记念儒佛道三教论考》，1991年。

乙 3650
竺沙雅章：《〈开宝藏〉与〈契丹藏〉》，《古典研究会创立二十五周年记念国书汉籍论集》，1991年。

乙 3651
林田康顺：《王日休〈龙舒净土文〉的研究（1）——王日休的

生涯考》,《印度学佛教学研究》41—1,1992年。

乙3652

衣川贤次:《读禅的语录(1)》,《中国语》394,1992年。

乙3653

衣川贤次:《读禅的语录(2)》,《中国语》395,1992年。

乙3654

今枝二郎:《关于中山博物馆藏〈云笈七签〉(上)》,《中国学研究》12,1993年。

乙3655

林田康顺:《王日休〈龙舒净土文〉的研究(2)——其撰述年次与增广考》,《宗教研究》66—4,1993年。

乙3656

林田康顺:《王日休〈龙舒净土文〉的研究(3)——关于卷第六〈特为劝喻篇〉的思想》,《印度学佛教学研究》42—1,1993年。

乙3657

铃木哲雄:《〈祖堂集〉对照〈景德传灯录〉》,《禅研究所纪要》22,1993年。

乙3658

中村菊之进:《碛砂版大藏经考(1)》,《密教文化》184,1993年。

乙3659

宫泽正顺:《关于〈类说〉中的佛教资料》,《佛教文化的展开:大久保良顺先生伞寿记念论文集》,1994年。

乙3660

宫泽正顺:《作为南宋初期的道教资料的〈类说〉》,《佛教论丛》38,1994年。

乙3661

今枝二郎:《关于中山博物馆藏〈云笈七签〉(中)》,《武藏野女子大学纪要》29—1,1994年。

乙3662

吾妻重二:《张伯端〈悟真篇〉的研究史与考证》,《东洋的思想与宗教》11,1994年。

乙3663

中村菊之进:《碛砂版大藏经考(2)》,《密教文化》185,1994年。

乙3664

中村菊之进:《碛砂版大藏经考(3)》,《密教文化》186,1994年。

乙3665

椎名宏雄:《真歇清了撰述的四种新出资料》,《宗学研究》36,1994年。

乙3666

佐藤成顺:《关于元照的〈观无量寿佛经义疏〉》,《大正大学

八、宗教与信仰

大学院研究论集》18，1994年。

乙3667

今井秀周：《有关张棣的〈金图经〉》，《东海女子短期大学纪要》21，1995年。

乙3668

今枝二郎：《关于中山博物馆藏〈云笈七签〉（下）》，《武藏野女子大学纪要》31—1，1996年。

乙3669

藤本幸夫：《有关高丽大藏经与契丹大藏经》，《中国佛教石经的研究——以房山云居寺石经为中心》，1996年。

乙3670

中纯夫：《应县木塔所出〈契丹藏经〉与房山石经辽金刻经》，《中国佛教石经的研究——以房山云居寺石经为中心》，1996年。

乙3671

宫泽正顺：《关于曾慥的〈集仙传〉与晁迥》，《新汉文教育》24，1997年。

乙3672

野泽佳美：《大藏经相关研究文献目录的补遗、追加》，《立正大学东洋史论集》10，1997年。

乙3673

福井文雅：《〈云笈七签〉卷六的诸问题——关于〈七部、四辅〉》，《日本中国学会创立五十年记念论文集》，1998年。

乙3674

石田实洋：《关于"传教大师入唐牒"的两三项考察》，《日本历史》606，1998年。

乙3675

松本浩一：《〈上清灵宝大法〉的文献学研究——围绕灵宝派的修行方法》，《图书馆信息大学研究报告》17—2，1999年。

乙3676

吾妻重二：《读道教的教典（9）〈悟真篇〉——内丹的圣典》，《中国学月刊》10—13，1999年。

乙3677

山田俊：《关于褚伯秀对〈南华真经义海纂微〉的采注态度》，《熊本县立大学文学部纪要》6—1，1999年。

乙3678

游佐升：《读道教的教典（8）〈道教灵验记〉——中国社会与道教信仰》，《中国学月刊》10—12，1999年。

乙3679

吉田刚：《有关本崇的〈法界观门通玄记〉——以华严复兴期的教观并修论为中心》，《禅学研究》80，2001年。

乙3680

林宏美、宇陀则彦、松本浩一等：

《道教资料〈道法会元〉的电子化实验》,《信息知识学会志》11—4,2002年。

乙3681

三浦国雄:《通书〈玉匣记〉初探》,《人文学报》86,2002年。

乙3682

竺沙雅章:《神田寺记念公开讲座〈书籍与日本佛教〉第一回·汉文大藏经的历史——特以宋元版大藏经为中心》,《斯道文库论集》37,2002年。

乙3683

铃木哲雄、郑凤雯:《湖南省禅宗史迹调查之旅》,《人类文化:爱知学院大学人类文化研究所纪要》18,2003年。

乙3684

十时淳一:《从敦煌莫高窟的经变图配置来看八至十世纪的佛教接受——〈天请问经〉及〈天请问经疏〉写本的分析》,《史学研究集录》28,2003年。

乙3685

须山长治:《关于汝达的〈佛祖宗派综图〉的结构——资料篇》,《驹泽短期大学佛教论集》9,2003年。

乙3686

椎名宏雄:《神田寺记念公开讲座〈书籍与日本佛教〉第五回·宋元版禅籍与五山版》,《斯道文库论集》38,2003年。

乙3687

佐藤秀孝:《虚堂智愚的传记史料——〈虚堂和尚行状〉的译注》,《驹泽大学禅研究所年报》15,2003年。

乙3688

广田宗玄:《大慧宗杲的〈碧严录〉被烧毁的问题》,《禅学研究》82,2004年。

乙3689

上川通夫:《有关〈觉禅钞〉〈六字经法〉》,《爱知县立大学文学部论集》54,2005年。

乙3690

石井修道:《围绕大洪守遂的〈佛祖三经注解〉的建立》,《亚洲文化的思想与礼仪:福井文雅博士古稀记念论集》,2005年。

乙3691

佐藤秀孝:《宝叶妙源与〈虚堂和尚语录〉》,《驹泽大学佛教学部论集》37,2006年。

乙3692

水越知:《有关李昌龄的〈乐善录〉——南宋时期的善书相关的一项考察》,《东方宗教》113,2009年。

九、学术思想史

（一）通　　论

乙3693
小柳司气太：《汉宋两学纵谈》，《哲学杂志》22—240，1907年。

乙3694
忽滑谷快天：《宋学与禅的相互渗透》，《禅宗》161，1908年。

乙3695
西村时彦：《宋学与元曲》，《禅宗》167，1909年。

乙3696
内田周平：《宋朝义理学的前驱后援》，《东洋哲学》30—6、30—7，1923年。

乙3697
市村瓒次郎：《中国的正统思想》，《斯文》10—9，1928年。

乙3698
本田成之：《宋儒与佛教（1）》，《龙谷大学论丛》288，1929年。

乙3699
本田成之：《宋儒与佛教（2）》，《龙谷大学论丛》289，1930年。

乙3700
本田成之：《宋儒与佛教（3）》，《龙谷大学论丛》290，1930年。

乙3701
本田成之：《宋儒与佛教（4）》，《龙谷大学论丛》291，1930年。

乙3702
武内义雄：《宋学的由来及其特殊性》，《岩波讲座东洋思潮》1—4，1934年。

乙 3703

后藤俊瑞：《宋学》，《世界精神》，1940 年。

乙 3704

西治助：《宋学的发展及其影响（一）》，《东洋文化》188，1940 年。

乙 3705

西治助：《宋学的发展及其影响（二）》，《东洋文化》189，1940 年。

乙 3706

和岛芳男：《宋学最初传入及其被接受的形式》，《史学杂志》54—7，1943 年。

乙 3707

佐中壮：《关于宋学中所谓批判性研究的端绪》，《史学杂志》54—10，1943 年。

乙 3708

和岛芳男：《关于中世纪接受宋学的问题》，《学士院纪要》5—2，5—3，1947 年。

乙 3709

宫崎市定：《宋学伦理》，《东光》3，1948 年。

乙 3710

岛田正郎：《辽代的礼与礼书》，《法律论丛》25—1，1951 年。

乙 3711

楠本正继：《导致宋学出现的因素》，《东方学》2，1951 年。

乙 3712

西顺藏：《三个北宋士大夫的思想》，《一桥论丛》26—1，1951 年。

乙 3713

西顺藏：《关于宋学的性质》，《东方支那学会报》11，1952 年。

乙 3714

西顺藏：《北宋及其正统论》，《一桥论丛》30—5，1953 年。

乙 3715

后藤俊瑞：《宋学中敬的意义》，《哲学》4，1954 年。

乙 3716

小泽文四郎：《清朝与宋学》，《内野台岭先生追悼论文集》，1954 年。

乙 3717

久须本文雄：《宋学源流中的禅的环境》，《禅学研究》45，1955 年。

乙 3718

麓保孝：《关于刘公是、公非兄弟的学行》，《防卫大学纪要》1，1956 年。

乙 3719

吉田清治：《东洋学术复兴期——北宋思想史研究》，《大阪府立大学纪要》5，1957 年。

乙 3720

本田济：《王禹偁——宋代思想

九、学术思想史

史之一环》,《日本中国学会报》10,1958年。

乙3721
木南卓一:《北宋思想界的动向》,《怀德》29,1958年。

乙3722
山崎道夫:《宋学中气的出现》,《大东文化大学汉学会志》1,1958年。

乙3723
市川安司:《北宋的哲学与对立观念》,《大东文化大学汉学会志》2,1959年。

乙3724
吉田清治:《唐宋变革时期思想性转换》,《历史教育》8—6,1960年。

乙3725
友枝龙太郎:《宋学的系谱》,《历史教育》11—9,1963年。

乙3726
和岛芳男:《中世纪宋学史的各个问题》,《神户女学院大学论集》12—2、12—3,1965年。

乙3727
友枝龙太郎:《伊川穷理学的性格——以遗书为中心》,《广岛大学文学部纪要》24—1,1965年。

乙3728
赤塚光男:《由应举观朱熹与陆九渊》,《东洋文化》14,1966年。

乙3729
今井宇三郎:《宋学之形成》,《历史教育》14—8,1966年。

乙3730
今中宽可:《徂徕与叶水心之间——回答岛田虔次氏的〈朱子学〉与〈阳明学〉》,《人文学》100,1967年。

乙3731
山田庆儿:《宋代的自然哲学——在宋学中的地位》,《宋元时代的科学技术史》,1967年。

乙3732
吉原文昭:《真德秀的论语集编》,《艺林》19—1,1968年。

乙3733
山下龙二:《中国思想研究是怎样开展起来的》,《名古屋大学文学部研究论集》,1968年。

乙3734
横山伊势雄:《论苏轼的隐逸思想——以与陶渊明的关系为中心》,《东京教育大学文学部纪要》72,1969年。

乙3735
岛田虔次:《宋学的发展》,《岩波讲座世界历史》9,1970年。

乙3736
和岛芳男:《中世宋学史的回

顾——问题和对旧学说的批判》，《日本历史》262，1970年。

乙3737
内藤湖南：《宋代的史学发展（上）》，《文艺复典》1—7，1970年。

乙3738
内藤湖南：《宋代的史学发展（中）》，《文艺复典》1—8，1970年。

乙3739
内藤湖南：《宋代的史学发展（下）》，《文艺复典》1—10，1970年。

乙3740
木南卓一：《宋学中"全"的境界》，《帝塚山大学纪要》10，1973年。

乙3741
吉原文昭：《从宋学的发展看孙奭之地位》，《宇野哲人先生白寿祝贺记念东洋学论丛》，1974年。

乙3742
楠本正继：《宋明两思想的葛藤》，《楠本正继先生中国哲学研究》，1975年。

乙3743
石田肇：《唐仲友备忘录——南宋思想史之管窥》，《社会文化史学》12，1975年。

乙3744
冈田武彦：《宋明的实学及其背景》，《西南学院大学文理论集》17—2，1976年。

乙3745
铃木喜一：《关于宋学的三个问题》，《中国哲学史的展望与摸索》，1976年。

乙3746
三浦国雄：《没有间断的思想》，《中国哲学史的展望与摸索》，1976年。

乙3747
新田大作：《道元与中国哲学》，《理想》513，1976年。

乙3748
佐藤仁：《朱熹和陆游》，《小尾博士退休记念中国文学论集》，1976年。

乙3749
功刀正：《关于石徂徕的"明道致用"——宋学（道学）源流之一己见》，《汉文学会会报》36，1977年。

乙3750
大岛晃：《宋学中的"道统论"》，《中哲文学会报》6，1981年。

乙3751
近藤正则：《关于宋代的孟子

九、学术思想史

批判（上）》，《汉文教室》146，1983年。

乙3752
近藤正则：《关于宋代的孟子批判（中）》，《汉文教室》147，1983年。

乙3753
近藤正则：《关于围绕孟子性善说的北宋诸儒的议论——以李觏、司马光、苏轼及王安石为中心》，《学艺国语国文学》18，1983年。

乙3754
永岛康博：《宋代的动态事物与静态事物》，《中国哲学论集》9，1983年。

乙3755
近藤正则：《关于宋代的孟子批判（下）》，《汉文教室》148，1984年。

乙3756
佐野公治：《围绕宋元代四书学的政治思想状况——四书学史概观（上）》，《爱知县立大学说林》33，1985年。

乙3757
高木重俊：《宋之问论》，《北海道教育大学纪要（上）》37—1，1986年。

乙3758
吾妻重二：《洪范与宋代思想》，《东洋的思想与宗教》3，1986年。

乙3759
高木重俊：《宋之问论》，《北海道教育大学纪要（下）》37—2，1987年。

乙3760
土田健次郎：《中国的宋明理学史研究》，《东洋的思想与宗教》4，1987年。

乙3761
田中正树：《北宋的中庸与皇极——契嵩与苏轼》，《集刊东洋学》62，1989年。

乙3762
马渊昌也：《围绕13—15世纪的士大夫思想对"欲"的把握——以〈天理、人欲〉〈道心、人心〉〈无欲〉为中心》，《朱子学的思维——中国思想史上的传统与革新》，1990年。

乙3763
三浦国雄：《止观与坐忘与居敬——三教的身心技法》，《人文研究：大阪市立大学大学院文学研究科纪要》44-5，1992年。

乙3764
山田俊：《关于北宋、真宗的三教思想——〈天书〉与〈清净〉》，《日本文化研究所研究报告》28，1992年。

乙3765
三浦秀一：《金末的宋学——赵

秉文、李纯甫、王若虚》，《东北大学文学部研究年报》44，1994年。

乙3766
吾妻重二：《太极图的形成——围绕儒佛道三教再考》，《日本中国学会报》46，1994年。

乙3767
副岛一郎：《宋人与柳宗元的思想》，《东方学》89，1995年。

乙3768
近藤正则：《围绕〈苏氏易解〉中朱子的苏轼批判的主题》，《东洋研究》122，1996年。

乙3769
木下铁矢：《从"治"到"理"——陆贽、王安石、朱熹》，《东洋史研究》55—3，1996年。

乙3770
土田健次郎：《社会与思想——宋元思想研究笔记》，《宋元时代史的基本问题》，1996年。

乙3771
藤井伦明：《宋学的"圣"与"诚"——对自然性的志向》，《中国哲学论集》23，1997年。

乙3772
东英寿：《欧阳修与尹洙》，《鹿大史学》46，1998年。

乙3773
松川健二：《宋明的思想》，《二松学舍大学人文论丛》63，1999年。

乙3774
藤田觉：《宋学的本质与后继的藤树》，《藤树研究》151，1999年。

乙3775
藤井伦明：《北宋时代圣人观的一个侧面——围绕工夫论中的"化"》，《九州中国学会报》38，2000年。

乙3776
土田健次郎：《作为古典的古典学——以宋学文献为中心》，《科学研究费特定领域研究（A）古典学的重构：第1期公开征集研究论文集》，2001年。

乙3777
伊东贵之：《中国思想史上的"性"》，《架起东方人文学的桥梁》，2001年。

乙3778
柴田笃：《楠本正继博士觉书》，《名古屋大学中国哲学论集》6，2007年。

乙3779
奥野新太郎：《刘辰翁的评点与"情"》，《日本中国学会报》62，2010年。

（二）儒　　学

乙3780

大江文城：《周子学说概论》，《东洋哲学》8—8、8—9、8—10、8—11，1901年。

乙3781

高濑武次郎：《朱王二的差异》，《哲学杂志》16—173，1901年。

乙3782

宇野哲人：《程门之四先生》，《哲学杂志》18—191，1903年。

乙3783

宇野哲人：《二程的异同》，《东洋哲学》10—12，1903年。

乙3784

大江文城：《程朱哲学史论序》，《东洋哲学》19—1，1912年。

乙3785

和田清：《论太极图说》，《东亚研究》5—9、5—10、5—11，1915年。

乙3786

高田真治：《关于心即理之说》，《东亚研究》6—9、6—10、6—11、6—12，1916—1917年。

乙3787

服部宇之吉：《关于宋儒的理气说》，《哲学杂志》34—394，1919年。

乙3788

宇野哲人：《关于程朱理气的两三点考察》，《哲学杂志》40—464，1925年。

乙3789

诸桥辙次：《李泰伯在儒教史上的特殊地位》，《斯文》8—7，1926年。

乙3790

大江文城：《宋儒新注书的传入及其普及》，《高濑博士还历纪念支那学论丛》，1928年。

乙3791

高濑武次郎：《通书研究》，《狩野教授还历纪念支那学论丛》，1928年。

乙3792

藤井健治郎：《康德的"敬"与程朱的"敬"》，《狩野教授还历纪念支那学论丛》，1928年。

乙 3793
后藤俊瑞：《周子实践哲学之概观》，《东洋文化》77、78，1930年。

乙 3794
青木晦藏：《关于朱陆之异同》，《东洋文化》74，1930年。

乙 3795
和田正俊：《程明理学中的王道立国论》，《斯文》15—5，1933年。

乙 3796
麓保孝：《以大学为中心的宋代儒学》，《支那学研究》3，1933年。

乙 3797
三本义三：《宋代的儒学》，《历史大系》6，1934年。

乙 3798
藤泽诚：《对张子成学过程之背景的两三点考察》，《服部先生古稀祝贺记念论文集》，1936年。

乙 3799
大江万里：《江户初期宋儒的新注学统一的机运》，《斯文》19—11，1937年。

乙 3800
楠本正继：《关于宋明理学的一点考察——"心即理"思想的发展》，《九州帝国大学法文学部十周年记念哲学、史学、文学论文集》，1937年。

乙 3801
楠本正继：《宋明理学史上的"心即理"思想》，《汉学会杂志》5—1，1937年。

乙 3802
山口察常：《宋儒的仁说》，《大正大学学报》26，1937年。

乙 3803
麓保孝：《儒学的兴隆》，《文化史大系》，1938年。

乙 3804
秋月胤继：《关于朱陆王三子之异同》，《怀德》16，1938年。

乙 3805
池田孝：《明道中的定性书与识仁篇（上）》，《文化》6—12，1939年。

乙 3806
田崎仁义：《邵康节的皇帝王霸之论》，《东亚经济研究》23—3，1939年。

乙 3807
池田孝：《明道中的定性书与识仁篇（下）》，《文化》7—1，1940年。

乙 3808
麓保孝：《清代对宋代儒学的研究（上）》，《汉学会杂志》8—1，1940年。

九、学术思想史

乙 3809
麓保孝:《清代对宋代儒学的研究（下）》,《汉学会杂志》8—2, 1940 年。

乙 3810
池田雪雄:《近世儒学及其史观》,《史潮》11—1, 1941 年。

乙 3811
武内义雄:《儒教的伦理》,《岩波讲座伦理学》9, 1941 年。

乙 3812
萩原扩:《程明理学中的道德理念论及其价值》,《吉田博士古稀祝贺记念论文集》, 1943 年。

乙 3813
西原藏:《程明道的天理》,《哲学杂志》66—711, 1951 年。

乙 3814
友枝龙太郎:《张横渠在中国近世思想史上的地位》,《西日本史学》8, 1951 年。

乙 3815
岛田虔次:《王学左派论批判的批判》,《史学杂志》61—9, 1952 年。

乙 3816
功刀正:《无极而太极》,《竹田记念论集》, 1952 年。

乙 3817
后藤俊瑞:《宋学的豁然贯通说》,《广岛大学哲学》3, 1952 年。

乙 3818
今井宇三郎:《关于"无极而太极"》,《日本中国学会报》4, 1952 年。

乙 3819
市川安司:《太极图解说中动静的问题》,《东亚支那学会会报》11, 1952 年。

乙 3820
西顺藏:《张横渠的思想——所谓"天地"世界》,《一桥论丛》28—2, 1952 年。

乙 3821
友枝龙太郎:《关于周濂溪的无极太极——其生成论与本体论》,《东亚支那学报》10, 1952 年。

乙 3822
友枝龙太郎:《邵康节的思想——较之数、更重视理》,《东方古代研究》1, 1952 年。

乙 3823
西顺藏:《周濂溪的圣人说》,《一桥论丛》32—4, 1954 年。

乙 3824
楠本正继:《二程子论》,《九州大学哲学年报》17, 1955 年。

乙 3825
市川安司:《关于程明道学的理》,《东京大学教养学部人文科学科纪要》7，1955年。

乙 3826

庄司莊一：《陈亮之学》，《东洋的文化与社会》4，1955年。

乙 3827

荒木见悟：《陈北溪与杨慈湖》，《哲学》6，1956年。

乙 3828

木南卓一：《周濂溪研究》，《东方学》12，1956年。

乙 3829

楠本正继：《继二程子论》，《九州大学哲学年报》19，1956年。

乙 3830

市川安司：《关于程伊川之理（1）——理气二元论的问题》，《东京大学教养学部人文科学科纪要》13，1957年。

乙 3831

本田济：《关于李觏》，《石浜先生古稀记念东洋学论丛》，1958年。

乙 3832

户田丰三郎：《周子太极图说考》，《广岛大学文学部纪要》16，1959年。

乙 3833

山下龙二：《关于陆象山"心即理"说》，《名古屋大学文学部十周年记念论集》，1959年。

乙 3834

市川安司：《关于程伊川之理（2）》，《东京大学教养学部人文科学科纪要》16，1959年。

乙 3835

春山信一：《孔疏性理学的要领和向宋学的展开（1）》，《大东文化大学汉学会志》2，1960年。

乙 3836

户田丰三郎：《周子太极图及其源流》，《哲学》10，1960年。

乙 3837

麓保孝：《富文忠公的风格》，《防卫大学纪要》15，1960年。

乙 3838

麓保孝：《关于曾南丰的学行——及其在宋代儒学思想史上的地位》，《防卫大学校纪要》7，1963年。

乙 3839

山根三芳：《张横渠思想研究序论》，《广岛大学文学部纪要》22—1，1963年。

乙 3840

市川安司：《关于程伊川之理（3）》，《东京大学教养学部人文科学科纪要》30，1963年。

乙 3841

市川安司：《关于程伊川之理（4）》，《东京大学教养学部人文科学科纪要》32，1963 年。

乙 3842

藤泽诚：《张载》，《中国的思想家：宇野哲人博士米寿记念论集》，1963 年。

乙 3843

冈田武彦：《朱陆同异论源流考》，《目加田诚博士还历记念中国学论集》，1964 年。

乙 3844

菰口治：《关于正蒙的构成和易说》，《集刊东洋学》12，1964 年。

乙 3845

友枝龙太郎：《程明道的天理体贴》，《广岛大学文学部纪要》23—1，1964 年。

乙 3846

友枝龙太郎：《程伊川穷理学的展开》，《东京支那学报》10，1964 年。

乙 3847

冈田武彦：《胡五峰论》，《东洋文化（上）》10，1965 年。

乙 3848

冈田武彦：《胡五峰论》，《东洋文化（下）》11，1965 年。

乙 3849

麓保孝：《北宋儒学的展开》，《斯文》41，1965 年。

乙 3850

麓保孝：《论司马温公的学行——及其在宋代儒家思想史上的地位》，《防卫大学纪要》11，1965 年。

乙 3851

山根三芳：《张横渠的礼思想研究》，《广岛大学文学部纪要》24—1，1965 年。

乙 3852

岛田虔次：《杨慈湖》，《东洋史研究》24—4，1966 年。

乙 3853

久须本文雄：《程明道的人格形成观与禅》，《禅学研究》55，1966 年。

乙 3854

友枝龙太郎：《陆象山心即理说的特点（上）》，《东洋文化》12，1966 年。

乙 3855

友枝龙太郎：《陆象山心即理说的特点（下）》，《东洋文化》13，1966 年。

乙 3856

友枝龙太郎：《朱陆之学的异同及其背景》，《广岛大学文学部纪要》26—3，1966 年。

乙 3857

高桥进：《朱王两思想的比较论

乙 3858
菰口治：《关学的特征（1）——以地理关系为中心》，《集刊东洋学》18，1967年。

乙 3859
山根三芳：《张横渠的天人合一思想》，《日本中国学会报》19，1967年。

乙 3860
庄司莊一：《陈亮传记——南宋的异端思想家》，《大安》135，1967年。

乙 3861
佐藤仁：《张横渠传》，《久留米工业高等专门学校研究报告》7，1967年。

乙 3862
大西晴隆：《太极图说成立考》，《怀德》39，1968年。

乙 3863
高桥正和：《二程子的研究（1）》，《别府大学纪要》15，1968年。

乙 3864
户田丰三郎：《邵康节父子的思想》，《广岛大学文学部纪要》28—1，1968年。

乙 3865
笠井清：《陆王心即理学考》，《群马工业高等专科学报研究报告》2，1968年。

乙 3866
上野日出刀：《邵雍的生涯与诗》，《吉川博士退休记念中国文学论集》，1968年。

乙 3867
限本宏：《从伊洛渊源录看蓝田吕氏兄弟》，《九州中国学会报》14，1968年。

乙 3868
高木达：《对宋学的劝诱——张横渠介绍》，《文丛》2，1969年。

乙 3869
菰口治：《关学的特征（2）——以"礼"为中心》，《文化》32—3，1969年。

乙 3870
黑坂满辉：《周濂溪的宇宙论》，《中国的哲学》6，1969年。

乙 3871
久须本文雄：《二程子学禅考》，《禅文化研究所纪要》1，1969年。

乙 3872
高畑常信：《关于张南轩的论语解"一本云"》，《哲学》21，1970年。

乙 3873
高畑常信：《朱子对张南轩的〈论语解〉的影响》，《哲学》22，

九、学术思想史

1970 年。

乙 3874
荒木见悟：《心学与理学》，《禅学研究》58，1970 年。

乙 3875
久须本文雄：《陆象山思想中的禅》，《禅文化研究所纪要》2，1970 年。

乙 3876
久须本文雄：《陆子学禅考》，《禅学研究》58，1970 年。

乙 3877
山根三芳：《张子礼说考》，《日本中国学会报》22，1970 年。

乙 3878
宇野哲人：《朱晦庵和王阳明》，《斯文》62，1970 年。

乙 3879
菰口治：《〈宋季元明理学通录〉的介绍与整理》，《福冈教育大学纪要（文科编）》21，1971 年。

乙 3880
菰口治：《张横渠和伊川之礼——以宗法为中心》，《集刊东洋学》26，1971 年。

乙 3881
久须本文雄：《张横渠思想中禅的因素》，《禅文化研究所纪要》3，1971 年。

乙 3882
市川安司：《张程二氏对物之生天问题的看法》，《东京支那学报》16，1971 年。

乙 3883
高桥进：《朱王两思想的比较论的研究（2）》，《东京教育大学文学部纪要》85，1972 年。

乙 3884
高畑常信：《关于张南轩的著作》，《广岛县高等学校教育研究会国语部会年报》13，1972 年。

乙 3885
高畑常信：《胡五峰的思想（1）——以胡子知言为中心》，《支那学研究》36，1972 年。

乙 3886
高畑常信：《胡子知言·知言疑义之形成》，《哲学》24，1972 年。

乙 3887
合山究：《朱熹对苏学的批判——序论》，《中国文学论集》3，1972 年。

乙 3888
山崎道夫：《西铭的思想》，《铃木博士古稀记念东洋学论丛》，1972 年。

乙 3889
山室三良：《邵康节的人物与风怀》，《人文论丛》3—3，1972 年。

乙 3890

　　山室三良：《再论邵康节》，《人文论丛》4—1，1972年。

乙 3891

　　高畑常信：《张南轩的思想变迁》，《中京大学文学部纪要》8—2，1973年。

乙 3892

　　山角光弘：《关于"性理字义"》，《九州中国学会报》19，1973年。

乙 3893

　　寺地遵：《李觏关于"礼"思想及其历史意义（上）》，《史学研究》118，1973年。

乙 3894

　　寺地遵：《李觏关于"礼"思想及其历史意义（下）》，《史学研究》119，1973年。

乙 3895

　　高桥进：《朱王两思想的比较论的研究（3）》，《东京教育大学文学部纪要》95，1974年。

乙 3896

　　高畑常信：《胡子知言与朱子的批评》，《中京大学文学部纪要》9—1，1974年。

乙 3897

　　高畑常信：《张南轩年谱》，《中京大学文学部纪要》9—2，1974年。

乙 3898

　　关正郎：《关于张载认识论的一点考察》，《宇野哲人先生白寿祝贺记念东洋学论丛》，1974年。

乙 3899

　　荒木见悟：《论宋儒陈瓘——北宋一个士人的精神生活》，《宇野哲人先生白寿祝贺记念东洋学论丛》，1974年。

乙 3900

　　三浦国雄：《伊川击壤集的世界》，《东方学报》47，1974年。

乙 3901

　　下斗米晟：《关于陆王二子的佛教观》，《大东文化大学纪要》12，1974年。

乙 3902

　　下斗米晟：《关于陆王二子之异同》，《宇野哲人先生白寿祝贺记念东洋学论集》，1974年。

乙 3903

　　小口彦太：《李觏思想的一个侧面》，《早稻田法学》50—1、50—2，1974年。

乙 3904

　　宇野哲人：《论朱子与阳明的修养》，《东洋文化》19，1974年。

乙 3905

　　庄司庄一：《关于功利学派陈亮

九、学术思想史

的"变通之理"》，《入矢教授、小川教授退休记念中国文学语学论集》，1974年。

乙3906
大岛晃：《论张横渠的"太虚即气"论》，《日本中国学会报》27，1975年。

乙3907
牛尾弘孝：《杨慈湖的思想——关于其心学的性质》，《中国哲学论集》1，1975年。

乙3908
小村多加士：《宋明儒学与"狂狷"的思想——宋明儒学构造机能论之一考察》，《现代中国与历史面貌》，1975年。

乙3909
大岛晃：《邵康节之"观物"》，《东方学》52，1976年。

乙3910
福田殖：《关于张南轩之二三考察》，《文学论辑》23，1976年。

乙3911
福田殖：《张南轩初年的思想》，《九州大学中国哲学论集》2，1976年。

乙3912
高桥进：《朱王两思想的比较论的研究（4）》，《筑波大学哲学、思想学系论集》，1976年。

乙3913
高畑常信：《张南轩论语解的产生过程及其特色》，《中京大学文学部纪要》11—2，1976年。

乙3914
菰口治：《关于吕大临的"礼"思想》，《中国哲学论集》2，1976年。

乙3915
吉原文昭：《北宋春秋学的一个侧面》，《中国哲学史的展望和摸索》，1976年。

乙3916
石田和夫：《关于钱融堂——陆学传承之一形态》，《中国哲学论集》2，1976年。

乙3917
汤浅幸孙：《宋学中的自然和人伦——张载的唯物论》，《京都大学文学部研究纪要》16，1976年。

乙3918
土田健次郎：《程伊川"理一"的性质》，《哲学》64，1976年。

乙3919
庄司荘一：《叶适的经典批判——以"大学"格物解释为中心》，《密教文化》117，1976年。

乙3920
加藤宗孝：《宋儒程伊川学说中

所见华严哲学之影响与效用——华严的法界观》，《中央学术研究所纪要》6，1977年。

乙 3921

久须本文雄：《程门诸子中禅的因素》，《禅文化研究所纪要》9，1977年。

乙 3922

山根三芳：《二程子礼说考》，《道教的思想与文化：吉冈博士还历记念道教研究论集》，1977年。

乙 3923

山井涌：《宋明哲学中的"性即理"与"心即理"》，《驹泽大学文化》3，1977年。

乙 3924

市川安司：《从北溪字义上看理——分殊的思维方式》，《二松学舍大学论集》，1977年。

乙 3925

市来津由彦：《程伊川实践的伦理形成——以《遗书》有关语录为中心》，《集刊东洋学》38，1977年。

乙 3926

福田殖：《胡安国小论（上）》，《文学论辑》25，1978年。

乙 3927

高畑常信：《宋代儒家的道德思想——周濂溪、程明道、程伊川》，《东京学艺大学纪要（人文科学）》29，1978年。

乙 3928

荒木见悟：《关于张九成》，《森三树三郎博士颂寿记念东洋学论集》，1979年。

乙 3929

近藤一成：《宋代永嘉学派叶适的华夷观》，《史学杂志》88—6，1979年。

乙 3930

山根三芳：《司马光礼说考》，《森三树三郎博士颂寿记念东洋学论集》，1979年。

乙 3931

花崎隆一郎：《〈汉学商兑〉中宋儒尊仪的态度》，《关西大学中国文学会纪要》8，1980年。

乙 3932

吉原文昭：《陈亮其人与生活》，《中央大学文学部纪要》97，1980年。

乙 3933

近藤一成：《道学派的形成与福建——围绕杨时的经济政策》，《中国前近代史研究：栗原朋信博士追悼记念》，1980年。

乙 3934

市来津由彦：《吕大临的思想》，《日本中国学会报》32，1980年。

九、学术思想史

乙 3935
荒木见悟:《林希逸的立场》,《中国哲学论集》7, 1981 年。

乙 3936
荒木见悟:《杨龟山小论》,《九州大学哲学年报》40, 1981 年。

乙 3937
岛田虔次:《战后日本宋明理学研究的概述》,《中国哲学》7, 1982 年。

乙 3938
福田殖:《胡安国小论(下)》,《文学论辑》28, 1982 年。

乙 3939
高畑常信:《胡安国的思想研究——以先公行状为中心》,《东京学艺大学纪要(人文科学)》33, 1982 年。

乙 3940
石田肇:《程明道小考——治绩、新法、学校教育》,《历史上的民众与文化:酒井忠夫先生古稀祝贺记念论集》, 1982 年。

乙 3941
市来津由彦:《程颐的未发已发论——围绕苏季明问答》,《中国的人性探究》, 1983 年。

乙 3942
小宫厚:《张载试论》,《九州中国学会报》24, 1983 年。

乙 3943
宇野茂彦:《黄干的道统论与圣贤的祀》,《青山学院大学文学部纪要》25, 1983 年。

乙 3944
佐藤富美子:《关于张横渠对性的概念》,《哲学》71, 1983 年。

乙 3945
市来津由彦:《韩维与程颢——围绕〈持国问答〉》,《东北大学教养部纪要》41—1, 1984 年。

乙 3946
土田健次郎:《胡瑗的学问——其性格与定位》,《东洋的思想与宗教》1, 1984 年。

乙 3947
大岛晃:《"水冰的比喻"试探(上)——围绕张载比喻的渊源》,《上智大学国文学科纪要》1, 1985 年。

乙 3948
大岛晃:《"水冰的比喻"试探(下)——围绕张载比喻的渊源》,《上智大学国文学科纪要》2, 1985 年。

乙 3949
多田知子:《运气论与北宋的儒者们——对其关系的序说》,《中国哲学论集》11, 1985 年。

乙 3950

高畑常信：《胡安国的思想研究（3）》，《东京学艺大学纪要（人文科学）》36，1985年。

乙 3951

吉田公平：《陆象山研究序说》，《东北大学教养部纪要》43，1985年。

乙 3952

吉田公平：《日本宋明理学研究状况概述》，《中州学刊》27，1985年。

乙 3953

吉田公平：《新儒教徒的"唐宋"观——以陆象山为线索》，《集刊东洋学》54，1985年。

乙 3954

冈田武彦：《关于宋明儒学思想发展动向的考察——向实践化与单纯化的指向性》，《中国哲学论集》12，1986年。

乙 3955

木下铁矢：《关于〈正蒙〉太和篇的一点——"气"的认识形态》，《京都大学中国思想史研究》9，1986年。

乙 3956

石田和夫：《陆象山及其后继——从陆象山到王阳明》，《阳明学的世界》，1986年。

乙 3957

小笠智章：《邵雍与张载思想中"神"的意义》，《京都大学中国思想史研究》8，1986年。

乙 3958

真锅正昭：《关于真西山的思想》，《中国哲学论集》12，1986年。

乙 3959

佐藤一好：《关于邵雍的"体""用""心""迹"》，《待兼山论丛〈哲学篇〉》20，1986年。

乙 3960

大岛晃：《张载——北宋时期的气的思想家》，《中国思想史（下）》，1987年。

乙 3961

高畑常信：《张南轩30岁的仁说》，《樱美林大学中国文学论丛》13，1987年。

乙 3962

高畑常信：《张南轩四十年代的仁说与朱子的仁说（1）》，《东京学艺大学纪要（人文科学）》38，1987年。

乙 3963

陆义犹：《性理谈》，《东洋哲学》3—8，10，12（连载），1986—1987年。

乙 3964

桥本敬司：《陆象山的"心"的

九、学术思想史

立场》，《哲学》39，1987年。

乙 3965

中纯夫：《工夫论中的凡与圣——围绕朱子的陆学批判》，《东方学》73，1987年。

乙 3966

渡边纮良：《围绕南宋初的胡宏的书简〈与刘信叔书〉》，《榎博士颂寿记念东洋史论丛》，1988年。

乙 3967

福岛仁：《〈理的哲学〉与〈气的哲学〉——围绕从宋到清的理气哲学的结构》，《中国社会与文化》3，1988年。

乙 3968

高畑常信：《张南轩四十年代的仁说与朱子的仁说（2）》，《东京学艺大学纪要（人文科学）》39，1988年。

乙 3969

山根三芳：《张子礼说考（续）》，《哲学》40，1988年。

乙 3970

市来津由彦：《洛阳地区二程史迹见学记（上）》，《东方》87，1988年。

乙 3971

市来津由彦：《洛阳地区二程史迹见学记（下）》，《东方》88，1988年。

乙 3972

樋口胜：《宋代礼思想的一种形态——关于〈家礼〉中展现的朱熹的宗法制》，《东洋哲学研究所纪要》4，1988年。

乙 3973

土田健次郎：《陈襄的思想及其周边——作为道学形成史的一个视角》，《东方学》75，1988年。

乙 3974

土田健次郎：《道统论再考》，《中国的佛教与文化：镰田茂雄博士还历记念论集》，1988年。

乙 3975

中根公雄：《陆象山与王阳明的"心即理"》，《二松学舍大学人文论丛》38，1988年。

乙 3976

佐藤一好：《心迹论——从王通到二程》，《中国研究集刊》5，1988年。

乙 3977

北原峰树：《程明道中的"道"之思想》，《北九州大学大学院纪要》2，1989年。

乙 3978

吉田公平：《南康会见后的陆象山之朱熹批判》，《广岛大学文学部纪要》48，1989年。

乙 3979

山际明利:《张载〈正蒙〉中可见的循环思想》,《中国哲学》18,1989年。

乙 3980

佐藤隆则:《陈淳的学问与思想——朱熹从学前》,《大东文化大学汉学会志》28,1989年。

乙 3981

大岛晃:《宋代思想与道学》,《朱子学的思维——中国思想史上的传统与革新》,1990年。

乙 3982

宫崎顺子:《关于张载的"虚心"》,《中国学志》需号(第5号),1990年。

乙 3983

柳田裕延:《"致知格物"论的构图》,《中国思想史研究》13,1990年。

乙 3984

石川泰成:《关于陈北溪的"理"——以反射朱子哲学为目的》,《二松学舍大学大学院纪要》4,1990年。

乙 3985

石田肇:《周密与道学》,《东洋史研究》49—2,1990年。

乙 3986

汤川敬弘:《二程子的体贴世界与有的逻辑——感应的论理序说》,《朱子学的思维——中国思想史上的传统与革新》,1990年。

乙 3987

土田健次郎:《晚年的程颐》,《沼尻博士退休记念中国学论集》,1990年。

乙 3988

佐藤隆则:《陈淳的学问与思想——朱熹从学期》,《大东文化大学汉学会志》29,1990年。

乙 3989

佐野公治:《关于所谓的宋明时代"心学"》,《山下龙二教授退官记念中国学论集》,1990年。

乙 3990

吉田公平:《新儒教中的正统与异端》,《正统与异端——天皇、天、神》,1991年。

乙 3991

近藤正则:《程明道、程伊川对〈孟子〉的接纳与衍义》,《东洋研究》97,1991年。

乙 3992

近藤正则:《围绕程伊川对"权"的解释——从宋代〈孟子〉接纳历史的视点》,《东洋文化研究所纪要》11,1991年。

乙 3993

泷康秀:《〈虏斋口义〉中的心

九、学术思想史

学》,《上智大学国文学论集》24,1991年。

乙3994
平元道雄:《程明道与新法》,《久留米工业高等专门学校纪要》6—2,1991年。

乙3995
上野努:《程颐的敬与朱熹的敬》,《二松学舍大学大学院纪要》5,1991年。

乙3996
石田和夫:《〈宋元学案〉与宋代的思想》,《九州大学、首尔大学中国学学术交流会议论文集(第4回)》,1991年。

乙3997
市来津由彦:《廖德明——福建朱熹门人从学的一种形式》,《东北大学教养部纪要》56,1991年。

乙3998
小岛毅:《关于中国儒教史的新研究视角》,《思想》805,1991年。

乙3999
小路口聪:《象山精舍小史》,《哲学》43,1991年。

乙4000
伊东贵之:《"理"的恢复》,《中国哲学研究》3,1991年。

乙4001
川野正裕:《围绕南宋绍兴年间的程学批判》,《响沫集》7,1992年。

乙4002
宫崎顺子:《张载故里探访记》,《中国学志》师(7)号,1992年。

乙4003
黑坂满辉:《张九成的学问与治学方法——以〈心传录〉为中心》,《福井大学教育学部研究纪要(人文科学)》41,1992年。

乙4004
小岛毅:《儒教的偶像观——围绕祭礼的言说》,《中国:社会与文化》7,1992年。

乙4005
宇佐美文理:《个物论序说——以张载为线索》,《信州大学教养部纪要》26,1992年。

乙4006
垣内景子:《关于程子的"涵养须用敬"》,《东亚文化与思想论丛》,1992年。

乙4007
沟口雄三:《关于天理观的成立》,《东方学》86,1993年。

乙4008
山际明利:《张载的孟子说——以心性论为中心》,《中国哲学》22,1993年。

乙 4009
市来津由彦:《南宋朱陆论再考——以浙东陆门袁燮为中心》,《宋代的知识分子——思想、制度、地域社会》,1993 年。

乙 4010
小笠智章:《围绕程伊川的"气"》,《中国思想史研究》16,1993 年。

乙 4011
早坂俊广:《陈亮的道学——以〈西铭说〉为中心》,《日本中国学会报》45,1993 年。

乙 4012
高畑常信:《张南轩的遗迹》,《东京学艺大学纪要(人文科学)》45,1994 年。

乙 4013
沟口雄三:《中国理气论的成立》,《亚洲思考 7——世界像的形成》,1994 年。

乙 4014
近藤正则:《程伊川对"勇"的解释与衍义——从宋代〈孟子〉受容史的视点》,《东洋研究》113,1994 年。

乙 4015
名畑嘉则:《程颢、程颐〈二程全书〉与〈论语〉——道学的确立》,《论语的思想史》,1994 年。

乙 4016
山际明利:《谢良佐〈谢显道论语解〉——"仁"说的展开》,《论语的思想史》,1994 年。

乙 4017
山际明利:《张载〈论语说〉——"虚"与生死观》,《论语的思想史》,1994 年。

乙 4018
上野努:《周敦颐的修养考——诚及其周边》,《阳明学》6,1994 年。

乙 4019
藤井京美:《王安石伯夷论考》,《日本中国学会报》46,1994 年。

乙 4020
本田济:《关于真德秀》,《东方学》90,1995 年。

乙 4021
若松信尔:《金代道学的发展》,《东洋文化》75,1995 年。

乙 4022
三浦秀一:《金朝性理学史稿——公元十三世纪前半的北方中国的程朱学与新道教的交错》,《文化》58—3、58—4,1995 年。

乙 4023
山际明利:《关于张载的性说》,《中国哲学》24,1995 年。

乙 4024
吾妻重二:《周敦颐〈太极图说〉

九、学术思想史

的渗透与变容——以道教和佛教为中心》，《关西大学文学论集》44—1～4，1995年。

乙4025
佐藤炼太郎：《宋代的心学与易》，《中国哲学》24，1995年。

乙4026
高畑常信：《朱子、张南轩、吕祖谦的理学思想的差异》，《东京学艺大学纪要（人文科学）》47，1996年。

乙4027
田中正树：《张耒的思想》，《集刊东洋学》75，1996年。

乙4028
土田健次郎：《程颢思想的基本结构》，《中村璋八博士古稀记念东洋学论集》，1996年。

乙4029
土田健次郎：《周程教授再考》，《东洋的思想与宗教》13，1996年。

乙4030
土田健次郎：《走向三教图之道——中国近代的心之思想》，《东亚社会与佛教文化》，1996年。

乙4031
吾妻重二：《美国的宋代思想研究——最新现状》，《关西大学文学论集》46—1，1996年。

乙4032
名畑嘉则：《程颐〈公〉之概念的诸相——从〈仁之理〉到〈众人之公论〉》，《藤女子大学国文学杂志》58，1997年。

乙4033
松川健二：《毋意之说》，《阳明学论丛（二松学舍创立百二十周年记念）》，1997年。

乙4034
土田健次郎：《宋代思想史上周敦颐的位置》，《东方学会创立五十周年记念东方学论集》，1997年。

乙4035
本田济：《关于魏了翁》，《日本中国学会创立五十年记念论文集》，1998年。

乙4036
吉田公平：《陆象山为何没能成为主角？》，《阳明学》10，1998年。

乙4037
山际明利：《宋儒的"屡空"说》，《中国哲学》27，1998年。

乙4038
市来津由彦：《陈渊的思想——北宋末南宋初道学的继承情况》，《广岛大学文学部纪要》58，1998年。

乙4039
吾妻重二：《居敬前史》，《日本中国学会创立五十年记念论文集》，1998年。

乙4040

小路口聪：《心病难医——陆九渊的朱子学批判》，《东洋古典学研究》5，1998年。

乙4041

伊东贵之：《从"气质变化"论到"礼教"——从中国近代儒教社会中"秩序"形成的视点》，《岩波讲座世界历史13：东亚洲、东南亚洲传统社会的形成16—18世纪》，1998年。

乙4042

垣内景子：《围绕"圣人可学"的朱熹与王阳明——没有成为圣人的朱熹与成为圣人的王阳明》，《日本中国学会创立五十年记念论文集》，1998年。

乙4043

佐藤仁：《胡瑗及其思想——以〈明体达用之学〉为中心》，《比较文化年报》8，1998年。

乙4044

市来津由彦：《程门初传与二程语录资料（上）》，《东洋古典学研究》8，1999年。

乙4045

小笠智章：《王苹的生涯与师承》，《中国思想史研究》22，1999年。

乙4046

小路口聪：《事实之乐趣、语言之病——陆九渊的朱子学批判续篇》，《东洋古典学研究》7，1999年。

乙4047

市来津由彦：《程门初传与二程语录资料（下）》，《东洋古典学研究》9，2000年。

乙4048

白井顺：《复卦的诸相（宋代篇）——复卦象传〈复其见天地之心乎〉与邵雍的〈冬至吟〉》，《人文论丛》29，2001年。

乙4049

吉田公平：《新儒教中的公私观念》，《为21世纪的地球与人类做出贡献的东洋思想》，2001年。

乙4050

山际明利：《张载的性说与生死观——以与明儒的比较为中心》，《苫小牧工业高等专门学校纪要》36，2001年。

乙4051

藤井伦明：《程伊川"真知"考——从"知"到"行"》，《中国哲学论集》27，2001年。

乙4052

小路口聪：《陆九渊〈即今自立〉的哲学——关于哲学的"现

九、学术思想史

场"》，《东洋古典学研究》11，2001年。

乙4053
小路口聪：《陆九渊的性善说再考——超越结构论的人间观》，《广岛商船高等专门学校纪要》23，2001年。

乙4054
近藤正则：《"圣人可学而至"的根本》，《日本中国学会报》54，2002年。

乙4055
森博行：《欧阳修与邵雍——围绕地上的仙界》，《大谷女子大学纪要》36，2002年。

乙4056
森博行：《元结与邵雍——围绕地上的仙界（2）》，《大谷女子大国文》32，2002年。

乙4057
藤井伦明：《宋代道学中的圣人观本质——道学中"无"的意义》，《东方学》104，2002年。

乙4058
末木恭彦：《〈四书集注〉中对〈程子曰〉的考察》，《驹泽大学文化》21，2003年。

乙4059
小笠智章：《张载思想再考》，《中国21》15，2003年。

乙4060
早坂俊广：《黄震的"浙学"——通过现实与表象的差异》，《人文科学论集——人间情报学科编》37，2003年。

乙4061
田中秀树：《宋代道学士大夫对"狂"者曾点的憧憬——以朱熹与其弟子的问答为中心》，《东洋史研究》65—2，2006年。

乙4062
市来津由彦：《黄干的"为己之学"的表象》，《集刊东洋学》100，2008年。

乙4063
伊香贺隆：《陆象山的"本心论"——如何才能涵养并实现"本心"》，《东洋大学大学院纪要》45，2008年。

乙4064
吾妻重二：《周敦颐的人脉、政治、思想——东亚"道学"的起点》，《亚洲文化交流研究》4，2009年。

乙4065
伊香贺隆：《陆象山的颜子论》，《东洋大学大学院纪要》46，2009年。

乙4066
中纯夫：《本末格物说考》，《日本中国学会报》62，2010年。

（三）经　学

乙4067

安井小太郎：《庆历正学派》，《高濑博士还历记念支那学论丛》，1931年。

乙4068

神田喜一郎：《从欧洲访书记中看宋椠的周易集解，荷兰莱顿所藏汉籍，及欧洲首屈一指的汉籍收藏家罗特先生》，《书志学》8—2、8—4、8—6，1937年。

乙4069

林秀一：《关于邢昺的孝经注疏校正》，《斯文》20—12，1938年。

乙4070

宇野哲人：《大学的三纲领》，《斯文》21—5，1939年。

乙4071

麓保孝：《庆历正学的先驱》，《日本支那学研究报告》8，1940年。

乙4072

山田厚：《宋代儒学中周易系辞传的意义》，《支那研究》21，1940年。

乙4073

西泽道宽：《关于集注本论语的训点》，《斯文》22—1，1940年。

乙4074

阿部吉雄：《关于〈四书〉的成立与〈章句集注〉的定本的二、三问题》，《斯文》23—1，1941年。

乙4075

麓保孝：《范祖禹的帝学》，《史学杂志》52—5，1941年。

乙4076

宇野精一：《关于周礼刘歆伪作之说》，《东亚论丛》5，1941年。

乙4077

宇野哲人：《宋代的经世学派》，《东方学报》14—2，1942年。

乙4078

今井宇三郎：《伊川易传自序考》，《中国学会报》1，1950年。

乙4079

麓保孝：《关于宋代范祖禹的帝学》，《日本中国学会报》3，1951年。

乙4080

庄司庄一：《关于王安石思想的二三个方面的研究》，《甲南大

九、学术思想史

学文学会论集》14，1956 年。

乙 4081

庄司庄一：《薛季宣的立场》，《甲南大学文学会论集》3，1956 年。

乙 4082

户田丰三郎：《伊川易传考》，《支那学研究》24、25，1960 年。

乙 4083

户田丰三郎：《横渠易学小论》，《广岛大学文学部纪要》19，1961 年。

乙 4084

户田丰三郎：《宋代大学篇表章的始末》，《东方学》21，1961 年。

乙 4085

盐入亮达：《关于知礼与仁岳的交流》，《印度学佛教学研究》9—2，1961 年。

乙 4086

野村惠二：《"良知说"存在之意义》，《大阪府立大学纪要（人文社会科学）》9，1961 年。

乙 4087

户田丰三郎：《欧阳修的易学》，《东方学》25，1963 年。

乙 4088

户田丰三郎：《横渠易说考》，《广岛大学文学部纪要》25—1，1965 年。

乙 4089

安藤智信：《王安石的方外之契》，《大谷学报》47—2，1967 年。

乙 4090

内山俊彦：《王安石思想初探》，《日本中国学会报》19，1967 年。

乙 4091

山下龙二：《王安石和司马光》，《东京支那学报》13，1967 年。

乙 4092

寺地遵：《从天人相关说看司马光与王安石》，《史学杂志》76—10，1967 年。

乙 4093

东一夫：《王安石的信仰生活和政治理念之间的关系的考察（1）》，《东京学艺大学纪要（社会科学）》20，1968 年。

乙 4094

寺地遵：《对欧阳修天人感应说的怀疑》，《广岛大学文学部纪要》28—1，1968 年。

乙 4095

今井宇三郎：《关于乾坤之二用》，《日本中国学会报》22，1970 年。

乙 4096

庄司庄一：《论王安石"周官信义"的大宰》，《集刊东洋学》23，1970 年。

乙 4097

青木阳岳：《关于朱震的〈周易集传〉》，《九州中国学会报》17，1971 年。

乙 4098

木南卓一：《用朱子学理解"大学"》，《帝塚山大学论集》4，1972 年。

乙 4099

重泽俊郎：《欧阳修的正统论》，《东方学论集》，1972 年。

乙 4100

户田丰三郎：《关于张横渠的〈经学理窟〉》，《中京大学文学部纪要》7—1，1972 年。

乙 4101

今井宇三郎：《蓍卦考误训注》，《东京教育大学文学部纪要》92，1973 年。

乙 4102

坂田新：《关于欧阳修的〈诗本义〉》，《诗经研究》1，1974 年。

乙 4103

菰口治：《论周行已在思想史上的位置》，《九州中国学会报》20，1975 年。

乙 4104

小川晴久：《王船山与易学——〈周易〉研究的一环》，《中国古代史研究 4》，1976 年。

乙 4105

间野潜龙：《关于大学衍义補的"正朝廷"》，《中山八部教授颂寿记念明清史论丛》，1977 年。

乙 4106

山根三芳：《司马光婚礼说考》，《池田末利博士古稀记念东洋学论集》，1980 年。

乙 4107

高桥明郎：《陈祥道著〈论语全解〉的相关考察》，《中国文化》40，1982 年。

乙 4108

中村俊也：《宋代春秋学管见》，《筑波中国文化论丛》2，1982 年。

乙 4109

土田健次郎：《伊川的易传思想》，《宋代：社会与文化》，1983 年。

乙 4110

近藤正则：《苏轼的"武王非圣人"论的性格——对"礼"的重视与"权"的否定中可见的经学思想的一斑》，《汉文学会会报》30，1984 年。

乙 4111

近藤正则：《王安石尊崇孟子的特色——以元丰的孟子配享与孟子圣人论为中心》，《日本中国学会报》36，1984 年。

九、学术思想史

乙4112
山井涌:《吴廷翰的人性论》,《中国学论集》,1985年。

乙4113
市来津由彦:《关于苏辙的老子解》,《东北大学教养部纪要》43,1985年。

乙4114
江口尚纯:《欧阳修的诗经学》,《诗经研究》12,1987年。

乙4115
近藤正则:《关于北宋诸儒对〈孟子〉的霸王论及管仲评价的议论》,《东洋文化》58,1987年。

乙4116
松川健二:《〈论语集注〉——新儒学的成立》,《读中国古典》,1987年。

乙4117
近藤正则:《关于欧阳修对〈孟子〉的接受——以经学复古与排佛论的基调为中心》,《东洋文化》61,1988年。

乙4118
近藤正则:《关于张九成的〈孟子传〉》,《日本中国学会报》40,1988年。

乙4119
土田健次郎:《欧阳修试论——理、人情、自然、简易》,《中国:社会与文化》3,1988年。

乙4120
名畑嘉则:《关于司马光的〈潜虚〉》,《日本中国学会报》41,1989年。

乙4121
内山俊彦:《叶适思想浅说》,《东洋史研究》49—1,1990年。

乙4122
田中正树:《苏轼的"顺"、"逆"思想——三教调和论的核心》,《文化》54—1、54—2,1990年。

乙4123
岸田知子:《欧阳修的春秋论》,《高野山大学论丛》26,1991年。

乙4124
花崎隆一郎:《〈易本义〉(卦变图)考》,《日本中国学会报》44,1992年。

乙4125
江口尚纯:《郑樵的经书观——特围绕其诗经学、春秋学》,《日本中国学会报》44,1992年。

乙4126
高桥明郎:《关于苏轼的"穷"与"工"的理论》,《中国文化——研究与教育》51,1993年。

乙4127
黑坂满辉:《张九成的〈论语〉解释——〈论语绝句〉的思想史

意义》，《福井大学教育学部纪要（人文科学）》42，1993年。

乙4128
江口尚纯：《宋代诗经学史考略（上）》，《诗经研究》18，1993年。

乙4129
木南卓一：《论语集注私新抄（1）》，《帝塚山论集》78，1993年。

乙4130
木南卓一：《论语集注私新抄（2）》，《帝塚山论集》79，1993年。

乙4131
三浦秀一：《宋末元初几个对〈老子〉首章的理解——刘惟永编辑、丁易东校正〈道德真经集义〉之思想的位置（上）》，《文化》56—3，1993年。

乙4132
三浦秀一：《宋末元初几个对〈老子〉首章的理解——刘惟永编辑、丁易东校正〈道德真经集义〉之思想的位置（下）》，《文化》56—4，1993年。

乙4133
土田健次郎：《王安石的学之结构》，《宋代的知识分子——思想、制度、地域社会》，1993年。

乙4134
野间文史：《关于魏了翁的〈春秋左传要义〉》，《广岛大学文学部纪要》53-1，1993年。

乙4135
吉田公平：《关于告子》，《中国的人生观、世界观》，1994年。

乙4136
江口尚纯：《苏辙的诗经学》，《静冈大学教育学部研究报告（人文、社会科学篇）》44，1994年。

乙4137
井泽耕一：《王安石〈老子〉注初探》，《关西大学中国文学会纪要》15，1994年。

乙4138
芝木邦夫：《陈祥道〈论语全解〉——主体的释义》，《论语的思想史》，1994年。

乙4139
佐藤仁：《关于范仲淹的〈近名论〉》，《久留米大学文学部纪要》5，1994年。

乙4140
长谷川光昭：《苏轼试论——对小川译的疑问》，《广岛女子大学文学部纪要》30，1995年。

乙4141
近藤正则：《关于徐积的"孔子性善说"——从宋代对〈孟子〉的接纳历史的视点》，《岐阜女子大学纪要》24，1995年。

九、学术思想史

乙4142

吾妻重二：《王安石〈周官新义〉的考察》，《中国古代礼制史研究》，1995年。

乙4143

岸田知子：《尹洙的正统论——以同欧阳修的关联性为中心》，《高野山大学论文集（创立百十周年记念）》，1996年。

乙4144

堀池信夫：《吴澄〈道德真经注〉考》，《中村璋八博士古稀记念东洋学论集》，1996年。

乙4145

末木恭彦：《〈论语或问〉考》，《湘南文学》30，1996年。

乙4146

竹越孝：《关于许衡的经书口语解资料》，《东洋学报——东洋文库和文纪要》78—3，1996年。

乙4147

竹越孝：《吴澄〈经筵讲义〉考》，《人文学报》273，1996年。

乙4148

神林裕子：《黄震对〈春秋〉的解释》，《待兼山论丛（哲学篇）》31，1997年。

乙4149

土田健次郎：《苏轼的思想轮廓》，《中国：社会与文化》12，1997年。

乙4150

佐藤炼太郎：《苏辙的〈老子解〉与李贽的〈老子解〉》，《东方学会创立五十周年记念东方学论集》，1997年。

乙4151

宫纪子：《围绕〈孝经直解〉的插画》，《东方学》95，1998年。

乙4152

加地伸行：《〈孝经刊误〉小考》，《日本中国学会创立五十年记念论文集》，1998年。

乙4153

末木恭彦：《〈孟子集注〉对"物"的解释》，《驹泽大学文化》18，1998年。

乙4154

三岛毅：《张柬之、王元感的三年丧礼说及其周边》，《中国哲学》27，1998年。

乙4155

山根三芳：《司马光〈谶书〉考》，《日本中国学会创立五十年记念论文集》，1998年。

乙4156

松川健二：《关于〈论语〉的富与贵章》，《斯文》106，1998年。

乙4157

江口尚纯：《诗经中孔子删定说诸相——以到宋代的学说为中

心》，《诗经研究》24，1999年。

乙4158

松川健二：《关于〈论语〉子罕言利章》，《二松：二松学舍大学大学院纪要》12，1999年。

乙4159

早坂俊广：《关于王畿对"先天、后天"的理解》，《北九州工业高等专门学校研究报告》32，1999年。

乙4160

井泽耕一：《王安石的性情命论》，《村山吉广教授古稀记念中国古典学论集》，2000年。

乙4161

吉田公平：《〈论语集注〉中的孔子——〈四书集注〉论（其二）》，《东洋大学中国学会会报》9，2001年。

乙4162

江口尚纯：《关于刘敞的〈七经小传〉——特以诗经的论说为中心》，《诗经研究》26，2001年。

乙4163

江口尚纯：《刘敞的生涯与学绩》，《中国古典研究》46，2001年。

乙4164

末木恭彦：《〈论语精义〉的成立与展开》，《驹泽大学文化》20，2001年。

乙4165

氏冈真士：《〈壶外春秋〉与讲史》，《人文科学论集文化交流学科篇》35，2001年。

乙4166

田中正树：《苏氏蜀学考——从出版来看苏学的流行》，《宋代人的认知——相互性与日常空间》，2001年。

乙4167

早坂俊广：《"婺学"场地的故事》，《宋代人的认知——相互性与日常空间》，2001年。

乙4168

斋木哲郎：《从陆淳到北宋春秋学——唐、宋新春秋学的系谱》，《东洋古典学研究》12，2001年。

乙4169

斋木哲郎：《苏辙对〈春秋〉的解释——王法的秩序及其特异性》，《何谓汉意：大久保隆郎教授退官记念论集》，2001年。

乙4170

井泽耕一：《王安石的孔子庙配享与〈三经新义〉相关考察——王学的兴隆与衰退》，《关西大学中国文学会纪要》23，2002年。

乙4171

泷康秀：《老子〈鬳斋口义〉中的林希逸的〈老子〉观——围绕

九、学术思想史

与黄茂材〈老子解〉的关系》,《汉文学解释与研究》5,2002年。

乙4172
山际明利:《周敦颐的易学(1)》,《苫小牧工业高等专门学校纪要》37,2002年。

乙4173
松本武晃:《胡安国〈春秋传〉的复仇论》,《日本中国学会报》54,2002年。

乙4174
斋木哲郎:《关于刘敞的〈春秋传说例〉》,《鸣门教育大学研究纪要》17,2002年。

乙4175
斋木哲郎:《孙觉的春秋学——北宋新春秋学的一个剖面》,《东洋古典学研究》14,2002年。

乙4176
佐藤仁:《孙复的生涯及其思想——以〈春秋尊王发微〉为中心》,《东洋古典学研究》13,2002年。

乙4177
斋木哲郎:《程伊川的春秋学》,《中国哲学》31,2003年。

乙4178
斋木哲郎:《欧阳修的春秋学——"人情"的〈春秋〉解》,《鸣门教育大学研究纪要》18,2003年。

乙4179
佐藤仁:《刘敞的春秋学》,《东洋古典学研究》21,2006年。

乙4180
横山健一:《杜谔的"春秋会议"》,《九州中国学会报》45,2007年。

乙4181
金井德幸:《宋代州县学与孔子朝——在佛道、巫鬼的潮流之中》,《立正史学》106,2009年。

乙4182
井上了圆:《韩元吉本〈大戴礼记注〉的引书》,《东洋学》99,2009年。

乙4183
青木洋司:《再论金履祥的〈书经〉解释——以经文改正为中心》,《国学院中国学会报》55,2009年。

乙4184
种村和史:《为什么不能解释为讽刺昔日君主的诗呢?——宋代〈诗经〉学者的追刺说批判》,《中国研究》3,2010年。

乙4185
种村和史:《以诗为道德之鉴的人——从陈古刺今说与淫诗所见〈诗经〉学的认识变化及其发展》,《橄榄》17,2010年。

（四）史　　学

乙4186
冈崎文夫：《论新唐书》，《史林》21—1，1928年。

乙4187
冈崎文夫：《关于新唐书》，《东洋史研究》1—2，1935年。

乙4188
内藤戊申：《关于郑樵的史论》，《东洋史研究》2—1，1936年。

乙4189
武藤长平：《日本近世儒林的史学与修史》，《服部先生古稀祝贺记念论文集》，1936年。

乙4190
丰田穰：《新唐书的文章》，《东方学报》13—1，1937年。

乙4191
浅海正三：《论〈宋会要〉中有关宋会要编修的记载》，《斋藤先生记念论集》，1937年。

乙4192
浅海正三：《关于〈国朝会要〉》，《史潮》7—1，1937年。

乙4193
津田左右吉：《〈愚管抄〉及〈神皇正统记〉中的中国史学思想》，《本邦史学史论丛》，1939年。

乙4194
石原道博：《中兴实录与中兴伟略》，《考志学》12—5、12—6，1939年。

乙4195
佐中壮：《新五代史撰述情况》，《史学杂志》50—11，1939年。

乙4196
冈崎文夫：《读宋史私议》，《史林》26—4，1941年。

乙4197
丰田穰：《旧唐书与新唐书》，《台大文学》8—1，1942年。

乙4198
丰田穰：《新五代史的文章》，《史学杂志》54—9，1943年。

乙4199
藤井清：《郑樵的史学思想》，《史学研究》44，1951年。

乙4200
高桥武雄：《中国普遍史论的展开——从郑樵到章学诚》，《史学研究》11，1952年。

九、学术思想史

乙 4201
周藤吉之：《南宋李焘和〈续资治通鉴长编〉的完成》，《驹泽史学》6，1958年。

乙 4202
周藤吉之：《宋朝国史的编撰和国史列传——与〈宋史〉的关系》，《骏台史学》9，1959年。

乙 4203
小川环树：《〈新五代史〉文体的特色》，《中国文学报》18，1963年。

乙 4204
周藤吉之：《关于陈传良编撰的〈建隆编〉》，《岩井博士古稀记念典籍论集》，1963年。

乙 4205
吉川幸次郎：《宋人的历史意识——〈资治通鉴〉的意义》，《东洋史研究》24—4，1966年。

乙 4206
山内正博：《册府元龟与宋会要——其记述方式与继承的意义》，《史学研究》103，1968年。

乙 4207
三浦国雄：《〈资治通鉴〉考》，《日本中国学会报》23，1971年。

乙 4208
原田种成：《宋史的训读》，《大东文化大学汉学会志》11，1972年。

乙 4209
大谷光男：《从宋书的日食记载看宋书倭国传》，《二松学舍大学东洋学研究所集刊》3，1973年。

乙 4210
山内正博：《〈宋会要辑稿〉中关于"真里富国"的记载》，《宫崎大学教育学部纪要》38、39，1976年。

乙 4211
石田肇：《〈新五代史〉撰述之经纬》，《东洋文化》复刊41、42，1977年。

乙 4212
石田肇：《关于〈新五代史〉的体例》，《东方学》54，1977年。

乙 4213
小林义广：《〈五代史记〉的士人观》，《东洋史研究》38—2，1979年。

乙 4214
芝木邦夫：《欧阳修的史学思想》，《加贺博士退官记念中国文史哲学论集》，1979年。

乙 4215
大野修作：《黄庭坚与后汉书范滂传》，《书论》20，1982年。

乙 4216
佐野公治：《四书辑释的历史》，《爱知县立大学说林》30，1982年。

乙4217

近藤一成：《"洛蜀党议"与哲宗实录——〈宋史〉党争记事初探》，《中国正史的基础性研究》，1984年。

乙4218

松崎久光：《削去薛居正五代史考》，《中国正史的基础性研究》，1984年。

乙4219

千叶熙：《宋代后妃笔记》，《桐朋学园短期大学部纪要》4，1985年。

乙4220

近藤正则：《〈资治通鉴纲目〉的周边——围绕蜀汉正统论与诸葛亮评价》，《汉学会会报》31，1986年。

乙4221

堀丰：《关于王夫之的史论——以〈读通鉴论〉〈宋论〉为中心》，《集刊东洋学》56，1986年。

乙4222

小林义广：《〈桑怿传〉与〈五代史记〉士人论》，《道教与宗教文化》，1987年。

乙4223

东英寿：《关于欧阳修〈五代史记〉的徐无党注》，《文学研究》87，1990年。

乙4224

古林森广：《有关南宋的官箴书〈州县提纲〉》，《兵库教育大学研究纪要》10—2，1990年。

乙4225

古林森广：《有关宋代的官箴书》，《国际社会研究的观点：吉备国际大学开学记念论文集》，1990年。

乙4226

小林义广：《〈濮议〉小考》，《东海大学文学部纪要》54，1990年。

乙4227

稻叶一郎：《〈历年图〉与〈通志〉——〈资治通鉴〉成立过程的相关考察》，《史林》74—4，1991年。

乙4228

谷口明夫：《〈资治通鉴证补〉考》，《鹿儿岛女子短期大学纪要》26，1991年。

乙4229

西胁常记：《宋代的〈史通〉》，《中国思想史研究》14，1991年。

乙4230

青木敦：《关于〈宋会要〉职官64—75〈黜降官〉——以宋代官僚制研究为目的的预备性考察》，《史学杂志》102—7，1993年。

乙4231

梅原郁：《宋会要辑稿编年数据库 SOKAIYO》，《广报（京都大学、大型计算机中心）》27—5，

九、学术思想史

1994年。

乙4232
梅原郁：《我与〈宋会要辑稿〉》，《中心通信》35，1994年。

乙4233
山根三芳：《司马光〈污书〉考》，《人间与论理：河野真先生颂寿记念论集》，1994年。

乙4234
熊本崇：《〈四朝国史〉欧阳修传的形成过程》，《关于中国的历史认识与历史意识的展开》，1994年。

乙4235
福岛正：《〈史通〉与〈资治通鉴〉》，《中国思想史研究》18，1995年。

乙4236
平田茂树：《〈宋哲宗实录〉编纂始末考》，《宋代的规范与习俗》，1995年。

乙4237
西上胜：《关于〈五代史记〉的序论》，《山形大学纪要（人文科学）》13—2，1995年。

乙4238
山根三芳：《司马光〈书仪〉考》，《日本中国学会创立五十年记念论文集》，1998年。

乙4239
宫纪子：《郑镇孙与〈直说通略〉（上）》，《中国文学报》58，1999年。

乙4240
宫纪子：《郑镇孙与〈直说通略〉（下）》，《中国文学报》59，1999年。

乙4241
井上进：《四部分类的成立》，《名古屋大学文学部研究论集（史学）》45，1999年。

乙4242
曾谷佳光：《〈新唐书〉艺文志的现状与课题》，《二本松学舍大学，人文论丛》63，1999年。

乙4243
船越泰次：《〈记纂渊海〉所引宋白〈续通典〉佚文集录》，《集刊东洋学》85，2001年。

乙4244
会谷佳光：《欧阳修的排佛与〈新唐书〉艺文志的纂修》，《东方学》102，2001年。

乙4245
平田茂树：《宋代政治史料解析法——以"时政记"与"日记"为线索》，《东洋史研究》59—4，2001年。

乙4246
平田茂树：《〈王安石日录〉研究——以〈四明尊尧集〉为线索》，《大阪市立大学东洋史论丛》

12，2002年。

乙4247

古松崇志：《围绕脩端〈辩辽宋金正统〉——元代〈辽史〉〈金史〉〈宋史〉三史编纂的过程》，《东方学报》75，2003年。

乙4248

会谷佳光：《〈秘书省续篇到四库阙书〉的成书与修改》，《东方学》106，2003年。

乙4249

铃木正弘：《关于〈五代史记〉的行传》，《立正史学》94，2003年。

乙4250

松本浩一：《关于〈玉海·艺文〉的书志情报组织方法》，《三田图书馆情报学会研究大会发表论文集》，2005年。

乙4251

渡边纮良：《〈朝野类要〉的综合研究》，平成16年度～平成18年度科学研究费补助金（基盘研究（C）研究成果报告书），2007年。

乙4252

冈村繁：《重修北宋国子监本〈李善注文选〉序说》，《立命馆文学》598，2007年。

乙4253

森贺一惠：《史昭〈通鉴释文〉与胡三省〈音注资治通鉴〉》，《富山大学人文学部纪要》49，2008年。

乙4254

小林晃：《试论郑真辑〈四明文献〉之史料价值与编纂目的——〈全宋文〉、〈全元文〉试补遗》，《北大史学》49，2009年。

乙4255

坂尻彰宏：《大英图书馆藏五代敦煌归义军酒破历——八四二六》，《大阪大学大学院文学研究科纪要》50，2010年。

（五）朱　子　学

乙4256

大橘虎雄：《朱熹的哲学》，《哲学杂志》15—163，1900年。

九、学术思想史

乙4257
花冈安见：《朱子学的由来》，《国院杂志》6—8，1900年。

乙4258
高濑武次郎：《朱王二人的差异》，《哲学杂志》18，1902年。

乙4259
山田准：《鹅湖之会》，《东洋哲学》13—2，1904年。

乙4260
松本清藏：《朱子的生涯及其学术》，《东洋哲学》4—10，1907年。

乙4261
内田正：《朱子学研究（1）》，《哲学杂志》23—262，1908年。

乙4262
内田正：《朱子学研究（2）》，《哲学杂志》24—263，1909年。

乙4263
内田正：《朱子学研究（3）》，《哲学杂志》24—265，1909年。

乙4264
宇野哲人：《朱陆二子的异同》，《哲学杂志》27—299，1912年。

乙4265
大江文城：《朱子的撰著及有关书类》，《东洋哲学》20—2，1913年。

乙4266
佐藤仁：《朱子与谢上蔡（一）》，《哲学》3，1919年。

乙4267
山口察常：《关于朱子的仁说》，《东洋哲学》30—1，1922年。

乙4268
浦川源吾：《朱子的礼说》，《哲学研究》7—3，1923年。

乙4269
后藤俊瑞：《关于朱子礼论的一点考察（1）》，《哲学研究（1）》，10—12，1925年。

乙4270
宇野哲人：《关于朱子理气说的论点考察》，《哲学杂志》40，1925年。

乙4271
后藤俊瑞：《关于朱子礼论的一点考察（2）》，《哲学研究（2）》，11—2，1926年。

乙4272
本田成之：《朱子》，《世界思潮》4，1928年。

乙4273
青木晦藏：《朱子的理气论（1）》，《大谷学报》9—4，1928年。

乙4274
青木晦藏：《关于朱子的非寂静主义》，《东洋文化》52，1928年。

乙4275
青木晦藏：《关于朱子的理气

论》,《东洋文化》47—51,1928年。

乙4276
藤井健二郎:《对康德的敬和对程朱的敬》,《狩野教授记念支那学论丛》,1928年。

乙4277
泽野章之助:《朱子的穷理论》,《狩野教授还历记念支那学论丛》,1928年。

乙4278
青木晦藏:《关于朱子的天命论》,《东洋文化》63、64(连载),1929年。

乙4279
青木晦藏:《朱子的理气论(2)》,《大谷学报》10—1,1929年。

乙4280
青木晦藏:《关于朱子的鬼神论》,《东洋文化》69、70(连载),1930年。

乙4281
青木晦藏:《朱子的性理论》,《大谷学报》11—1,1930年。

乙4282
青木晦藏:《朱子的理气论(3)》,《大谷学报》11—1,1930年。

乙4283
安井小太郎:《关于朱子学》,《东洋学研究》,1931年。

乙4284
秋月胤继:《朱子的哲学》,《斯文》13—11,1931年。

乙4285
中山久四郎:《朱子的学风——特别是关于他的史学》,《斯文》13—11,1931年。

乙4286
中山久四郎:《朱子史学特别是关于他的〈资治通鉴纲目〉》,《史潮》1—3、2—1(连载),1931年。

乙4287
诸桥辙次:《朱子的儒学大成》,《斯文》13—11,1931年。

乙4288
藤塚邻:《朱子与论语(上)》,《东洋文化》108,1933年。

乙4289
藤塚邻:《朱子与论语(下)》,《东洋文化》109,1933年。

乙4290
铃木直治:《关于朱子的居敬穷理》,《汉学会杂志》2—2,1934年。

乙4291
铃木直治:《关于朱子的太极》,《汉学会杂志》3—1,1935年。

乙4292
青木晦藏:《朱子的理气论(4)》,《大谷学报》12—4,

九、学术思想史

1935年。

乙4293

三井宇一郎：《关于朱子的孝经刊误》，《汉文学会学报》3，1935年。

乙4294

阿部吉雄：《关于文公家礼》，《服部先生古稀祝贺记念论文集》，1936年。

乙4295

后藤俊瑞：《关于朱子的学禅期》，《汉学会杂志》4—3，1936年。

乙4296

后藤俊瑞：《探索朱子实在论之一个过程》，《服部先生古稀祝贺记念论文集》，1936年。

乙4297

后藤俊瑞：《朱子的本体论》，《台北大学哲学年报》3，1936年。

乙4298

吉田贤杭：《朱子学中"识仁""定性"两篇的地位》，《服部先生古稀祝贺古稀记念论文集》，1936年。

乙4299

平塚益德：《关于江户幕府的教化政策中采用朱子学的问题》，《史苑》11—2，1937年。

乙4300

津田左右吉：《关于朱晦庵的理气之说》，《东洋思想研究》2，1938年。

乙4301

目加田诚：《关于诗集传》，《汉学会杂志》6—1，1938年。

乙4302

安田二郎：《朱子存在论中"理"的性质》，《支那学》9—4，1939年。

乙4303

铃木直治：《室鸠巢与朱子学》，《近世日本儒学》，1939年。

乙4304

松山义雄：《以语类为中心看朱子的根本思想》，《汉学会杂志》7—2，1939年。

乙4305

安田二郎：《关于朱子的"气"》，《东方学报》10—4，1940年。

乙4306

结成令闻：《朱子的排佛说的根本动机》，《中国佛史》4—1，1940年。

乙4307

市川安司：《关于朱晦庵、张南轩的学说——特别是未发已发说》，《斯文》22—1，1940年。

乙4308

安田二郎：《论朱子的习惯问题》，《东亚论丛》5，1941年。

乙4309
安田二郎：《关于朱子解释，仅请津田博士赐教》，《东方学报》11—4，1941年。

乙4310
后藤俊瑞：《朱子的"气"补说》，《汉学会杂志》9—2，1941年。

乙4311
后藤俊瑞：《朱子学中的知识问题》，《汉学会杂志》9—3，1941年。

乙4312
太田平三郎：《以通鉴纲目为中心看朱子的名分论》，《国民精神文化》6—2，1941年。

乙4313
市川安司：《读〈朱子语类"读书法"〉》，《斯文》24—6，1942年。

乙4314
石井寿夫：《后期李朝的朱子学》，《东洋史研究》7—1，1942年。

乙4315
福井康顺：《关于朱子学传入日本的问题》，《斯文》25—12，1943年。

乙4316
友枝龙太郎：《朱子的立场》，《斯文》25—2，1943年。

乙4317
楠本正继：《朱子学的精神》，《哲学年报》4，1944年。

乙4318
岩诚隆利：《关于朱子学派的产生》，《日本史学研究》2，1946年。

乙4319
荒木见悟：《朱子的实践论》，《日本中国学会报》1，1950年。

乙4320
石田一良：《近代精神的系谱——朱子学的世界观及其历史地位》，《石林》33—1，1950年。

乙4321
后藤俊瑞：《朱子的意识主体的问题》，《哲学杂志》711，1951年。

乙4322
市川安司：《朱子哲学中的物与事》，《东京支那学会报》8，1951年。

乙4323
市川安司：《朱子哲学中物的意义》，《日本中国学会报》3，1951年。

乙4324
后藤俊瑞：《朱子"绝对自由"的自我知觉论》，《日本中国学会报》4，1952年。

乙4325
高森良人：《朱子的历史观》，《东方学》7，1953年。

乙4326
木村英一：《黑格尔的伦理学

九、学术思想史

（Sittlichkeit）与朱子学》，《东方学报》22，1953年。

乙 4327

楠本正继：《朱晦庵的两个遗留事业》，《哲学年报》14，1953年。

乙 4328

守本顺一郎：《朱子学的历史性结构——中国封建式思维的出现及其性质（上）》，《思想》354，1953年。

乙 4329

阿部吉雄：《日本朱子学派的仁说的发展之一瞥》，《东京大学教养学部人文科学科纪要》4，1954年。

乙 4330

大槻信良：《朱子的天理人欲与道心人心论》，《支那学研究》11，1954年。

乙 4331

和岛芳男：《关于江户幕府主张采用朱子学的问题》，《神户女学院大学论集》3，1954年。

乙 4332

荒木见悟：《朱子格物论的周边》，《日本中国学会报》6，1954年。

乙 4333

市川安司：《朱子哲学中的理的性质——以动静为中心》，《东京大学教养学部人文科学科纪要》4，1954年。

乙 4334

守本顺一郎：《朱子学的历史性结构——中国封建式思维的出现及其性质（下）》，《思想》355，1954年。

乙 4335

佐藤达玄：《朱晦庵与佛教》，《印度学佛教学研究》3—1，1954年。

乙 4336

大槻信良：《朱子本体论之轮廓》，《千叶大学文理学部纪要文化科学》1—3，1955年。

乙 4337

大槻信良：《朱子的学问观》，《东方学》10，1955年。

乙 4338

市川安司：《从朱子文集中所看到的李靓常语——宋儒孟子观之一斑》，《东京支那学会报》1，1955年。

乙 4339

后藤俊瑞：《关于朱子的本体思想》，《哲学》6，1956年。

乙 4340

今井宇三郎：《朱子哲学的动静和阴阳》，《哲学》6，1956年。

乙 4341

木南卓一：《孟子心性说和朱子

学》,《哲学》6,1956年。

乙 4342

山根三芳:《关于朱子的"敬"》,《哲学》6,1956年。

乙 4343

山根三芳:《朱子的道德思想研究》,《支那学研究》14,1956年。

乙 4344

市川安司:《朱子哲学的"知"——〈大学章句〉"致知"注的一个考察》,《东京大学教养学部人文科学科纪要》9,1956年。

乙 4345

木南卓一:《〈论语〉的朱子学方面的理解》,《怀德》28,1957年。

乙 4346

山根三芳:《关于朱子的"气"》,《哲学》7,1957年。

乙 4347

友枝龙太郎:《〈诗集传〉中所反映的朱子思想》,《东京支那学报》3,1957年。

乙 4348

友枝龙太郎:《朱子的理论和实践的问题》,《支那学研究》17,1957年。

乙 4349

友枝龙太郎:《朱子之学的直观和反省》,《广岛大学文学部纪要》11,1957年。

乙 4350

竺原仲二:《"致知格物"在字解释为中心的两、三个问题——主要对郑朱之说的批判》,《立命馆文学》140,1957年。

乙 4351

大槻信良:《宋初隐逸的朱子学的风格》,《支那学研究》21,1958年。

乙 4352

兼永芳之:《朱文公家礼的考察》,《支那学研究》21,1958年。

乙 4353

近藤光男:《注释家的表现——朱熹集注的文章》,《汉文教室》34,1958年。

乙 4354

山根三芳:《关于朱子的志气——道德意志的一点考察》,《广岛大学文学部纪要》13,1958年。

乙 4355

山根三芳:《朱子伦理思想中权的意义》,《日本中国学会报》10,1958年。

乙 4356

新美保秀:《朱注的传来及其训读》,《汉文教室》35,1958年。

九、学术思想史

乙 4357
草野忠次：《"大学章句疏证"》,《甲南女子短期大学论丛》2, 1959 年。

乙 4358
山根三芳：《朱子伦理思想中"全体"的意义》,《支那学研究》22, 1959 年。

乙 4359
山崎道夫：《近思录的产生过程》,《东京学艺大学研究报告》10, 1959 年。

乙 4360
市川安司：《朱子语类杂记》,《东京大学教养学部人文科学科纪要》21, 1959 年。

乙 4361
友枝龙太郎：《朱子的鬼神论》,《支那学研究》23, 1959 年。

乙 4362
友枝龙太郎：《朱子祭田疑义》,《东方古代研究》9, 1959 年。

乙 4363
友枝龙太郎：《朱子太极论的产生过程（2）》,《广岛大学文学部纪要》16, 1959 年。

乙 4364
友枝龙太郎：《朱子的思想及其时代》,《历史教育》8—6, 1960 年。

乙 4365
友枝龙太郎：《朱子格物论的结构》,《日本中国学会报》12, 1960 年。

乙 4366
友枝龙太郎：《朱子太极论的产生过程（1）——对已发和未发的太气的影响》,《哲学》10, 1960 年。

乙 4367
山根三芳：《朱子伦理思想的研究》,《广岛大学文学部纪要》19, 1961 年。

乙 4368
山根三芳：《朱子伦理思想中"无为"的意义》,《哲学》13, 1961 年。

乙 4369
市川安司：《朱子语类"读书法"》,《中国的名著：仓石博士还历记念》, 1961 年。

乙 4370
友枝龙太郎：《关于叶士龙的晦庵先生语录类要》,《广岛大学文学部纪要》21, 1962 年。

乙 4371
友枝龙太郎：《关于朱子的通书解——诚与太极问题》,《哲学》14, 1962 年。

乙 4372
佐藤仁：《建安时期朱子的师友

（其二）》，《九州中国学会报》8，1962年。

乙4373

久须本文雄：《朱子的心性论中禅的因素》，《日本福祉大学研究纪要》7，1963年。

乙4374

友枝龙太郎：《朱子语类的成立》，《日本中国学会报》15，1963年。

乙4375

和岛芳男：《近世朱子学的源流》，《斯文》40，1964年。

乙4376

横松宗：《朱子的教育思想概论》，《八幡大学论集》15—1，1964年。

乙4377

久须本文雄：《朱子学禅考》，《禅学研究》54，1964年。

乙4378

阿部吉雄：《日本朱子学与朝鲜》，不详，1965年。

乙4379

大谷邦彦：《朱子的"学"》，《中国古典研究》13，1965年。

乙4380

山根三芳：《关于朱子的天》，《东方宗教》26，1965年。

乙4381

岩间一雄：《陆学的形成——朱子学思潮展开的起点》，《名古屋大学政论集》30，1965年。

乙4382

岩间一雄：《朱子学的矛盾等于对抗》，《名古屋大学法政论集》30，1965年。

乙4383

户田丰三郎：《朱子的易经观和周易本义的特殊性质》，《广岛大学文学部纪要》26—1，1966年。

乙4384

吉原文昭：《关于论语集注朱子自笔残稿》，《艺林》17—5、17—6，1966年。

乙4385

山田庆儿：《朱子的宇宙论》《东方学报》37，1966年。

乙4386

市川安司：《朱晦庵的校书——以围绕二程文集的朱张问答为中心》，《书志学》3，1966年。

乙4387

友枝龙太郎：《朱子的仁说》，《东京支那学报》12，1966年。

乙4388

猪城博之：《居敬与穷理》，《九州中国学会报》12，1966年。

乙4389

佐藤仁：《关于李默本朱子年谱》，《日本中国学会报》18，

九、学术思想史

1966年。

乙4390

渡部学:《朝鲜朱子学的开始及其意味》,《朝鲜研究》61,1967年。

乙4391

木南卓一:《朱子学中的中庸与大学》,《帝塚山大学纪要》3,1967年。

乙4392

上野惠司:《关于〈朱子语类〉中伴随着接尾辞"子"的名词》,《中国语学》167,1967年。

乙4393

田所义行:《朱子新注由来小考——关于论语道篇第一章》,《比治山女子短期大学纪要》1,1967年。

乙4394

田所义行:《朱子新注由来小考——关于论语首篇第一章》,《比治山女子短期大学纪要》1,1967年。

乙4395

永泽要二:《朱子的鬼神考》,《汉学研究》5,1967年。

乙4396

佐藤仁:《关于朱子行状》,《九州中国学会报》13,1967年。

乙4397

高田真治:《朱子的封事和陈学批判》,《东洋研究》17,1968年。

乙4398

山根三芳:《朱子著作年代考(1)》,《汉文教室》84,1968年。

乙4399

山根三芳:《朱子著作年代考(2)》,《汉文教室》85,1968年。

乙4400

山根三芳:《朱子著作年代考(3)》,《汉文教室》86,1968年。

乙4401

早川通介:《朱子语类里的重复形式》,《爱知学院大学论丛》16—3,1968年。

乙4402

内田龙:《四书中朱子的音义(2)》,《东横学园女子短期大学纪要》7,1969年。

乙4403

源子园:《近世前半期中朱子学向经验合理论的变异》,《日本女子大学纪要》18,1969年。

乙4404

高田真治:《朱子的戊申封事——朱子的封事和陆学批判(2)》,《东洋研究》21,1970年。

乙4405

疋田启佑:《朱子书节要——完成及其版本》,《九州中国学会报》16,1970年。

乙 4406

小田切胜哉：《宋代理气哲学的一个考察》，《东洋学术研究》8—4，1970年。

乙 4407

赤塚忠：《从〈中庸〉看朱熹与本居宣长》，《东京支那学报》16，1971年。

乙 4408

山下正男：《朱子哲学的比较思想史的研究》，《人文学报》35，1972年。

乙 4409

冈田武彦：《朱子的父与师（上）》，《西南学院大学文理论集》13—2，1973年。

乙 4410

冈田武彦：《朱子的父与师（中）》，《西南学院大学文理论集》14—1，1973年。

乙 4411

市川安司：《关于近思录的编纂》，《长泽先生古稀记念图书学论集》，1973年。

乙 4412

田中谦二：《朱门弟子师事年考》，《东方学报》44，1973年。

乙 4413

冈田武彦：《朱子的父与师（下）》，《西南学院大学文理论集》14—2，1974年。

乙 4414

吉川幸次郎：《朱子学北传前史——金朝与朱子学》，《宇野哲人先生白寿祝贺记念东洋学论丛》，1974年。

乙 4415

牧尾良海：《朱子与风水思想》，《智山学报》23、24，1974年。

乙 4416

市川安司：《从通书"动静"章之注中看朱晦庵之思考法》，《宇野哲人先生白寿祝贺记念东洋学论丛》，1974年。

乙 4417

后藤延子：《朱子学研究的现状与课题》，《历史学研究》421，1975年。

乙 4418

田中谦二：《朱门弟子师事年考续》，《东方学报》48，1975年。

乙 4419

久须本文雄：《朱子思想中禅的因素》，《禅文化研究所纪要》8，1976年。

乙 4420

柳田圣山：《佛教与朱子的周边》，《禅文化研究所纪要》8，1976年。

乙 4421

前岛浩：《朱熹的历史观（1）》，

九、学术思想史

《防卫大学校纪要》32，1976年。

乙4422
前岛浩：《朱熹的历史观（2）》，《防卫大学校纪要》33，1976年。

乙4423
山下龙二：《朱子学的特色——理气论的意义》，《韩》5—5、5—6，1976年。

乙4424
上山春平：《朱子的礼学——〈仪礼经传通解〉研究序说》，《人文学报》41，1976年。

乙4425
藤本幸夫：《朝鲜的〈朱子语类〉》，《朝鲜学报》78，1976年。

乙4426
前岛浩：《朱熹的历史观（3）》，《防卫大学校纪要》34，1977年。

乙4427
望月高明：《关于朱子"形而上"、"形而下"的概念》，《二松学舍大学人文论丛》12，1977年。

乙4428
友枝龙太郎：《朱子的格物穷理与阳明的致良知——从理性主义到生命主义》，《东洋学术研究》16—4，1977年。

乙4429
岛田虔次：《朱子与三浦梅园》，《朱子》，1978年。

乙4430
衣川强：《朱子小传（上）》，《人文论集》15—1，1979年。

乙4431
衣川强：《朱子小传（中）》，《人文论集》15—2、15—3，1979年。

乙4432
佐藤仁：《朱子与谢上蔡（1）》，《哲学》31，1979年。

乙4433
末木恭彦：《朱熹与道教的一个侧面——〈阴符经考异〉考》，《东方学》60，1980年。

乙4434
山井涌：《关于朱子的"心"之若干考察》，《中哲文学会报》5，1980年。

乙4435
山井涌：《朱子哲学中的"太极"》，《明清思想史研究》，1980年。

乙4436
石田肇：《朱熹的熙宁前后观》，《群马大学教育学部纪要》30，1980年。

乙4437
松川健二：《关于朱熹〈鹅湖寺和陆子寿〉诗》，《中国哲学》9，1980年。

乙4438
吾妻重二：《朱子的象数思想及

其意义》,《哲学》68,1980年。

乙4439

小宫厚：《关于朱子的周易解释》,《中国哲学论集》6,1980年。

乙4440

衣川强：《朱熹和唐仲友》,《宋元时代的社会和宗教的综合研究》,1980年。

乙4441

衣川强：《朱子小传（下）》,《人文论集》15—4,1980年。

乙4442

山井涌：《从〈朱子文集〉中看朱子的"心"》,《中哲文学会报》6,1981年。

乙4443

冈田武彦：《朱子的智藏说的由来与继承》,《活水论文集（日本文学科篇）》25,1982年。

乙4444

近藤正则：《告子章句上——朱子对以〈对告子性论争〉为中心的孟子所论之性的见解（上）》,《东洋文化》49、50合册,1982年。

乙4445

近藤正则：《朱子语类卷十九〈读语孟纲领〉的概要——朱子的孟子研究中客观主义的一斑》,《学艺国语国文学》17,1982年。

乙4446

上山春平：《朱子的〈家礼〉与〈仪礼经传通解〉》,《东方学报》54,1982年。

乙4447

近藤正则：《告子章句上——朱子对以〈对告子性论争〉为中心的孟子所论之性的解释（下）》,《东洋文化》51,1983年。

乙4448

三浦国雄：《朱晦庵与〈易〉——围绕其卜筮说》,《东方学报》55,1983年。

乙4449

三浦国雄：《朱子与呼吸》,《中国人间性的探究》,1983年。

乙4450

市来津由彦：《关于朱熹对程颢的解释——以定论确立前后为中心》,《东北大学教养部纪要》39,1983年。

乙4451

有田颖右：《朱子的国家哲学》,《千里山文学论集》28,1983年。

乙4452

大西晴隆：《对〈传习录〉的若干补注（2）》,《奈良大学纪要》13,1984年。

乙4453

朴洋子：《关于〈玉山讲义〉中所见的朱子本性论》,《哲学》36,1984年。

乙4454

朴洋子：《关于朱子的〈知言疑

九、学术思想史

乙4455
三浦国雄:《气数与事势——朱熹的历史意识》,《东洋史研究》42—4,1984年。

乙4456
吾妻重二:《关于朱熹〈周易参同契考异〉》,《日本中国学会报》36,1984年。

乙4457
中纯夫:《关于朱子的工夫论——围绕未发已发的问题》,《中国思想史研究》7,1984年。

乙4458
佐野公治:《朱子经书学的结构——四书学的成立》,《爱知县立大学说林》32,1984年。

乙4459
市来津由彦:《朱熹的〈杂学辨〉及其周边》,《宋代的社会与宗教》,1985年。

乙4460
吾妻重二:《朱熹的事迹相关的几项史料——围绕武夷山、福州鼓山的题名石刻》,《中国古典研究》30,1985年。

乙4461
大滨皓:《朱子的老子观》,《神田喜一郎博士追悼中国学论集》,1986年。

乙4462
吉田公平:《关于宋本〈朱子文集〉》,《东北大学教养部纪要》45,1986年。

乙4463
小栗英一:《关于朱辩》,《人文论集》35,1986年。

乙4464
佐野公治:《朱子以后〈大学〉观的变迁——四书学史的概观(中)》,《爱知县立大学说林》34,1986年。

乙4465
冈田武彦:《De Bary教授与"朱子学与自由的传统"》,《斯文》94,1987年。

乙4466
鬼头有一:《朱晦庵先生的论证——至圣人之道》,《皇学馆论丛》20—2,1987年。

乙4467
前岛浩:《〈朱子语类〉中所见朱子对"心"的看法》,《防卫大学校纪要》54,1987年。

乙4468
樋口胜:《关于〈文公家礼成立〉的考察》,《东洋的思想与宗教》4,1987年。

乙4469
吉田公平:《朱子学、阳明学中的〈大学〉》,《江户的儒学》,

1988年。

乙4470

三浦国雄：《朱熹之墓——从福建之旅开始》，《禅文化研究所纪要》15，1988年。

乙4471

市来津由彦：《朱熹的六朝评——道文一致论中可见的中世像》，《综合研究中世的文化》，1988年。

乙4472

土田健次郎：《厦门朱子学国际学术会议》，《东洋的思想与宗教》5，1988年。

乙4473

宇野直人：《朱晦庵的人物像与思想的一个侧面——奏、疏、书、诗》，《中国文学研究》14，1988年。

乙4474

川野正裕：《围绕最近中国对朱熹的研究》，《响沫集》6，1989年。

乙4475

花崎隆一郎：《关于朱子卦变说》，《中国研究集刊》8，1989年。

乙4476

柳濑喜代志：《朱子所谓的〈少年易老学难成〉（〈偶成〉诗）考》，《文学》57—2，1989年。

乙4477

前岛浩：《〈朱子语类〉上所见朱子对"仁"的看法》，《防卫大学校纪要》58，1989年。

乙4478

上野努：《关于朱子与张南轩交流初期的未发已发说——以"中"为中心》，《二松学舍大学人文论丛》41，1989年。

乙4479

石川泰成：《关于朱子"所以然、所当然"之理》，《斯文》97，1989年。

乙4480

樋口胜：《关于朱熹的佛教批判的考察——围绕祭祀感格》，《东洋哲学研究所纪要》5，1989年。

乙4481

鬼头有一：《朱晦菴先生的论证——子贡对〈恕〉的展开与深化》，《皇学馆论丛》23—1，1990年。

乙4482

末木恭彦：《朱熹圣人观的一端》，《朱子学的思维——中国思想史上的传统与革新》，1990年。

乙4483

山本仁：《朱子学关系文献的重新研究——关于〈朱子年谱〉的成立与系统》，《朱子学的思维——中国思想史上的传统与革

九、学术思想史

乙4484
山下龙二：《朱子、徂徕的管仲论——伦理主义与政治主义》，《名古屋学院大学外国语学部论集》创刊号，1990年。

乙4485
上野努：《朱熹与张南轩的交流初期的未发已发说——通过从隆兴元年到隆兴二年的往复书简》，《二松学舍大学人文论丛》45，1990年。

乙4486
市来津由彦：《朱熹在福建的初期交游者们》，《东北大学教养部纪要》54，1990年。

乙4487
汤浅邦弘：《孔子的梦与朱子学的梦论》，《岛根大学教育学部纪要》24—1，1990年。

乙4488
土田健次郎：《朱熹思想中的心之分析》，《哲学》78，1990年。

乙4489
早坂俊广：《〈戊申封事〉中可见的朱熹的君主观》，《哲学》42，1990年。

乙4490
子安宣邦：《朱子〈神鬼论〉言说的结构——儒家的言说比较研究序论》，《思想》792，1990年。

乙4491
佐藤仁：《朱熹的敬说相关考察》，《广岛大学文学部纪要》49，1990年。

乙4492
柴田笃：《作为阴阳之灵的鬼神——向朱子鬼神魂魄论的序章》，《哲学年报》50，1991年。

乙4493
吹野安：《朱熹〈辛丑延和奏劄一〉表现考》，《东洋文化研究所纪要》11，1991年。

乙4494
后藤延子：《朱子学的成立与佛教》，《人文科学论集》25，1991年。

乙4495
朴洋子：《关于〈太极图说解义〉后论中所见朱子的思想》，《哲学》43，1991年。

乙4496
山田俊：《关于王雱的老庄解释》，《东方学》82，1991年。

乙4497
垣内景子：《记念朱子诞辰八六〇周年国际学术会议》，《东洋的思想与宗教》8，1991年。

乙4498
垣内景子：《朱子中的"气象"与工夫》，《中国古典研究》

36，1991年。

乙4499

早坂俊广：《朱熹的〈人心、道心〉论（1）——关于〈人心、道心〉解释的展开》，《哲学》43，1991年。

乙4500

柴田笃：《参加"国际朱子学会议"》，《中国哲学论集》18，1992年。

乙4501

福田殖：《关于朱子的生死观》，《中国哲学论集》18，1992年。

乙4502

金谷治：《朱子的疑古》，《东方》134，1992年。

乙4503

木下铁矢：《关于朱熹的存在理解（1）——镜、光及魂魄》，《冈山大学文学部纪要》18，1992年。

乙4504

樋口胜：《关于朱子的祖先崇拜》，《创价大学文学部外国语学科纪要》2，1992年。

乙4505

吾妻重二：《朱子学与近代科学——围绕"格致"概念》，《学人》1，1992年。

乙4506

早坂俊广：《朱熹的〈人心、道心〉论（2）——以〈精一、执中〉解释为中心》，《哲学》44，1992年。

乙4507

本间次彦：《复苏的朱子》，《中国哲学研究》5，1993年。

乙4508

福田殖：《关于朱子的生死观（续）——鬼神之理即是此心之理》，《文学论辑》38，1993年。

乙4509

木下铁矢：《关于朱熹的存在理解（2）——各种各样的时间之一》，《冈山大学文学部纪要》19，1993年。

乙4510

木下铁矢：《关于朱熹的对〈易〉的理解（1）》，《冈山大学文学部纪要》20，1993年。

乙4511

市来津由彦：《〈逝者如斯夫〉考——朱子学世界的时间意识之管见》，《文化中的时间意识》，1993年。

乙4512

市来津由彦：《陈文蔚对朱子学的受容》，《东北大学教养部纪要》60，1993年。

乙4513

吾妻重二：《多重之知——朱熹

九、学术思想史

穷理论的位相》,《宋代的知识分子——思想、制度、地区社会》,1993年。

乙4514
绪方贤一:《关于朱子的"情"》,《中国学志》8,1993年。

乙4515
冈田武彦:《朱子学与现代社会》,《中国的人生观、世界观》,1994年。

乙4516
末木恭彦:《〈近思录〉中的格物致知说》,《湘南文学》28,1994年。

乙4517
木下铁矢:《关于朱熹的存在理解(3)——各种各样的时间之二》,《冈山大学文学部纪要》21,1994年。

乙4518
若槻俊秀:《朱子所言韩愈》,《平野显照教授退休特集中国文学论丛》,1994年。

乙4519
山根三芳:《朱熹穷理说考察——以四书集注为中心》,《藤树研究》147,1994年。

乙4520
市来津由彦:《中国南宋初闽北士人的心性论与朱子学——以朱熹与何镐的交游为线索》,《东北大学大学院国际文化研究科论集》2,1994年。

乙4521
松川健二:《朱熹〈论语集注〉——理学的成熟》,《论语的思想史》,1994年。

乙4522
藤原静郎:《所以然与所当然——围绕朱子学中的理之性质》,《中国哲学论集》20,1994年。

乙4523
土田健次郎:《朱熹理气论再考》,《中国的人生观、世界观》,1994年。

乙4524
吾妻重二:《朱子的学问论》,《泊园》33,1994年。

乙4525
垣内景子:《朱熹的心的相关考察——作为对工夫的意志、态度的心》,《东洋的思想与宗教》11,1994年。

乙4526
佐藤仁:《关于朱熹的"仁说"》,《久留米大学文学部纪要》4,1994年。

乙4527
柴田笃:《朱熹〈白鹿洞书院揭示〉的思想》,《町田三郎教授退官记念中国思想史论丛》，1995年。

乙4528

末木恭彦：《〈四书集注〉中吴氏刊本的意图》，《中国哲学》24，1995年。

乙4529

山根三芳：《朱子穷理说的考察——以〈四书或问〉为中心》，《日本藤树研究》148，1995年。

乙4530

田中和夫：《关于朱子对〈诗经〉的解释——围绕魏风的〈陟岵〉诗》，《宫城学院女子大学人文社会学论丛》4，1995年。

乙4531

小岛毅：《朱熹的克己复礼解释》，《宋代的规范与习俗》，1995年。

乙4532

垣内景子：《关于朱熹对"敬"的考察》，《日本中国学会报》47，1995年。

乙4533

早坂俊广：《朱熹的"推"之论理及其射程》，《集刊东洋学》74，1995年。

乙4534

中岛隆博：《自发的限界——以解构朱子学为目的》，《中国哲学研究》9，1995年。

乙4535

市来津由彦：《朱熹祭祀感格说中的"理"》，《集刊东洋学》75，1996年。

乙4536

绪方贤一：《朱子对国家复兴的尝试》《中国学志》通号泰，1996年。

乙4537

木下铁矢：《关于朱熹对〈易〉的理解（2）——理、象、数以及数、象、理》，《东洋古典学研究》3，1997年。

乙4538

小路口聪：《朱熹的曾点观看其对陆象山批判的立场》，《日本中国学会报》49，1997年。

乙4539

荒木见悟：《围绕朱子实学的转变——基于熊本实学派的视点》，《东洋古典学研究》5，1998年。

乙4540

近藤正则：《围绕朱子批判王安石的主题》，《东洋研究》129，1998年。

乙4541

木下铁矢：《朱子学的定位（1）——奋斗的民政官们之一》，《东洋古典学研究》6，1998年。

九、学术思想史

乙4542
桥本高胜：《朱子学的"考证"概念》，《日本中国学会创立五十年记念论文集》，1998年。

乙4543
市来津由彦：《朱熹、吕祖谦讲学试论》，《宋代社会的网络结构》，1998年。

乙4544
土田健次郎：《朱熹思想中的认识与判断》，《日本中国学会创立五十年记念论文集》，1998年。

乙4545
小岛毅：《作为思想传播媒体的书籍——朱子学的〈文化历史学〉序说》，《宋代社会的网络结构》，1998年。

乙4546
高畑常信：《朱子学与武夷山的岩茶》，《东京学艺大学纪要（人文科学）》50，1999年。

乙4547
名畑嘉则：《程颐与朱熹的〈经、权〉论——以〈论语〉〈可与共学〉章的解释为中心》，《中国哲学》28，1999年。

乙4548
木下铁矢：《朱子学的定位（2）——奋斗的民政官们之二》，《东洋古典学研究》7，1999年。

乙4549
木下铁矢：《朱子学的定位（3）——"母权"的现实之一》，《东洋古典学研究》8，1999年。

乙4550
三浦国雄：《木下铁矢氏关于朱熹对〈易〉的理解（2）——理、象、数以及数、象、理》，《东洋古典学研究》7，1999年。

乙4551
小岛毅：《八条目之间》，《东洋文化研究》1，1999年。

乙4552
小岛毅：《朱子学的传播、扎根与书籍》，《亚洲游学7》，1999年。

乙4553
绪方贤一：《〈孝经刊误〉与朱子》，《集刊东洋学》81，1999年。

乙4554
木下铁矢：《朱子学的定位（4）——"母权"的现实之二》，《东洋古典学研究》9，2000年。

乙4555
木下铁矢：《朱子学的定位（5）——"母权"的现实之三》，《东洋古典学研究》10，2000年。

乙4556
沟本章治：《朱子体用论理的本

质》,《哲学》53, 2001年。

乙4557
吉田公平:《关于朱子〈四书章句集注〉的文本问题》,《东洋大学中国学会会报》8, 2001年。

乙4558
木下铁矢:《朱子学的定位（6）——"母权"的现实之四》,《东洋古典学研究》11, 2001年。

乙4559
木下铁矢:《朱子学的定位（7）——"母权"的现实之五》,《东洋古典学研究》12, 2001年。

乙4560
桥本高胜:《朱子学成立的环境——语言与文化》,《京都产业大学国际语言科学研究所所报》22, 2001年。

乙4561
市来津由彦:《淳熙年间朱熹的广域讲学——以同浙学吕祖俭的交流为中心》,《东洋古典学研究》11, 2001年。

乙4562
市来津由彦:《生于地方的士人与朱熹思想——朱熹五、六十代的门人、交游者们》,《宋代人的认知——相互性与日常空间》, 2001年。

乙4563
市来津由彦:《朱熹晚年朱门正统意识的萌芽——以吕祖俭与朱熹、朱门讲学为例》,《东洋史研究》60—3, 2001年。

乙4564
土田健次郎:《感应的世界——朱子学中的气》,《为21世纪的地球与人类做出贡献的东洋思想》, 2001年。

乙4565
土田健次郎:《现代朱子学的意义》,《为21世纪的地球与人类做出贡献的东洋思想》, 2001年。

乙4566
土田健次郎:《朱子学中的公》,《为21世纪的地球与人类做出贡献的东洋思想》, 2001年。

乙4567
吾妻重二:《关于理之思想——朱子学与魏晋玄学的异同》,《关西大学东西学术研究所创立五十周年记念论文集》, 2001年。

乙4568
吾妻重二:《朱熹记念国际学术会议（内外东方学界消息（100））》,《东方学》101,

九、学术思想史

2001年。

乙4569
细谷惠志：《围绕朱文公〈家礼〉的真伪说》，《文学研究》16，2001年。

乙4570
小岛毅：《宋代人的历史意识——朱子学勃兴的背景》，《架起东方人文学的桥梁》，2001年。

乙4571
小岛毅：《朱子学的风景》，《亚洲游学》31，2001年。

乙4572
小岛毅：《朱子学的展开与印刷文化》，《知识分子诸相——以中国宋代为基点》，2001年。

乙4573
伊东贵之：《宋学、朱子学中"意义"的转换——围绕经学、历史学、"天"论、"性"说的考察》，《武藏大学人文学会杂志》32—2、32—3，2001年。

乙4574
垣内景子：《朱熹的经书注释文献的研究、序说——围绕〈论语〉为政篇〈吾十有五而志于学〉章》，《东洋的思想与宗教》18，2001年。

乙4575
沟本章治：《从朱子理气论看"心"》，《哲学》54，2002年。

乙4576
木下铁矢：《朱子学的定位（8）——驯致的理想与现实之一》，《东洋古典学研究》13，2002年。

乙4577
木下铁矢：《朱子学的定位（9）——驯致的理想与现实之二》，《东洋古典学研究》14，2002年。

乙4578
吾妻重二：《格物穷理的去向——朱熹以后的两个方向》，《关西大学文学论集》52—1，2002年。

乙4579
小岛毅：《天道、革命、隐逸——围绕朱子学的王权》，《岩波讲座：天皇与王权考4——宗教与权威》，2002年。

乙4580
小岛毅：《朱熹的经解方法——围绕〈孟子〉》，《村山吉广教授古稀记念中国古典学论集》，2002年。

乙4581
小宫厚：《朱子是祖述者吗？》，《中国读书人的政治与文学》，2002年。

乙4582

垣内景子：《〈朱子语类〉的记录相关考察》，《明治大学教养论集》350，2002年。

乙4583

沟本章治：《朱子〈所以然、所当然〉考》，《哲学》55，2003年。

乙4584

木下铁矢：《朱子学的定位（10）——驯致的理想与现实之三》，《东洋古典学研究》15，2003年。

乙4585

木下铁矢：《朱子学的定位（11）——驯致的理想与现实之四》，《东洋古典学研究》16，2003年。

乙4586

市来津由彦：《陈淳论序说——从〈朱子学〉形成的视点》，《东洋古典学研究》15，2003年。

乙4587

垣内景子：《再论朱熹"格物穷理"》，《东方学的新视点》，2003年。

乙4588

木下铁矢：《朱子学的定位（12）——中国的现实之一》，《东洋古典学研究》17，2004年。

乙4589

木下铁矢：《朱子学的定位（13）——中国的现实之二》，《东洋古典学研究》18，2004年。

乙4590

早坂俊广：《"宋明思想"研究现状与课题》，《中国：社会与文化》19，2004年。

乙4591

土田健次郎：《东亚的朱子学机能——普遍性与地域性》，《亚洲地域文化学的构筑》，2006年。

乙4592

木下铁矢：《朱熹"格物"理解的结构——围绕"有物有则"的解释》，《东洋古典学研究》23，2007年。

乙4593

垣内景子：《朱子是君子吗——试论朱子形象的塑造》，《东洋的思想与宗教》24，2007年。

乙4594

中岛隆藏：《朱子的"静坐"观及其周边》，《东洋古典学研究》25，2008年。

乙4595

田中秀树：《朱子解释"心统性情"的一个侧面——作为象征的官僚制》，《东亚文史论丛》

2008—2，2009 年。

乙 4596
田中秀树：《朱子学的君主论——作为主宰的心》，《中国思想史研究》30，2009 年。

乙 4597
竹田治美：《关于宋学语录的一个考察》，《中国文化研究》25，2009 年。

乙 4598
土田健次郎：《应该如何研究宋代士大夫的行为——围绕余英时〈朱熹的历史世界——宋代士大夫政治文化的研究〉》，《中国社会与文化》24，2010 年。

十、教 育 史

（一）教 育

乙 4599
宫崎市定：《宋代太学生生活》，《史林》16，1931 年。

乙 4600
阿部吉雄：《宋儒的教育思想及其态度》，《东方学报》9，1936 年。

乙 4601
阿部吉雄：《宋代在中国教育史上的特殊地位》，《斯文》22—1，1940 年。

乙 4602
阿部吉雄：《中国教育史上的朱子小学》，《东方学报》11—1，

1940年。

乙4603
铃木虎雄：《关于朱子的白鹿洞书院》，《怀德》18，1940年。

乙4604
寺田刚：《北宋的学校教育》，《建国大学研究月报》12，1941年。

乙4605
小林正直：《宋代的书院》，《文科学会纪要》8，1941年。

乙4606
寺田刚：《朱熹的学道复典——关于白鹿洞书院》，《历史》18—9、18—10，1943年。

乙4607
长部和雄：《关于五代人的教养》，《商大论集》19，1956年。

乙4608
福泽与九郎：《宋元时期州县学产考（一）》，《福冈学艺大学纪要》8，1958年。

乙4609
寺田刚：《宋代教育史概念（1）》，《亚细亚大学志诸学纪要》12，1964年。

乙4610
寺田刚：《宋代教育史概论（2）》，《亚细亚大学志诸学纪要》13，1965年。

乙4611
乔炳南：《关于宋代的书院制度》，《帝塚山大学论集》14，1977年。

乙4612
江森一郎：《迄至宋代的中国教育史的视觉》，《宫城教育大学纪要》13，1978年。

乙4613
东一夫：《王安石的学统》，《亚洲的教育与社会：多贺秋五郎博士古稀记念论文集》，1983年。

乙4614
藤井茂利：《关于〈童蒙先习〉的本文及其"吐"（1）》，《鹿儿岛大学法文学部纪要人文学科论集》19，1983年。

乙4615
川上恭司：《宋代的都市与教育——以州县学为中心》，《中国近世的都市与文化》，1984年。

乙4616
藤井茂利：《关于〈童蒙先习〉的本文及其"吐"（2）》，《鹿儿岛大学法文学部纪要人文学科论集》20，1984年。

乙4617
近藤一成：《关于宋初的国子监、太学》，《史观》113，1985年。

乙4618
藤井茂利：《关于〈童蒙先习〉

十、教 育 史

乙4618（续）
的本文及其"吐"（3）》，《鹿儿岛大学法文学部纪要人文学科论集》21，1985年。

乙4619
藤井茂利：《关于〈童蒙先习〉的本文及其"吐"（4）》，《鹿儿岛大学法文学部纪要人文学科论集》22，1985年。

乙4620
藤井茂利：《关于〈童蒙先习〉的本文及其"吐"（5）》，《鹿儿岛大学法文学部纪要人文学科论集》23，1986年。

乙4621
藤井茂利：《关于〈童蒙先习〉的本文及其"吐"（6）》，《鹿儿岛大学法文学部纪要人文学科论集》24，1986年。

乙4622
藤井茂利：《关于〈童蒙先习〉的本文及其"吐"（7）》，《鹿儿岛大学法文学部纪要人文学科论集》25，1987年。

乙4623
藤井茂利：《关于〈童蒙先习〉的本文及其"吐"（8）》，《鹿儿岛大学法文学部纪要人文学科论集》26，1987年。

乙4624
藤井茂利：《关于〈童蒙先习〉的本文及其"吐"（9）》，《鹿儿岛大学法文学部纪要人文学科论集》27，1988年。

乙4625
江口尚纯：《吕祖谦〈吕氏家塾读时记〉序说》，《诗经研究》14，1989年。

乙4626
角田多加雄：《朱子学派教育论的历史性展开》，《哲学》89，1989年。

乙4627
古垣光一：《关于金代的教育——以中央的学校教育为中心》，《亚洲教育史研究》，1991年。

乙4628
谷川守正：《十牛图的自我教育研究》，《教育哲学研究》65，1992年。

乙4629
樱井智美：《儒学提举司的起源与变迁——兼论宋金的学校管理》，《阪南论集：人文、自然科学篇》37—4，2002年。

乙4630
饭山知保：《金元代华北的外来民族学习儒学与其契机——以蒙古时代华北驻屯军所属家系的事例为中心》，《中国：社会与文化》22，2007年。

乙4631
铃木敬：《两宋画院》，《美术

史论丛》23，2007年。

乙4632
山口智哉：《宋代地方城市的教育振兴事业与当地精英——以绍兴新昌县为例》，《都市文化研究》9，2007年。

乙4633
梅村尚树：《宋代地方官学的兴起与其象征——以赏赞文翁、常衮为线索》，《史学杂志》118—6，2009年。

（二）科举制度

乙4634
荒木敏一：《关于宋代初期的殿试中决定状元的方法》，《东洋史研究》8—4，1943年。

乙4635
荒木敏一：《宋代殿试实行的情况》，《东亚人文学报》3—2，1943年。

乙4636
荒木敏一：《北宋时期殿试的试题及其变化》，《羽田亨博士颂寿记念东洋史论丛》，1950年。

乙4637
荒木敏一：《落第秀才与中国史》，《艺林》3—3，1952年。

乙4638
荒木敏一：《北宋时期的制科——特别是它对科举的影响与神宗朝废止制科的缘由》，《京都学艺大学学报》A—7，1955年。

乙4639
荒木敏一：《宋神宗时期制科停废与党争》，《史学杂志》64—12，1955年。

乙4640
荒木敏一：《宋代党争一个环节的制科改变和废除问题》，《东洋史研究》15—2，1956年。

乙4641
荒木敏一：《南宋的类省试》，《史林》44—6，1961年。

乙4642
荒木敏一：《宋代科场的佛书之禁》，《塚本论集》，1961年。

乙4643
荒木敏一：《宋代的糊名法》，《京都学艺大学纪要》25，1964年。

十、教育史

乙 4644
中岛敏：《宋代科举中的期集》，《铃木俊教授还历记念东洋史论丛》，1964年。

乙 4645
荒木敏一：《宋太祖科举政策的一点考察》，《东洋史研究》24—4，1966年。

乙 4646
荒木敏一：《北宋科场寒俊的擢第》，《东方学》34，1967年。

乙 4647
青山定雄：《宋代福州科举及第者》，《白山史学》17，1968年。

乙 4648
三上次男：《金朝的科举制度及其政治的侧面》，《青山史学》1，1969年。

乙 4649
荒木敏一：《宋代的科场和不具疾患的进士》，《东洋史研究》30—2、30—3，1971年。

乙 4650
荒木敏一：《北宋时期科举的琼林宴（1）——与唐代的曲江宴比较》，《京都教育大学纪要（人文社会）》45，1974年。

乙 4651
荒木敏一：《北宋时期科举的琼林宴（2）》，《京都教育大学纪要（人文社会）》47，1975年。

乙 4652
笹岛恒辅：《10—14世纪中国的武学、武科举》，《东洋教育史研究》1，1978年。

乙 4653
内河久平：《关于宋初的守选人》，《中岛记念论集》，1980年。

乙 4654
川上恭司：《科举与宋代社会——其落第士人的问题》，《待兼山论丛（史学篇）》21，1987年。

乙 4655
近藤一成：《围绕王安石的科举改革》，《东洋史研究》46—3，1987年。

乙 4656
萩原正树：《柳永的科举》，《学林》9，1987年。

乙 4657
古垣光一：《关于宋代的殿试》，《目白学园女子短期大学纪要》27，1991年。

乙 4658
近藤一成：《东坡应举考》，《史观》125，1991年。

乙 4659
近藤一成：《蔡京的科举、学校政策》，《东洋史研究》53—1，1994年。

乙 4660
中岛敏:《宋进士登科题名录与同年小录》,《汲古》26,1994年。

乙 4661
冈元司:《南宋时期温州的名门望族与科举》,《广岛大学东洋史研究室报告》17,1995年。

乙 4662
中岛敏:《〈宋进士题名录与同年小录〉追论》,《汲古》27,1995年。

乙 4663
中岛敏:《宝祐登科录的宗室》,《东洋研究》116,1995年。

乙 4664
古垣光一:《关于宋代的殿试》,《吉田寅先生古稀记念亚洲史论集》,1997年。

乙 4665
冈元司:《南宋时期科举考官的地域性——以浙东出身者的位置为中心》,《宋代社会的网络结构》,1998年。

乙 4666
森田宪司:《异民族王朝下的科举》,《月刊SAINICA》通号115,1999年。

乙 4667
古垣光一:《关于宋代的殿试——〈赵清献公充御试官日记〉的介绍(其四)》,《比较文化史研究》2,2000年。

乙 4668
山口智哉:《宋代〈同年小录〉考——由"书写的东西"所带来的共同意识的形成》,《中国:社会与文化》17,2002年。

乙 4669
饭山知保:《金初华北的科举与士人阶层——以天眷二年以前为研究对象》,《中国:社会与文化》19,2004年。

乙 4670
饭山知保:《有关金代汉族土地当地社会的女真人形象与"女真儒士"》,《满族史研究》4,2005年。

乙 4671
饭山知保:《从科举、学校政策的变迁中所窥见的金代士人阶层》,《史学杂志》114—12,2005年。

乙 4672
饭山知保:《从杨业到元好问——10—13世纪晋北科举的浸透及其历史意义》,《东方学》111,2006年。

乙 4673
近藤一成:《南宋地域社会的科举与儒学——明州庆元府》,《近代儒学研究的方法与课题》,

2006年。

乙4674
饭山知保：《女真、蒙古统治下的华北科举应试者人数》，《史观》157，2007年。

乙4675
平田茂树：《宋代科举社会史研究的一个尝试——洪迈〈夷坚志〉的分析》，《考试制度所见的教育文化与知识人社会》，2007年。

乙4676
川口靖夫：《南宋官僚社会中武举合格者的各种情况》，《研究纪要》9，2008年。

十一、艺术史

（一）通论

乙4677
吉野富雄：《尾道净土寺的戗金经箱》，《考古学杂志》25—9，1935年。

乙4678
小野玄妙：《我国现存的宋元文化的遗宝》，《日美》3—6，1935年。

乙4679
津田左右吉：《中国艺术之一面》，《池内记念论丛》，1940年。

乙4680
冈田让：《关于纪年铭戗金经箱》，《日本美术协会报告》41，1942年。

乙4681
小林太市郎：《禅月大师的艺术（上）》，《思想》239，1942年。

乙4682
小林太市郎：《禅月大师的艺术

（下）》，《思想》240，1942年。

乙4683
岸边成雄：《宋代教坊的变迁与组织》，《史学杂志》54—4，1943年。

乙4684
吉川幸次郎：《宋元的文化》，《美术全集》14，1951年。

乙4685
宫崎市定：《宋代文化的一个方面》，《墨美》10，1952年。

乙4686
岛田修二郎：《诗书画三绝》，《书道全集》17，1956年。

乙4687
中田勇次郎：《米芾书史所见唐宋公私印考》，《吉川博士退休记念中国文学论集》，1968年。

乙4688
中田勇次郎：《苏东坡的艺术论》，《书论》5，1974年。

乙4689
新藤武弘：《关于八大山人与石涛的友谊》，《迹见学园女子大学纪要》9，1976年。

乙4690
西山隆崖：《宋·黄山谷的造型——试论与北魏造像记的关系》，《墨美》288，1979年。

乙4691
中田勇次郎：《关于米芾的尺牍》，《森三树三郎博士颂寿记念东洋学论集》，1979年。

乙4692
杉村邦彦：《苏东坡的颜真卿观》，《书论》20，1982年。

乙4693
高桥文治：《泰山学派的后裔们——有关公元12至13世纪山东的文艺》，《东洋史研究》45—1，1986年。

乙4694
村越英明：《东坡与铁斋（1）——与铁斋、中国同行》，《日本美术工艺》582，1987年。

乙4695
村越英明：《东坡与铁斋（2）——赤壁》，《日本美术工艺》583，1987年。

乙4696
村越英明：《东坡与铁斋（3）——春宵一刻值千金》，《日本美术工艺》584，1987年。

乙4697
村越英明：《东坡与铁斋（4）——饮酒小言》，《日本美术工艺》585，1987年。

乙4698
村越英明：《东坡与铁斋（5）——

十一、艺术史

乙4699

村越英明:《东坡与铁斋(6)——胸中的成竹》,《日本美术工艺》587,1987年。

乙4700

村越英明:《东坡与铁斋(7)——东坡诗意》,《日本美术工艺》588,1987年。

乙4701

村越英明:《东坡与铁斋(8)——行者如斯吗?》,《日本美术工艺》589,1987年。

乙4702

大野修作:《米芾之艺术批判》,《墨》81,1989年。

乙4703

塘耕次:《汴京时代的黄山谷——同时介绍书简》,《佐藤匡玄博士颂寿记念东洋学论集》,1990年。

乙4704

长尾秀则:《苏东坡(纸、笔、砚)小考》,《国学院中国学会报》38,1992年。

乙4705

一海知义:《定是米家书画船》,《书画船》1,1997年。

乙4706

高津孝:《苏东坡的艺术论与环境的性格》,《宋代社会的网络结构》,1998年。

(二)绘　　画

乙4707

泷精一:《中国绘画中的写意说》,《国华》136、139、142,1901年。

乙4708

泷精一:《关于梁楷笔踊布袋图》,《国华》152,1903年。

乙4709

泷精一:《关于中国山水画的南北二宗》,《国华》196,1906年。

乙4710

泷精一:《宋元至明代山水画的变革》,《国华》193,1906年。

乙4711
滨田耕作：《南宋画家牧溪》，《东洋时报》120，1908年。

乙4712
滨田耕作：《关于梁楷》，《东洋时报》124，1909年。

乙4713
滨田耕作：《梁楷的杰作出山释迦及山水图》，《国华》227，1909年。

乙4714
泷精一：《宋画罗汉说》，《国华》238，1910年。

乙4715
田中丰藏：《南画新论(1)—(7)》，《国华》262、264、265、268、274、276、281，1912—1913年。

乙4716
中山久四郎：《从耕织图上看宋代的风俗与西洋画的影响》，《史学杂志》23—11，1912年。

乙4717
田中丰藏：《关于气韵生动（上）》，《国华》282，1913年。

乙4718
田中丰藏：《关于气韵生动（下）》，《国华》283，1913年。

乙4719
泷精一：《宋朝的山水画论评》，《人文》1—5，1916年。

乙4720
田中丰藏：《罗汉画样式的变迁（上）》，《国华》312，1916年。

乙4721
田中丰藏：《罗汉画样式的变迁（下）》，《国华》313，1916年。

乙4722
鹤城生：《一副标有至正年号的罗汉图》，《国华》337，1918年。

乙4723
田中丰藏：《破墨之辩》，《国华》343，1918年。

乙4724
田中丰藏：《宋画的特征（上）》，《国华》332，1918年。

乙4725
田中丰藏：《宋画的特征（下）》，《国华》336，1918年。

乙4726
泷精一：《黑城发现的古版画》，《国华》349，1919年。

乙4727
田中丰藏：《关于率翁》，《美术画报》513，1920年。

乙4728
佐贺东周：《六通寺派的画家》，《支那学》1—1，1920年。

乙4729
中川忠顺：《李龙眠与白描体（上）》，《国华》380，1922年。

十一、艺术史

乙4730
中川忠顺：《李龙眠与白描体（下）》，《国华》382，1922年。

乙4731
泷精一：《萝窗的竹鸡图欣赏》，《国华》406，1924年。

乙4732
泷精一：《宋代关于画论画史方面的著作（1）—（8）》，《国华》408、410、412、414、419、422、424、426，1924—1926年。

乙4733
田中丰藏：《中国花鸟画中的两种倾向（上）》，《国华》289，1924年。

乙4734
田中丰藏：《中国花鸟画中的两种倾向（下）》，《国华》295，1924年。

乙4735
浑沌生：《郭天锡的溪山烟雨图欣赏》，《国华》412，1925年。

乙4736
松本荣一：《水月观音图考》，《国华》429，1926年。

乙4737
泷精一：《关于赵子昂的八骏图》，《国华》435，1927年。

乙4738
今关寿麿：《米元章评传》，《中央美术》137，1928年。

乙4739
泷精一：《中国画的两大潮流》，《国华》458，1929年。

乙4740
内藤湖南：《五代的绘画》（中国绘画史讲义），《佛教美术》14，1929年。

乙4741
那波利贞：《科兹洛夫发现的南宋时期版画美人图考》，《支那学》5—1，1929年。

乙4742
泷精一：《关于徽宗皇帝御笔五色鹦鹉图》，《国华》472，1930年。

乙4743
内藤湖南：《北宋的画家及画论——中国绘画史讲话（6）》（中国绘画史讲义），《佛教美术》15，1930年。

乙4744
内藤湖南：《南宋的绘画及画论——中国绘画史讲话（7）》（中国绘画史讲义），《佛教美术》16，1930年。

乙4745
鸟居龙藏：《辽代的壁画》，《国华》41—912，1931年。

乙4746
渡边一：《关于东京美术学校学

校馆藏之罗汉图》,《美术研究》7,1932年。

乙4747
泷精一:《宋人的画迹》,《国华》494,1932年。

乙4748
松本荣一:《被帽地藏菩萨能像的分布》,《东方学报》3,1932年。

乙4749
荻野三七彦:《牧溪的〈鹤〉与萝窗的〈鸡〉》,《塔影》9—1,1933年。

乙4750
松本荣一:《地藏十王图与引路菩萨》,《国华》515,1933年。

乙4751
小野玄妙:《唐末五代赵宋时期的佛教画(1)—(10)特别是我国藤原时期新渡的图像》,《国华》513、514、516、517;44—518、519、522、524、528、529,1933—1934年。

乙4752
胁本十九郎:《关于高然晖》,《美术研究》13,1933年。

乙4753
胁本十九郎:《关于破墨意义之变迁》,《美术研究》14,1933年。

乙4754
胁本十九郎:《关于杂华室的鉴藏印记》,《美术研究》22,1933年。

乙4755
胁本十九郎:《夏珪画与所传之浅野家的山水图》,《美术研究》21,1933年。

乙4756
渡边一:《传法正宗定祖图卷》,《美术研究》33,1934年。

乙4757
泷精一:《金人王庭筠的书画》,《国华》523,1934年。

乙4758
鸟居龙藏:《辽代陵墓内的壁画》,《中央美术》8,1934年。

乙4759
三方笹吉:《宋代美术工艺概要》,《历史大系》6,1934年。

乙4760
矢代幸雄:《宋摹周文矩宫中图》,《美术研究》25,1934年。

乙4761
田中一松:《关于宋朝的花鸟写生画》,《塔影》10—3,1934年。

乙4762
胁本十九郎:《关于庭师善阿弥与宋元画轴所载善阿的鉴藏印记》,《美术研究》26,1934年。

乙4763
岛田修二郎:《关于雪窗》,

十一、艺　术　史

《宝云》15，1935年。

乙4764

渡边一：《传率翁六祖挟担图》，《美术研究》40，1935年。

乙4765

渡边一：《有款记的宋元佛画》，《美术研究》45，1935年。

乙4766

福井利吉郎：《远东第一画》，《塔影》11—3，1935年。

乙4767

谷信一：《舶载中国画的性质与价格——中世中国画鉴赏的一节》，《美术研究》46，1935年。

乙4768

谷信一：《牧溪画志——中世纪中国画鉴赏的一节》，《美术研究》43，1935年。

乙4769

广濑熹六：《永保寺的千手千眼观音》，《美之国》126，1935年。

乙4770

青木正儿：《南北画派论》，《文化》2—1，1935年。

乙4771

青木正儿：《水墨画四君子的由来》，《文化》2—11，1935年。

乙4772

矢代幸雄：《徽宗摹张萱捣练图》，《美术研究》41，1935年。

乙4773

田中一松：《关于牧溪的画》，《塔影》11—3，1935年。

乙4774

相见香雨：《牧溪王涧传新资料》，《日本美术协会报告》36，1935年。

乙4775

胁本十九郎：《足立义满与宋元画》，《美术研究》48，1935年。

乙4776

伊势专一郎：《五代宋元时期的绘画》，《文化大系》，1935年。

乙4777

奥村伊九良：《故宫本夏珪笔长江万里图》，《瓜茄》2，1936年。

乙4778

奥村伊九良：《关于夏珪笔十二景图》，《瓜茄》2，1936年。

乙4779

奥村伊九良：《夏珪的落款》，《瓜茄》2，1936年。

乙4780

谷信一：《室町时代唐绘论——中世中国画鉴赏的一节》，《美术研究》52，1936年。

乙4781

泷精一：《郭熙与宋朝的山水画》，《东方学报》6，1936年。

乙4782

泷精一：《画龙说》，《国华》

550，1936 年。

乙 4783

泷精一：《马和之与所传毛诗画卷》，《国华》544，1936 年。

乙 4784

泷精一：《宋人的院画（上）》，《国华》542，1936 年。

乙 4785

泷精一：《宋人的院画（下）》，《国华》543，1936 年。

乙 4786

鸟居龙藏：《关于辽朝帝陵的壁画》，《密涅瓦》1—4，1936 年。

乙 4787

鸟居龙藏：《文姬归汉图》，《东方学报》6，1936 年。

乙 4788

矢代幸雄：《宋摹周文矩宫中图的新断片》，《美术研究》56，1936 年。

乙 4789

原田尾山：《关于巨然笔溪山兰若图卷》，《塔影》12—5，1936 年。

乙 4790

斋藤菊太郎：《探索兴安岭的辽代壁画》，《改造》18—2，1936 年。

乙 4791

青木正儿：《题画文学的发展》，《支那学》9—1，1937 年。

乙 4792

矢代幸雄：《马贲百雁图卷》，《美术研究》64，1937 年。

乙 4793

下店静市：《中国花鸟画的产生与形成》，《画说》11，1937 年。

乙 4794

胁本十九郎：《第一个画葡萄的人温日观》，《画说》2，1937 年。

乙 4795

岛田修二郎：《冈两画》，《美术研究》（上）84，1938 年。

乙 4796

奥村伊九良：《李成范宽的写实》，《瓜茄》5，1939 年。

乙 4797

奥村伊九良：《南顿北渐》，《瓜茄》5，1939 年。

乙 4798

大串纯夫：《楚石所赞誉的因陀罗画》，《国华》583，1939 年。

乙 4799

岛田修二郎：《冈两画》，《美术研究》（下）86，1939 年。

乙 4800

岛田修二郎：《花光仲仁之序》，《宝云》25（上），1939 年。

乙 4801

今村龙一：《唐宋诸家绘画史论中的时代论》，《东方学报》

十一、艺术史

10—2，1939年。

乙4802

今村龙一：《作为史书样式的〈图画见闻志〉》，《东方学报》10—2，1939年。

乙4803

森克己：《宋拓六祖像与明兆的画风》（日支交流之诸问题），《画说》26，1939年。

乙4804

田中丰藏：《墨梅赞语》，《画说》33，1939年。

乙4805

田中丰藏：《宋本梅花喜神谱》，《画说》32，1939年。

乙4806

岛田修二郎：《因陀罗之禅绘画》，《清闲》5，1940年。

乙4807

今村龙一：《黄休复的画评》，《画说》47，1940年。

乙4808

泷精一：《文人画与南画》，《东方学报》11—1，1940年。

乙4809

小笠原秀实：《东洋画论之骨骼》，《禅学研究》34，1940年。

乙4810

小林太市郎：《支那画的构图及其理论》（上），《支那学》10—1，1940年。

乙4811

小林太市郎：《支那画的构图及其理论》（下），《支那学》10—2，1940年。

乙4812

奥村伊九良：《中国风的美学思想》，《空云》27，1941年。

乙4813

岛田修二郎：《宋迪与潇湘八景》，《南画鉴赏》10—4，1941年。

乙4814

菅沼贞三：《远浦归帆》，《三田文学》16—10，1941年。

乙4815

泷精一：《川崎津轻两家的寒拾图》，《美术》10—11，1941年。

乙4816

泷精一：《关于宋画玄妙大师接僧图》，《国华》606，1941年。

乙4817

田中丰藏：《宝马庐杂笔（1）》，《画说》52，1941年。

乙4818

田中丰藏：《历代名画记、宣和画谱记事》，《画说》49，1941年。

乙4819

田中丰藏：《石恪的二祖调心图》，《画说》54，1941年。

乙4820

德川义知：《王涧的远浦归帆和

光友的临摹画》,《美术协会报告》50,1942年。

乙4821

吉泽忠:《南画与文人画(1)—(4)》,《国华》622、624、625、626,1942—1943年。

乙4822

堂谷宪勇:《宋元画的写实徐熙的问题》(中国美术史论),《画论》15,1942年。

乙4823

奥村伊九良:《关于夏珪笔溪山清远图》,《美术研究》128,1943年。

乙4824

岛田修二郎:《花光仲仁之序》,《宝云》30(下),1943年。

乙4825

田中丰藏:《关于浅野家的夏圭竹林梅花图》,《美术研究》128,1943年。

乙4826

田中丰藏:《牧溪闲话》,《美术研究》130,1943年。

乙4827

福井利吉郎:《牧溪一滴(上)》,《美术研究》135,1944年。

乙4828

福井利吉郎:《牧溪一滴(下)》,《美术研究》136,1944年。

乙4829

谷信一:《宋元院体杂稿——日本与中国》,《美术》7,1944年。

乙4830

松下隆章:《我国的宋元画》,《美术》7,1944年。

乙4831

熊谷宣夫:《关于赵子固笔〈水仙图卷〉》,《制作》2,1944年。

乙4832

矢代幸雄:《荆浩的笔法记》,《艺术》5,1947年。

乙4833

松下隆章:《传檀芝端笔岩竹图》,《国华》664,1947年。

乙4834

松下隆章:《关于马麟的夕阳山水图》,《国华》677,1948年。

乙4835

山崎一雄:《论庆陵壁画的颜料》,《美术研究》153,1949年。

乙4836

田村实造、小林行雄:《庆陵的壁画(上)》,《美术研究》154,1949年。

乙4837

田村实造、小林行雄:《庆陵的壁画(中)》,《美术研究》155,1949年。

十一、艺　术　史

乙 **4838**
米泽嘉圃：《院体花鸟画的变迁》，《三彩》49，1950年。

乙 **4839**
米泽嘉圃：《中国绘画中的庶民》，《东洋文化》2，1950年。

乙 **4840**
矢代幸雄：《苏东坡的美术思想（上）》，《美学》1—2，1950年。

乙 **4841**
矢代幸雄：《苏东坡的美术思想（下）》，《美学》1—3，1950年。

乙 **4842**
田村实造、小林行雄：《庆陵的壁画（下）》，《美术研究》157，1950年。

乙 **4843**
岛田修二郎：《论逸品画风》，《美术研究》161，1951年。

乙 **4844**
米泽嘉圃、岛田修二郎：《宋元的绘画》，《世界美术全集》11，1951年。

乙 **4845**
矢代幸雄：《叹美妙——李迪笔雪中归牧图双幅外》，《大和文华》2，1951年。

乙 **4846**
松下隆章：《关于梁楷的雪景山水图》，《佛教艺术》11，1951年。

乙 **4847**
望月信成：《十牛图颂的展开及其艺术价值》，《人文研究》2—6，1951年。

乙 **4848**
岛田修二郎：《关于高桐院所藏的山水画》，《美术研究》165，1952年。

乙 **4849**
松下隆章：《梁楷的李白吟行图等》，《东京国立博物馆美术志》12，1952年。

乙 **4850**
堂谷宪勇：《宋美术思想——特别是关于水墨画的问题》，《墨美》10，1952年。

乙 **4851**
矢代幸雄：《再说宋摹周文矩宫中图》，《美术研究》169，1953年。

乙 **4852**
松下隆章：《关于波士顿美术馆藏捣练图》，《佛教艺术》20，1953年。

乙 **4853**
小林太市郎：《东洋美术中空间的意义与表现——特别是二、三幅宋元画》，《墨美》21，1953年。

乙 **4854**
铃木敬：《因陀罗的禅机图卷》，《东京国立博物馆美术志》35，

1954 年。

乙 4855
松下隆章：《杂华室印的所传马麟之梅花双雀图》，《大和文华》13，1954 年。

乙 4856
岸田勉：《李公麟论考》，《东洋史学》14，1955 年。

乙 4857
渡边道子：《关于南宗画的建立》，《史窗》8，1955 年。

乙 4858
松下隆章：《关于吴大素笔雪松图》，《美术史》18，1955 年。

乙 4859
堂谷宪勇：《天水分通私抄前编》，《国华》761，1955 年。

乙 4860
岛田修二郎：《松斋梅谱提要》，《文化》20—2，1956 年。

乙 4861
铃木敬：《关于梁楷》，《东京国立博物馆美术志》60，1956 年。

乙 4862
堂谷宪勇：《关于楼观的作品》，《文化》20—2，1956 年。

乙 4863
田中一松：《梁楷的艺术（梁楷资料）》，《美术研究》184，1956 年。

乙 4864
鹰巢丰治：《宋元的花鸟画》，《东京国立博物馆美术志》65，1956 年。

乙 4865
岸田勉：《米元章论考》，《重松先生古稀记念九州大学东洋论丛史》，1957 年。

乙 4866
岸田勉：《五代庶民画的特性和其意义》，《佐贺大学教育学部研究论文集》7，1957 年。

乙 4867
外山军治：《关于金章宗收藏的书画》，《神田博士还历记念书志学论集》，1957 年。

乙 4868
中村溪男：《宋元的花鸟画——关于院体莲池水禽图》，《东京国立博物馆美术志》85，1958 年。

乙 4869
米泽嘉圃：《关于李迪生卒年的疑问》，《国华》804，1959 年。

乙 4870
高桥善太郎：《图画见闻志中出现的郭若虚的画论（上）》，《爱知县立女子短期大学纪要（人文社会科学）》12，1960 年。

乙 4871
铃木敬：《夏、秋、冬景山水图》，

十一、艺　术　史

《大和文华》32，1960年。

乙4872

三田村泰助：《五代宋初山水画的意义》，《立命馆文学》180，1960年。

乙4873

船津富彦：《关于东坡的诗画论》，《东方学》21，1961年。

乙4874

饭岛勇：《院体山水画》，《东京国立博物馆美术志》123，1961年。

乙4875

米泽嘉圃：《宋画枇杷猿戏图》，《国华》826，1961年。

乙4876

樋口秀雄：《关于宋元美术文献》，《东京国立博物馆美术志》122，1961年。

乙4877

铃木敬：《以画学为中心的徽宗画院的改革与院式山水画风的出现》，《东洋文化研究所纪要》38，1965年。

乙4878

古原宏伸：《韩熙载夜宴图考（下）》，《国华》888，1966年。

乙4879

关口正之：《关于大理国张胜温画梵像（上）》，《国华》895，1966年。

乙4880

横山伊势雄：《苏东坡的画论——以题画诗为中心》，《日本大学第三高等学校职员研究部》11，1966年。

乙4881

卫藤孩：《宋元时期的绘画》，《美术工艺》336，1966年。

乙4882

关口正之：《关于大理国张胜温画梵像（下）》，《国华》898，1967年。

乙4883

川上泾：《东洋馆开馆·宋元名画种种》，《东京国立博物馆美术志》212，1968年。

乙4884

小野胜年：《故宫博物院与清明上河图二三事》，《佛教艺术》73，1969年。

乙4885

山冈泰造：《关于水墨画之一考察——郭熙的早春图与林泉高致》，《哲学研究》44—9，1970年。

乙4886

岸田勉：《李公麟画论再考》，《佐贺大学教育学部研究论文集》19，1971年。

乙4887

德永弘道：《关于南宋初期的禅

宗祖师像——以拙庵德光赞达磨像为中心（上）》，《国华》929，1971年。

乙4888

德永弘道：《关于南宋初期的禅宗祖师像——以拙庵德光赞达磨像为中心（下）》，《国华》930，1971年。

乙4889

渡边明义：《关于传世夏珪话山水图——有关夏珪画之二三笔记》，《国华》931，1971年。

乙4890

户田祯佑：《围绕传世牧溪画芙蓉图之二三考察》，《佛教艺术》79，1971年。

乙4891

五味充子：《传宋徽宗摹张萱捣练图有关考察》，《美术史》21—1，1971年。

乙4892

户田祯佑：《中国绘画中的形态的传承（1）——有关临摹的特殊性》，《东洋文化研究所纪要》57，1972年。

乙4893

米泽嘉圃：《惠崇与传名作品（上）》，《国华》942，1972年。

乙4894

米泽嘉圃：《惠崇与传名作品（下）》，《国华》943，1972年。

乙4895

古原宏伸：《〈清明上河图〉（上）》，《国华》955，1973年。

乙4896

古原宏伸：《〈清明上河图〉（下）》，《国华》956，1973年。

乙4897

铃木敬：《关于潇湘卧游图卷（上）》，《东洋文化研究所纪要》61，1973年。

乙4898

杉村邦彦：《米芾的奇行与探求》，《书论》2，1973年。

乙4899

堂谷宪勇：《关于传世马远画〈寒江独钓图〉》，《古美术》40，1973年。

乙4900

西野贞治：《关于李公麟（北宋文人画的巨擘）的家系与行迹》，《人文研究：大阪市立大学大学院文学研究科纪要》25—1，1973年。

乙4901

加濑藤圃：《白昼梦——徽宗的〈白鹰〉图》，《艺术新潮》25—4，1974年。

乙4902

新藤武弘：《台北故宫博物院的范宽与郭熙》，《艺术新潮》25—2，1974年。

十一、艺　术　史

乙 4903
岛田英诚：《试论燕文贵的传名作品及其在北宋山水画史上所占地位》，《美术史》26—1，1976年。

乙 4904
羽床正范：《欧阳修与梅尧臣——关于肖像画》，《北九州大学文学部纪要》15，1976年。

乙 4905
羽床正范：《宋代绘画思想之一考察——围绕山水纯全集与笔法论》，《北九州大学文学部纪要》16，1976年。

乙 4906
三田村泰助：《关于五代宋初山水画的一点考察》，《东方学报》49，1977年。

乙 4907
三田村泰助：《郭熙和早春图》，《东洋史研究》35—4，1977年。

乙 4908
松本守隆：《大理国张胜温画梵像新论（上）》，《佛教艺术》111，1977年。

乙 4909
田村实造：《辽代的画家及其作品》，《东方学》54，1977年。

乙 4910
曾布川宽：《郭熙与早春图》，《东洋史研究》35—4，1977年。

乙 4911
曾布川宽：《五代北宋山水画之一考察——荆浩、关全、郭忠恕、燕文贵》，《东方学报》49，1977年。

乙 4912
松本守隆：《大理国张胜温画梵像新论（下）》，《佛教艺术》118，1978年。

乙 4913
堂谷宪勇：《梁楷考》，《古美术》55，1978年。

乙 4914
铃木敬：《关于潇湘卧游图卷（下）》，《东洋文化研究所纪要》79，1979年。

乙 4915
日原利国：《〈宣和画谱〉成书考》，《加贺博士退官记念中国文史哲学论集》，1979年。

乙 4916
铃木敬：《有关〈林泉高致集〉的〈画记〉与郭熙》，《美术史》30—1，1980年。

乙 4917
三田村泰助：《关于许道宁传记和山水画形势的一点考察》，《东方学报》52，1980年。

乙 4918
小川裕充：《郭熙笔早春图》，

《国华》1035，1980年。

乙4919

小川裕充：《唐宋山水画史中的创造力——从泼墨到早春图、潇湘卧游图卷（上）》，《国华》1034，1980年。

乙4920

小川裕充：《唐宋山水画史中的创造力——从泼墨到早春图、潇湘卧游图卷（中）》，《国华》1035，1980年。

乙4921

小川裕充：《唐宋山水画史中的创造力——从泼墨到早春图、潇湘卧游图卷（下）》，《国华》1036，1980年。

乙4922

曾布川宽：《许道宁的传记与山水风格的相关考察》，《东方学报》52，1980年。

乙4923

户田祯佑：《刘松年的周边》，《东洋文化研究所纪要》86，1981年。

乙4924

铃木敬：《有关李唐的南渡復院与其风格演变的一个试论(上)》，《国华》1047，1981年。

乙4925

小川裕充：《院中的名画——从董羽、巨然、燕肃到郭熙》，《铃木敬先生还历记念中国绘画史论集》，1981年。

乙4926

小川裕充：《云山图论——有关米友仁的〈云山图卷〉（克利夫兰艺术博物馆）》，《东洋文化研究所纪要》86，1981年。

乙4927

户田祯佑：《临摹的特性——以南宋及元代的绘画为中心》，《东京国立博物馆美术志》380，1982年。

乙4928

铃木敬：《有关李唐的南渡復院与其风格演变的一个试论（下）》，《国华》1053，1982年。

乙4929

岛田英诚：《画家李唐》，《国际交流美术史研究会第2次研讨会——亚洲的山水表现》，1983年。

乙4930

岛田英诚：《有关流传下来的赵伯骕画的〈万松金阙图卷〉》，《宋代的社会与文化》，1983年。

乙4931

宫次男：《从宋、元版本中所窥见的法华经绘（上）》，《美术研究》325，1983年。

乙4932

宫次男：《从宋、元版本中所窥见的法华经绘（下）》，《美术研究》326，1983年。

十一、艺术史

乙4933

西上实:《有关圆泽三生图——在禅林里鉴赏的牧牛故事图》,《禅之美术》,1983年。

乙4934

宫崎法子:《围绕西湖的绘画——南宋绘画史初探》,《中国近世的都市与文化》,1984年。

乙4935

海老根聪郎:《有关吕洞宾的画像——画像主人的变貌》,《美术研究》328,1984年。

乙4936

西上实:《北宋花鸟画的发展——有关崔白所做出的改变》,《花鸟》,1984年。

乙4937

小川裕充:《有关江南山水画的空间表现——董源、巨然、米友仁》,《国际交流美术史研究会第2次研讨会——亚洲的山水表现》,1984年。

乙4938

岛田英诚:《高克明与高克明派》,《迹见学园女子大学纪要》18,1985年。

乙4939

古原宏伸:《有关画卷形式中中国故事画》,《奈良大学纪要》14,1985年。

乙4940

河野道房:《有关胡舜臣画的〈送郝玄明使秦图卷〉——转换器绘画的一种面貌》,《京都大学美术史学研究纪要》6,1985年。

乙4941

井手诚之辅:《夏珪的风格试论》,《哲学年报》44,1985年。

乙4942

宫崎法子:《在宋代佛画史中清凉寺十六罗汉像的地位》,《东方学报》58,1986年。

乙4943

海老根聪郎:《金处士画的十王图》,《国华》1097,1986年。

乙4944

海老根聪郎:《宁波佛画的故乡》,《国华》1097,1986年。

乙4945

海老根聪郎:《宋元时期的观音图》,《国际交流美术史研究会第5次研讨会——观音尊像与变貌》,1986年。

乙4946

小川裕充:《米友仁的绘画与文学——有关其山水表现与自题间的关联》,《美术史学》8,1986年。

乙4947

小川裕充:《云山图续稿——米友仁的〈云山图卷〉(克利夫兰

艺术博物馆）与其系谱（上）》，《国华》1096，1986年。

乙4948

小川裕充：《云山图续稿——米友仁的〈云山图卷〉（克利夫兰艺术博物馆）与其系谱（下）》，《国华》1097，1986年。

乙4949

岛田英诚：《中国绘画中的幻觉主义——有关"余白"的断章》，《迹见学园女子大学美学、美术史学科报》15，1987年。

乙4950

河野道房：《李唐山水画的特质——围绕〈万壑松风图〉》，《美学》38—1，1987年。

乙4951

户田祯佑：《围绕下落不明的牧谿画的〈花卉翎毛卷〉》，《美术史论丛》3，1987年。

乙4952

山下裕二：《高桐院藏李唐画的山水图试论》，《美术史论丛》3，1987年。

乙4953

户田祯佑：《南宋院体画中的"金"的使用》，《国华》1116，1988年。

乙4954

小川裕充：《牧溪——古典主义的变容（上）》，《美术史论丛》4，1988年。

乙4955

岛尾新：《关于公元十五世纪的中国绘画趣味》，《东京国立博物馆美术志》463，1989年。

乙4956

泉武夫：《孔雀明王像》，《仁和寺的佛教美术：研究发表与座谈会》，1989年。

乙4957

小川裕充：《泉涌寺藏俊芿律师、南山大师、大智律师（三幅）》，《日本绘画史的研究》，1989年。

乙4958

源川进：《米元章的奇癖》，《二松学舍大学东洋学研究所集刊》20，1989年。

乙4959

大野修作：《苏东坡的书画论中的虚实之理》，《书道研究》4—11，1990年。

乙4960

河野道房：《有关王诜——两个画风并存的问题》，《东方学报》62，1990年。

乙4961

救仁乡秀明：《潇湘卧游图卷小考与董源的山水画间的关系》，《美术史论丛》6，1990年。

乙4962

松田智惠子：《货郎图考——中

十一、艺术史

国风俗画的形成与演变的相关试论》，《古美术》93，1990年。

乙4963

宇佐美文理：《苏东坡的绘画论与〈东坡易传〉》，《日本中国学会报》42，1990年。

乙4964

凑信幸：《〈秋山行旅图〉考》，《大和文华》86，1991年。

乙4965

藤田伸也：《有关南宋院体画中的相同画样作品》，《大和文华》86，1991年。

乙4966

塚原晃：《牧谿、玉涧的潇湘八景图——其祖传系谱》，《早稻田大学大学院文学研究科纪要别册》17，1991年。

乙4967

户田祯佑：《有关牧谿的宋与元——围绕老子图》，《东京大学东洋文化研究所纪要》117，1992年。

乙4968

井手诚之辅：《陆信忠考——涅槃表现的变貌（上）》，《美术研究》354，1992年。

乙4969

井手诚之辅：《陆信忠考——涅槃表现的变貌（下）》，《美术研究》355，1993年。

乙4970

小川裕充：《黄筌六鹤图壁画与其系谱（上）》，《国华》1165，1992年。

乙4971

小川裕充：《李唐画的万壑松风图、高桐院山水图——有关其素材的共同点》，《美术史论丛》8，1992年。

乙4972

板仓圣哲：《唐宋绘画中傍晚、夜景的表现》，《美术史》134，1993年。

乙4973

山下裕二：《夏珪与室町水墨画》，《日本美术的水脉》，1993年。

乙4974

大野修作：《中国近代的书画论——以〈图书见闻志〉为中心所见的宗教画至花鸟画的展开》，《京都女子大学宗教文化研究所研究纪要》7，1994年。

乙4975

户田祯佑：《人物画中的圣与俗——宗教性与肖像性》，《人的"形态"人的"身体"——东亚美术的立场观点》，1994年。

乙4976

藤田伸也：《有关李迪画的雪中归牧图的对幅问题》，《国华》1185，1994年。

乙4977

鬼原俊枝：《狩野探幽的〈学古

帖〉与流书手鉴》，《美术史的剖面》，1995年。

乙4978
横山伊势雄：《苏轼的"墨戏"——文人画的形成》，《中国文化》53，1995年。

乙4979
板仓圣哲：《流传下来的赵令穰的〈秋塘图〉（大和文华馆藏）的历史地位》，《东京国立博物馆美术志》542，1996年。

乙4980
宫崎法子：《中国花鸟画的含义——有关藻鱼图、莲池水禽图、草虫图的寓意与吸纳引进（上）》，《美术研究》363，1996年。

乙4981
宫崎法子：《中国花鸟画的含义——有关藻鱼图、莲池水禽图、草虫图的寓意与吸纳引进（下）》，《美术研究》364，1996年。

乙4982
汤浅阳子：《苏轼的绘画论——以文同为中心》，《中国文化论丛》5，1996年。

乙4983
板仓圣哲：《馆藏品研究：李迪的〈雪中归牧图〉骑牛幅》，《大和文华》97，1997年。

乙4984
宫崎法子：《没有女性的世界——中国山水画的内与外》，《美术与性别差异——非对称性的视线》，1997年。

乙4985
铃木敬：《山水小景与山水小图》，《大和文华》97，1997年。

乙4986
山川晓：《有关〈长香寺本观无量寿经十六观变相图〉——宋代净土教绘画的吸纳引进与发展》，《美术史》46—2，1997年。

乙4987
山下裕二：《作为道具的"唐绘"与作为美术的"唐绘"——以牧谿、玉涧为中心》，《山上宗二记研究三》，1997年。

乙4988
小川裕充：《山水、风俗、神话——唐、宋、元时期中国绘画对日本的影响：（传）以乔仲常的〈后赤壁赋图卷〉与〈信贵山缘起绘卷〉为中心》，《日中文化交流史丛书（7）——艺术》，1997年。

乙4989
小川裕充：《宋元山水画中的结构传承》，《美术史论丛》13，1997年。

乙4990
小川裕充：《有关牧谿画的潇湘八景图卷的原状》，《美术史论丛》

十一、艺　术　史

乙4991
板仓圣哲：《围绕流传下来的毛益的〈蜀葵游猫图〉、〈萱草游狗图〉的诸种问题》，《大和文华》100，1998年。

乙4992
青木优子：《苏轼的绘画论》，《立命馆文学》557，1998年。

乙4993
板仓圣哲：《马远的〈西园雅集图卷〉（纳尔逊阿特金斯美术馆藏）的历史地位——围绕虚构的〈西园雅集〉与其绘画性》，《美术史论丛》16，1999年。

乙4994
黑田日出男：《作为绘画史料的〈清明上河图〉——源于日本史的解读方式》，《亚洲游学》11，1999年。

乙4995
鹰巢纯：《有关新知恩院本六道绘的主题——身为水陆画的可能性》，《密教图像》18，1999年。

乙4996
藤田伸也：《对幅考——南宋绘画的成果与界限》，《人文论丛》17，2000年。

乙4997
畑靖纪：《围绕失传的潇湘八景图》，《东京国立博物馆美术志》569，2000年。

乙4998
小川裕充：《有关北宋时期的神御殿与宋太祖、宋仁宗坐像——东亚世界性的普遍化》，《国华》1255，2000年。

乙4999
伊藤忠纲：《苏轼的绘画论的形成与李公麟》，《二松》14，2000年。

乙5000
板仓圣哲：《乔仲常的〈后赤壁赋图卷〉（纳尔逊阿特金斯美术馆藏）的历史地位》，《国华》1270，2001年。

乙5001
宫崎法子：《有关上海博物馆藏〈西湖图〉卷与北京故宫博物院藏〈西湖草堂图〉卷》，《实践女子大学美学、美术史学》16，2001年。

乙5002
井手诚之辅：《日本的宋元佛画》，《日本的美术》418，2001年。

乙5003
铃木敬：《马远所处的时代——杨后、杨妹子》，《国华》1268，2001年。

乙5004
内田启一：《宋请来版画与密教

图像——以应县观音图与清凉寺释迦像的收录为中心》,《佛教艺术》254,2001年。

乙5005

小川裕充:《日本中国绘画史研究的动向——以宋元时代为中心》,《美术史论丛》17,2001年。

乙5006

竹浪远:《有关王诜的〈烟江叠嶂图〉(上海博物馆所藏)——以着色本、水墨本为中心》,《澄怀》2,2001年。

乙5007

古田真一:《流传下来的宋徽宗摹张萱画的〈捣练图〉(波斯顿美术馆)相关考察——以围绕唐代风格女性像的典型性问题为中心》,《艺术论究》29,2002年。

乙5008

今野春树:《内蒙古马力罕山的人面壁画》,《博望》3,2002年。

乙5009

藤田伸也:《围绕马远画的〈月下把杯图〉(天津市艺术博物馆)——高士山水图的风格形成的相关一项考察》,《人文论丛》19,2002年。

乙5010

小林优子:《(静嘉堂文库美术馆秋季展)静嘉堂文库创设百十周年、美术馆开馆十周年纪念曜变天目与宋元版——静嘉堂、宋元时代的美术与书籍》,《茶道杂志》66—11,2002年。

乙5011

板仓圣哲:《骷髅幻戏——中国美术中"生与死"的表象》,《美术论坛21》8,2003年。

乙5012

藤田伸也:《南宋画院的诗书画——从三绝的观点出发》,《人文论丛》20,2003年。

乙5013

小川裕充:《黄筌六鹤图壁画与其系谱(下)》,《国华》1297,2003年。

乙5014

小川裕充:《中国山水画的透视远近法——以郭熙的画为中心》,《美术史论丛》19,2003年。

乙5015

板仓圣哲:《马麟的〈夕阳山水图〉(根津美术馆藏)的创作与变貌》,《美术史论丛》20,2004年。

乙5016

畑靖纪:《围绕室町时代针对南宋院体画的认知——以足利将军府里的夏珪与梁楷的画卷为中心》,《美术史》53—2,2004年。

十一、艺术史

乙5017

竹浪远：《[馆藏品研究]（传）对董源的〈寒江重汀图〉的观察与基础性考察（上）》，《黑川文化研究所纪要——古文化研究》4，2004年。

乙5018

板仓圣哲：《从探幽缩图中所窥见的东亚绘画史——以潇湘八景为例》，《讲座日本美术史（第3卷）》，2005年。

乙5019

宫崎法子：《中国的女性样子——以宫中图为中心》，《美术与性别差异（2）——交汇的视线》，2005年。

乙5020

古田真一：《有关宋代仕女图的样子的形成》，《艺术论宪》32，2005年。

乙5021

竹浪远：《[馆藏品研究]（传）对董源的〈寒江重汀图〉的观察与基础性考察（下）》，《黑川文化研究所纪要——古文化研究》5，2005年。

乙5022

板仓圣哲：《南宋（传）李唐的〈坐石看云图册页〉（台北故宫博物院藏）的历史地位》，《美术史论丛》22，2006年。

乙5023

岛尾新：《会所与唐物——室町时代前期的权利表象物与其功能》，《城市、建筑、历史（4）——中世的文化与场所》，2006年。

乙5024

塚本麿充：《〈海外书〉小论——有关北宋三馆秘阁的文物收集的历史意义与美术外交的一项考察》，《大和文华》115，2006年。

乙5025

板仓圣哲：《从南宋院体画中所窥见的光与影的表现——梁楷的画的先驱性》，《紫明》21，2007年。

乙5026

田中云：《莲社图的形成及其周边》，《成城美学美术史》16，2007年。

乙5027

西尾步：《对赵伯骕画的〈万松金阙图卷〉的考察——从实景描写的观点出发》，《美术史》57—1，2007年。

乙5028

板仓圣哲：《睢阳五老图像的成立与展开——北宋时期知识人的绘画表像》，《美术史论丛》24，2008年。

乙5029

小川裕充：《有关宋代的用绢法——以两宋历代皇帝坐像为中心》，《美术史论丛》24，2008年。

乙5030

梁音：《辽代鎏金錾花银壶的孝子图——从〈孝子传图〉到〈二十四孝图〉》，《名古屋大学中国哲学论集》8，2009年。

乙5031

铃木忍：《关于李迪画〈红白芙蓉图〉的时间表述的一个考察》，《美术史》58—2，2009年。

乙5032

西上胜：《苏黄题画跋与画人传的形成》，《中国文史论丛》5，2009年。

乙5033

小川裕充：《五代、北宋绘画的透视远近法——传统中国绘画的规范》，《美术史论丛》25，2009年。

乙5034

竹浪远：《（传）有关李成的〈乔松平远图〉（澄怀堂美术馆藏）——以与唐代树石画间的关系为中心》，《国华》1369，2009年。

乙5035

竹浪远：《北宋对李成的评价及其文人书家形象的形成——从子孙、鉴赏者以及与李郭派书家的交流来看》，《古文化研究：黑川古文化研究所纪要》9，2010年。

（三）书　　法

乙5036

中村不折：《关于赐本淳化阁帖夹雪本》，《书苑》1—5，1937年。

乙5037

林朗庵：《日本现存唐宋家墨迹学知》，《书苑》6—1，1942年。

乙5038

神田喜一郎：《宋元的书法与书迹》，《世界美术全集》14，1951年。

乙5039

伊东卓治：《宁一山墨迹》，

十一、艺　术　史

《美术研究》162，1951年。

乙5040

太田鹤堂：《关于颜真卿书祭侄稿流传之一点考察》，《人文论究》10，1953年。

乙5041

伊东卓治：《续宁一山墨迹》，《美术研究》169，1953年。

乙5042

内藤乾吉：《关于米芾》，《书道全集》15（中国10宋1），1954年。

乙5043

神田喜一郎：《宋代的书法——革新派》，《墨美》10，1954年。

乙5044

神田喜一郎：《中国书道史10》，《书道全集》15（中国10宋1），1954年。

乙5045

中田勇次郎：《苏黄的书法》，《书法全集》15（中国10宋1），1954年。

乙5046

外山军治：《徽宗与中国文化》，《书道全集》15（中国10宋1），1954年。

乙5047

宫崎市定：《朱子及其书法》，《书道全集》16（中国11宋2），1955年。

乙5048

铃木虎雄：《南宋的文人、学者及其书法》，《书道全集》16（中国11宋2），1955年。

乙5049

神田喜一郎：《黄山谷书伏波神词诗卷》，《大和文华》17，1955年。

乙5050

神田喜一郎：《宋代禅僧的墨迹》，《书法全集》16（中国11宋2），1955年。

乙5051

神田喜一郎：《中国书道史11》，《书道全集》16（中国11宋2），1955年。

乙5052

外山军治：《关于贾似道》，《书道全集》16（中国11宋2），1955年。

乙5053

外山军治：《金人与书》，《书道全集》16（中国11宋2），1955年。

乙5054

外山军治：《赵孟頫的研究》，《书道全集》（中国17元明1），1956年。

乙5055

中田勇次郎：《关于宋拓王氏

〈圣教序〉集》,《太谷学报》,1957年。

乙5056

中田勇次郎:《苏东坡与其书》,《怀德》28,1957年。

乙5057

中村不折:《宋代的书画博士米芾(元章)——随缘游墨十六话》,《日本美术工艺》257,1960年。

乙5058

中村不折:《苏东坡随缘游墨十七话》,《日本美术工艺》258,1960年。

乙5059

田山方南:《宋元墨迹的新资料(1)》,《东京国立博物馆美术志》122,1961年。

乙5060

田山方南:《宋元墨迹的新资料(2)》,《东京国立博物馆美术志》124,1961年。

乙5061

田山方南:《宋元墨迹的新资料(3)》,《东京国立博物馆美术志》125,1961年。

乙5062

田山方南:《宋元墨迹的新资料(4)》,《东京国立博物馆美术志》127,1961年。

乙5063

田山方南:《宋元墨迹的新资料(5)》,《东京国立博物馆美术志》128,1961年。

乙5064

田山方南:《宋元墨迹的新资料(6)》,《东京国立博物馆美术志》129,1961年。

乙5065

田山方南:《宋元墨迹的新资料(7)》,《东京国立博物馆美术志》130,1962年。

乙5066

田山方南:《宋元墨迹的新资料(8)》,《东京国立博物馆美术志》131,1962年。

乙5067

田山方南:《宋元墨迹的新资料(9)》,《东京国立博物馆美术志》132,1962年。

乙5068

田山方南:《宋元墨迹的新资料(10)》,《东京国立博物馆美术志》133,1962年。

乙5069

田山方南:《宋元墨迹的新资料(11)》,《东京国立博物馆美术志》134,1962年。

乙5070

田山方南:《宋元墨迹的新资料(12)》,《东京国立博物馆美术志》135,1962年。

十一、艺　术　史

乙 5071
小川环树：《宋辽金时期的字书》，《东方学会创立 15 周年记念东方学论集》，1962 年。

乙 5072
伏见冲敬：《张即之、杜甫诗卷》，《书品》182，1967 年。

乙 5073
近藤喜博：《宋人书写的大般若经——广岛县三原市正法寺的场合》，《东京国立博物馆美术志》190，1967 年。

乙 5074
合山究：《苏东坡的书法与书论》，《中国文艺座谈会笔记》17，1968 年。

乙 5075
西川宁：《宋高宗的行书千字文》，《书品》210，1970 年。

乙 5076
西川宁：《宋高宗的真草千字文》，《书品》208，1970 年。

乙 5077
斋藤胜次：《苏东坡的书与人》，《熊本大学教育学部纪要（人文科学）》20，1972 年。

乙 5078
石田肇：《欧阳修与苏东坡——交流·李北海·进者之戒》，《书论》5，1974 年。

乙 5079
石田肇：《宋代士大夫与书法——以欧阳修为例》，《书论》4，1974 年。

乙 5080
中田勇次郎：《苏东坡的书法》，《书论》5，1974 年。

乙 5081
长尾正和：《变化自如之妙——再论苏东坡的书》，《墨美》255，1975 年。

乙 5082
长尾正和：《关于成都西楼帖》，《墨美》249，1975 年。

乙 5083
长尾正和：《寿苏会与赤壁会（上）》，《墨美》252，1975 年。

乙 5084
长尾正和：《寿苏会与赤壁会（下）》，《墨美》253，1975 年。

乙 5085
长尾正和：《苏东坡——其人与书》，《墨美》247，1975 年。

乙 5086
伊藤伸：《苏东坡赤壁赋卷》，《书品》246，1975 年。

乙 5087
中村文峰：《关于黄山谷居士》，《中国文学论考》3，1975 年。

乙 5088
中田勇次郎：《米芾〈书史〉所

载书法考》，《大手前女子大学论集》9，1975年。

乙5089

长尾正和：《关于黄山谷草书李白忆旧游诗卷》，《墨美》258，1976年。

乙5090

长尾正和：《关于南宋张即之楷书宋广总干李公墓志铭（附：译文）》，《墨美》262，1976年。

乙5091

角井博：《宋拓汉石经残字——东京国立博物馆新收（钱永新藏本）》，《东京国立博物馆美术志》309，1976年。

乙5092

石田肇：《身言书判的书与唐宋时期的书》，《书论》8，1976年。

乙5093

中田勇次郎：《米芾的英光堂帖》，《大手前女子大学论集》10，1976年。

乙5094

杉村邦彦：《米芾与黄庭坚》，《书论》11，1977年。

乙5095

石田肇：《苏东坡与米元章》，《书论》11，1977年。

乙5096

小栗英一：《关于吴激》，《人文论集》28—1，1977年。

乙5097

足立丰：《米芾的小楷千文与书画学博士》，《书论》11，1977年。

乙5098

大野修作：《黄庭坚的书论》，《书论》15，1979年。

乙5099

杉村邦彦：《东坡题跋二则》，《书论》15，1979年。

乙5100

石桥犀水：《关于蔡襄的书法》，《书学》32，1979年。

乙5101

塘耕次：《黄山谷的书论》，《爱智教育大学研究报告》28，1979年。

乙5102

西山秋崖：《关于黄山谷的子瞻帖》，《墨美》288，1979年。

乙5103

中田勇次郎：《米芾的书论》，《大手前女子大学论集》13，1979年。

乙5104

池田哲也：《关于苏东坡的书的形成过程——围绕寒食帖》，《书论》20，1982年。

乙5105

吉井和夫：《苏东坡书写〈楞伽

十一、艺　术　史

经〉考》，《东洋艺林论丛：中田勇次郎先生颂寿记念论集》，1985年。

乙5106
大野修作：《关于黄庭坚书〈幽兰赋〉》，《鹿儿岛大学文科报告》23—1，1987年。

乙5107
塘耕次：《黄庭坚的书简》，《爱知教育大学研究报告》36，1987年。

乙5108
市来津由彦：《关于〈周易繫辞传本义〉残稿的法帖》，《东北大学教养部纪要》49，1988年。

乙5109
大野修作：《宋三家〈尚意论〉》，《书的宇宙》14，1998年。

乙5110
三原博：《元丰、元祐年间的苏东坡之书的变迁》，《书论》30，1998年。

乙5111
宫崎洋一：《宋元时代的"颜真卿"》，《国际书学研究》，2000年。

乙5112
宫崎洋一：《宋元史料所载颜书一览稿》，《文教国文学》44，2001年。

乙5113
大森信德：《蔡襄的书的周边——与欧阳修的交友》，《爱知淑德大学论集（文学部·文学研究科篇）》31，2006年。

乙5114
津坂贡政：《宋代书法史中苏轼、黄庭坚、米芾的登场——以唐宋之际法书的搜集、流传、鉴赏为线索》，《书法文化书法教育国际会议论文选第五回》，2007年。

乙5115
森井启次：《墨书宋人铭所书写的经筒》，《九州与东亚考古学九州大学考古研究室50周年记念论文集（下）》，2008年。

乙5116
藤本猛：《宋徽宗〈蔡行敕〉考》，《书论》36，2008年。

乙5117
大森信德：《围绕苏舜钦书法的评价——以与欧阳修的交流为中心》，《中国文学研究》35，2010年。

乙5118
西上胜：《〈宣和书谱〉小考》，《山形大学纪要（人文科学）》17—1，2010年。

（四）工　艺

乙5119
水鸟：《金代的古钟》，《考古界》6—5，1907年。

乙5120
高桥：《金承安古镜》，《考古界》8—2，1909年。

乙5121
三宅长策：《关于辽金古镜》，《朝鲜》4—2，1909年。

乙5122
后藤朝太郎：《中国砚石的研究》，《国华》34—03、405、407、409，1924年。

乙5123
关野贞：《辽代铜钟》，《美术研究》26，1934年。

乙5124
村田治郎：《金代的一铜钟》，《清闲》16，1943年。

乙5125
园田一龟：《旧奉天钟楼铜钟考》，《收书月报》86，1943年。

乙5126
冈田让：《宋元的漆工艺》，《世界美术全集》14，1951年。

乙5127
坂东贯山述，佐分雄二记：《〈贯山夜话〉10——南唐官砚》，《日本美术工艺》223，1957年。

乙5128
井上岩山：《砚谈（8）—（10）余记》，2—1、2—2、2—3、2—4，1957年。

乙5129
山边知行：《宋元的刺绣》，《东京国立博物馆美术志》122，1961年。

乙5130
冈田让：《宋代雕漆》，《东京国立博物馆美术志》214，1969年。

乙5131
中野政树：《中国宋代的镜像》，《东京国立博物馆美术志》269，1973年。

乙5132
西冈康宏：《南宋样式的雕漆》，《东京国立博物馆纪要》19，1984年。

十一、艺术史

乙 5133
冈村秀典：《宋明代的古镜研究——青柳种信参考的汉籍》，《九州与东亚洲的考古学九州大学考古研究室50周年记念论文集（下）》，2008年。

（五）雕　　刻

乙 5134
堀谦德：《辽灵感寺佛塔碑文及舍利函雕刻》，《史学杂志》20—11，1909年。

乙 5135
寺本婉雅：《居庸关的壁文及其雕刻艺术（1）》，《史学杂志》20—3，1909年。

乙 5136
寺本婉雅：《居庸关的壁文及其雕刻艺术（2）》，《史学杂志》20—5，1909年。

乙 5137
松本文三郎：《清凉寺的释迦像》，《史林》1—4，1916年。

乙 5138
原丰宗：《清凉寺的释迦像》，《佛教美术》1，1924年。

乙 5139
大村西崖：《吴县角直镇保圣寺的塑壁》，《东亚之光》21—7，1926年。

乙 5140
原丰宗：《宋明艺术对镰仓雕刻的影响》，《佛教艺术》16，1930年。

乙 5141
野间法六：《塑像的本质及其发展》，《美术研究》12，1932年。

乙 5142
鸟居龙藏：《契丹画像石的图样》，《历史教育》10—4，1935年。

乙 5143
小杉一雄：《肉身像及遗灰像的研究》，《东洋报》24—3，1937年。

乙 5144
小杉一雄：《塑壁考》，《东洋学报》25—2，1938年。

乙 5145
岛田正郎：《西山灵光寺所见一处辽代佛像台座》，《考古学杂志》32—3，1942年。

乙5146

小杉一雄:《宋元的雕刻》,《世界美术全集》14,1951年。

乙5147

松本荣一:《五代同光二年石佛》,《国华》773,1956年。

乙5148

松原三郎:《宋代雕刻的系谱——特别是菩萨像》,《国华》833,1961年。

乙5149

小泽桢治:《我国现存宋代雕刻》,《东京国立博物馆美术志》122,1961年。

乙5150

泷精一:《犍陀罗式美术的一个标本——清凉寺释迦像》,《国华》236,1968年。

乙5151

田边三郎助:《美国、加拿大的中国木雕像(1)——以金明昌六年记念铭像为中心》,《东京国立博物馆美术志》205,1968年。

乙5152

田边三郎助:《美国、加拿大的中国木雕像(2)——金代前后的遗物》,《东京国立博物馆美术志》214,1969年。

乙5153

西川新次:《宋风雕刻杂感——围绕杨贵妃观音》,《博物馆》295,1975年。

乙5154

水野敬三郎:《宋代美术与镰仓雕刻》,《国华》1000,1977年。

乙5155

山田泰次:《宋风雕刻再考(中)》,《佛教艺术》123,1979年。

乙5156

根立研介:《辽墓出土木雕真容偶像与日本肖像雕刻——以立石寺木制头部的问题为中心》,《京都大学文学研究科21世纪COE项目》,2005年。

(六)音 乐

乙5157

盐谷温:《中国歌曲的沿革》,《东亚研究》3—5、3—6,1913年。

乙5158

内藤湖南：《宋乐与朝鲜乐及其关系》，《支那学》4—1，1926年。

乙5159

岸边成雄：《关于前蜀始祖墓王建棺座石雕的二十四乐妓》，《国际东方学者会议纪要》1，1956年。

乙5160

近藤节子：《燕乐二十八调亲见》，《东洋文化》15，1968年。

乙5161

小岛毅：《宋代的乐律论》，《东洋文化研究所纪要》109，1989年。

乙5162

村越贵代美：《北宋徽宗朝的雅乐——大晟乐》，《音乐学》43—1，1998年。

乙5163

儿玉宪明：《陈旸〈乐书〉研究（1）——以〈八佾舞于庭〉章为中心》，《人文科学研究》112，2003年。

乙5164

中纯子：《北宋时期的唐代音乐像——以〈新唐书·礼乐志〉为中心》，《天理大学学报》58—2，2007年。

乙5165

田中有纪：《北宋雅乐中八音的思想——北宋乐器论与陈旸〈乐书〉、大晟乐》，《中国哲学研究》23，2008年。

十二、科 技 史

（一）通　论

乙5166

松井等：《中国的炮与抛石》，《东洋报》1—3，1911年。

乙 5167

桑原骘藏：《东洋人的发明》，《东洋史说苑》，1927年。

乙 5168

角田健三：《宋代北苑研膏茶的发展》，《大东文化学报》5，1942年。

乙 5169

井上忠夫：《贝原益轩的科学与朱子学》，《史渊》38、39（连载），1948年。

乙 5170

日野开三郎：《关于动史》，《史学研究》46，1951年。

乙 5171

薮内清：《沈括及其业绩》，《科学史研究》48，1958年。

乙 5172

山田庆儿：《朱子的宇宙说序论》，《京都东方学报》36（创刊35周年记念论集），1964年。

乙 5173

山田庆儿：《朱子的宇宙论》，《东方学报》37，1966年。

乙 5174

寺地遵：《司马光的自然观及其背景》，《东方学》32，1966年。

乙 5175

薮内清：《宋元时代科学技术的发展》，《东方学报》37，1966年。

乙 5176

寺地遵：《沈括的自然研究及其背景》，《广岛大学文学部纪要》27—1，1967年。

乙 5177

坂出祥伸：《关于沈括的自然观》，《东方学》39，1970年。

乙 5178

根本诚：《宋元时代的科学发展其及影响》，《东洋学术研究》9—2，1970年。

乙 5179

山田庆儿：《朱子的气象学——朱子的自然学之三》，《东方学报》42，1971年。

乙 5180

薮内清：《金元交替期的社会与科学》，《龙谷史坛》68、69，1974年。

乙 5181

冈田登：《中国宋、明、清代的爆竹、爆仗》，《药史学杂志》15—1，1980年。

乙 5182

坂出祥伸：《身为科学家的沈括》，《历史上的民众与文化：酒井忠夫先生古稀祝贺记念论集》，1982年。

乙 5183

新井晋司：《赵友钦的生涯》，《中国技术史的研究》，1998年。

十二、科技史

乙5184
宫纪子:《有关陈元靓的〈博文录〉》,《汲古》56,2009年。

(二)科　学

1. 天文历法

乙5185
薮内清:《宋代的星宿》,《东方学报》7,1936年。

乙5186
今井溱:《黄裳天文图考》,《上海自然科学研究所汇报》7,1937年。

乙5187
新城新藏:《苏州的天文图》,《自然》2,1937年。

乙5188
上野贤知:《袁州学纪的"皇帝二十有二年"是庆历几年》,《东洋文化》160,1938年。

乙5189
浅海正三:《近世中国历法的发展》,《历史教育》14—12,1940年。

乙5190
饭岛忠夫:《关于中国的历法》,《东洋大学纪要》2,1941年。

乙5191
薮内清:《唐宋历法史》,《东方学报》13,1943年。

乙5192
山田庆儿:《朱子的天文学(上)——朱子的自然学之二》,《东方学报》39,1968年。

乙5193
薮内清:《宋元时代的天文学》,《宋元时代的科学技术史》,1968年。

乙5194
山田庆儿:《朱子的天文学(下)——朱子的自然学之二》,《东方学报》40,1969年。

乙5195
野尻抱野:《淳祐天文图》,《星座》1,1972年。

乙5196
新井晋司:《赵友钦的天文学》,《东方学报》84,2009年。

2. 数学

乙 5197
三上义夫：《中日数学发展史》，《莱比锡》，1913 年。

乙 5198
三上义夫：《中国数学的特色》，《东洋学报》15—4、16—1，1926 年。

乙 5199
泷川政次郎：《关于宋版的"算学源流"》，《社会经济史》3—5，1933 年。

乙 5200
藤原松三郎：《中国数学史的研究（1）—（4）》，《东北数学杂志》46—48，1940—1941 年。

乙 5201
藤原松三郎：《宋元明数学史料》，《帝国学士院记事》3—1，1944 年。

乙 5202
薮内清：《宋末数学家杨辉》，《大同》1，1947 年。

乙 5203
薮内清：《宋元时代的数学》，《宋元时代的科学技术史》，1968 年。

乙 5204
本田精一：《宋元明代的儿童算学教育》，《东洋史论集》22，1994 年。

乙 5205
本田精一：《宋代庶民的数学教育》，《亚洲游学》18，2000 年。

3. 化学

乙 5206
吉田寅：《〈熬波图〉与宋元时代制盐技术》，《历史教育》11—9，1963 年。

乙 5207
天竹熏信：《宋窦苹撰〈酒谱〉备忘录》，《鹰陵史学》2，1976 年。

十二、科技史

乙5208

篠田统：《宋元酿酒史》，《鹰陵史学》2，1976年。

乙5209

吉田寅：《〈熬波图〉考（1）——宋元盐业技术资料的考察·附译注》，《东京学岁艺大学附属高等学校研究纪要》14，1977年。

乙5210

吉田寅：《〈熬波图〉考（2）——宋元盐业技术资料的考察·附译注》，《东京艺大学附属高等学校研究纪要》15，1978年。

乙5211

吉田寅：《〈熬波图〉考（3）——宋元盐业技术资料的考察·附译注》，《东京学艺大学附属高等学校研究纪要》16，1979年。

乙5212

村越英明：《东坡与铁斋——饮酒小言》，《日本美术工艺》585，1987年。

乙5213

中村乔：《〈北山酒经〉的造酒法——北宋时代浙江的一种造酒法》，《东洋史研究》50—3，1991年。

乙5214

吉田寅：《〈熬波图〉的一考察》，《盐业史研究》4，1995年。

4. 农学

乙5215

大谷健夫：《耕织图研究》，《松崎记念文集》，1936年。

乙5216

天野元之助：《陈旉的〈农书〉与稻作技术的展开（上）》，《东方学报》19，1950年。

乙5217

天野元之助：《陈旉的〈农书〉与稻作技术的展开（下）》，《东方学报》21，1952年。

乙5218

吉冈义信：《陈旉〈农书〉的撰写过程》，《史学研究》54，1954年。

乙5219

周藤吉之：《南宋的农书及其性质——特别是王祯〈农书〉的产生》，《东洋文化研究所纪要》14，1958年。

乙5220

长濑守：《宋元时期的农书与农

业技术》,《历史教育》14—8,1966年。

乙 5221

寺地遵:《中国农业观的历史变迁——以〈齐民要术〉、〈陈旉农书〉为中心》,《史学研究》95,1966年。

乙 5222

天野元之助:《论宋代陈旉的〈农书〉——中国古农书考》,《东方学》32,1966年。

乙 5223

吉田光邦:《宋代的生产技术》,《宋元时代的科学技术史》,1968年。

乙 5224

西山武一:《宋元地方农书考》,《农村研究》30,1969年。

乙 5225

寺地遵:《唐宋时期潮汐论的特性——同类相引思想历史变迁之一例》,《广岛大学文学部纪要》33,1974年。

乙 5226

寺地遵:《宋元时代的潮汐论及其社会背景》,《广岛大学文学部纪要》34,1975年。

乙 5227

吉田寅:《关于宋代的蝗害对策》,《木村正雄先生退官记念东洋史论集》,1976年。

乙 5228

长濑守:《古代至宋元的水利学演变》,《社会文化史学》16,1978年。

乙 5229

长濑守:《北宋太湖周围的水利学》,《琉球大学法文学部史学地理学纪要》22,1979年。

乙 5230

长濑守:《宋元时代长江三角洲地区水利、农业技术的展开——与华北对比》,《历史人类》9,1980年。

乙 5231

寺地遵:《陈旉〈农书〉版本考》,《史学研究五十周年记念论丛·世界编》,1980年。

乙 5232

寺地遵:《陈旉〈农书〉和南宋初期诸状况》,《东洋科学和技术：薮内清先生祝寿记念论文集》,1980年。

乙 5233

长濑守:《王祯〈农书〉中的水利灌溉及其背景——水田状态及其翻车》,《中国水利史研究》12,1982年。

乙 5234

大泽正昭:《"苏湖熟,天下足"——"虚像"与"实像"》,《为了新的历史学》179,1985年。

十二、科　技　史

乙5235

北田英人：《8—13世纪江南的潮汐与水利、农业》，《东海大学纪要》46，1986年。

乙5236

大泽正昭：《陈旉〈农书〉的基础性研究（1）》，《埼玉大学教养部纪要》22，1986年。

乙5237

渡部武：《中国农书耕织图的流传及其影响》，《东海大学纪要》46，1986年。

乙5238

村上嘉实：《王祯的技术思想》，《中国技术史的研究》，1998年。

乙5239

本田治：《有关宋代的溜池灌溉》，《中国水利史研究》31，2003年。

乙5240

井黑忍：《从〈救荒活民类要〉中所窥见的蒙古时代的区田法——作为解读黑水城文书的参考资料》，《绿洲地域研究会报》5—1，2005年。

乙5241

井黑忍：《蒙古时代区田法的技术性探讨》，《绿洲地域史论丛——黑河流域2000年的速写》，2007年。

5. 医药学

乙5242

泽村幸夫：《金元以后医家的门户之争》，《满蒙》17—5，1936年。

乙5243

冈本良知：《中世丁香传播考》，《史学》16—1，1937年。

乙5244

山田宪太郎：《古代东西两样的香料》，《小川香料时报》12—8，1939年。

乙5245

角田健三：《促进宋代北苑繁荣的研膏茶（上）》，《大东文化学报》5，1942年。

乙5246

山田宪太郎：《东西交往史上的肉桂（1）（2）》，《小川香料时报》15—1、15—2，1942年。

乙5247

岩井大慧：《关于食物本草》，《东洋学报》29—3、29—4，1944年。

乙5248

松村慈孝：《谷类抄》，《东报》15—1，1945年。

乙5249

渡边幸三：《唐慎微的经史证类备急本草系统及版本》，《东方学报》21，1952年。

乙5250

铃木亮：《宋代本草学的新发展（1）》，《东洋报》34—1，1952年。

乙5251

铃木亮：《宋代本草学的新发展（2）》，《东洋报》34—2，1952年。

乙5252

铃木亮：《宋代本草学的新发展（3）》，《东洋报》34—3，1952年。

乙5253

铃木亮：《宋代本草学的新发展（4）》，《东洋报》34—4，1952年。

乙5254

渡边幸三：《清凉寺释迦胎内五藏解剖学的研究——从中国传统医学进行的研究》，《日本医学史杂志》7—1，1956年。

乙5255

渡边幸三：《清凉寺释迦胎内五藏解剖学的研究——从中国传统医学进行的研究》，《日本医学史杂志》7—2，1956年。

乙5256

渡边幸三：《清凉寺释迦胎内五藏解剖学的研究——从中国传统医学进行的研究》，《日本医学史杂志》7—3，1956年。

乙5257

渡边幸三：《现存的直到中国近世的五藏六府图概论》，《日本医学史杂志》7—1，1956年。

乙5258

渡边幸三：《现存的直到中国近世的五藏六府图概论》，《日本医学史杂志》7—2，1956年。

乙5259

渡边幸三：《现存的直到中国近世的五藏六府图概论》，《日本医学史杂志》7—3，1956年。

乙5260

石原明：《关于五脏入胎的意义》，《医学史杂志》7—1，1956年。

乙5261

石原明：《关于五脏入胎的意义》，《医学史杂志》7—2，1956年。

乙5262

石原明：《关于五脏入胎的意义》，《医学史杂志》7—3，1956年。

乙5263

森田幸门：《清凉寺释迦胎内五藏研究序说》，《医学史杂志》7—1，1956年。

乙5264
森田幸门：《清凉寺释迦胎内五藏研究序说》，《医学史杂志》7—2，1956年。

乙5265
森田幸门：《清凉寺释迦胎内五藏研究序说》，《医学史杂志》7—3，1956年。

乙5266
渡边幸三：《读证类本草须知》，《池坊学园短期大学纪要》1，1965年。

乙5267
冈西为人：《关于宋代医书校勘的几点看法》，《篠田统先生退官记念论文集》，1965年。

乙5268
宫下三郎：《宋元的医疗》，《宋元时代的科学技术史》，1967年。

乙5269
川濑一马：《中国本草传统与金元的本草》，《宋元时代的科学技术史》，1968年。

乙5270
吉田寅：《唐宋时代医学教育的考察》，《东洋教育史研究》1，1977年。

乙5271
吉田寅：《南宋医学教育之一资料——关于〈太医局诸科程文格〉》，《东洋教育史研究》3，1979年。

乙5272
槙佐知子：《寒食——一千年前的医书〈医心方〉反映的服石及其药害》，《古代文化》32—5，1980年。

乙5273
友永植：《御药院考》，《别府大学短期大学部纪要》6，1987年。

乙5274
宫泽正顺：《关于〈道枢〉黄帝问篇》，《宗教与文化》，1990年。

乙5275
宫泽正顺：《关于〈素问〉与〈灵枢〉——以南宋的道士曾慥的〈道枢〉与〈类说〉为中心》，《沼尻博士退休记念中国学论集》，1990年。

乙5276
冈野诚：《北宋的区希范"叛乱"事件和人体解剖图的产生》，《明治大学社会科学研究所纪要》44—1，2005年。

乙5277
木村明史：《有关宋代的药房颁布》，《东洋史论集》18，2008年。

（三）技　术

1. 冶金

乙5278

日野开三郎：《北宋时代的铜铁产量》，《东洋学报》22—1，1934年。

乙5279

中岛敏：《宋代钱的原料与瞻铜》，《史学杂志》50—7，1939年。

乙5280

中岛敏：《中国湿式收铜之沿革——宋代的瞻铜精炼》，《东洋报》27—3，1940年。

乙5281

中岛敏：《中国湿式收铜法的起源》，《加藤繁博士还历记念东洋史集说》，1941年。

乙5282

岛田正郎：《辽代矿业考》，《社会经济史学》12—8，1942年。

乙5283

日野开三郎：《渤海、金朝之建国与敦化一带的冶铁业》，《史渊》28，1942年。

乙5284

宫崎市定：《关于中国的铁》，《史林》40—6，1957年。

乙5285

宫崎市定：《宋代时的煤和铁》，《东方学》13，1957年。

乙5286

吉田光邦：《关于宋代的铁》，《东洋史研究》24—4，1966年。

乙5287

古林森广：《宋代的铜器工业》，《明石工业高等专门学校研究纪要》，1968年。

乙5288

古林森广：《宋代的金银工艺品制造业》，《明石工业高等专科学校研究纪要》15，1973年。

乙5289

古林森广：《宋代的制铁业和铁加工业》，《明石工业高等专科学校研究纪要》18，1976年。

乙5290

中岛敏：《洪咨夔〈大冶赋〉》，《东洋研究》125，1997年。

十二、科技史

乙 5291

笹田朋孝：《金、东夏的铁生产》，《亚洲游学》107，2008年。

2. 军器

乙 5292

矢野仁一：《中国近世火器的传来》，《史林》2—3，1917年。

乙 5293

矢野仁一：《中国近世火器的传来》，《史林》2—4，1917年。

乙 5294

石田干之助：《文永之役蒙古军使用的"铁炮"考》，《东洋报》7—2，1917年。

乙 5295

古林森广：《宋代的官营武器工业》，《史学研究三十周年记念论丛》77、78、79，1960年。

乙 5296

千叶熙：《北宋的兵器工业》，《东洋史论集》5，1960年。

乙 5297

冈田登：《北宋的军事火器与其使用法》，《东洋文化》75，1995年。

3. 纺织

乙 5298

明石染人：《世界染色史中东洋的地位》，《中央史坛》12—1，1926年。

乙 5299

太田英藏：《弘法大师传来的健陀谷子袈裟（缂丝与谷子）》，《东洋史研究》9—5、9—6，1947年。

乙 5300

岛田正郎：《辽代的丝织业》，《史学杂志》58—5，1949年。

乙 5301

太田英藏：《宋元的染织工艺》，《世界美术全集》14，1951年。

乙 5302

柳田节子：《宋代农家养蚕经营——以江南为中心》，《和田博士古稀记念东洋史论丛》，1961年。

乙5303

周藤吉之：《南宋的苎麻布生产及其流通过程》，《驹泽史学》9，1961年。

乙5304

斯波义信：《宋代的制纸业》，《法文论丛》20，1966年。

乙5305

日野开三郎：《从国际交流史上看满鲜的绢织物（3）——渤海的绢织物与契丹的蕃罗》，《朝鲜学报》82，1968年。

乙5306

本田治：《论宋代两浙地区的养蚕业——特别以其技术发展为前提》，《待兼山论丛（史学篇）》6，1973年。

乙5307

松井秀一：《宋代蚕桑及绢帛生产研究序论以地域考察为中心》，《札幌短期大学纪要》22，1990年。

4. 建筑

乙5308

田中秀作：《满洲辽金时代的佛塔》，《满蒙》4—4，1923年。

乙5309

村田治郎：《东洋建筑系统史论（1）》，《建筑杂志》45—544，1931年。

乙5310

村田治郎：《东洋建筑系统史论（2）》，《建筑杂志》45—545，1931年。

乙5311

村田治郎：《东洋建筑系统史论（3）》，《建筑杂志》45—546，1931年。

乙5312

关野贞：《蓟县独乐寺——中国最大的木结构建筑和最大的塑像》，《美术研究》8，1932年。

乙5313

村田治郎：《义县嘉福寺的佛塔》，《建筑杂志》13—10，1933年。

乙5314

关野贞：《满洲辽宁义县奉国寺大雄宝殿》，《美术研究》14，1933年。

乙5315

渡边三三：《抚顺辽代的石经幢》，《满蒙》15—3，1934年。

十二、科技史

乙5316

村田治郎：《北镇县崇兴寺的双塔》，《建筑杂志》15—5，1935年。

乙5317

村田治郎：《应县佛宫寺的大木塔》，《建筑学会论文集》13，1939年。

乙5318

村田治郎：《辽代的建筑》，《史林》24—1，1939年。

乙5319

村田治郎：《厚和的塔和寺》，《东洋史研究》11—4，1939年。

乙5320

村田治郎：《厚和的塔和寺》，《东洋史研究》11—5，1939年。

乙5321

竹岛卓一：《中国建筑中柱的延伸和内转》，《建筑史》1—6，1939年。

乙5322

村田治郎：《河北易县开元寺》，《建筑杂志》54，1940年。

乙5323

村田治郎：《晋北的古建筑》，《蒙古》14，1940年。

乙5324

村田治郎：《辽金的建筑》，《史学杂志》51—8，1940年。

乙5325

村田治郎：《满洲国辽阳的辽碑和佛塔》，《建筑杂志》59—692，1940年。

乙5326

神尾弌春：《辽金塔的特征及其曼荼罗特色》，《满蒙》21—5，1940年。

乙5327

园田一龟：《锦州省兴城县的白塔》，《考古学杂志》30—12，1940年。

乙5328

竹岛卓一：《宋代决定方位的方法和水盛法——营造法式通解其一》，《建筑史》2—6，1940年。

乙5329

佐藤则之：《辽阳的白塔》，《满蒙》21—3，1940年。

乙5330

村田治郎：《河北省顺德的石经幢》，《考古学杂志》31—1，1941年。

乙5331

饭田须贺斯：《中国建筑对日本建筑产生的影响》，《国华》610、611，1941年。

乙5332

竹岛卓一：《辽中京城址的大塔》，《国华》51—5，1941年。

乙 5333

竹岛卓一：《宋代的土建制度——营造方式通解其二》，《建筑史》3—1，1941 年。

乙 5334

竹岛卓一：《宋代石工法及柱础制——营造方式通解其三》，《建筑史》3—2，1941 年。

乙 5335

竹岛卓一：《宋代基坛所用之石料——营造方式通解其四》，《建筑史》3—3，1941 年。

乙 5336

竹岛卓一：《宋代的石造勾栏——营造方式通解其五》，《建筑史》3—4，1941 年。

乙 5337

竹岛卓一：《螭子石和门砧限、地栿——营造方式通解其六》，《建筑史》3—5，1941 年。

乙 5338

竹岛卓一：《流盃渠、坛、卷輂水窗制——营造方式通解其七》，《建筑史》3—6，1941 年。

乙 5339

村田治郎：《锦县的大广济寺和佛塔》，《建筑杂志》22—9，1942 年。

乙 5340

村田治郎：《辽代佛塔概论》，《建筑杂志》59—684，1942 年。

乙 5341

吉村孝义：《北镇的双塔》，《满洲建筑杂志》22—9，1942 年。

乙 5342

竹岛卓一：《辽庆州城址的白塔》，《国华》52—3，1942 年。

乙 5343

竹岛卓一：《水耗与其他石制结构的制度——营造方式通解其八》，《建筑史》4—1，1942 年。

乙 5344

竹岛卓一：《宋代木加工之单位——营造方式通解其九》，《建筑史》4—3，1942 年。

乙 5345

竹岛卓一：《宋代抖拱的种类——营造方式通解其十》，《建筑史》4—4，1942 年。

乙 5346

竹岛卓一：《宋代的拱制——营造方式通解其十一》，《建筑史》4—5，1942 年。

乙 5347

饭田须贺斯：《关于山东省兖州兴隆寺塔》，《考古杂志》33—3，1943 年。

乙 5348

关野雄：《山东省滕县废龙泉寺砖塔》，《考古杂志》33—3，

十二、科技史

1943年。

乙 5349

竹岛卓一：《宋代的飞昂制——营造方式通解其十二、十三、十四》，《建筑史》5—1、5—3、5—4，1943年。

乙 5350

竹岛卓一：《宋代的爵头制——营造方式通解其十五》，《建筑史》5—5，1943年。

乙 5351

竹岛卓一：《宋代的料制——营造方式通解其十六》，《建筑史》5—6，1943年。

乙 5352

村田治郎：《山西应县净土寺》，《佛教艺术》1，1948年。

乙 5353

岛田正郎：《辽代的石窟（1）——后昭庙》，《考古学杂志》35—3，1948年。

乙 5354

岛田正郎：《辽代的石窟（2）——前昭庙》，《考古学杂志》36—1，1950年。

乙 5355

饭田须贺斯：《宋元的建筑》，《世界美术全集》14，1951年。

乙 5356

竹岛卓一：《营造法式的价值——发挥作用的资料》，《建筑杂志》84—1005，1969年。

乙 5357

山田幸之：《〈营造法式〉左官工事考察之一》，《东西学术研究所纪要》9，1977年。

乙 5358

关口欣也：《中国两浙的宋元古建筑》，《佛教艺术》155、157（连载），1984年。

乙 5359

山内弘一：《北宋时期的神御殿与景灵宫》，《东方学》70，1985年。

乙 5360

高村雅彦：《〈清明上河图〉都市建筑考》，《亚洲游学》11，1999年。

乙 5361

古松崇志：《东蒙古辽代契丹遗址调查的历史——到1945年"满洲国"解体为止》，《辽文化·庆陵一带调查报告书：京都大学大学院文学研究科21世纪COE项目》，2005年。

乙 5362

今野春树：《有关辽金代的长城——其目的与功能之比较》，《文部科学省科学研究费补助金研究成果报告书：东北亚中世遗迹的考古学的研究》，2005年。

乙5363

牟田口章人、古松崇志：《围绕辽庆陵东陵的电脑图形图像复原的考察》，《辽文化·庆陵一带调查报告书：京都大学大学院文学研究科21世纪COE项目》，2005年。

乙5364

牟田口章人：《有关庆陵被葬者的新见解》，《辽文化·庆陵一带调查报告书：京都大学大学院文学研究科21世纪COE项目》，2005年。

乙5365

上原真人：《庆州城"白塔"纪要（1）》，《辽文化·广陵一带调查报告书：京都大学大学院文学研究科21世纪COE项目》，2005年。

乙5366

武田和哉：《对契丹（辽朝）的宫城的基础性考察》，《条里制古代城市研究》21，2005年。

乙5367

向井佑介：《辽代皇帝陵的选址与构造》，《辽文化·广陵一带调查报告书：京都大学大学院文学研究科21世纪COE项目》，2005年。

乙5368

古松崇志：《围绕庆州白塔建造之谜——契丹皇太后贡献的佛教文物》，《辽文化·庆陵一带调查报告书：京都大学大学院文学研究科21世纪COE项目》，2006年。

乙5369

土肥义和：《宋都开封的繁塔》，《国学院杂志》108—8，2007年。

乙5370

藤原崇人：《契丹（辽）的立体曼荼罗——中京大塔初层壁面的内涵》，《佛教史学研究》52—1，2009年。

5. 造船、制图

乙5371

青山定雄：《中国的古地图》，《东洋学》8，1938年。

乙5372

白石虎月：《大宋诸山图》，《历史地理》74—4，1939年。

十二、科技史

乙 5373

青山定雄：《南宋淳祐的石刻地理图》，《东方学报》11—1，1940年。

乙 5374

青山定雄：《宋代地图及其特色》，《东方学报》11—2，1940年。

乙 5375

森鹿三：《栗棘庵所藏舆地图说明》，《东方学报》11—4，1940年。

乙 5376

增田忠雄：《宋代的地图与民族运动》，《史林》27—1，1942年。

乙 5377

青山定雄：《栗棘庵所藏舆地图》，《东洋学报：东洋文库和文纪要》37—4，1955年。

乙 5378

山形欣哉：《〈清明上河图〉中的造船》，《亚洲游学》11，1999年。

6. 造纸

乙 5379

那波利贞：《东洋的印刷术》，《历史与地理》1—2，1917年。

乙 5380

中山久四郎：《宋代的印刷文化》，《历史与地理》1—2，1919年。

乙 5381

中山久四郎：《关于中国的活字版印刷》，《斯文》4—1、4—3（连载），1922年。

乙 5382

中山久四郎：《宋代的刻书印刷》，《斯文》6—1、6—3（连载），1924年。

乙 5383

神田喜一郎：《中国印刷术的起源》，《历史与地理》16—4，1925年。

乙 5384

藤田丰八：《关于中国印刷术的起源》，《剑峰遗草》，1930年。

乙 5385

板桥伦行：《中国印刷术溯源的寄与》，《古典》6，1937年。

乙 5386

长泽规矩也：《文献所见中国纸的制法》，《书苑》5—1，1941年。

乙 5387

斯波义信：《宋代的造纸业——

其生产和流通》，《熊本大学法文学论丛（史学篇）》20，1966年。

乙5388
清水茂：《印刷术的普及与宋代的学问》，《东方学会创立五十周年记念东方学论集》45，1997年。

乙5389
矢野勉：《铸造货币与活字》，《亚洲游学》18，2000年。

乙5390
原田爱：《苏轼的曾孙与南宋初期的出版》，《橄榄》16，2009年。

7. 陶瓷

乙5391
塚本清：《天目茶碗考》，《书画古杂志》112—115，1917年。

乙5392
奥田诚一：《关于宋窑赤绘盂》，《国萃》32—378，1921年。

乙5393
奥田诚一：《最近濒于衰退的宋窑》，《中央美术》8—12，1922年。

乙5394
那波利贞：《宋窑概述》，《历史地理》9—5，1922年。

乙5395
横河民辅：《中国青瓷及其与外国的关系》，《彩壶会讲演集》，1923年。

乙5396
奥田诚一：《从陶瓷上看东西文化交流》，《中央史坛》12—1，1925年。

乙5397
八木奘三郎：《满鲜的绘高丽和中国的磁州窑》，《东亚》4—1，1927年。

乙5398
浅川伯教：《磁州窑系统在日本广泛流行之时》，《东亚》4—1，1927年。

乙5399
上田恭辅：《关于磁州窑》，《东亚》4—1，1927年。

乙5400
小森忍：《磁州窑器发展的过程及其价值》，《东亚》4—1，1927年。

乙5401
樱井一郎：《磁州窑现场速记》，《东亚》4—1，1927年。

乙5402
盐田力藏：《宋窑赤绘》，《书

十二、科技史

画古董杂志》235，1928年。

乙5403

盐田力藏：《唐宋青瓷的诸系统》，《书画古董杂志》297、298，1928年。

乙5404

盐田力藏：《中国青瓷流入欧洲考》，《书画古董杂志》236、237，1928年。

乙5405

原文次郎：《关于影青器与汝窑的各种说法》，《陶瓷》1—2，1928年。

乙5406

西山南天子：《关于巨鹿出土的宋瓷及满鲜高丽瓷》，《陶瓷》2—1，1929年。

乙5407

小村俊夫：《燕州城及缸官屯的古窑址》，《满蒙》11—1，1930年。

乙5408

奥田诚一：《中国陶瓷的鉴赏》，《启明会讲演集》41，1931年。

乙5409

上田恭辅：《唐宋陶瓷概论》，《旧版世界美术全集增刊》16，1931年。

乙5410

中尾万三：《南宋时期陶瓷记文略解》，《陶瓷》3—6，1931年。

乙5411

尾崎洵盛：《关于龙泉窑址的调查报告》，《陶瓷》4—1、4—2，1932年。

乙5412

中尾万三：《青瓷漫谈》，《京都博物馆讲演集》9，1932年。

乙5413

尾崎洵盛：《关于定窑红瓷（1）—（4）》，《陶瓷》4—4、4—5；5—2、5—6，1932—1933年。

乙5414

中岛兼亮：《磁州行漫录》，《陶瓷》4—2，1932年。

乙5415

宫胁刚三：《对磁州窑器吾叟独自之感想》，《陶瓷》5—3，1933年。

乙5416

河合卯之助：《磁州窑——主要考察其白色外表》，《陶瓷》5—3，1933年。

乙5417

内山省三：《磁州瓷器》，《陶瓷》5—3，1933年。

乙5418

尾崎洵盛：《中国陶瓷相关书籍的解题》，《茶碗》35—47，1933—1934年。

乙5419

尾崎洵盛：《磁州窑漫笔》，《陶

瓷》5—3，1933年。

乙5420
尾崎洵盛：《哥窑的香炉及其他》，《陶瓷》5—5，1933年。

乙5421
小山富士夫：《关于磁州古窑》，《陶瓷》5—3，1933年。

乙5422
小森忍：《磁州窑杂考》，《陶瓷》5—3，1933年。

乙5423
盐田力藏：《钧窑系统各个变种》，《书画古董杂志》301，1933年。

乙5424
盐田力藏：《磁州窑与瓷器》，《陶瓷》5—3，1933年。

乙5425
真清水藏六：《绘高丽》，《陶瓷》5—3，1933年。

乙5426
中尾万三：《磁州窑器概论》，《陶瓷》5—3，1933年。

乙5427
奥田诚一：《中国陶瓷的色泽及样式》，《东京帝室博物馆讲演集》6，1934年。

乙5428
守中清：《本溪湖窑的天目茶碗》，《满蒙》174，1934年。

乙5429
松村雄藏：《宋窑遗迹漫步探考》，《陶瓷》6—2，1934年。

乙5430
小村俊夫：《南满洲"江官屯"窑址》，《陶瓷》5—6，1934年。

乙5431
小山富士夫：《定窑杂考》，《陶瓷》7—3，1934年。

乙5432
三宅长策：《天目考》，《陶瓷讲座》60，1935年。

乙5433
松村雄藏：《龙泉青瓷的铭款》，《陶瓷》7—5，1935年。

乙5434
松村雄藏：《西湖陶话》，《陶瓷》7—5，1935年。

乙5435
尾崎洵盛：《砧手青瓷考（1）—（3）》，《瓷器趣味》1—1、1—2、1—3，1935年。

乙5436
小村俊夫：《金上京陶片其他》，《满蒙》185，1935年。

乙5437
小山富士夫：《关于天目茶碗的窑址》，《陶瓷》7—8，1935年。

十二、科技史

乙5438
小山富士夫：《金陵的越器》，《瓷器趣味》1—4，1935年。

乙5439
小山富士夫：《中国青瓷考》，《陶瓷讲座》2、3，1935年。

乙5440
原文次郎：《以汝窑为中心》，《茶碗》57，1935年。

乙5441
中尾万三：《关于唐本草的定窑白瓷是广州白瓷之变种一事的考察》，《陶瓷》7—3，1935年。

乙5442
中尾万三：《中国的古陶瓷》，《茶碗》53，1935年。

乙5443
驹井和爱：《辽代的素烧陶器》，《东洋史会纪要》1，1936年。

乙5444
满冈忠成：《石川鸿斋翁与上林窑青瓷》，《陶瓷》8—5，1936年。

乙5445
松村雄藏：《越州古窑址探查记》，《陶瓷》8—5，1936年。

乙5446
中尾万三：《越州窑的残片》，《自然》4，1936年。

乙5447
中尾万三：《天目茶碗考》，《陶瓷》8—3，1936年。

乙5448
岛田贞彦：《满洲国出土的所谓鸡冠壶》，《考古学》8—1，1937年。

乙5449
杉村勇造：《抚顺大官屯的古窑址》，《满洲史学》1—2，1937年。

乙5450
松村雄藏：《越州余姚窑》，《陶器讲座》18，1937年。

乙5451
尾崎洵盛：《宋元的陶瓷》，《陶瓷讲座》24，1937年。

乙5452
小山富士夫：《带有年款的中国古陶瓷》，《陶瓷》9—4，1937年。

乙5453
小山富士夫：《最近中国古窑址的发现》，《考古学杂志》27—9，1937年。

乙5454
小山富士夫：《关于越州窑》，《工作坊》15—15，1938年。

乙5455
三宅宗悦：《出土鸡冠壶的古墓》，《国立中央博物馆报》5，1940年。

乙5456
藤冈了一：《越州窑的壶》，

《陶瓷》12—1，1940年。

乙5457

小村俊夫：《宋瓷及其时代》，《东亚经济研究》24—4、24—5，1940年。

乙5458

小山富士夫：《关于吉州窑》，《画说》42，1940年。

乙5459

小山富士夫：《影青杂记》，《陶瓷》12—3，1940年。

乙5460

三宅宗悦、李文信：《辽开泰七年有铭石棺出土的青釉瓶》，《陶瓷》12—4，1941年。

乙5461

小山富士夫：《关于定窑窑址的发现》，《陶瓷》13—2，1941年。

乙5462

小山富士夫：《关于宋官窑》，《美术研究》117，1941年。

乙5463

小山富士夫：《金花定碗》，《美术研究》109，1941年。

乙5464

斋藤菊太郎：《林东所见——辽三彩的鉴定与一个古窑址的发现》，《陶瓷》12—4，1941年。

乙5465

三宅宗悦：《满洲国热河省叶柏寿附近的遗迹》，《考古学杂志》32—1，1942年。

乙5466

小山富士夫：《关于宋赤绘》，《美术工艺》2，1942年。

乙5467

斋藤菊太郎：《鸡冠壶》，《民艺》4—11，1942年。

乙5468

小林行雄：《辽代的瓦当纹》，《宝云》30，1943年。

乙5469

尾崎洵盛：《关于汝窑问题的研究》，《古美术研究》14—7，1944年。

乙5470

小山富士夫：《关于磁州窑》，《美术研究》134，1944年。

乙5471

小山富士夫：《鸡冠壶》，《座右宝》4、5合并号，1946年。

乙5472

小山富士夫：《陶瓷器所展示的中国南北》，《美术研究》143，1947年。

乙5473

尾崎洵盛：《宋官窑考（1）—（5）》，《古美术》191—194，1948年。

乙5474

小山富士夫：《我国遗迹出土

十二、科技史

的中国陶瓷器》,《古美术》195,1948年。

乙5475

奥田诚一:《金花建盏天目》,《日本美术工艺》123,1949年。

乙5476

奥田诚一:《名贵之物天目的整理》,《日本美术工艺》130,1949年。

乙5477

小山富士夫:《宋瓷》,《三彩》35,1949年。

乙5478

小山富士夫:《天目漫谈》,《日本美术工艺》127,1949年。

乙5479

奥田诚一:《天目茶碗的整理》,《日本美术工艺》137,1950年。

乙5480

米内山庸夫:《唐宋古窑探》,《古美术》1—4,1950年。

乙5481

米内山庸夫:《定窑与汝窑》,《古美术》1—5,1950年。

乙5482

藤冈了一:《净妙寺出土越州窑青瓷水注图版解说》,《美术史》1,1950年。

乙5483

尾崎洵盛:《关于龙泉窑》,《日本美术工艺》146,1950年。

乙5484

尾崎洵盛:《汝窑的上选》,《古美术》1—4,1950年。

乙5485

长谷川己之吉:《钧州的钧窑和汝州的钧窑》,《日本美术工艺》148,1951年。

乙5486

谷田阅次:《理想造型的一个典范——定窑白瓷论》,《美学》4,1951年。

乙5487

谷田阅次:《宋赤绘壶》,《大和文华》1,1951年。

乙5488

谷田阅次:《造型理想的谱系——定窑白瓷论》,《美学》4,1951年。

乙5489

加藤义一郎:《宋窑白磁轮花唐草文——茶碗抄(30)》,《日本美术工艺》153,1951年。

乙5490

久志卓贞:《修武窑的变异》,《日本美术工艺》154,1951年。

乙5491

米内山庸夫:《瓷枕二趣——图版解说》,《大和文华》3,1951年。

乙 5492
内藤匡：《磁州窑匠的香炉》，《日本美术工艺》157，1951年。

乙 5493
尾崎洵盛：《关于天目茶碗》，《日本美术工艺》152，1951年。

乙 5494
小山富士夫：《宋元的陶瓷》，《世界美术全集》14，1951年。

乙 5495
小山富士夫：《唐宋的青瓷》，《日本美术工艺》146，1951年。

乙 5496
小山富士夫：《北宋的修武窑》，《美术研究》161，1951年。

乙 5497
小山富士夫：《国宝青瓷下芜插花瓶》，《大和文华》4，1951年。

乙 5498
小山富士夫：《宋白瓷水注》，《国萃》707，1951年。

乙 5499
谷田阅次：《宋瓷的意蕴——牡丹纹灯笼瓶》，《大和文华》5，1952年。

乙 5500
谷田阅次：《宋磁的线》，《墨美》13，1952年。

乙 5501
馆林唐一郎：《焦作窑？修武窑？》，《日本美术工艺》159，1952年。

乙 5502
久志卓贞：《景定壬戌铭定窑合子》，《日本美术工艺》169，1952年。

乙 5503
米内山庸夫：《关于唐宋的南方古窑》，《日本美术工艺》161—163，1952年。

乙 5504
米内山庸夫：《南宋官窑的研究（1）—（29）》，《日本美术工艺》159、165—196，1952—1955年。

乙 5505
田中作太郎：《飞青瓷插花瓶》，《东京国立博物馆美术志》15，1952年。

乙 5506
田中作太郎：《南宋官窑的陶片》，《东京国立博物馆美术志》1，1952年。

乙 5507
小山富士夫：《辽绿釉牡丹纹凤首瓶》，《大和文华》5，1952年。

乙 5508
小山富士夫：《中国古陶瓷概论》，《三彩》58，1952年。

乙 5509
斋藤菊太郎：《辽代的长壶》，

十二、科技史

《陶说》11、12，1952年。

乙5510

藏田藏：《青白瓷经筒·盒子》，《东京国立博物馆美术志》25，1953年。

乙5511

谷田阅次：《绿釉黑花牡丹文划花瓶及其品类》，《大和文华》9，1953年。

乙5512

广田不孤斋：《关于宋瓷名品展》，《日本美术工艺》182，1953年。

乙5513

吉泽三郎：《以宋代青瓷为中心（2）、（3）》，《东方文化》9—10，1953—1954年。

乙5514

米内山庸夫：《关于粉红青瓷》，《陶说》2，1953年。

乙5515

田中作太郎：《辽三彩》，《东京国立博物馆美术志》28，1953年。

乙5516

尾崎洵盛：《宋元陶器》，《东京国立博物馆美术志》25，1953年。

乙5517

小山富士夫、山崎一雄：《曜变天目的研究》，《古文化财之科学》6，1953年。

乙5518

中川千咲：《中国古陶瓷的花纹》，《东京国立博物馆美术志》25，1953年。

乙5519

米内山庸夫：《越窑的研究》，《陶说》10，1954年。

乙5520

内藤匡：《白瓷漫谈（1）—（10）》，《日本美术工艺》183—186、189—192、194—195，1954年。

乙5521

日比野丈夫：《唐宋时期的两三处瓷窑》，《立命馆文学》114，1954年。

乙5522

藤冈了一：《中国陶瓷图谱、中国陶瓷史概要（每日新闻社）》，《古陶之美》，1954年。

乙5523

田中作太郎：《曜变》，《东京国立博物馆美术志》35，1954年。

乙5524

小山富士夫：《中国的宋代》，《东洋古陶瓷》，1954年。

乙5525

藏田藏：《经塚出土的宋瓷》，

《世界陶瓷全集》10（宋辽篇），1955年。

乙5526

黑田源次：《辽金陶瓷》，《世界陶瓷全集》10（宋辽篇），1955年。

乙5527

吉田光邦：《青花的技术》，《世界陶瓷全集》11（元明篇），1955年。

乙5528

久志卓贞：《在我国搜集的宋瓷》，《世界陶瓷全集》10（宋辽篇），1955年。

乙5529

林屋晴三：《宋瓷的刻纹技法》，《东京国立博物馆美术志》40，1955年。

乙5530

米内山庸夫：《丹司丰山与青瓷、天目》，《日本美术工艺》205，1955年。

乙5531

米内山庸夫：《官窑的花纹（1）》，《日本美术工艺》202，1955年。

乙5532

米内山庸夫：《官窑的花纹（2）》，《日本美术工艺》204，1955年。

乙5533

米内山庸夫：《官窑的色泽》，《日本美术工艺》200，1955年。

乙5534

米内山庸夫：《南宋官窑古窑的发现》，《世界陶瓷全集》10（宋辽篇），1955年。

乙5535

米内山庸夫：《修内目白瓷和修内目天目（上）——南宋官窑的研究（补遗）》，《日本美术工艺》198，1955年。

乙5536

内藤匡：《磁州窑的研究——以陈万里的〈宋代北方民间瓷器〉为中心》，《日本美术工艺》203，1955年。

乙5537

内藤匡：《读尾崎洵盛先生的"汝窑考"》，《日本美术工艺》205，1955年。

乙5538

内藤匡：《宋代陶瓷的釉药》，《世界陶瓷全集》10（宋辽篇），1955年。

乙5539

藤冈了一：《宋代的天目》，《世界陶瓷全集》10（宋辽篇），1955年。

乙5540

田中作太郎：《本邦遗迹出土的

十二、科　技　史

宋瓷》，《世界陶瓷全集》10（宋辽篇），1955年。

乙 5541

尾崎洵盛：《汝窑考》，《大和文华》16，1955年。

乙 5542

尾崎洵盛：《宋代陶瓷概观》，《世界陶瓷全集》10（宋辽篇），1955年。

乙 5543

小山富士夫：《宋代的白瓷和青白瓷》，《世界陶瓷全集》10（宋辽篇），1955年。

乙 5544

小山富士夫：《宋代的绘高丽和宋赤绘》，《世界陶瓷全集》10（宋辽篇），1955年。

乙 5545

小山富士夫：《宋代的青瓷》，《世界陶瓷全集》10（宋辽篇），1955年。

乙 5546

米内山庸夫：《汝窑论（1）》，《日本美术工艺》213，1956年。

乙 5547

米内山庸夫：《汝窑论（2）》，《日本美术工艺》214，1956年。

乙 5548

米内山庸夫：《汝窑论（3）》，《日本美术工艺》215，1956年。

乙 5549

米内山庸夫：《汝窑论（4）》，《日本美术工艺》216，1956年。

乙 5550

米内山庸夫：《汝窑论（5）》，《日本美术工艺》217，1956年。

乙 5551

米内山庸夫：《天目茶碗谈义（1）》，《日本美术工艺》209，1956年。

乙 5552

米内山庸夫：《天目茶碗谈义（2）》，《日本美术工艺》220，1957年。

乙 5553

米内山庸夫：《天目茶碗谈义（3）》，《日本美术工艺》221，1957年。

乙 5554

米内山庸夫：《天目茶碗谈义（4）》，《日本美术工艺》222，1957年。

乙 5555

米内山庸夫：《哥窑论（1）》，《日本美术工艺》224，1957年。

乙 5556

米内山庸夫：《哥窑论（2）》，《日本美术工艺》225，1957年。

乙 5557

米内山庸夫：《哥窑论（3）》，《日本美术工艺》227，1957年。

乙 5558

米内山庸夫：《哥窑论（4）》，《日本美术工艺》228，1957年。

乙5559
米内山庸夫：《哥窑论（5）》，《日本美术工艺》230，1957年。

乙5560
长谷部乐尔：《关于宋磁》，《东京国立博物馆美术志》12，1958年。

乙5561
加藤义一郎：《宋赤绘七宝繋文》，《日本美术工艺》241，1958年。

乙5562
小山富士夫：《青白磁莲座鸳鸯型香炉解说》，《国华》801，1958年。

乙5563
中川千咲：《青白磁水注》，《大和文华》27，1958年。

乙5564
加藤义一郎：《宋赤绘续编》，《日本美术工艺》257，1960年。

乙5565
长谷部乐尔：《宋元的诸窑》，《东京国立博物馆美术志》122，1961年。

乙5566
加藤义一郎：《季节性瓷器——宋瓷》，《日本美术工艺》338，1966年。

乙5567
辻嘉一：《唐宋瓷器——厨师所见之名器》，《日本美术工艺》334，1966年。

乙5568
小山富士夫：《辽三彩壶》，《古美术》19，1967年。

乙5569
爱宕松男：《唐鼎州窑也能是宋耀州窑的前身》，《东洋史研究》27—1，1968年。

乙5570
长谷部乐尔：《十世纪的中国陶瓷》，《东京国立博物馆纪要》3，1968年。

乙5571
井上健太郎：《日中关于南宋修内司官窑之歧见及其对策》，《陶说》188，1968年。

乙5572
加藤义一郎：《北宋的柿天目小碗》，《日本美术工艺》371，1969年。

乙5573
矢部良明：《釉里红草花文大壶》，《东京国立博物馆美术志》219，1969年。

乙5574
长谷部乐尔：《宋代陶瓷的变迁》，《东京国立博物馆研究志》234，1970年。

乙5575
矢部良明：《白瓷唐子荷叶枕》，

十二、科　技　史

《东京国立博物馆美术志》235，1970年。

乙5576

安藤孝一：《关于南宋青瓷——我国的传世品》，《文化财富月刊》89，1971年。

乙5577

长谷部乐尔：《中国的青瓷与日本》，《金泽文库》17—12，1971年。

乙5578

矢部良明：《宋元的龙纹风格与元瓷》，《东京国立博物馆美术志》242，1971年。

乙5579

泽登佳人：《中国的风土与古陶瓷（1）——宋钧窑、定窑、官窑、官汝窑巡礼》，《陶说》224，1971年。

乙5580

泽登佳人：《中国的风土与古陶瓷（2）——华北的风土定与窑之美》，《陶说》225，1971年。

乙5581

禅野佑博：《宋瓷之我见》，《陶说》232，1972年。

乙5582

荒井幸雄：《关于故宫博物院宋元瓷器特别展（1）》，《陶说》227，1972年。

乙5583

荒井幸雄：《关于故宫博物院宋元瓷器特别展（2）》，《陶说》228，1972年。

乙5584

龟井明德：《九州出土的宋元陶器的分析——以太宰府出土品为中心》，《考古学杂志》58—4，1973年。

乙5585

矢部良明：《关于五代初印"官"字铭白瓷磁（上）、（下）——和定州静志寺舍利塔出土品联系起来考察》，《东京国立博物馆美术志》267、270，1973年。

乙5586

长谷部乐尔：《关于"五彩水禽纹碗"的宋代赤绘》，《东京国立博物馆美术志》279，1974年。

乙5587

蓑丰：《辽代的陶瓷器（上）》，《陶说》250，1974年。

乙5588

蓑丰：《辽代的陶瓷器（下）——文献目录、图版解说》，《陶说》252，1974年。

乙5589

爱宕松男：《宋代陶瓷产业的建立及其发展》，《东北大学文学部研究年报》24，1975年。

乙5590
黑田辰男:《定窑考证》,《陶说》262,1975年。

乙5591
木咲富美子:《宋代磁州窑——特别以器面装饰为中心》,《史窗》34,1976年。

乙5592
爱宕松男:《宋代瓷器使用的普及》,《史窗》35,1977年。

乙5593
伊藤紫仙子:《唐宋青瓷发展过程之学习》,《中国综合研究》2,1977年。

乙5594
长谷川道隆:《辽代鸡冠壶样式的演变——以辽墓出土资料为中心》,《古代文化》238,1978年。

乙5595
爱宕松男:《中国窑业流通的诸形态》,《史窗》38,1980年。

乙5596
三上次男:《磁州窑——其成立和变迁的政治社会背景》,《出光美术馆馆报》35,1981年。

乙5597
爱宕松男:《宋代陶瓷器窑场的产业机构》,《史窗》39,1982年。

乙5598
爱宕松男:《读刘新园氏的〈蒋祈"陶记"著作时代考辩——兼论景德镇南宋与元代瓷器工艺、市场及税制等方面的差异〉》,《集刊东洋学》50,1983年。

乙5599
矢部良明:《宋元陶瓷出口》,《考古学期刊》217,1983年。

乙5600
町田吉隆:《关于江西吉川窑陶瓷器生产的展开》,《立命馆史学》10,1989年。

乙5601
砂泽祐子:《宋代陶瓷器窑业的发展及其文化意义》,《亚洲史论集》14,1990年。

乙5602
三谷路夫:《宋代瓷制香炉的器题与它的解题——鼎炉、乳炉》,《立命馆东洋史学》23,2000年。

乙5603
今野春树:《辽的窑址》,《从冻原到热带:加藤晋平老师古稀记念考古学论集(博望第二期)》,2001年。

乙5604
今野春树:《辽代契丹墓出土陶器的研究》,《物质文化:考古学、民俗学研究》72,2002年。

乙5605
远藤启介:《宋元代陶磁器研究的现状》,《史滴》24,2002年。

乙5606
浅沼佳子：《辽代低火度烧成陶器的研究——辽三彩的成立过程》，《鹿岛美术研究》22，2006年。

乙5607
三笠景子：《南宋官窑青磁再考——东京国立博物馆所藏重要文物〈青磁轮花钵〉的定位》，《东京国立博物馆美术志》608，2007年。

乙5608
龟井明德：《辽金时代土城出土陶器的组成一付——农安辽塔出土绞胎盒》，《亚洲游学》107，2008年。

乙5609
中泽宽将：《土器生产及其组织化——从渤海到女真的发展之路》，《亚洲游学》107，2008年。

乙5610
中泽宽将：《中世东北亚的窑业生产、物流系统的演变与构造》，《考古学研究》54—4，2008年。

乙5611
町田吉隆：《探讨契丹陶磁的"周缘性"——以唾壶与陶枕为例》，《神户市立工业高等专门学校研究纪要》48，2010年。

十三、对外关系

（一）通　论

乙5612
藤田丰八：《关于宋代的屠杌国》，《史林》1—4，1916年。

乙 5613
中村久四郎:《入籍移民所见日支关系》,《中央史坛》6—4,1923 年。

乙 5614
旗田巍:《宋代的朝鲜》,《世界历史大系:东洋中世史》4,1934 年。

乙 5615
杉本直治郎:《宋代的"真里富"国》,《东洋史研究》2—2,1936 年。

乙 5616
市村瓒次郎:《从中国文献中看日本及日本人》,《东方文化月刊》1—2,1937 年。

乙 5617
桑田六郎:《三佛齐考》,《台大年报》5,1938 年。

乙 5618
桑田六郎:《三佛齐补考》,《台大年报》5,1938 年。

乙 5619
藤枝晃:《关于〈宋史·拂菻传〉》,《东洋史研究》7—2、7—3,1942 年。

乙 5620
榎一雄:《关于宋代的大秦国》,《史学杂志》56—5,1945 年。

乙 5621
榎一雄:《关于宋代的拂菻国》,《史学杂志》57—2,1948 年。

乙 5622
前岛信次:《关于泉州蒲氏兴起的年代》,《史学杂志》61—12,1952 年。

乙 5623
前岛信次:《泉州的波斯人与蒲寿庚》,《史学》25—3,1952 年。

乙 5624
杉本直治郎:《蒲寿庚的国籍问题》,《东洋史研究》11—5、11—6,1952 年。

乙 5625
石原道博:《中国友好的日本观的发展——唐、五代、宋代的日本观》,《茨城大学文理学部纪要》,1952 年。

乙 5626
加藤保:《宋代真理富国考》,《史渊》70,1956 年。

乙 5627
桑田六郎:《宋与大食》,《日本学会月报》17,1957 年。

乙 5628
高桥保:《关于宋代的佛罗安国》,《史学研究》77、78、79(三十周年记念论丛),1960 年。

乙 5629
旗田巍:《10—12 世纪的东亚和日本》,《岩波讲座日本历史》4,1962 年。

乙 5630
森克己：《日宋交流的发展过程》，《历史教育》11—9，1963年。

乙 5631
岛田正郎：《日辽交涉》，《孙中山先生诞百年记念中日文化论文集》，1967年。

乙 5632
三浦圭一：《10—11世纪的东亚和日本》，《讲座日本史》2，1970年。

乙 5633
田中健夫：《东亚外交关系的形成》，《岩波讲座世界历史》9，1970年。

乙 5634
森克己：《日宋之间亲近志的建立》，《爱知学院大学文学部纪要：爱知学院大学论丛》6，1976年。

乙 5635
森克己：《从宋代看日本》，《历史教育》8—1，1980年。

乙 5636
石上英一：《日本古代公元10世纪的外交》，《东亚世界的日本古代史讲座7：东亚的变貌与日本律令国家》，1982年。

乙 5637
代田贵文：《有关从〈辽史〉中所窥见的"大食国"》，《中央大学亚洲史研究》16，1992年。

乙 5638
田岛公：《平安中、后期的对外交流》，《福井县史·通史篇(1)：原始、古代》，1993年。

乙 5639
田岛公：《日本与中国、朝鲜对外交流史年表》，《贸易陶瓷：奈良、平安的中国陶瓷》，1993年。

乙 5640
衣川强：《围绕两宋王朝的国际关系》，《宋元时代史的基本问题》，1996年。

乙 5641
桥本雄：《镰仓时代与世界》，《历史地理教育》624，2001年。

乙 5642
榎本涉：《日本对宋代历史研究的资料——日宋历史关系》，《宋元研究杂志》33，2004年。

乙 5643
榎本涉：《北宋后期的日宋之间的交涉》，《亚洲游学》64，2004年。

乙 5644
森克己：《日渤关系中年期制

的建立与其意义》,《历史》189,2004年。

乙 5645

大庭康时:《博多的城市空间与中国人居住区》,《港口城市的世界观2:港口城市的地貌》,青木书店,2006年。

乙 5646

横内裕人:《作为自我认知的显密体制与"东亚"》,《日本史研究》522,2006年。

乙 5647

山内晋次:《公元9世纪至14世纪前半的日本列岛与海域亚洲》,《大阪大学21世纪COE项目"交流的人文学"研究报告2004至2006(第4卷:世界系统与海域亚洲交通)》,2007年。

乙 5648

山内晋次:《日本列岛与海域亚洲》,《海域亚洲史研究入门》,岩波书店,2007年。

乙 5649

藤田明良:《从文献资料所见日本海交流与女真》,《北东交流史研究——古代中世》,2007年。

乙 5650

浜田久美子:《9世纪的日本与渤海》,《Historia: journal of Osaka historical association》210,2008年。

乙 5651

榎本涉:《从〈板渡墨迹〉所见日宋交流》,《东京大学日本史学研究室纪要》12,2008年。

(二)政 治

乙 5652

池内宏:《高丽成宗朝与女真、契丹的关系》,《满鲜历史地理研究报告》5,1918年。

乙 5653

卢圣锡:《高丽与金朝关系一瞥——以保州定界问题为中心》,《京城帝大史学会志》11,1937年。

乙 5654

本山达郎:《安南与中国政治关系的沿革》,《东报》9,1939年。

乙 5655

三上次男:《金初的丽金关系》,《历史学研究》9—4,1939年。

十三、对外关系

乙 5656
　　三上次男：《高丽仁宗朝的丽宋关系》，《池田博士还历记念东洋史论丛》，1940年。

乙 5657
　　三上次男：《高丽与安定国》，《东方学报》11—1，1940年。

乙 5658
　　森克己：《日、宋、高丽关系的建立》，《史渊》40，1949年。

乙 5659
　　森克己：《日、宋、高丽连锁关系的展开》，《史渊》41，1949年。

乙 5660
　　丸龟金作：《高丽与宋互通友好的问题》，《朝鲜学报》17、18，1960—1961年。

乙 5661
　　森克己：《日宋高丽交涉与倭寇的发生》，《石田博士颂寿记念东洋史论丛》，1965年。

乙 5662
　　渡边宏：《宋代大食国的朝贡》，《白山史学》13，1967年。

乙 5663
　　杉本直治郎：《蒲甘国使节入宋问题》，《鹿儿岛大学史录》3，1970年。

乙 5664
　　河原正博：《宋代初期的中越关系——以太宗出兵越南为中心》，《法政大学文学部纪要》18，1973年。

乙 5665
　　周藤吉之：《宋和高丽的关系——从宋朝侧面看高丽的官吏制度》，《朝鲜学报》75，1975年。

乙 5666
　　河原正博：《前黎朝与宋朝的关系——以黎恒诸子为中心》，《法政史学》29，1977年。

乙 5667
　　池田温：《丽宋交往的一面——以进奉下赐品为中心》，《三上次男博士颂寿记念东洋史考古学论集》，1979年。

乙 5668
　　山崎觉士：《五代时期的"中国"与各国家的关系——国书、进奉、贡献、上供》，《大阪市立大学东洋史论丛》12，2002年。

乙 5669
　　土肥祐子：《南宋时期占城的朝贡——〈中兴礼书〉中的朝贡品与回赐》，《史草》44，2003年。

乙 5670
　　中村和之：《金、元、明朝时期的东北亚政策与日本列岛》，《北方世界的交流与变貌——中世的东北亚与日本列岛》，2006年。

乙5671

毛利英介：《11世纪后期北宋的国际地位》，《宋代史研究会研究报告第9集》，2009年。

乙5672

山崎觉士：《从书简看到的宋代明州对日外交》，《东亚世界研究中心年报》3，2009年。

（三）经　　济

乙5673

后藤秀穗：《宋代日支交通上的一疑议》，《历史地理》28—3，1916年。

乙5674

藤田丰八：《宋代的市舶司及市舶司条例》，《东洋学报》7—2，1917年。

乙5675

桑原骘藏：《论藤田先生的〈宋代的市舶司及市舶司条例〉》，《史学杂志》29—7，1918年。

乙5676

藤田丰八：《关于宋代输入的日本货》，《东洋学报》8—2，1918年。

乙5677

西冈虎之助：《日本与吴越的交通》，《历史地理》42—1，1923年。

乙5678

森克己：《日宋交通中限制商船的方针》，《历史地理》57—4，1931年。

乙5679

秋山谦藏：《宋代南海贸易与日宋贸易的关系》，《史学杂志》44—12，1933年。

乙5680

森克己：《日宋交通中发展的契机》，《史学杂志》43—10、43—11，1933年。

乙5681

池内宏：《日宋交通中我国能动性贸易的展开》，《史学杂志》45—2、45—3、45—4，1934年。

乙5682

森克己：《日宋交通中日本能动式贸易的展开》，《史学杂志》45—2、45—3，1934年。

乙5683

森住利直：《外国贸易》，《历史大系》6，1934年。

十三、对外关系

乙5684
森克己：《日宋贸易的展开与关税的产生》，《历史地理》66—1、66—2，1935年。

乙5685
森克己：《日唐贸易的形态——日宋贸易的基础问题》，《史学杂志》46—6，1935年。

乙5686
丸龟金作：《高丽与契丹和女真的贸易关系》，《历史学研究》5—2，1935年。

乙5687
森克己：《日宋贸易的运转（上）》，《东洋学报》23—4，1936年。

乙5688
森克己：《日宋贸易的运转（下）》，《东洋学报》24—1，1936年。

乙5689
稻叶岩吉：《朝鲜古代的海运——高丽通吴以及宋商元寇的新考察》，《东亚经济研究》21—3，1937年。

乙5690
森克己：《日宋交通与海洋自然条件的制约》，《历史教育》12—5，1937年。

乙5691
森克己：《日宋交通与日宋相互认识的发展》，《史学杂志》48—78，1937年。

乙5692
桑田六郎：《关于南洋的东西交通路线》，《台北帝大史学科研究年报》6，1940年。

乙5693
三上次男：《高丽显宗朝与女真的贸易》，《加藤博士还历记念东洋史集说》，1941年。

乙5694
森克己：《日宋交通与阿育王山》，《加藤繁博士还历记念东洋史集说》，富山房，1941年。

乙5695
曾我部静雄：《货币史上的日中关系》，《支那》33—7，1942年。

乙5696
森克己：《佛舍利相承系图与日宋交通的关系》，《史渊》40，1949年。

乙5697
森克己：《日宋交通与地理学的世界观——特别关于栗棘庵的舆地图》，《和田清博士还历记念东洋史论丛》，1951年。

乙5698
森克己：《日宋贸易中的中国商人之性格》，《历史地理》84—4，1954年。

乙 5699

森克己：《来航日本高丽的宋朝商人》，《朝鲜学报》9，1956年。

乙 5700

森克己：《日宋与高丽的私献贸易》，《朝鲜学报》14，1959年。

乙 5701

草野祐子：《北宋末年的市舶制度》，《史草》2，1961年。

乙 5702

和田久德等：《北宋朝的市舶司贸易》，《御茶之水史学》5，1962年。

乙 5703

森克己：《东宫和宋商周良史》，《田山方南华甲记念论文集》，1963年。

乙 5704

森克己：《商船在高丽和宋的活动情况》，《中央大学文学部纪要》（史学科）33，1963年。

乙 5705

桑田六郎：《关于宋代的南洋航路》，《东海史学》1，1966年。

乙 5706

森克己：《日宋、日元的贸易和贸易品》，《历史教育》18—4，1970年。

乙 5707

森克己：《日唐及日宋交通航路的发展》，《日本历史》272，1971年。

乙 5708

木田道太郎：《宋代的南海贸易和党争》，《京都产业大学论集》3—1，1974年。

乙 5709

佐藤圭四郎：《关于南宋时代的南海贸易》，《内田博士颂寿记念东洋史论集》，1978年。

乙 5710

土肥祐子：《南宋中期以后泉州的海外贸易》，《御茶之水史学》23，1980年。

乙 5711

胜野千惠子：《宋代乳香的进口与专卖》，《亚洲史研究》9，1985年。

乙 5712

冈内三真：《通过新安沉船来看东亚贸易》，《朝鲜史研究会论文集》23，1986年。

乙 5713

山内晋次：《对古代渡海禁制的重新讨论》，《待兼山论丛（史学篇）》22，1988年。

乙 5714

藤善真澄：《日宋交通路的重新研究（续）——〈参天台五台山记札记〉》，《史泉》67，1988年。

十三、对外关系

乙5715
土肥祐子：《〈永乐大典〉中可见的陈偁与泉州市舶司的设置》，《史草》29，1988年。

乙5716
五味文彦：《日宋贸易的社会构造》，《今井林太郎老师喜寿记念国史学论集》，1988年。

乙5717
五味文彦：《日宋贸易与澳洲的世界》，《历史与地理》397，1988年。

乙5718
佐伯弘次：《大陆贸易与外国人的侨居》，《回顾中世1：东亚的国际都市博多》，1988年。

乙5719
川添昭二：《宗像的对外贸易与志贺岛的海人》，《大海与列岛文化3：玄界滩的岛屿们》，1990年。

乙5720
中村治兵卫：《关于宋代明州市舶司（务）的运用》，《中央大学人文科学研究所纪要》11，1990年。

乙5721
稻川弥生：《对〈渡海制〉与〈唐物使〉的讨论》，《史论》44，1991年。

乙5722
榎本淳一：《有关从〈小右记〉中所窥见的"渡海制"》，《摄关时代与古纪录》，1991年。

乙5723
足立启二：《透过中国看日本货币史的二三问题》，《为了新历史学》203，1991年。

乙5724
关周一：《香料的道路与日本、朝鲜》，《亚洲中的日本史（3）：海上之路》，1992年。

乙5725
黑山一夫：《宋代的缝合外航商船》，《史滴》13，1992年。

乙5726
石井正敏：《公元10世纪的国际变动与日宋贸易》，《新版古代的日本II：透过亚洲看古代日本》，1992年。

乙5727
斯波义信：《港口城市论》，《亚洲中的日本史（3）：海上之路》，1992年。

乙5728
松木哲：《沉船在述说》，《亚洲中的日本史（3）：海上之路》，1992年。

乙5729
原美和子：《成寻的入宋与宋商

人——有关入宋船孙忠说》,《古代文化》44—1,1992年。

乙5730

足立启二:《东亚的钱货流通》,《亚洲中的日本史(3):海上之路》,1992年。

乙5731

橿原考古学研究所附属博物馆编:《贸易陶瓷:奈良、平安的中国陶瓷》,1993年。

乙5732

大田由纪夫:《公元12至15世纪初东亚铜钱的流通分布——以日本与中国为例》,《社会经济史学》61—2,1995年。

乙5733

龟井明德:《日宋贸易关系的发展》,《岩波讲座日本通史6:古代五》,1995年。

乙5734

田岛公:《大宰府鸿胪馆的最后之际——探明公元八至十一世纪的对外贸易系统》,《日本史研究》389,1995年。

乙5735

樱井英治:《有关日本中世的货币与信用》,《历史学研究》703,1997年。

乙5736

石井正敏:《肥前国神崎庄与日宋贸易——围绕〈长秋记〉长承二年八月十三日条》,《古代中世史料学研究(下)》,1998年。

乙5737

柳原敏昭:《中世前期南九州的港口与宋人侨居地相关的一个试论》,《日本史研究》448,1999年。

乙5738

原美和子:《宋代东亚洲海商的伙伴关系与信息网络》,《历史评论》592,1999年。

乙5739

河内春人:《宋商曾令文与唐物使》,《古代史研究》17,2000年。

乙5740

榎本涉:《明州市舶司与中国东海交易圈》,《历史学研究》756,2001年。

乙5741

榎本涉:《宋代的日本商人再考》,《史学杂志》110—2,2001年。

乙5742

山内晋次:《平安期日本的对外交流与中国海商》,《日本史研究》464,2001年。

乙5743

渡边诚:《平安中期公贸易下的交易形式与唐物使》,《史学研究》237,2002年。

乙5744

森克己:《刘琨与陈咏——来日

十三、对外关系

宋商人的样子》，《白山史学》38，2002年。

乙5745
山内晋次：《日宋贸易的展开》，《日本的时代史6：摄关政治与王朝文化》，2002年。

乙5746
佐竹靖彦：《宋代福建地区的土豪型物资流通和庶民型物资流通》，《宋史研究论文集——国际宋史研讨会暨中国宋史研究会第九届年会编刊》，2002年。

乙5747
渡边诚：《平安中期贸易管理的基本构成》，《日本史研究》489，2003年。

乙5748
服部英雄：《旦过与唐房》，《中世城市研究10：港湾城市与对外贸易》，2004年。

乙5749
服部英雄：《日宋贸易的实际样态》，《东亚与日本——交流与变貌》2，2005年。

乙5750
关周一：《从渡航记中所窥见的交通史研究课题》，《交通史研究》56，2005年。

乙5751
服部英雄：《博多的海的寂静之地、唐房的消长与在日宋人的同一性》，《内陆圈、海域圈交流关系网与伊斯兰教》，2006年。

乙5752
关周一：《香料的道路再考》，《前近代东亚海域的唐物与南蛮物的交易与其意义》，2006年。

乙5753
榎本涉：《宋代参与市舶司贸易的人们》，《港口城市的世界史系列3：在港口城市生活》，2006年。

乙5754
桥本和久：《九州北部的畿内产瓦器碗——关系网的形成与交易》，《中世的对外交流场所、人、技术》，2006年。

乙5755
山内晋次：《围绕公元9至13世纪的日中贸易史的日本史料》，《大阪市立大学东洋史论丛附刊特集号：文献史料学的新的可能性》，2006年。

乙5756
原美和子：《宋代海商的活动相关的一个试论》，《中世的对外交流：场所、人、技术》，2006年。

乙5757
榎本涉：《〈板渡墨迹〉与日宋贸易》，《从实物所见的海域亚洲史：宋元时代日本的交流》，2008年。

乙5758

森平雅彦：《围绕宋使船高丽寄港地"马岛"的位置——通过文献与当地的比较研究丽宋间航路序说》，《朝鲜学报》207，2008年。

乙5759

榎本涉：《从日本的墨迹史料所见南宋的海上贸易》，《大阪市立大学东洋史论丛》别册特集号，2009年。

乙5760

森平雅彦：《黑山诸岛海域宋使船的航路——从〈高丽图经〉所载事例着手》，《朝鲜学报》212，2009年。

乙5761

森平雅彦：《全罗道沿海的宋使船航路——以〈高丽图经〉所载事例为主》，《史渊》147，2010年。

乙5762

山崎觉士：《宋代两浙地区的市舶司行政》，《东洋史研究》69—1，2010年。

乙5763

土肥祐子：《南宋初期阿拉伯商人蒲亚里的活跃》，《史草》51，2010年。

（四）文　　化

乙5764

津田左右吉：《日本文化与中国及朝鲜文化的交流》，《东洋思潮》17，1936年。

乙5765

木宫泰彦：《北条时代的时赖时宗与日宋》，《历史教育》14—3，1939年。

乙5766

森克己：《日唐、日宋交通中史书的输入》，《本邦史学史论丛》上，1939年。

乙5767

森克己：《日宋文化交流的特殊性》，《诸学振兴委员会研究报告》11，1941年。

乙5768

莲实重康：《日本文化交流与俊芿》，《佛教艺术》36，1958年。

乙5769

森克己：《日宋交通和宋代典籍的输入》，《斯文》37，1963年。

乙5770

森克己：《宋代刻本的禁输和对日本的流传》，《岩井博士古稀记念典籍论集》，1963年。

乙5771

加藤晋平：《穿越间宫海峡——北亚与日本列岛的文化交流》，《民族》2，1975年。

乙5772

荻须纯道：《关于日宋交流与欧济禅之二潮流》，《鹰陵史学》5，1979年。

乙5773

辛岛升：《13世纪末南印度与中国之间的交流——围绕泉州泰米尔语刻文与元史马八儿传》，《榎博士颂寿记念东洋史论丛》，1988年。

乙5774

高仓洋彰：《有关宁波市现存的大宰府博多津宋人刻石》，《福冈平野的古代环境与遗迹选址》，1998年。

乙5775

丰岛悠果：《1116年入宋高丽使节的体验——外交、文化交流的现场》，《朝鲜学报》210，2009年。

十四、民族关系

乙5776

白鸟库吉：《东胡民族考》，《史学杂志》21—4、21—7、21—9；22—5、22—11、22—12；23—2、22—3、22—10、22—11、22—12；24—1、24—7，1910—1913年。

乙5777

箭内亘：《蒲鲜万奴事迹考》，《史学杂志》21—2，1910年。

乙5778

松井等：《契丹与汉人》，《东洋学报》1—1，1911年。

乙5779
　箭内亘:《东真国的疆域》,《满洲历史地理》2,1913年。

乙5780
　池内宏:《铁利考》,《满鲜地理历史研究报告》3,1916年。

乙5781
　和田清:《定安国》,《东洋学报》6—1,1916年。

乙5782
　箭内亘:《鞑靼考》,《满鲜地理历史研究报告》5,1918年。

乙5783
　松井等:《北宋对契丹的防御和茶业贸易的利用》,《满鲜地理历史研究报告》75,1918年。

乙5784
　池内宏:《关于蒲鲜万奴的国号》,《东洋学报》12—4、《史学杂志》33—11,1922年。

乙5785
　前岛信次:《云南的盐井与西南夷(上)》,《历史与地理》28—5,1931年。

乙5786
　前岛信次:《云南的盐井与西南夷(下)》,《历史与地理》28—6,1931年。

乙5787
　岩井大慧:《蒲鲜万奴国号考》,《东洋学报》19—4,1932年。

乙5788
　岩井大慧:《蒲鲜万奴国号考补正》,《东洋学报》20—3,1933年。

乙5789
　小林元:《宋代的西域》,《世界历史大系》6,1934年。

乙5790
　中岛敏:《宋与西夏围绕西羌族的抗争》,《历史学研究》1—6,1934年。

乙5791
　田村实造:《北方民族与中国文化》,《文化史大系》,1935年。

乙5792
　村田治郎:《关于东丹国人皇王的考证》,《满蒙》17—2,1936年。

乙5793
　岛田好:《奚、霫、白霫民族考》,《满洲学报》4,1936年。

乙5794
　樱井益雄:《汪古部族考》,《东方学报》6,1936年。

乙5795
　小川裕人:《铁利的驻地》,《史林》22—2,1937年。

乙5796
　小野川秀美:《汪古部的解释》,《东洋史研究》2—4,1937年。

十四、民族关系

乙5797
大谷胜真：《吐谷浑的名称》，《山下记念论集》，1938年。

乙5798
山本达郎：《Drug-gu（Dru-gu, Drug，吐谷浑）》，《东洋学报》26—1，1938年。

乙5799
小川裕人：《满洲民族的所谓"还原性"及其发展》，《满蒙史论丛》2，1939年。

乙5800
户田茂喜：《吐谷浑的西藏名与中国史传》，《东洋学报》27—1，1940年。

乙5801
水野梅晓：《满洲各民族的消长》，《支那》33—9，1942年。

乙5802
藤枝晃：《高昌回鹘与龟兹回鹘》，《东洋史研究》7—2、7—3，1942年。

乙5803
藤枝晃：《关于〈宋史〉中回鹘、高昌、龟兹三传》，《东洋史研究》7—2、7—3，1942年。

乙5804
日野开三郎：《后渤海的建国》，《帝国学士院纪事》2—3，1943年。

乙5805
岛田好：《有关白霫族的一点疑义》，《满洲学报》8、9，1944年。

乙5806
日野开三郎：《定安国考（1）—（3）》，《东洋史学》1、2、3，1950、1951年。

乙5807
河原正博：《论蛮酋的内徙——宋代南蛮汉化过程研究（1）》，《法政史学》7，1955年。

乙5808
长泽和俊：《吐蕃的进入河西和东西交通》，《史观》47，1956年。

乙5809
木村宏：《关于宋代谈马额等国的位置》，《史林》40—2，1957年。

乙5810
鸟山喜一：《渤海国的五京》，《东洋大学纪要》11，1957年。

乙5811
前田正名：《五代及宋初的西凉府》，《史学杂志》66—12，1957年。

乙5812
外山军治：《〈松漠纪闻〉中的"噶热"》，《泷川博士还历纪念论丛》，1957年。

乙 5813

　　河原正博：《侬智高"叛乱"与交趾》，《法政史学》12，1959年。

乙 5814

　　长泽和俊：《辽代吐蕃遣使考》，《史观》57、58，1960年。

乙 5815

　　和田久德：《南蕃香录与诸蕃志的关系》，《茶水女子大学人文科学纪要》15，1962年。

乙 5816

　　池内宏：《关于蒲鲜万奴国号问题的再探讨》，《满鲜史研究：中世第3册》，1963年。

乙 5817

　　小川博：《宋代侬智高的事迹（1—4）》，《中国大陆古文化研究》1—4（中国少数民族特辑），1965—1967年。

乙 5818

　　河原正博：《关于宋的羁縻州、洞的"计口给田"》，《东南亚政权结构史的考察》，1969年。

乙 5819

　　阿部兼也：《北宋末年中国北方民族的忠君意识（上）——对水浒传后半部的理解》，《东北大学教养部纪要》14，1971年。

乙 5820

　　冈田宏二：《关于宋代溪峒蛮的社会及其质变》，《上智史学》16，1971年。

乙 5821

　　冈田宏二：《关于宋代溪峒蛮的种族系谱》，《东南亚历史文化》3，1973年。

乙 5822

　　岩崎力：《西凉府潘罗支政权始末考》，《东方学》47，1974年。

乙 5823

　　冈崎精郎：《墨离军和辽的对西域关系》，《史林》40—1，1975年。

乙 5824

　　谷口房男：《论唐宋时期的"平蛮颂"——岭南少数民族汉化过程之一面》，《白山史学》18，1975年。

乙 5825

　　前田正名：《西凉府政权之灭亡与宗哥族之发展》，《铃木俊先生古稀记念东洋史论丛》，1975年。

乙 5826

　　岩崎力：《宗哥城唃斯啰政权的性质与企图》，《中央大学亚洲史研究》2，1978年。

乙 5827

　　冈田宏二：《关于侬智高"叛乱"的几个问题》，《大东文化大学纪要》，1979年。

十四、民族关系

乙5828
冈田宏二:《宋代华南非汉族的各种状况——以洞庭湖以南为中心》,《东洋研究》55,1979年。

乙5829
铃木隆一:《青唐阿里古政权的建立与契丹公主》,《史滴》4,1983年。

乙5830
长泽和俊:《辽代回鹘路考》,《中国正史的基础性研究》,1984年。

乙5831
冈田宏二:《关于五代楚王国的"溪州铜柱"》,《大东文化大学纪要人文科学》22,1984年。

乙5832
冈田宏二:《唐末五代宋初湖南地区的民族问题——特以彭氏系谱与土家族的关系为中心》,《东洋研究》71,1984年。

乙5833
前田正名:《五代宋初的六谷及六谷蕃部》,《东京教育大学文学院学报》,1985年。

乙5834
冈田宏二:《关于宋代广南西路左、右江地区的峒丁》,《大东文化大学(人文科学)纪要》28,1990年。

乙5835
森部丰:《唐末五代的代北与粟特突厥与沙陀》,《东洋史研究》62—4,2004年。

乙5836
森部丰:《唐末、五代、宋初华北东部地区的吐谷浑与粟特系突厥》,《辽金西夏史研究的现状》,2009年。

乙5837
小崎敦史:《关于东丹国史——以来朝理由为中心》,《续日本纪研究》384,2010年。

十五、历史地理

（一）通　论

乙5838
桑原骘藏：《山东、河南地方游历报告书（之六）》，《历史地理》16—3，1910年。

乙5839
如月老人：《水浒传的地理（1）杂观（2）中国马（3）独轮车（4）扑刀》，《地球》3—3、3—4、3—5，1915年。

乙5840
松井等：《宋对契丹的战略地理》，《满鲜地理历史研究报告》4，1918年。

乙5841
藤田元春：《从文学角度考察黄河河道的变迁》，《史林》7—2，1922年。

乙5842
浅野利三郎：《从历史地理学角度看中国南北》，《历史地理》52—3，1928年。

乙5843
藤田丰八：《唐宋时代关于南海的中国史料》，《东亚研究》3—2，1928年。

乙5844
鸟居龙藏：《我们的旅行生活》，《石棺墓》1—8，1932年。

乙5845
星斌夫：《中支开发史概观》，《历史公论》7—13，1938年。

乙5846
池田静夫：《银林河考》，《东

十五、历 史 地 理

洋学报》26—3，1939年。

乙 5847

池田静夫：《旧支那黄河河道的决定》，《东亚经济研究》24—6，1940年。

乙 5848

斋藤菊太郎：《瓦林茫哈调查旅行志》，《满洲史学》3—2，1940年。

乙 5849

筑浦进一：《永定河河道变迁形态特色的考察》，《地理》3—3，1940年。

乙 5850

宫崎市定：《将南洋划分为东西洋的依据》，《东洋史研究》7—4，1942年。

乙 5851

青山定雄：《中国山川志——宋代以前》，《龙谷学报》332，1942年。

乙 5852

岛田正郎：《辽金的长城》，《骏台史学》4，1954年。

乙 5853

和田久德：《作为宋代南海史料的岛夷杂志》，《御茶水女子大学人文科学纪要》5，1954年。

乙 5854

清谷嫩子：《宋元时代南海的发展》，《史窗》19，1961年。

乙 5855

河野通博：《黄河河道的变迁》，《冈山文学》13，1963年。

乙 5856

本田治：《有关唐宋时期两浙淮南的海岸线》，《唐宋时期的行政、经济地图制作研究成果报告书》，1981年。

乙 5857

干一夫：《长江流域的历史性风景——从陆游的旅行日记〈入蜀记〉的记述开始》，《二松学舍大学人文论丛》45，1990年。

乙 5858

冈本不二明：《夷陵之旅——读欧阳修的〈于役志〉》，《人文》16，1993年。

乙 5859

寺尾刚：《王安石与金陵——以其足迹及首次访问为中心》，《橄榄》6，1995年。

乙 5860

本田治：《南宋时期的灾害与恢复系统——乾道二年台风袭击温州》，《立命馆文学》563，2000年。

乙5861

伊原弘：《宋代的道路建设与捐款数额——宁波发现的博多在住宋人的碑文所见》,《日本历史》626，2000年。

乙5862

宫崎顺子：《宋代的风水思想——以〈地理新书〉为中心》,《关西大学中国文学会纪要》24，2003年。

乙5863

三浦国雄：《风水地理说的〈环境观〉再考》,《亚洲游学47 特集：风水的历史与现代》,2003年。

（二）地　域　史

乙5864

伊东忠太：《厓山》,《史学杂志》24—9，1913年。

乙5865

松井等：《唐宋史迹所见天津地区的地形变化》,《历史地理》26—1，1915年。

乙5866

池内宏：《辽代混同江考》,《东洋学报》6—1，1916年。

乙5867

津田左右吉：《关于辽代的长春州》,《东洋学报》7—1，1917年。

乙5868

大村欣一：《江南三角洲的历史考察》,《支那研究》3，1922年。

乙5869

和田清：《丰州天德军的位置》,《史林》16—2，1931年。

乙5870

式守富司：《南宋的杏氏村社与地志》,《历史研究》6—1，1936年。

乙5871

北山康夫：《关于唐宋时期福建的开发》,《东洋史研究》4—2，1938年。

乙5872

长谷川兼太郎：《柳条边墙与金边堡》,《同仁》12—5、12—7，1938年。

乙5873

北山康夫：《关于唐宋时代福建

十五、历 史 地 理

开发问题的一点考察》,《史林》24—2,1939年。

乙5874

浅海正三:《史上的广东》,《历史教育》13—8,1939年。

乙5875

日比野丈夫:《唐宋时期福建的开发》,《东洋史研究》4—3,1939年。

乙5876

外山军治:《燕云十六州解说》,《东洋史研究》4—4、4—5(合刊),1939年。

乙5877

佐伯富:《关于宋代的三泉县》,《东洋史研究》5—4,1940年。

乙5878

佐伯富:《近世中国的城市与农村》,《都市问题》30—4,1940年。

乙5879

岛田正郎:《蒙疆杂记》,《蒙古》8—9,1941年。

乙5880

日野开三郎:《宋代初期女真的山东》,《史渊》27—1,1942年。

乙5881

池内宏:《关于辽金时期的贵德州的位置》,《东方学》2,1949年。

乙5882

周藤吉之:《关于宋代农村小都市的发展》,《史学杂志》59—9、59—10,1950年。

乙5883

江岛寿雄:《安乐自在二州之考察》,《史渊》48,1951年。

乙5884

宫川尚志:《唐五代的村落生活》,《山大学法文学部学术纪要》5,1956年。

乙5885

河上光一:《宋元时期的村落生活》,《历史教育》14—8,1966年。

乙5886

斯波义信:《宋代徽州的地域开发》,《冈山本博士还历记念东洋史论丛》,1972年。

乙5887

日比野丈夫:《北宋时期的京东路》,《中国历史地理研究》,1974年。

乙5888

佐竹靖彦:《宋代赣州风情素描》,《青山博士古稀记念宋代史论丛》,1974年。

乙5889

斯波义信:《浙江湖州居住区的沿革》,《中国哲学史的展望和摸索》,1976年。

乙5890

佐竹靖彦:《唐宋变革时期成都

府路地区社会的变化》,《东洋史研究》35—2,1976年。

乙5891
柳田节子:《宋代的村》,《中国聚落史研究》,1980年。

乙5892
中岛敏:《广西桂林相思埭运河小考》,《大东文化大学东洋研究》65,1983年。

乙5893
北田英人:《中国太湖周围的"坞"和定住》,《史朋》17,1984年。

乙5894
本田治:《宋元时期温州平阳县的开发与移居》,《佐藤武敏博士退官记念中国水利史论丛》,1984年。

乙5895
斯波义信:《荒政的地域史》,《东洋学报》66合并号,1985年。

乙5896
大崎富士夫:《濒江地域的自卫态势——尤其是以福建的濒江地域为中心》,《史学研究》173,1986年。

乙5897
菊池英夫:《北宋时期的某一偏远地区聚落的兴衰》,《中村治兵卫老师古稀记念东洋史论丛》,1986年。

乙5898
寺地遵:《针对湖田的南宋乡绅的抗拒姿态——陆游与鉴湖》,《史学研究》173,1986年。

乙5899
本田治:《宋代的地方流通组织与镇市》,《立命馆文学》500,1987年。

乙5900
斯波义信:《宋代长江下游流域的生产性》,《中国史的诸问题》,1987年。

乙5901
小野泰:《宋代明州的湖田问题——围绕废湖的意见对立与水利》,《中国水利史研究》17,1987年。

乙5902
寺地遵:《南宋时期浙东的盗湖问题》,《史学研究》183,1989年。

乙5903
佐藤明:《近代之前的中国的地域支配的构图——以南宋时期江南东西路为中心》,《中国史学》1,1991年。

乙5904
寺地遵:《地域发展史的视点——围绕宋代元代明州(庆元府)》,《亚洲史的地域自治的基础性研究》,1992年。

十五、历史地理

乙5905
天野哲也：《有关沿海地区金朝时期的山城、都城的调查》，《北方博物馆交流》6，1992年。

乙5906
寺地遵：《南宋末期台州黄岩县情况描述》，《唐宋年间的统治阶层的构成与变动相关的基础性研究》，1993年。

乙5907
小野泰：《宋代浙东的地域社会与水利——有关台州黄岩县的事例》，《中国水利史的研究》，1995年。

乙5908
本田治：《宋代温州的开发与移居补论》，《立命馆东洋史学》19，1996年。

乙5909
上西泰之：《有关北宋时期的荆湖路的"溪峒蛮"之地的开发》，《东洋史研究》54—4，1996年。

乙5910
冈元司、胜山稔、小岛毅、须江隆、早坂俊广：《相互性与日常空间——从"地域"这一起点开始》，《宋代人的认知——相互性与日常空间》，2001年。

乙5911
冈元司：《宋代地域社会和知识——以跨学科的视点看课题》，《学问人的众生相——以中国宋代为基点》，2001年。

乙5912
前村佳幸：《乌青镇的内部构造——宋代江南市镇社会分析》，《宋代人的认知——相互性与日常空间》，2001年。

乙5913
胜山稔：《有关白话小说中出现的"近邻"这一地域——以城市的婚姻环境的变化为线索》，《宋代人的认知——相互性与日常空间》，2001年。

乙5914
须江隆：《祠庙的纪录所述说的"地域"观》，《宋代人的认知——相互性与日常空间》，2001年。

乙5915
伊原弘：《河畔的居民——以北宋末期的黄河周边为例》，《中国水利史研究》29，2001年。

乙5916
冈元司：《南宋时期地域社会的"友"》，《东洋史研究》61—4，2003年。

乙5917
冈元司：《宋代沿海周边县的文化发展——以温州平阳县为中心》，《历史评论》663，2005年。

乙5918
深泽贵行:《南宋沿海地域社会与水军将官》,《中国社会与文化》20,2005年。

乙5919
须江隆:《从祠庙的纪录中所窥见的近世中国的"镇"社会——以南宋南浔镇的事例为中心》,《城市文化研究》5,2005年。

乙5920
冈元司:《南宋时期温州的思想家与日常空间——东南沿海社会的地域文化的多样性》,《宋代社会的空间与交流沟通》,2006年。

乙5921
深泽贵行:《南宋时期沿海地域的湾澳与地域社会》,《史观》159,2008年。

乙5922
伊原弘:《被描绘的北宋末期华北聚落的景观——再看〈清明上河图〉》,《立正史学》103,2008年。

（三）城　市　史

乙5923
那波利贞:《宋都汴京的繁华》,《历史与地理》10—5,1922年。

乙5924
那波利贞:《从文化史角度看四川成都（上）》,《历史与地理》12—5,1923年。

乙5925
那波利贞:《从文化史角度看四川成都（下）》,《历史与地理》12—6,1923年。

乙5926
小竹文夫:《南宋的城市生活》,《支那研究》13,1927年。

乙5927
加藤繁:《论宋代城市的发展》,《桑原骘藏博士还历记念东洋史论丛》,1931年。

乙5928
那波利贞:《城市的发展与庶民生活的向上》,《文化史大系》,1935年。

乙5929
仓持德一郎:《中国城市发展概观》,《历史研究》7—11,1937年。

十五、历史地理

乙5930
加藤繁:《话说中国城郭》,《改造》19—15,1937年。

乙5931
中野英雄:《北宋的首都汴京》,《日本大学文学部研究年报》4,1937年。

乙5932
加藤繁:《黄河流域城市及城郭》,《大黄河》,1938年。

乙5933
加藤繁:《中国城郭沿革二三事》,《史学杂志》49—7,1938年。

乙5934
日野开三郎:《唐宋时期城市的发展与镇》,《史学杂志》49—7,1938年。

乙5935
池田静夫:《杭州与中国近世的文化》,《支那》30—1,1939年。

乙5936
藤原和二:《对桑原博士的Dianfou(澉浦)泉州说的一两点疑惑》,《历史研究》10—3,1939年。

乙5937
鸳渊一:《辽阳的东京城与东京陵》,《史林》24—3,1939年。

乙5938
田村实造:《辽代城市的性格》,《羽田亨博士颂寿记念东洋史论丛》,1950年。

乙5939
周藤吉之:《宋代乡村中小城市的发展(上)——特别以店、市、步为中心》,《史学杂志》59—9,1950年。

乙5940
周藤吉之:《宋代乡村中小城市的发展(下)——特别以店、市、步为中心》,《史学杂志》59—10,1950年。

乙5941
平岛贵义:《辽初州城的研究》,《史学杂志》60—12,1951年。

乙5942
梅原郁:《宋代地方小城市的一个侧面——以镇的变迁为中心》,《史林》41—6,1958年。

乙5943
梅原郁:《宋代的地方城市》,《历史教育》14—12,1966年。

乙5944
斯波义信:《10—13世纪中国城市的变迁》,《世界史研究》40—42,1966年。

乙5945
斯波义信:《宋代明州的城市化和地区开发》,《待兼山论丛》3,1969年。

乙5946
斯波义信：《工商业和城市的发展》，《岩波讲座世界历史》9，1970年。

乙5947
斯波义信：《关于中国城市的研究概况——以法制史为中心》，《法制史研究》23，1974年。

乙5948
斯波义信：《宋代湖州镇市的发展》，《榎博士还历记念东泽学论丛》，1975年。

乙5949
梅原郁：《宋代的开封与城市制度》，《鹰陵史学》3，1977年。

乙5950
木田知生：《宋代开封与张择端的清明上河图》，《史林》61—5，1978年。

乙5951
木田知生：《围绕宋代的城市研究的诸问题——以国都开封为中心》，《东洋史研究》37—2，1978年。

乙5952
木田知生：《北宋时期的洛阳与士人们——在与开封对峙之中》，《东洋史研究》38—1，1979年。

乙5953
伊原弘：《唐宋时期浙西的城市的变迁》，《中央大学文学部纪要》（史学科）92，1979年。

乙5954
伊原弘：《张择端〈清明上河图〉与宋都开封的风景》，《亚洲史研究》，1980年。

乙5955
斯波义信：《宋代的城市城郭》，《中岛敏老师古稀记念论集（下卷）》，1981年。

乙5956
斯波义信：《中国中近世的城市与农村——城市史研究的新视野》，《近世城市的比较史研究》1，1982年。

乙5957
伊原弘：《江南都市形态的变迁——宋平江图的解析》，《宋代的社会与文化》，1983年。

乙5958
砺波护：《唐宋时期的苏州》，《中国近世的都市与文化》，1984年。

乙5959
梅原郁：《南宋的临安》，《中国近世的都市与文化》，1984年。

乙5960
斯波义信：《宋都杭州的商业中心》，《中国近世的都市与文化》，1984年。

十五、历史地理

乙5961
一之濑雄一：《南宋临安的书店相关的一项考察》，《史泉》63，1986年。

乙5962
伊原弘：《中国城市的研究概要——以公元10至13世纪为中心》，《比较城市史研究》6—2，1987年。

乙5963
菊池英夫：《边境城市"燕云十六州"研究序说——研究现状与若干问题视角》，《唐代史研究会报告第六集中国城市的历史性研究》，1988年。

乙5964
梅原郁：《宋代城市的房僦及其周边》，《东亚的法律与社会：布目潮渢博士古稀记念论集》，1990年。

乙5965
木良八洲雄：《南宋临安府的大火与火政》，《人文论究》40—2，1990年。

乙5966
斯波义信：《从宋代的城市中所窥见的中国城市的特性》，《历史学研究》614，1990年。

乙5967
小野泰：《宋代浙东的城市水利——台州城的修筑与治水对策》，《中国水利史研究》20，1990年。

乙5968
菊池英夫：《有关中国城市、聚落史研究动向与"城乡（都鄙）关系"问题的个人展望》，《中国的城市与农村》，1992年。

乙5969
西冈弘晃：《南宋杭州的城市水利》，《中国水利史研究》22，1992年。

乙5970
藤田弘夫：《城市的逻辑——对城市而言，为何权力是必要的？》，《中公新书》，1993年。

乙5971
久保田和男：《关于唐宋国都的城市结构》，《史滴》17，1995年。

乙5972
久保田和男：《宋代的时法与开封的早晨》，《史滴》17，1995年。

乙5973
久保田和男：《宋都开封的治安制度与城市结构》，《史学杂志》104—7，1995年。

乙5974
久保田和男：《王安石与开封的城市社会》，《驹入学园研究纪要》6，1995年。

乙5975
伊原弘:《关于宋代都市的设备投资及其历史意义》,《比较都市史研究》14—2,1995年。

乙5976
佐藤明:《中国近代之前的城市行政内幕——南宋(公元12至13世纪)江南的情况》,《新东亚情况研究》,1995年。

乙5977
妹尾达彦:《城市的生活与文化》,《魏晋南北朝隋唐时代史的基本问题》,1997年。

乙5978
冈元司:《南宋时期浙东海港城市的关停与森林环境》,《史学研究》220,1998年。

乙5979
伊原弘:《围绕新的中国城市研究的视点——有关新史料调查的过程》,《比较城市史研究》17—12,1998年。

乙5980
北田英人:《城市的"时间"、农村的"时间"》,《时间的地域史》,1999年。

乙5981
山田展子:《宋代的镇市——商税的关系为中心》,《国际文化研究纪要》5,1999年。

乙5982
小林信也:《首都与城市》,《年报城市史研究》7,1999年。

乙5983
伊原弘:《中国社会的都市和社会政策——以黄河畔的都市为例》,《比较都市史研究》18—1,1999年。

乙5984
西冈弘晃:《宋代城市水利史研究序说》,《中国水利史研究》28,2000年。

乙5985
伊原弘:《所描绘的中国城市——图画展现的是实景吗》,《史潮》48,2000年。

乙5986
本田治:《宋代都市中的花卉园艺》,《立命馆东洋史学》24,2001年。

乙5987
山崎觉士:《港湾城市杭州——公元9、10世纪中国沿海的城市面貌的改变与东亚海域》,《城市文化研究》2,2003年。

乙5988
松本浩一:《以宋代为中心所窥见的城市祠庙的变迁》,《都市文化研究》4,2004年。

十五、历 史 地 理

乙5989
伊原弘：《宋代城市的社会救济事业——以公共墓地出土的砖文为例》，《中世纪环地中海圈城市的济贫》，2004年。

乙5990
高桥弘臣：《围绕南宋临安的住宅》，《爱媛大学法文学部论集（人文学科篇）》19，2005年。

乙5991
久保田和男：《北宋宋徽宗时期与首都开封》，《东洋史研究》63—4，2005年。

乙5992
高桥弘臣：《南宋国都临安的建设》，《宋代的长江流域——从社会经济史的观点出发》，2006年。

乙5993
高桥弘臣：《南宋临安的底层人民与城市行政》，《爱媛大学法文学部论集（人文学科篇）》21，2006年。

乙5994
久保田和男：《有关北宋的皇帝的行幸——以首都空间的行幸为中心》，《宋代社会的空间与交流沟通》，2006年。

乙5995
妹尾达彦：《中国的都城与亚洲世界》，《记念建筑物的成立》，2006年。

乙5996
松田吉郎：《水的娱乐——以宁波为例》，《中国水利史研究》36，2008年。

乙5997
伊原弘：《宋元代的南京城——宋代建康府复原工作》，《比较都市史研究》28—1，2009年。

乙5998
原瑠美：《西湖开浚小史——南宋临安研究之前期作业》，《中央大学亚洲史研究》34，2010年。

（四）史料研究与整理

乙5999
岛田好：《辽东行部志研究》，《满洲学报》1，1932年。

乙6000

青山定雄：《关于唐宋的地方志》，《服部先生古稀祝贺记念论集》，1936年。

乙6001

池田静夫：《毛奇龄的〈杭志三诘三误辩〉——钱塘古县志问题》，《文化》5—6，1938年。

乙6002

青山定雄：《宋元时期地方志中出现的社会经济史料》，《东洋报》25—2，1938年。

乙6003

日比野丈夫：《关于宋版太平寰宇记的异闻》，《东洋史研究》4—1，1938年。

乙6004

青山定雄：《关于隋唐至宋代的总志及地方志》，《东洋报》28—1、28—2，1941年。

乙6005

石田干之助：《关于赵汝适的诸藩志》，《东亚史研究》（终刊号），1944年。

乙6006

和田久德：《诸藩志中的中理国》，《史学杂志》62—12，1953年。

乙6007

前田正名：《有关续资治通鉴长编中所见到的宋初的秦州》，《史学杂志》67—6，1958年。

乙6008

青山定雄：《唐宋地方志目录及资料考证》，《横滨市立大学纪要（人文科学）》21，1958年。

乙6009

日比野丈夫：《有关宋代临安的备忘录》，《历史教育》14—8，1966年。

乙6010

秋山元秀：《中国方志论序说——以吴方志为例》，《东方学报》52，1980年。

乙6011

土肥祐子：《关于〈诸蕃志〉的作者赵汝适——最近发现的墓志》，《南岛史学》36，1990年。

乙6012

伊原弘：《支撑城市临安的信仰的庶民们的经济能力——以石刻史料的解析为例》，《驹泽大学禅研究所年报》5，1994年。

乙6013

小岛毅：《南宋地方志的言论》，《中国近世的礼的学说》，1996年。

乙6014

前村佳幸：《宋代地方志的"文本"性质》，《统一文本科学研究》1—2，2003年。

十五、历史地理

乙6015

前村佳幸：《宋代士大夫的著作与文本的流传——罗愿与淳熙〈新安志〉〈罗鄂州小集〉〈尔雅翼〉》，《统一文本科学研究》2—2，2004年。

乙6016

平田茂树：《宋代政治史料与城市研究》，《中国城市研究的史料与方法》，2005年。

乙6017

前村佳幸：《南宋地方志淳熙〈新安志〉的文本处理与历史叙述》，《统一文本科学研究》3—2，2005年。

乙6018

须江隆：《宋代地志序跋文考（一）——北宋朱长文〈吴郡图经续记〉三卷，元丰七年，一零八四修》，《人间科学研究》4，2007年。

乙6019

须江隆：《〈吴郡图经续记〉的编纂与史料性——宋代的地方志相关的一项考察》，《东方学》116，2008年。

乙6020

须江隆：《被记载的学说与信仰——以宁波的地方志与碑文为中心》，《〈东亚的海域交流与日本传统文化的形成——以宁波为焦点的跨学科的创造〉与〈宁波与其周边——从地方文献中所窥见的史料性、地域性、历史性〉草稿集》，2009年。

乙6021

须江隆：《段落缺失的启示：朱长文（1039—1098）和中国北宋地方志的编纂》，《东方经济史与社会史杂志》52—1，2009年。

乙6022

须江隆：《宋代地志序跋文考（二）——乾道〈四明图经〉的史料性相关的两三项考察》，《人间科学研究》6，2009年。

十六、语言文字学

（一）通　论

乙 6023
白鸟库吉：《关于女真勃堇、勃极烈称号的语源》，《史学杂志》43—7，1932年。

乙 6024
石崎又造：《日本中国语学史之一面——室町时代以前概况》，《斯文》18—8、18—9、18—10、18—11，1936年。

乙 6025
小平绥方：《辽金西夏元清五朝的制字》，《东洋文化》154，1937年。

乙 6026
石滨纯太郎：《西夏文的外典》，《京都汉学大会纪要》，1942年。

乙 6027
安马弥一郎：《女真语法概说》，《女真文金石志稿附录》，1943年。

乙 6028
岩井大慧：《关于别乞一词与巫及觋》，《史学杂志》54—7，1943年。

乙 6029
日野开三郎：《米——唐宋用语解》，《西日本史学》9，1951年。

乙 6030
日野开三郎：《健步（附：捉生军）——唐宋用语解之三》，《东洋史学》4，1952年。

十六、语言文字学

乙6031
日野开三郎:《唐宋时期"谷"的语义用法》,《社会经济史学》18—2,1952年。

乙6032
山路广明:《作为形容词使用的过去分词》,《言语集录》1—2,1952年。

乙6033
日野开三郎:《床——唐宋用语解之五》,《东方学》7,1953年。

乙6034
日野开三郎:《禾——唐宋用语解之六》,《东洋史学》8,1953年。

乙6035
日野开三郎:《唐宋时代"粟"的语义用法》,《东洋学报》36—3,1953年。

乙6036
波多野太郎:《中国小说戏曲用语研究笔记》,《中国语言研究会会报》27,1954年。

乙6037
日野开三郎:《干与湿——唐宋用语解七》,《东洋史学》9,1954年。

乙6038
山路广明:《有关女真语中的诸动词变化语尾》,《言语集录》6,1955年。

乙6039
坂井建一:《论集韵中果假摄的特色》,《中国文化研究会会报》6,1956年。

乙6040
日野开三郎:《柜附窖——唐宋用法解之十一》,《东洋文学》18,1957年。

乙6041
近世文学研究会:《宋元以来俗字谱》,1968年。

乙6042
西田龙雄:《从汉字产生的文字》,《言语》10—11,1981年。

乙6043
入矢义高:《语录的语言与文体》,《禅学研究》68,1990年。

乙6044
古田敬一:《陈骙〈文则〉〈比喻十法〉考释》,《姬路独协大学外国语学部纪要》10,1997年。

乙6045
冈本勋:《周祖谟对宋代方言的研究》,《中京大学文学部纪要》37—3、37—4,2002年。

乙6046
冈本勋:《周祖谟的"方言"观》,《中京大学文学部纪要》38—2,2003年。

乙 6047

冈本勋：《周祖谟对尔雅的研究》，《中京大学文学部纪要》38—1，2003年。

乙 6048

金适、爱新觉罗·乌拉熙春：《契丹古俗新证——再论契丹人"字"的词性》，《东亚文史论丛》，2007年。

（二）形　　义

乙 6049

池田四郎次郎：《关于王安石的字说》，《东洋文化》8、9，1924年。

乙 6050

吉野美弥雄：《同字异义的研究》，《支那及支那语》2—1～12；3—2、3—3；5—12（连载），1940年。

乙 6051

藤田菱花：《同字异义》，《满洲国语日语版》6—8，1940年。

乙 6052

河原正博：《关于宋书州郡志中所看到的"左郡"、"左县"的"左"字的意义》，《法政史学》14，1961年。

乙 6053

市来津由彦：《关于陈淳〈北溪字义〉的日语翻译刊载》，《东洋古典学研究》4，1997年。

乙 6054

水谷诚：《〈类篇〉的例外反切（部首篇）》，《创大中国论集》12，2009年。

（三）音　　韵

乙 6055

满田新造：《词韵晚唐音乃近世音也》，《艺文》10—2，1919年。

十六、语言文字学

乙 6056
满田新造：《近世汉语音的产生》，《艺文》10—12，1919 年。

乙 6057
大岛正健：《无韵的结构》，《汉文学会会报》3，1935 年。

乙 6058
峰村三郎：《关于韵镜的内外转》，《藤田记念论集》，1935 年。

乙 6059
竹内几之助：《至元译语中的中国语音》，《支那语学报》3，1936 年。

乙 6060
龟田次郎：《韵镜管见》，《大谷学报》20—4，1939 年。

乙 6061
伊藤弥太郎：《关于集韵端透定母的反切字》，《斯文》24—9，1942 年。

乙 6062
香坂顺一：《唐宋俗语与华南方言》，《中国语学研究会会报》26—3—5，1951 年。

乙 6063
山路广明：《关于契丹文字的汉字音转写——特别是首音节的变化》，《言语集录》3，1952 年。

乙 6064
山路广明：《用统计学的方法推论契丹文字音值的不合理性》，《言语集录》4，1953 年。

乙 6065
太田辰夫：《宋代语法试探》，《神户外大论丛》4—2、4—3，1953 年。

乙 6066
坂井健一：《宋词押韵字所见音韵上的一二特色》，《东洋学报》38—2，1955 年。

乙 6067
坂井健一：《宋代音韵史研究序说》，《中国文化研究会会报》4—2，1955 年。

乙 6068
山路广明：《评〈庆陵〉一书中发表的契丹文字音值》，《言语集录》6，1955 年。

乙 6069
坂井健一：《关于〈集韵〉中果、键摄的特色》，《中国文化研究会会报》12，1956 年。

乙 6070
八讲正司：《关于朱注的反切》，《中国语学》68，1957 年。

乙 6071
上野惠司：《〈朱子语类〉出现的以"子"结尾的名词》，《中国语学》167，1967 年。

乙 6072
尾崎雄一郎：《关于等韵图三等

之一观点》,《吉川博士退休记念中国文学论集》,1968年。

乙6073
原田种成:《〈广韵反切索引〉正误表》,《东洋文化》17,1968年。

乙6074
森川久次郎:《〈韵镜〉与〈七音略〉》,《东洋大学纪要(教养课程篇)》10—1,1972年。

乙6075
清濑义三郎则府:《女真音的构拟》,《言语研究》64,1973年。

乙6076
松尾良树:《关于广韵反切之类相关》,《均社论丛》1—1,1974年。

乙6077
松尾良树:《宋刊巾箱本广韵的反切》,《均社论丛》2—1,1975年。

乙6078
坂井健一:《〈广韵〉研究——关于增加字》,《日本大学人文科学研究所研究纪要》18,1976年。

乙6079
藏中进:《广韵产生研究小史——汉字文化圈中汉语的接受与发展》,《外国学研究》4,1977年。

乙6080
坂井健一:《广韵研究——关于同字异语》,《汉学研究》16、17,1978年。

乙6081
三根谷彻:《宋代等韵图的构成》,《东洋学报:东洋文库和文纪要》60—1、60—2,1978年。

乙6082
爱新觉罗·乌拉熙春:《女真语第一音节母音的研究》,《立命馆文学》546,1996年。

乙6083
爱新觉罗·乌拉熙春:《契丹小字表音的性质》,《立命馆文学》565,2000年。

乙6084
森贺一惠:《四声别义与〈群经音辨〉》,《兴膳教授退官记念中国文学论集》,2000年。

乙6085
冈本勋:《周祖谟的宋代音韵观》,《中京大学文学部纪要》36—1,2001年。

乙6086
冈本勋:《关于张麟之〈韵镜序作〉》,《中京国文学》21,2002年。

乙6087
爱新觉罗·乌拉熙春:《契丹大

字墓志中的汉语借用语的音系基础——记念金启琮老师逝世两周年》，《立命馆语言文化研究》18—1，2006年。

（四）各民族语言

乙 6088

小仓进平：《在朝鲜的契丹及女真语学》，《历史地理》29—5，1917年。

乙 6089

鸟山喜一：《关于〈金史〉中所见四五个女真语官称》，《史学杂志》29—9，1918年。

乙 6090

渡部薰太郎：《满洲语、女真语与汉字音的关系》，《亚细亚研究》2，1925年。

乙 6091

羽田亨：《契丹文字的新资料》，《史林》10—1，1925年。

乙 6092

稻叶君山：《咸北的女真语地名》，《朝鲜》35，1928年。

乙 6093

稻叶岩吉：《北青城串山城女真文摩崖考释》，《青丘学丛》2，1930年。

乙 6094

石田干之助：《关于女真语研究的资料》，《东亚》3—3，1930年。

乙 6095

石田干之助：《女真语研究的新资料》，《桑原博士还历记念东洋史论丛》，1930年。

乙 6096

石田干之助：《契丹女真西夏文字》，《书道全集》15，1930年。

乙 6097

鸟居龙藏：《女真文之碑》，《朝鲜及满洲》69，1931年。

乙 6098

稻叶岩吉：《〈吾妻镜〉女真字的新研究》，《青丘学丛》9，1932年。

乙 6099

岛田好：《新发现的契丹文字》，《满蒙》14—1，1933年。

乙 6100

渡边薰太郎：《女真馆来文通

解》,《亚细亚研究》11,1933年。

乙6101

岛田好:《女真文字奥屯良弼饯饮碑》,《满蒙》15—2,1934年。

乙6102

鸟居龙藏:《关于新近发现的契丹文字》,《书物展望》4—3,1934年。

乙6103

山下泰藏:《关于新女真国书碑》,《满蒙》15—9,1934年。

乙6104

石滨纯太郎:《满蒙语言的系统》,《东洋思潮·东洋语言的系统之一(岩波讲座)》,1934年。

乙6105

渡边薰太郎:《女真语的新研究》,《亚细亚研究》12,1935年。

乙6106

和田清:《关于〈吾妻镜〉所见女真字的性质》,《史学杂志》46—7,1935年。

乙6107

秋山谦藏:《镰仓时代女真船的来航——〈吾妻镜〉女真文字和〈华夷译语〉女真文字的比较研究》,《历史地理》65—1,1935年。

乙6108

石滨纯太郎:《话说西夏语研究》,《德云》5—3,1935年。

乙6109

中岛列一:《〈吾妻镜〉所见女真文字的研究——所谓高丽人的银简铭》,《考古学杂志》25—4,1935年。

乙6110

三上次男:《金代中期的国语问题》,《史学杂志》47—6,1936年。

乙6111

石田干之助:《蒙古文字的起源与沿革》,《东亚研究》3,1936年。

乙6112

田村实造:《大金得胜陀颂碑的研究》,《东洋史研究》2—5,1937年。

乙6113

田村实造:《大金得胜陀颂碑的研究》,《东洋史研究》2—6,1937年。

乙6114

今西春秋:《女真字铜印》,《东洋史研究》3—4,1938年。

乙6115

田村实造:《辽·语言及文学》,《东洋历史大辞典》8,1938年。

乙6116

外山军治:《关于阿波文库〈华夷译语〉》,《东洋史研究》3—5,1938年。

十六、语言文字学

乙 6117
神尾弌春:《东亚诸民族的语言和文字》,《满洲日日新闻》1939年。

乙 6118
山下泰藏:《金镜——女真字资料之一》,《满洲史学》3—2,1940年。

乙 6119
斋藤武一:《契丹文字与女真文字》,《国立中央博物馆时报》11,1940年。

乙 6120
石田干之助:《何为女真大字?——附说李王家博物馆藏圆铜镜镜背的文字》,《史学杂志》53—7,1942年。

乙 6121
山路广明:《契丹大字考》,《浮田和民博士还历记念史学论文集》,1943年。

乙 6122
长田夏树:《满洲语与女真语》,《神户言语学会报》1,1949年。

乙 6123
岛田正郎:《契丹文字与契丹语》,《史学杂志》59—12,1950年。

乙 6124
村山七郎:《关于〈吾妻镜〉所见女真文》,《东洋学报》33—3、33—4(合刊),1951年。

乙 6125
长田夏树:《女真语资料的语言学研究——阿尔泰诸语言史的比较语言学之一环》,《文部省科学研究报告集》,1951年。

乙 6126
长田夏树:《契丹文字解读的可能性——读村山七郎氏的论文》,《神户外大论丛》2—4,1951年。

乙 6127
村山七郎:《契丹文字解读的方法》,《言语研究》17、18(合刊),1951年。

乙 6128
山本守:《女真译语的研究》,《神户外大论丛》2—2,1951年。

乙 6129
山路广明:《女真说文考(1—5)》,《言语集录》1,1951年。

乙 6130
田村实造:《契丹文字从发现到解读——读村山七郎〈契丹文字解读的方法〉》,《民族学研究》16—1,1951年。

乙 6131
山路广明:《从理论上刊契丹文字和汉字的关系》,《言语集录》1,1952年。

乙 6132

山路广明：《关于契丹数字的起源》，《言语集录》1，1952年。

乙 6133

山路广明：《关于契丹语"玉"》，《言语集录》1，1952年。

乙 6134

山路广明：《关于契丹字十二支中的"未"》，《言语集录》2，1952年。

乙 6135

山路广明：《辽诗话中所见的契丹大字》，《言语集录》2，1952年。

乙 6136

山路广明：《女真语的十二支》，《言语集录》2，1952年。

乙 6137

山路广明：《女真语的十干》，《言语集录》3，1952年。

乙 6138

山路广明：《女真语的完全意字与不完全意字》，《言语集录》2，1952年。

乙 6139

山路广明：《契丹文字"艾"再考》，《言语集录》1，1952年。

乙 6140

山路广明：《契丹译语》，《言语集录》2，1952年。

乙 6141

山路广明：《契丹语的研究（1）》，《言语集录》1—3，1952年。

乙 6142

山路广明：《契丹语及制字的研究——"日"字的读音》，《史观》37，1952年。

乙 6143

山路广明：《日本主要的契丹语研究录及其批判（二）》，《言语集录》3，1952年。

乙 6144

山路广明：《日本主要的契丹语研究录及其批判（一）》，《言语集录》2，1952年。

乙 6145

山路广明：《宣懿皇后哀册文的汉译》，《言语集录》3，1952年。

乙 6146

村山七郎：《契丹文字的解读》，《1952年度文部省各研究报告集（文史哲）》，1953年。

乙 6147

山路广明：《对顾氏译语的检讨》，《言语集录》5，1953年。

乙 6148

山路广明：《葛鲁贝氏译语的检讨》，《言语集录》5，1953年。

乙 6149

山路广明：《满洲、中国主要的契丹语研究录及其批判》，《言

十六、语言文字学

语集录》5，1953年。

乙 6150

山路广明：《女真难语解——来"都督"基字的发现》，《言语集录》1—5，1953年。

乙 6151

山路广明：《女真文字的构造》，《言语集录》4，1953年。

乙 6152

山路广明：《女真制字中加点的研究》，《言语集录》1—5，1953年。

乙 6153

山路广明：《契丹、女真的语言文字及其相互关系》，《史观》39，1953年。

乙 6154

山路广明：《契丹、女真文字制字方法论的比较》，《言语集录》4，1953年。

乙 6155

山路广明：《契丹语的研究（2）》，《言语集录》4—5，1953年。

乙 6156

山路广明：《契丹语研究（1）——宣懿皇后哀册中的"其+杂"》，《言语集录》4，1953年。

乙 6157

山路广明：《契丹语研究（2）——统计学方法所见契丹文字音价发现的不合理性，契丹语官职名的解读》，《言语集录》5，1953年。

乙 6158

山路广明：《契丹语职官名的解读》，《言语集录》5，1953年。

乙 6159

山路广明：《契丹语研究余论》，《早稻田学报》复刊8—4，1954年。

乙 6160

田村实造：《契丹、女真、西夏的文字》，《书道全集》15，1954年。

乙 6161

爱宕松男：《鱼符、玉盏、铜镜上的契丹字铭文解读》，《文化》20—6，1956年。

乙 6162

爱宕松男：《关于契丹文字的解读》，《东北大学文学部研究年报》7，1957年。

乙 6163

渡边喜三郎：《中国古文献中的日本语——〈鹤立玉露〉和〈书史会要〉》，《驹泽大学研究纪要》15，1957年。

乙 6164

西田龙雄：《西夏语音再构成的方法》，《言语研究》31，1957年。

乙 6165
村山七郎：《契丹部族名——契丹语源考》，《石滨先生古稀记念东洋学论丛》，1958 年。

乙 6166
丰田五郎：《契丹隶字考——女真文字的源流》，《东洋学报》46—1，1963 年。

乙 6167
今西春秋：《契丹字铜印》，《朝鲜学报》36，1965 年。

乙 6168
西田龙雄：《西夏语研究》，座右宝刊行会，1966 年。

乙 6169
山路广明：《从词汇学看葛氏译语——女真馆来文检讨之一》，《早稻田大学图书馆纪要》8，1967 年。

乙 6170
山路广明：《若干女真文字的解读》，《言语集录》9，1968 年。

乙 6171
山路广明：《若干契丹文字的解读》，《早稻田大学图书馆纪要》9，1968 年。

乙 6172
岛田正郎：《辽朝文化与契丹文字》，《历史教育》18—7，1970 年。

乙 6173
石田干之助：《女真语杂俎》，《东亚文化史丛考》，1973 年。

乙 6174
田村实造：《契丹、女真文字考》，《东洋史研究》35—3，1976 年。

乙 6175
西田龙雄：《女真文字——它的形成与发展（上）》，《言语》9—11，1980 年。

乙 6176
西田龙雄：《女真文字——它的形成与发展（下）》，《言语》9—12，1980 年。

乙 6177
西田龙雄：《契丹文字解读的新进展（1）》，《言语》10—1，1981 年。

乙 6178
西田龙雄：《契丹文字解读的新进展（2）》，《言语》10—2，1981 年。

乙 6179
西田龙雄：《契丹文字解读的新进展（3）》，《言语》10—3，1981 年。

乙 6180
长田夏树：《契丹语解读方法论序说》，《神户市外国语大学外

十六、语言文字学

国学研究》14，1983年。

乙6181
丰田五郎：《关于契丹大字的日期》，《京都产业大学国际语言科学研究所所报》6—1，1984年。

乙6182
丰田五郎：《关于契丹小字"ヌ"的新解释》，《京都产业大学国际语言科学研究所所报》7—1，1985年。

乙6183
寺村政男：《〈金史·国语解〉所见女真语浅析》，《大东文化大学语学教育研究论丛》8，1991年。

乙6184
丰田五郎：《契丹文字》，《汉学》8—6，1997年。

乙6185
清濑义三郎则府：《女真文字——通古斯狩猎民族创造的仿汉字文字》，《汉学》8—6，1997年。

乙6186
爱新觉罗·乌拉熙春：《西安碑林女真文字书新考》，《立命馆文学》556，1998年。

乙6187
爱新觉罗·乌拉熙春：《朝鲜北青女真字石刻新释》，《立命馆文学》561，1999年。

乙6188
爱新觉罗·乌拉熙春：《大金得胜陀颂碑女真文新释》，《立命馆言语文化研究》11—2，1999年。

乙6189
爱新觉罗·乌拉熙春：《契丹大小字与女真大小字——记念金光平先生百年诞辰》，《立命馆文学》560，1999年。

乙6190
爱新觉罗·乌拉熙春：《俗体汉字与契丹字、女真字之关系》，《立命馆言语文化研究》11—3，1999年。

乙6191
爱新觉罗·乌拉熙春：《论字族》，《立命馆语言文化研究》12—3，2000年。

乙6192
爱新觉罗·乌拉熙春：《女真语名词的格与数》，《立命馆言语文化研究》12—2，2000年。

乙6193
爱新觉罗·乌拉熙春：《契丹小字表音的性质》，《立命馆文学》565，2000年。

乙6194
爱新觉罗·乌拉熙春：《〈女真文字书〉的年代及其底本》，《立命馆言语文化研究》13—2，

2001年。

乙6195

中村雅之:《契丹人的汉语——从汉儿语言引申出的观点》,《富山大学人文学部纪要》34,2001年。

乙6196

爱新觉罗·乌拉熙春:《金代女真语在满洲通古斯语族中的地位》,《立命馆言语文化研究》14—2,2002年。

乙6197

爱新觉罗·乌拉熙春:《契丹小字的语言构拟》,《立命馆文学》577,2002年。

乙6198

爱新觉罗·乌拉熙春:《辽代汉语无入声考》,《立命馆言语文化研究》16—1,2004年。

乙6199

爱新觉罗·乌拉熙春:《契丹小字的表音文字》,《立命馆语言文化研究》16—2,2004年。

乙6200

爱新觉罗·乌拉熙春:《契丹小字的亲属称谓及相关名词》,《立命馆文学》585,2004年。

乙6201

爱新觉罗·乌拉熙春:《爱新觉罗恒煦老师与契丹大字〈萧孝忠墓志〉》,《京都大学文学研究科21世纪COE计划2006》,2006年。

乙6202

爱新觉罗·乌拉熙春:《契丹小字金代〈博集防御使墓志铭〉墓主非移剌斡鲁朵——兼论金朝初期无"女真国"国号》,《东亚文史论丛》2006年特集号,2006年。

乙6203

佐藤贵保:《西夏用语集中出现的华南产的水果——以探明公元12世纪后半期西夏贸易史为线索》,《内陆亚洲语言的研究》21,2006年。

乙6204

爱新觉罗·乌拉熙春:《女真大字石刻总考前编》,《立命馆白川静记念东洋文字文化研究所纪要》1,2007年。

乙6205

爱新觉罗·乌拉熙春:《在黑水城发现的女真大字残页》,《绿洲地域史论丛——黑河流域2000年的速写》,2007年。

乙6206

德永洋介:《辽金时代的语言与法律》,《公元13、14世纪东亚诸种语言史料的综合性研究——为了构筑元朝史料学》,2007年。

十六、语言文字学

乙6207
松田孝一:《Serven khaalga 汉文铭文与奥尔恒河间的斗争》,《文部科学省科学研究费补助金研究成果报告书:东北亚中世遗迹的考古学的研究》,2007年。

乙6208
松川节:《蒙古国的契丹文字资料与研究状况(一)》,《辽金西夏研究的现在(1)》,2008年。

乙6209
松井太:《榆林石窟维吾尔语题记校》,《内陆言语的研究》23,2008年。

乙6210
松泽博:《敦煌出土西夏文佛典研究序说(4)——天理图书馆藏伯希和藏品及敦煌北区出土的西夏文断片》,《东洋史苑》70、71,2008年。

乙6211
松泽博:《西夏文研拾遗(4)——以西夏语译〈黄石公三略〉写本断简为中心》,《龙谷史坛》129,2008年。

乙6212
爱新觉罗·乌拉熙春:《契丹大字"天神千万"考》,《立命馆文学》613,2009年。

乙6213
爱新觉罗·乌拉熙春:《契丹文 dan gur 本义考——兼论"契丹国"国号》,《立命馆文学》609,2009年。

乙6214
鹿岛英一:《女真文字的集合论》,《地域文化研究》7,2009年。

(五)史料研究与整理

乙6215
山本守:《〈女真译语〉研究》,《神户外大论丛》2—2,1951年。

乙6216
山崎忠:《我国〈华夷译语〉研究史》,《朝鲜学报》5,1953年。

乙6217
山崎忠:《我国〈华夷译语〉研究史补遗》,《朝鲜学报》6,1954年。

乙 6218

山路广明：《有关〈华夷译语〉的调查目录》，《早稻田大学图书馆月报》147，1969年。

乙 6219

长田夏树：《女真文字及现存史料》，《历史教育》18—7，1970年。

乙 6220

野间文史：《关于邢昺〈尔雅疏〉》，《广岛大学文学部纪要》52，1992年。

乙 6221

柴田清继：《中国名词选订补其三》，《武库川国文》52，1998年。

乙 6222

柴田清继：《中国名词选订补其四》，《武库川国文》53，1999年。

乙 6223

柴田清继：《中国名词选订补其五》，《武库川国文》54，1999年。

乙 6224

柴田清继：《中国名词选订补其八》，《武库川国文》58，2001年。

乙 6225

柴田清继：《中国名词选订补其七》，《武库川国文》57，2001年。

乙 6226

柴田清继：《中国名词选订补其九》，《武库川国文》59，2002年。

乙 6227

柴田清继：《中国名词选订补其十》，《武库川国文》60，2002年。

乙 6228

工藤祐嗣：《关于〈大广益会玉篇〉、〈大宋重修广韵〉的字体注记》，《训点语与训点资料》109，2002年。

十七、考 古 学

(一) 考　古

乙 6229

白鸟库吉：《关于金上京》，《考古界》8—9，1909年。

乙 6230

小川琢治：《完颜城址考》，《史学研究会讲演集》2，1909年。

乙 6231

松井等：《渤海的扶余府与辽的黄龙府考》，《史学杂志》21—2，1910年。

乙 6232

松井等：《金朝东京城考》，《历史地理》15—1，1910年。

乙 6233

鸟居龙藏：《辽代上京及其遗址》，《国华》21—248、21—253，1911年。

乙 6234

松井等：《契丹可敦城考（附阻卜考）》，《满鲜地理历史研究报告》1，1915年。

乙 6235

津田左右吉：《达庐古考》，《满鲜地理历史研究报告》2，1916年。

乙 6236

星武雄：《辽中京大宁城废墟》，《满蒙》1—2，1920年。

乙 6237

八木奘三郎：《辽阳发现的壁画古墓》，《东洋学报》11—1，1921年。

乙 6238
箭内亘:《〈辽代的汉城与炭山〉正误》,《东洋学报》11—4,1921年。

乙 6239
箭内亘:《辽代的汉城与炭山》,《东洋学报》11—3,1921年。

乙 6240
关野贞:《唐宋陵墓的研究》,《东洋》25—3,1922年。

乙 6241
小野胜年:《辽金都城考》,《考古学论丛》14,1925年。

乙 6242
那波利贞:《辽金南京燕京故城疆域考》,《高濑博士还历记念支那学论丛》,1928年。

乙 6243
那波利贞:《辽金燕京故城考》,《史林》13—2,1928年。

乙 6244
鸟居龙藏:《阿什河与金上京》,《西伯利亚东蒙行》,1928年。

乙 6245
鸟居龙藏:《金上京》,《满蒙的探查》,1928年。

乙 6246
鸟居龙藏:《辽金遗址及其文化》《东亚之光》23—3,1928年。

乙 6247
村田治郎:《洮南附近的古城址及辽代泰州》,《满蒙》10—5,1929年。

乙 6248
梅本俊次:《辽代古墓发掘及其出土文物》,《满蒙》11—5、11—6,1930年。

乙 6249
入田整三:《对出土货币的研究》,《考古学杂志》20—12,1930年。

乙 6250
稻叶岩吉:《高丽尹瓘九城考——以英、雄二州遗址为中心》,《史林》16—1、16—2,1931年。

乙 6251
鸟居龙藏:《辽代文化》,《考古学杂志》21—6,1931年。

乙 6252
鸟居龙藏:《论辽代陵墓》,《史学杂志》42—7,1931年。

乙 6253
鸟居龙藏:《满洲五大遗迹》,《历史教育》7—2,1932年。

乙 6254
八木奘三郎:《辽道宗墓志篆盖上的十二生肖象》,《满蒙》14—1,1933年。

十七、考　古　学

乙 6255
　　岛田好：《论辽陵的出土文物》，《书香》46，1933年。

乙 6256
　　井坂锦江：《女真的遗迹探查》，《石棺墓》2—4，1933年。

乙 6257
　　鸟居龙藏：《辽的皇都及其陵墓》，《国际写真情报》11—1，1933年。

乙 6258
　　鸟居龙藏：《契丹的陵墓及其陵碑》，《上代文化》9，1933年。

乙 6259
　　鸟居龙藏：《寻找辽代古都》，《明治圣德记念学会纪要》40，1933年。

乙 6260
　　鸟居龙藏：《契丹文化探索》，《经济往来》9—2，1934年。

乙 6261
　　鸟居龙藏：《契丹遗址》，《历史科学》3—4，1934年。

乙 6262
　　岛田贞彦：《满洲国热河省建平县发现的古银铜面具》，《史林》20—1，1935年。

乙 6263
　　鸟山喜一：《关于金代上京遗址的出土文物》，《青丘学丛》19，1935年。

乙 6264
　　鸟山喜一：《关于金国国都的踏查》，《北满的二大古都遗址》，1935年。

乙 6265
　　鸟山喜一：《金代上京遗址——白城》，《满蒙》16—9，1935年。

乙 6266
　　三上次男、水野清一：《热河老西营子砖墓调查记》，《人类学杂志》50—10，1935年。

乙 6267
　　小林俊夫：《金上京遗址的陶片及其他》，《满蒙》16—9，1935年。

乙 6268
　　村田治郎：《金上京遗址的一问题》，《满蒙》17—1，1936年。

乙 6269
　　关野贞：《满洲北魏、唐、辽时期的文化遗址》，《东方学报》6，1936年。

乙 6270
　　关野贞：《满洲辽金时代的文化遗址》，《东方学报》6，1936年。

乙 6271
　　鸟居龙藏：《考古学所见契丹文化》，《东方学报》6，1936年。

乙 6272
　　村田治郎：《金上京遗址考补订》，《满蒙》18—8，1937年。

乙 6273
村田治郎：《金上京遗址追考》，《满蒙》18—9，1937 年。

乙 6274
岛田贞彦：《满洲国热河省新出土的古银铜面具》，《考古学杂志》27—1，1937 年。

乙 6275
岛田正郎：《辽墓中发现的面具》，《考古学杂志》27—1，1937 年。

乙 6276
吉田金一：《金上京会宁府遗址》《研究要报》10，1937 年。

乙 6277
泷川政次郎：《辽金的古城》，《满洲古迹古物名胜天然记念物保存协会》1，1937 年。

乙 6278
鸟居龙藏：《关于满蒙的契丹遗迹》，《辽代文化探查》，1937 年。

乙 6279
山本守：《辽代壁画墓》，《东洋史研究》2—5，1937 年。

乙 6280
山下泰藏：《塔呼城址》，《满洲史学》1—1，1937 年。

乙 6281
竹岛卓一：《辽上京城址》，《东洋建筑》1—1，1937 年。

乙 6282
岛田贞彦：《关于满洲国新出土的古银铜面具及两三件青铜遗物》，《考古学杂志》28—2，1938 年。

乙 6283
岛田贞彦：《满洲吉林省石碑岭发现金代遗物》，《考古学杂志》28—4，1938 年。

乙 6284
鸟山喜一：《苏密城》，《池内记念论丛》，1939 年。

乙 6285
小林行雄：《辽代庆陵的调查》，《史林》24—4，1939 年。

乙 6286
园田一龟：《关于金代上京遗址——白城》，《考古学杂志》29—7，1939 年。

乙 6287
园田一龟：《金完颜希尹的坟墓》，《考古学杂志》29—2，1939 年。

乙 6288
竹岛卓一：《辽代庆州城址》，《东方学报》10—2，1939 年。

乙 6289
原田淑人：《东京城名义考》，《池内记念论丛》，1940 年。

乙 6290
竹岛卓一：《辽代的中京城址》，

《东方学报》11—1，1940年。

乙6291

岛田贞彦：《关于满洲所发现的古银铜面具》，《考古学杂志》31—3，1941年。

乙6292

岛田贞彦：《满洲热河省大名城发现的辽代石棺等》，《纪元二千六百年记念史学论文集》，1941年。

乙6293

泷川政次郎：《辽金的古城址》，《辽金古城》1，1941年。

乙6294

三宅俊成：《林东纪行——辽朝古迹考察》，《观光东亚》9—12，1942年。

乙6295

北川房次郎：《辽代金面缚肢葬小考》，《书香》15—10，1943年。

乙6296

原田淑人：《关于北宋胜果寺的遗迹》，《考古杂志》33—6，1943年。

乙6297

岛田正郎：《辽祖州城调查》，《考古学杂志》34—2，1944年。

乙6298

驹井和爱：《曲阜旧县的故城》，《考古学杂志》34—5，1944年。

乙6299

三宅俊成：《林东辽代遗迹踏查记》，《东北考古学研究》7，1944年。

乙6300

山本守：《瓦林茫哈的辽陵》，《辽东之珠》，1944年。

乙6301

岛田正郎：《辽代的村落遗迹》，《人文科学的诸问题》，1949年。

乙6302

岛田正郎：《辽代的死面》，《考古学杂志》36—5，1950年。

乙6303

森克己：《金都上京出土的宋钱》，《艺林》1—2，1950年。

乙6304

松田一政：《西夏死都喀拉浩特（黑水城）的调查概要》，《东方学报》19，1950年。

乙6305

岛田正郎：《辽代的聚落遗址》，《考古学杂志》37—1，1951年。

乙6306

岛田正郎：《辽代墓葬》，《考古学杂志》39—3、39—4（合刊），1954年。

乙6307

田村实造：《关于庆陵》，《学术月报》7—8，1954年。

乙 6308
岛田正郎：《辽代的中京城址》，《考古学杂志》41—2，1956年。

乙 6309
菊池俊彦：《从鄂霍次克文化中所窥见的靺鞨、女真系遗物》，《北方文化研究》10，1976年。

乙 6310
池田哲也：《最近发掘出来的宋代远洋船》，《海事史研究》28，1977年。

乙 6311
镜三猛：《传到九州的宋代文物拾遗》，《考古论集》（庆祝松崎先生六十三岁论集），1977年。

乙 6312
乔炳南：《关于宋代先祖的四陵（上）》，《帝塚大学教育学部论集》25，1979年。

乙 6313
乔炳南：《关于宋代先祖的四陵（下）》，《帝塚大学教育学部论集》26，1979年。

乙 6314
竺沙雅章：《宋代坟寺考》，《东洋学报》61—1、61—2，1979年。

乙 6315
高桥学而：《有关苏联领域沿海地区的金代城郭的若干考察》，《古文化谈丛》14，1984年。

乙 6316
高桥学而：《中国东北地区的辽代州县城——以其平面构造、规模为中心》，《东亚的考古与历史：冈崎敬先生退官记念论集（上）》，1987年。

乙 6317
高桥学而：《关于辽金时期的贵德州位置的管见》，《九州考古学》63，1989年。

乙 6318
村上恭通：《女真之铁》，《考古论集：潮见浩老师辞官记念论文集》，1993年。

乙 6319
伊藤宏明：《吴越杭州城考》，《鹿儿岛大学法文学部纪要人文学科论集》42，1995年。

乙 6320
高桥学而：《辽南京（燕京）折津府的平面计划》，《古文化谈丛》37，1997年。

乙 6321
高桥学而：《有关辽宁省本溪市出土金总领提控所印》，《古代文化》50—4，1998年。

乙 6322
石田肇：《围绕北宋宗室的墓志、墓记》，《驹泽史学》52，1998年。

十七、考　古　学

乙6323
高桥学而：《有关构成辽代从家户的主体的头下州——从近年来考古学成果开讲》，《古文化谈从》42，1999年。

乙6324
今野春树：《辽帝陵记》，《贝塚》54，1999年。

乙6325
新井彗誉：《关于黑水城发现的〈父母恩重经〉（俄ＴＫ120〈略称黑20〉）》，《二松学舍大学论集》42，1999年。

乙6326
今野春树：《内蒙古辽代契丹墓巡视记》，《博望》1，2000年。

乙6327
川崎保：《〈吾妻镜〉异国船寺泊浦漂流记事之考古学考察》，《信浓》54—9，2002年。

乙6328
小川光彦：《水中考古学与宋元代史研究》，《史滴》24，2002年。

乙6329
高畑常信：《海南岛、广东省的苏东坡遗迹》，《香川大学国文研究》28，2003年。

乙6330
今野春树：《辽代契丹墓的研究——有关分布、选址、构造》，《考古学杂志》87—3，2003年。

乙6331
今野春树：《有关辽代契丹墓出土葬具》，《物质文化：考古学、民俗学研究》75，2003年。

乙6332
臼杵勋：《日本海对岸地域的中世遗迹的考古学发现》，《中世综合资料学的倡议——中世考古学的现状与课题》，2003年。

乙6333
吉田惠二：《宣化辽墓里所描绘的文房器具》，《国学院大学考古学资料馆纪要》20，2004年。

乙6334
今野春树：《辽代契丹墓出土马具的研究》，《古代》112，2004年。

乙6335
久保田和男：《北宋东京外城小考》，《历史地理》20，2004年。

乙6336
臼杵勋：《东北亚中世遗迹的考古学研究》，《中世考古学综合性研究——以学科融合为目的的新领域创生空间动态论研究部门计划研究C01—2》（2003年、2004年度研究成果报告），2005年。

乙6337
木山克彦、布施和洋：《俄罗斯沿海地区金、东夏代城址遗迹

乙 6337（续）

调查》，《文部科学省科学研究费补助金研究成果报告书：东北亚中世遗迹的考古学的研究》，2005年。

乙 6338

古松崇志：《由考古、石刻资料中所窥见的契丹（辽）的佛教》，《日本史研究》522，2006年。

乙 6339

臼杵勋：《东北亚的中世——靺鞨、女真考古学》，《北方世界的交流与变貌·中世的东北亚与日本列岛》，2006年。

乙 6340

臼杵勋：《黑龙江流域的金、东夏遗迹》，《公元13至19世纪的列岛北方地域史与黑龙江流域文化的相互关联的相关研究》，2006年。

乙 6341

木山克彦：《有关黑龙江女真文化的土器相关的基础性整理与编年》，《文部科学省科学研究费补助金研究成果报告书：东北亚中世遗迹的考古学的研究》，2006年。

乙 6342

森田宪司：《作为谱系史料的新出土墓志——以临海出土墓志群为材料》，《奈良史学》24，2006年。

乙 6343

白石典之：《Serven khaalga 碑刻的考古学与历史研究》，《文部科学省科学研究费补助金研究成果报告书：东北亚中世遗迹的考古学的研究》，2007年。

乙 6344

白石典之：《克鲁伦河流域的辽（契丹）时代的城郭遗迹》，《辽金西夏研究的现状（1）》，2008年。

乙 6345

臼杵勋、木山克彦：《东北亚中世遗迹的考古学研究》，《文部科学省科学研究费补助金研究成果报告书：东北亚中世遗迹的考古学的研究》，2008年。

乙 6346

臼杵勋：《俄罗斯沿海地区的金、东夏代女真相关遗迹》，《地域文化考古学》，2008年。

乙 6347

木山克彦：《俄罗斯沿海州的金、东夏时期城郭遗迹》，《亚洲游学》107，2008年。

乙 6348

武田和哉、高桥学而、藤原崇人：《中国的契丹遗迹、文物的调查概要与总括》，《辽金西夏研究的现在（1）》，2008年。

乙 6349

工藤寿晴：《辽许从赟墓志铭考

十七、考　古　学

释——以获得燕云地区后云州的状况为线索》，《白山史学》45，2009年。

乙6350
酒寄雅志：《发掘调查报告书——围绕〈东京城〉的刊行》，《青山考古》25、26，2009年。

乙6351
臼杵勋：《金上京路的北边——黑龙江流域的女真城郭》，《辽金西夏研究的现在（2）》，2009年。

乙6352
臼杵勋：《女真的城郭遗迹》，《中世东周绿世界》，2009年。

乙6353
梅原郁：《日本与中国的出土钱——以北宋钱为中心》，《东方学》118，2009年。

乙6354
武田和哉：《契丹国（辽朝）的上京临潢府故城的占地与遗址复原相关的一项考察》，《辽金西夏研究的现在（2）》，2009年。

乙6355
町田吉隆、武田和哉、高桥学而：《契丹国（辽朝）窑业相关遗迹》，《辽金西夏研究的现在3》，2010年。

乙6356
高桥学而：《辽祖州故城城外的遗迹》，《辽金西夏研究的现在3》，2010年。

（二）金　　石

乙6357
桑原骘藏：《郎君行记碑石拓本》，《史学杂志》21—6，1910年。

乙6358
鸟居龙藏：《女真文之碑》，《朝鲜及满洲》69，1913年。

乙6359
神田喜一郎：《宋代金石书目》，《支那学》3—12，1925年。

乙6360
鸟居龙藏：《论辽代画像石》，《史学杂志》43—7，1932年。

乙6361
岛田好：《热河林西辽陵石刻出土纪事》，《书香》46，1933年。

乙 6362
岛田贞彦：《热河发现的契丹文字墓志》，《石棺墓》2—4，1933年。

乙 6363
稻叶岩吉：《〈大金得胜陀颂〉碑的发现》，《青丘学丛》14，1933年。

乙 6364
鸟山喜一：《收藏在奉天的契丹哀册》，《京城帝大史学会志》5，1933年。

乙 6365
岛田好：《女真文奥屯良弼饯饮碑》，《书香》59，1934年。

乙 6366
山下泰藏：《新女真国书碑》，《满蒙》15—9，1934年。

乙 6367
鸳渊一：《旅行的回忆与女真文碑文》，《史学研究》6—2，1934年。

乙 6368
岛田贞彦：《满蒙考古集之四——契丹墓志》，《满蒙》16—8，1935年。

乙 6369
山下泰藏：《大辽大横帐兰陵郡夫人建静安寺碑》，《满蒙》16—10，1935年。

乙 6370
园田一龟：《朝阳县出土的韩公墓志铭》，《满蒙》16—7，1935年。

乙 6371
园田一龟：《奉天故宫前的"石经幢"年代考》，《满蒙》16—10（奉天图书馆丛刊24），1935年。

乙 6372
岛田好：《辽静安寺契丹文砖额》，《书香》83，1936年。

乙 6373
水田清一：《石碑岭与铁岭》，《人类学杂志》51—10，1936年。

乙 6374
田村实造：《〈大金得胜陀颂碑〉研究》，《东洋史研究》2—5、2—6，1937年。

乙 6375
辛兑铉：《关于契丹哀册》，《青丘学丛》28，1937年。

乙 6376
佐藤文比古：《所谓大名城出土契丹国字砖》，《满洲史学》1—1，1937年。

乙 6377
川合孝太郎：《宋代的金文著录》，《东洋文化》159，1938年。

乙 6378
川合孝太郎：《宋代的金文著录

十七、考　古　学

补遗》,《东洋文化》159,1938年。

乙 6379

今西春秋:《女真文铜印》,《东洋史研究》3—3,1938年。

乙 6380

三上次男:《畏汗涅谋克印》,《考古学杂志》,28—7,1938年。

乙 6381

山田文英:《白城遗址金代刻铭砖的发现》,《满洲史学》2—3,1938年。

乙 6382

山田文英:《宽甸县发现的经略副使之印》,《满洲史学》2—3,1938年。

乙 6383

园田一龟:《杨宾与完颜娄室碑》,《满洲史学》2—1,1938年。

乙 6384

中村不折:《书道博物馆藏金石拓本目录》,《书苑》4、5,1940年。

乙 6385

白井长助:《金安抚副使印》,《考古学杂志》31—2,1941年。

乙 6386

卫藤利夫:《辽代哀册的最初发现——兼评牟里神父》,《收书月报》70,1941年。

乙 6387

田村实造:《辽朝帝后的哀册与庆陵——哀册出土的经过及三座寝陵的比定》,《满洲学报》7,1942年。

乙 6388

鸟居龙藏:《辽东发现的狮子石雕》,《考古学会志》1—4,1951年。

乙 6389

中谷英雄:《河东盐池碑考记》,中谷英雄出版,1953年。

乙 6390

日比野丈夫:《东南亚的汉文碑刻》,《南方文化》1,1974年。

乙 6391

足立丰:《关于苏轼墓志》,《书论》5,1974年。

乙 6392

角井博:《宋拓汉石经残字——东京国立博物馆新收"钱泳旧藏本"介绍》,《东京国立博物馆美术志》309,1976年。

乙 6393

今井秀周:《有关金代的寺观名额发现——以山西的石刻资料为线索》,《大谷大学真宗综合研究所纪要》1,1983年。

乙 6394

大野修作:《欧阳修〈集古录跋

尾〉的成立及其书论》，《东洋艺林论丛：中田勇次郎先生颂寿记念论集》，1985年。

乙 6395
桂华淳祥：《有关金明昌元年建〈西京普恩寺重修释迦如来成道碑〉》，《大谷学报》64—4，1985年。

乙 6396
田上惠一：《苏东坡〈表忠观碑〉刻石考》，《东洋艺林论丛：中田勇次郎先生颂寿记念论集》，1985年。

乙 6397
佐竹靖彦：《田钦全向正法院捐献常住田记——碑文的作者杨天惠与田地所在地》，《中国社会、制度、文化史的诸问题：日野开三郎博士贺寿记念论集》，1987年。

乙 6398
木田知生：《韩琦相州昼锦堂记碑考》，《龙谷大学论集》434，1989年。

乙 6399
高桥明郎：《如何书写碑铭？——以欧阳修为中心的概观》，《新汉文教育》10，1990年。

乙 6400
太田弥一郎：《有关从刻石史料〈赞皇复县记〉中所窥见的南宋密使琼林》，《东北大学东洋史论集》6，1995年。

乙 6401
近藤一成：《拜读王安石撰墓志——地域、人脉、党争》，《中国史学》7，1997年。

乙 6402
伊原弘：《宋平江图、静江府图——从碑刻中所窥见的城市的繁荣》，《从石头上读取中国史——石刻、石碑所讲述的社会与文化》，《汉语月刊》12—3，2001年。

乙 6403
饭山知保、井黑忍、船田善之：《陕西、山西省各地访碑行报告》，《史滴》24，2002年。

乙 6404
须江隆：《人为的碑文——南宋末期铭刻的两个祠庙的纪录》，《史学研究》236，2002年。

乙 6405
高桥文治：《山西省潞城县李庄文庙金元三碑》，《大阪大学大学院文学研究科纪要》44，2004年。

乙 6406
井黑忍：《山西洪洞县水利碑考——金天眷二年都总管镇国定两县水碑的事例》，《史林》87—1，2004年。

十七、考　古　学

乙 6407
井黑忍、船田善之、饭山知保：《山西、河南访碑行报告》，《大谷大学史学论究》11，2005 年。

乙 6408
平田茂树：《从刘挚〈忠肃集〉墓志铭所窥见的元祐党人的关系》，《宋代至明代宗族的研究》，2005 年。

乙 6409
山根直生：《南通市出土五代十国时期墓志介绍》，《福冈大学研究部论集（人文科学篇）》5—2，2005 年。

乙 6410
爱新觉罗·乌拉熙春：《蒙古九峰山石壁石刻与"札兀惕·忽里"》，《立命馆文学》595，2006 年。

乙 6411
饭山知保、井黑忍、船田善之、小林隆道：《北镇访碑行报告》，《史滴》28，2006 年。

乙 6412
森田宪司：《从〈临海墓志集录〉所收录的史料中所窥见的新出现的宋元墓志的史料特性》，《公元 13、14 世纪东亚史料通信》6，2006 年。

乙 6413
森田宪司：《自"石刻热"以来二十年》，《亚洲游学特集·碑石在述说》91，2006 年。

乙 6414
须江隆：《没被纂刻的墓表的一节——米芾撰〈朱长文墓表〉》，《亚洲游学特集·碑石在述说》91，2006 年。

乙 6415
伊原弘：《地图与被刻在石头上的城市空间》，《亚洲游学特集·碑石在述说》91，2006 年。

乙 6416
伊原弘：《在宁波发现的博多在住的宋代人捐款碑文续篇》，《亚洲游学特集·碑石在述说》91，2006 年。

乙 6417
爱新觉罗·乌拉熙春：《蒙古九峰崖的女真文字石刻》，《文部科学省科学研究费补助金研究成果报告书：北东亚洲中世遗迹的考古学的研究》，2007 年。

乙 6418
鹤田一雄：《有关 Serven khaalga 碑文的书法风格》，《文部科学省科学研究费补助金研究成果报告书：北东亚洲中世遗迹的考古学的研究》，2007 年。

乙 6419
须江隆：《宋代石刻的史料特性与研究手法》，《唐代史研究》

10，2007年。

乙6420
佐藤贵保、赤木崇敏、坂尻彰宏等：《汉藏合璧西夏"黑水桥碑"再考》，《内陆言语的研究》22，2007年。

乙6421
船田善之、饭山知保、井黑忍：《中国山西省北部的金元石刻的调查、整理与研究》，《三岛海云记念财团研究报告》45，2008年。

乙6422
冈元司：《宋代明州史师仲墓志调查》，《广岛东洋史学报》13，2008年。

乙6423
榎并岳史：《围绕孟少保神道碑的树立》，《东洋学报》89—4，2008年。

乙6424
石田肇：《徽宗的御碑：关于〈大观圣作碑〉和〈八行八刑碑〉》，《古代东亚的社会与文化：福井重雅先生古稀退职记念论集》，2008年。

乙6425
须江隆：《宋代至清代的留存在纸张上的碑文——以绍兴府城隍庙相关史料群为中心》，《人间科学研究》5，2008年。

乙6426
泽本光弘：《契丹（辽）墓志主题集成表（稿）》，《文部科学省科学研究费补助金研究成果报告书：北东亚洲中世遗迹的考古学的研究》，2008年。

乙6427
爱新觉罗·乌拉熙春：《〈惕隐司孟父房白隐太傅位志碑铭〉、〈故显武将军上师居士拔里公墓志〉合考》，《立命馆文学》614，2009年。

乙6428
爱新觉罗·乌拉熙春：《契丹文〈控骨里大尉妻胡靓古娘子墓志〉〈大中央契丹胡里只国故广陵郡王墓志铭〉合考》，《立命馆文学》617，2010年。

乙6429
饭山知保：《金元时代华北的系谱传承与碑文》，《历史与地理》634，2010年。

乙6430
高桥文治：《1258年山西浮山县天圣宫给文二碑札记》，《内陆言语的研究》25，2010年。

乙6431
井黑忍、船田善之、饭山知保、小林隆道：《河东访碑行报告》，《东洋史论集》38，2010年。

十七、考　古　学

乙6432
栗田阳介：《关于王安石的〈王深父墓志铭〉》，《国学院中国学会报》55，2010年。

乙6433
小林晃：《史弥坚墓志铭与史弥远神道碑——南宋四明史氏的传记史料二种》，《史朋》43，2010年。

乙6434
小林隆道：《苏州玄妙观元碑〈天庆观甲乙部符公据〉考——宋元交替期的宋代"文书"》，《东洋学报》92—1，2010年。

（三）古　文　书

乙6435
仁井田陞：《中国法律史文书的画押、画指与票据》，《东报》6，1936年。

乙6436
仁井田陞：《唐宋时期东亚的会盟文书与界碑》，《史学杂志》48—7，1937年。

乙6437
仁井田陞：《关于现存唐宋告身墨迹本》，《书苑》2—1，1938年。

乙6438
仁井田陞：《在敦煌发现的唐宋时期的离婚状》，《东报》11—4，1941年。

乙6439
岩井大慧：《宋代经济文书之断简残片》，《加藤繁博士还历记念东洋史论集》，1941年。

乙6440
熊原政男：《金泽文库所藏宋代文书》，《天理图书馆报》9，1957年。

乙6441
堀敏一：《唐宋间消费贷借文书之我见》，《铃木论丛》，1975年。

乙6442
近藤一成：《南宋屯军文书考》，《史观》105，1981年。

乙6443
松泽博：《西夏文谷物借贷文书之我见（1）》，《东洋史苑》30、31，1988年。

乙6444
松泽博：《西夏文谷物借贷文书之我见（2）》，《东洋史苑》

乙 6445

佐藤贵保：《俄藏黑水城出土西夏文〈大方广佛华严经〉经帖文书的研究——以西夏榷场使相关的汉文文书群为中心》，《东土耳其斯坦出土〈胡汉文书〉的综合研究》，2006年。

乙 6446

小林隆道：《宋代使帖"文书"的样式与功能——以苏州玄妙观"天庆观尚书省札并部符使帖"为例》，《史滴》31，2009年。

乙 6447

松泽博：《关于武威西夏博物馆藏亥母洞出土西夏文契约文书》，《东洋史苑》75，2010年。

十八、书 志 学

（一）书　　志

乙 6448

长泽规矩也：《宋至清藏书家表初稿》，《书志学》5—6，1935年。

乙 6449

神田喜一郎：《欧洲访书记中的宋椠的〈周易集解〉，荷兰莱顿大学所藏汉籍，欧洲第一汉籍收集家罗德维尔》，《书志学》8—2、8—4、8—6，1937年。

乙 6450

米山寅太郎：《陆心源及其藏书》，《读书春秋》2（新年号），1951年。

十八、书志学

乙 6451
野原康宏:《陆游研究书志(1)》,《未名》10,1992年。

乙 6452
野原康宏:《陆游研究书志(2)》,《未名》12,1994年。

乙 6453
宫内美智子:《郑樵的图书分类理论》,《青叶学园短期大学纪要》20,1995年。

乙 6454
山口谣司:《宋代的"类书"与"资料集成"》,《大东文化大学汉学会志》45,2006年。

(二)书　　目

乙 6455
春日礼智:《宋人集关于佛教方面的撰述目录》,《日华佛教研究会年报》1,1936年。

乙 6456
江田忠:《徐辑宋会要稿本目录》,《京城帝大史学会志》9—14号,1936—1939年。

乙 6457
岩井谛亮:《宋代新译经典索引目录》,《日华佛教研究会年报》1,1936年。

乙 6458
长泽规矩也:《关东现存宋元版书目初稿》,《书志学》9—1、9—3、9—5、9—6,1937年。

乙 6459
小沼正:《宋会要食货目录》,《史学杂志》48—7,1937年。

乙 6460
长泽规矩也:《关西现存宋元版书目》,《书志学》10—3,1938年。

乙 6461
春日礼智:《〈文艺英华〉中关于佛教的撰述目录》,《美高》8—2,1940年。

乙 6462
铃木宗忠:《关于宋版藏经的基本目录》,《文化》8—12,1940年。

乙 6463
春日礼智:《宋人集佛教关系撰述目录》,《日华佛教研究会年报》

5，1942年。

乙 6464

铃木宗忠：《关于宋版藏经的全本目录》，《文化》10—10，1943年。

乙 6465

佐伯富编：《续资治通鉴长编·同拾补目录·三朝北盟会编目录·建炎以来系年要录目录》，《东亚经济研究》27—4，1943年。

乙 6466

佐伯富编：《资治通鉴目录》，《东亚经济研究》28—1，1944年。

乙 6467

内藤龙雄：《关于敦煌伯希和本3848号残次经典目录——内含北宋净土、禅批判之一文献》，《印度学佛教学研究》17—1，1968年。

乙 6468

奥野彦六：《唐、宋、明、清有关法律书目》，《创价法学》5—3、5—4（创立五周年记念号），1976年。

乙 6469

奥野彦六：《唐、宋、明、清有关法律书目（续前）》，《创价法学》7—1，1977年。

乙 6470

吉井和夫：《苏轼研究文献目录》，《书论》20，1982年。

乙 6471

东英寿：《欧阳修研究论著目录稿Ⅰ（1945—1986）》，《中国文学论集》16，1987年。

乙 6472

大西阳子：《王安石文学研究文献目录——宋代文学研究目录（3）》，《橄榄》5，1993年。

乙 6473

井泽耕一：《近十年王安石研究文献目录》，《中国学志》8，1993年。

乙 6474

石川重雄：《〈清明集〉相关研究论文一览》，《宋元译语词汇索引》，1995年。

乙 6475

东英寿：《欧阳修研究论著目录稿Ⅱ（1987—1996）》，《中国文学论集》27，1998年。

乙 6476

高桥幸吉：《黄庭坚及江西诗派研究文献目录——宋代文学文献目录（6）》，《橄榄》10，2001年。

乙 6477

坂出祥伸：《中国古典籍文献学入门（1）——宋代之前》，《关西大学文学论集》52—2，2002年。

乙 6478

斋藤茂：《杨万里相关文献目录

十八、书　志　学

初稿 1924—1999》，《橄榄》11，2002 年。

乙 6479
榎井岳史：《宋代神道碑目录》，《资料学研究》6，2009 年。

乙 6480
小川快之：《宋代至清代的法律秩序民事法规相关文献目录》，《近代之前的中国的法律与社会——成果与课题》，2009 年。

乙 6481
冈野诚、服部一隆、石野智大：《〈天圣令〉研究文献目录（第 2 版）》，《法史学研究会会报》14，2010 年。

乙 6482
井黑忍、船田善之、饭山知保：《河东访碑行现存确认金元碑目录》，《东洋史论集》38，2010 年。

（三）解题、训诂

乙 6483
藤塚邻：《高丽版〈龙龛手镜〉解题》，《斯文》11—10，1929 年。

乙 6484
静嘉堂文库编：《静嘉堂文库陈列书略解》，《书志学》6—3，1936 年。

乙 6485
仓田淳之助：《东方文化研究所汉籍分类目录解说》，《东报》14—1，1943 年。

乙 6486
山内正博：《文献通考经籍考与直齐陈氏书录解题》，《史学杂志》75—9，1966 年。

乙 6487
阿部隆一：《台北"故宫博物院"藏杨氏观海堂善本解题——中国访书志之一》，《斯道文库论集》9，1971 年。

乙 6488
阿部隆一：《北平图书馆原藏宋经元版经部解题》，《长泽先生古稀记念图书馆学论集》，1973 年。

乙 6489
阿部隆一：《台北"故宫博物院"藏北平图书馆宋金元版解题——中国访书志之二》，《斯道文库论集》11，1974 年。

乙6490

阿部隆一：《关于台湾图书馆等藏宋金元版解题——中国访书志之三》，《斯道文库论集》13，1976年。

乙6491

清水茂：《〈圣宋千家名贤表启翰墨大全〉解题补——关于北京图书馆藏本》，《天理图书馆报》79，1982年。

乙6492

宫本胜：《孝经序训注（2）——唐玄宗注、宋邢昺疏》，《中国哲学》18，1989年。

乙6493

尾崎康：《日本现在宋元版解题——史部（上）》，《斯道文库论集》27，1993年。

乙6494

尾崎康：《日本现在宋元版解题——史部（下）》，《斯道文库论集》28，1993年。

乙6495

村越贵代美：《〈四库全书〉的解题——以朱淑真〈断肠集〉〈断肠词〉的提要为例》，《图书馆情报大学研究报告》14—1，1995年。

乙6496

尾崎康：《北京图书馆藏正史宋元版解题抄——〈正史宋元版的研究〉补订》，《史学》64—3、64—4，1995年。

乙6497

尾崎康：《上海图书馆藏宋元版解题——史部（1）》，《斯道文库论集》31，1997年。

乙6498

宫纪子：《〈孝经直解〉的出版及其时代》，《中国文学报》56，1998年。

乙6499

盐见邦彦：《〈通鉴〉胡注的训诂的特色及其价值》，《东洋古典学研究》14，2002年。

（四）索　　引

乙6500

东洋史研究会：《直斋书录解题书名索引》，《东洋史研究》3—2，1937年。

乙6501

龙泽俊亮编：《宋元明清家集分类

十八、书志学

索引（1）》，《满蒙》18—6，1937年。

乙6502

龙泽俊亮编：《宋元明清家集分类索引（2）》，《满蒙》18—7，1937年。

乙6503

龙泽俊亮编：《宋元明清家集分类索引（3）》，《满蒙》9—12，1937年。

乙6504

若城久治郎：《辽史索引代跋》，《东洋史研究》2—5，1937年。

乙6505

石田干之助：《直斋书录解题书名索引》，《东洋史研究》3—2，1938年。

乙6506

矢岛玄亮：《百于全书书名索引稿》，《书志学》11—4，1941年。

乙6507

波多野太郎：《中国小说戏曲词汇研究辞典综合索引篇——笔画索引》，《横滨市立大学纪要》10，1956年。

乙6508

波多野太郎：《中国小说戏曲词汇研究辞典综合索引篇——发音索引》，《横滨市立大学纪要》9，1956年。

乙6509

后藤俊瑞：《〈朱子分类索引〉的编纂》，《各项研究及辅助研究报告集录（哲·史·文学编）》，1957年。

乙6510

山内正博：《〈建炎以来系年要录〉注据引篇目索引笔记》，《宫崎大学教育学部纪要（社会科学）》22，1967年。

乙6511

铃木哲雄：《〈景德传灯录〉固有名词索引（1）》，《爱知学院禅研究所纪要》1，1971年。

乙6512

铃木哲雄：《〈景德传灯录〉固有名词索引（2）》，《爱知学院禅研究所纪要》2，1972年。

乙6513

青山宏：《花间集索引》，《东洋学文献中心丛刊》21，1974年。

乙6514

山路广明：《契丹墓志铭文字索引》，《早稻田大学图书馆纪要》15，1974年。

乙6515

原田种成：《贞观政要语汇索引（7）》，《大东文化大学纪要》12，1974年。

乙6516

庄司格一：《景德传灯录僧名索引》，《山形大学纪要（人文科学）》10—2，1983年。

乙6517
安苏干夫：《三朝北盟会编人名索引（5）》，《广岛经济大学研究论集》11—4，1989年。

乙6518
安苏干夫：《三朝北盟会编人名索引（6）》，《广岛经济大学研究论集》12—1，1989年。

乙6519
萩原正树：《韵语阳集引用诗句索引（1）》，《学林》13，1989年。

乙6520
萩原正树：《韵语阳集引用语句索引（2）》，《学林》16，1991年。

乙6521
萩原正树：《韵语阳集引用语句索引（3）》，《学林》17，1991年。

乙6522
佐伯富：《〈元丰官志〉索引》，《从宋到明清的科举、官僚制及其社会的基础研究》，1992年。

乙6523
坂内千里：《〈说文解字系传〉引用书考——以〈尔雅〉的引用为中心》，《兴膳教授退官记念中国文学论集》，2000年。

乙6524
西尾尚也、盐卓悟：《〈续夷坚志〉索引》，《千里山文学论集》64，2000年。

乙6525
山口谣司、桑濑明子：《〈中国版刻图录〉所载宋版刻工名索引》，《大东文化大学汉学会志》40，2001年。

乙6526
萩原正树：《中国历代词（附日本）译注所载书索引——南宋金元明清近代（附日本）词篇》，《小樽商科大学人文研究》104，2002年。

乙6527
萩原正树：《中国历代词（附日本）译注所载书索引——唐五代北宋词篇》，《小樽商科大学人文研究》103，2002年。

（五）版本校勘

乙6528
新村出：《唐宋版本杂话》，《历史地理》9—5，1926年。

十八、书　志　学

乙 6529
　樋口龙太郎：《宋版三国史详节的考察》，《斯文》9—9，10—2、10—4、10—11，1927—1928年。

乙 6530
　长泽规矩也：《插图本宋刊本书籍》，《书志学》1—1，1933年。

乙 6531
　长泽规矩也：《关于绘入的宋刻本》，《书志学》1—1，1933年。

乙 6532
　长泽规矩也：《根据帝讳阙笔鉴定宋刊本时的注意事项》，《书志学》2—1，1934年。

乙 6533
　长泽规矩也：《十行本注疏考》，《书志学》3—6，1934年。

乙 6534
　长泽规矩也：《宋本鉴定法》，《书志学》3—2，1934年。

乙 6535
　长泽规矩也：《宋刊本广韵印刻年份的推算》，《书志学》2—2，1934年。

乙 6536
　长泽规矩也：《宋刻本刻工名表初稿》，《书志学》2—2，1934年。

乙 6537
　长泽规矩也：《关于本祖斋首藏之宋元刊本》，《书志学》4—6，1935年。

乙 6538
　长泽规矩也：《影印版三谢诗》（桥川时雄影印本），《书志学》4—3，1935年。

乙 6539
　长泽规矩也：《越刊八行本注疏考》，《书志学》4—5，1935年。

乙 6540
　仁井田陞：《永乐大典本宋会要稿本两种》，《东洋报》22—3，1935年。

乙 6541
　杉本直治郎：《内阁文库所藏之册府元龟的刊本与宋本》，《史学研究》1—2，1935年。

乙 6542
　长泽规矩也：《宋刊单疏本的刊行年》，《服部记念论集》，1936年。

乙 6543
　长泽规矩也：《唐宋版式的变迁——特别是宋末元初，元末明初，明末清初的刊本》，《书志学》7—3，1936年。

乙 6544
　长泽规矩也：《再论现存宋刊单疏本》，《书志学》6—5，1936年。

乙 6545
　长泽规距也：《宋刊行〈唐百家

诗选〉考》，《书志学》7—6，1936年。

乙6546
冈本慎吾：《重修广韵以前的广韵》，《服部记念论集》，1936年。

乙6547
宇都宫清吉：《关于明版册府元龟》，《东洋史研究》2—2，1936年。

乙6548
大屋德城：《关于龙谷本〈龙龛手鉴〉的雕造年代》，《稻叶博士还历记念满鲜史论丛》，1938年。

乙6549
仁井田陞：《宋会要与宋代的出版法——特别是关于版本的避讳阙笔法》，《书志学》10—5，1938年。

乙6550
外山军治：《关于阿波国文库本〈华夷译语〉》，《东洋史研究》3—5，1938年。

乙6551
长泽规矩也：《在宋刻本的缺笔问题上向仁井博士求教》，《书志学》10—2，1939年。

乙6552
小岛小五郎：《关于台记所见之〈御览〉》，《史学研究》11—2，1939年。

乙6553
长泽规矩也：《东京梦华录诸本考（上）》，《书志学》17—1，1941年。

乙6554
长泽规矩也：《我国所见宋本行格表初稿》，《书志学》17—5、17—6，1941年。

乙6555
岛田正郎：《关于影印本徐钞宋会要辑稿的一点补充》，《史学杂志》52—7，1941年。

乙6556
仁井田陞：《宋代法典版本考》，《加藤繁博士还历记念东洋史集说》，1941年。

乙6557
山本守：《静嘉堂本〈女真译语〉考异》，《书香》15—10，1943年。

乙6558
湖外小山：《绍熙云间志考证》，《学海》1—2，1944年。

乙6559
日比野丈夫：《关于吴兰庭〈元丰九域志〉校订》，《东洋史研究》10—4，1949年。

乙6560
波多野太郎：《棠阴比事的诸版本》，《横滨大论丛》2—3，

十八、书　志　学

1950年。

乙6561
花房英树：《文苑英华的编纂》，《东方学报（京）》19，1950年。

乙6562
日比野丈夫：《元丰九域志纂修考——元丰二十三路》，《东方学》8，1954年。

乙6563
长泽规矩也：《关于宋代合刻本正史的传本》，《泷川博士还历记念论丛》，1957年。

乙6564
花房英树：《关于宋本〈白氏文集〉》，《神田博士还历记念书志学论集》，1957年。

乙6565
榎一雄：《关于〈马可·波罗〉的近刊本》，《东洋学报》40—2，1957年。

乙6566
平中苓次：《关于米泽上杉家所藏宋庆元本〈汉书〉》，《立命馆文学（立命馆大学文学部创刊三十周年记念论集）》150、151号，1957年。

乙6567
入矢义高：《关于义山杂纂》，《名古屋大学文学部十周年记念论集》，1959年。

乙6568
原田种成：《朝鲜版贞观政要注解考》，《朝鲜学报》17，1960年。

乙6569
原田种成：《贞观政要官家中宋刊本的窜入》，《日本中国学会报》12，1960年。

乙6570
佐藤保：《渭南文集"剑南诗稿"版本考》，《中国文学研究》2，1961年。

乙6571
山内正博：《文献通考经籍考著者名通检稿》，《宫崎大学教育学部纪要》21，1966年。

乙6572
黑川洋一：《关于宋本〈杜工部集〉的流传与吴若本的问题》，《吉川博士退休记念中国文学论集》，1968年。

乙6573
田村实造：《我所见的〈宋会要〉辑本及其他——四十年前的北平之忆》，《汉文教室》87，1968年。

乙6574
福田殖：《关于朱子语类的各种版本》，《九州中国学会报》15，1969年。

乙6575
隈本宏、福田殖：《关于朱子语

类的各种版本（续）》，《久留米工业高等专门学校研究报告》12，1969年。

乙6576
长泽规矩也：《宋刊本刻工名表1》，《书志学》20，1970年。

乙6577
金子和正：《天理图书馆藏宋刊本刻工名表》，《书志学》18，1970年。

乙6578
柳田圣山：《宋版古尊宿语录调查报告》，《禅文化研究所纪要》4，1972年。

乙6579
中村菊之进：《宋思溪版大藏经刊记考》，《文化》36—3，1972年。

乙6580
岛田正郎：《关于清苑委别藏钞本〈宋律〉》，《法律论丛》46—1，1973年。

乙6581
高畑常信：《〈论语集注〉形成过程之一考察》，《长泽先生古稀记念图书学论集》，1973年。

乙6582
中岛敏：《〈庆元条法事类〉诸本源流小考》，《长泽老师古稀记念图书学论集》，1973年。

乙6583
船越泰次：《关于宋白的〈续通典〉》，《集刊东洋学》31，1974年。

乙6584
山田利明：《〈太平广记〉神仙类卷第排列之一考察》，《东方宗教》43，1974年。

乙6585
尾崎康：《关于宋刊〈新唐书〉》，《斯道文库论集》11，1974年。

乙6586
泽田瑞穗：《关于旧抄冯氏手校本〈灯下闲谈〉二三事》，《天理图书馆报》56，1974年。

乙6587
长泽和俊：《关于王延德的〈使高昌记〉》，《东洋学术研究》14—5，1975年。

乙6588
尾崎康：《关于南宋两淮江东转运司刊三史》，《史学》46—3，1975年。

乙6589
野村博：《关于有仁宗校订期西藏经典题目的西夏经典之一考察》，《东洋史苑》9，1975年。

乙6590
高畑常信：《张南轩集的版本》，《中京大学文学部纪要》10—3，1976年。

乙6591
前川幸雄：《关于静庵堂文库及

十八、书志学

东大图书馆所藏之宋本〈元氏长庆集〉残本》，《汉文学》15，1976年。

乙6592
村上哲见：《苏东坡书简的传入与苏东坡集诸本之系谱》，《中国文学报》27，1977年。

乙6593
高桥良政：《刘长卿集传本考》，《中国文学研究》3，1977年。

乙6594
尾崎康：《关于通典的各种版本》，《斯道文库论集：森武之助先生退职记念论集》14，1977年。

乙6595
新海一：《柳河东集的源流》，《国学院大学纪要》15，1977年。

乙6596
野口一雄：《〈乐章集〉源流考》，《东方学》53，1977年。

乙6597
长谷川诚夫：《唐宋时期有关吏的典籍》，《史学》49—2、49—3，1979年。

乙6598
长谷川诚夫：《唐宋时期有关胥吏的典籍》，《史学》49—2，1979年。

乙6599
冈村繁：《文选集注与宋明流行版中的李善注》，《加贺博士退官记念中国文史哲学论集》，1979年。

乙6600
田中整治：《关于北宋吴处厚的〈青箱杂记〉》，《加贺博士退官记念中国文史哲学论集》，1979年。

乙6601
阿部隆一：《天理图书馆藏宋金元版本考》，《天理图书馆报》75，1980年。

乙6602
冈野诚：《关于近刊之景宋刊本〈律〉（附音义）》，《法律论丛》53—1、53—2，1980年。

乙6603
荒井健：《李义山诗集小考——关于有问题的宋版》，《东方学报》52，1980年。

乙6604
尾崎康：《关于天理图书馆藏宋刊本通典》，《天理图书馆报》75，1980年。

乙6605
吉田寅：《〈庆元条法事类〉的文献学方面的一项考察》，《中岛敏老师古稀记念论集（下卷）》，1981年。

乙6606
藤本幸雄：《朝鲜版〈朱子语类〉

考》,《富山大学人文学部纪要》5,1982年。

乙6607
尾崎康:《关于宋元刊南北史、七史及隋书(上)》,《斯道文库论集》19,1982年。

乙6608
高桥均:《关于和刻本汉诗集成所收录的〈苏东坡绝句〉、〈名公妙选陆放翁诗集〉的底本》,《汲古》3,1983年。

乙6609
尾崎康:《关于宋元刊南北史、七史及隋书(下)——含补订》,《斯道文库论集》20,1983年。

乙6610
长泽规矩也:《宋刊本刻工名表2》,《书志学》33、34,1984年。

乙6611
上野利三:《台湾"中央图书馆"图书馆所藏(天一阁旧藏)明抄本宋刑统及其刊本——围绕小林宏博士的主张》,《松坂大学松坂政经研究》3—1,1984年。

乙6612
仓田淳之助:《关于苏诗佚注中的东坡先生年谱与蓬左文库藏古钞本》,《茶水女子大学中国文学会报》4,1985年。

乙6613
高津孝:《关于蓬左文库本〈五荆公诗笺注〉》,《东方学》69,1985年。

乙6614
金子和正:《关于金、元版鉴别的诸问题》,《天理图书馆报》84,1985年。

乙6615
尾崎康:《关于宋元刊两唐书及五代史记》,《斯道文库论集》21,1985年。

乙6616
尾崎康:《关于元刊宋史、辽史、金史》,《西与东:前岛信次郎先生追悼论文集》,1985年。

乙6617
尾崎康:《宋版鉴别法》,《天理图书馆报》85,1985年。

乙6618
吉井和夫:《两足院本〈东坡集〉初探》,《追悼神田喜一郎博士中国学论集》,1986年。

乙6619
吉井和夫:《两足院本〈东坡集〉校勘记(1)——东坡和陶诗(上)》,《文艺论丛》27,1986年。

乙6620
中岛隆藏:《关于〈云笈七签〉诸本——道藏本、清真馆本、辑要本》,《集刊东洋学》56,1986年。

十八、书　志　学

乙 6621
北村高：《关于龙谷大学大宫图书馆藏的宋、元版佛典》，《历史与传承：日野昭博士花甲记念论文集》，1988年。

乙 6622
村越贵代美：《关于朱淑真集的两种的版本——冀勤女士论文介绍》，《汲古》14，1988年。

乙 6623
芳村弘道：《关于〈韵语阳秋〉的传本》，《学林》11，1988年。

乙 6624
吉井和夫：《两足院本〈东坡集〉校勘记（2）——东坡和陶诗（下）》，《文艺论丛》30，1988年。

乙 6625
椎名宏雄：《〈镡津文集〉的成立与诸本的系统》，《中国的佛教与文化》，1988年。

乙 6626
北川俊昭：《关于〈文献通考〉的版本》，《早稻田大学大学院文学研究科纪要附录15（哲学、史学篇）》，1989年。

乙 6627
清水邦一：《寇准诗集校勘试稿（1）》，《橄榄》2，1989年。

乙 6628
尾崎康：《关于宋元刊〈资治通鉴〉》，《斯道文库论集》23，1989年。

乙 6629
井上进、末木文美士：《〈北溪字义〉版本考》，《东方学》80，1990年。

乙 6630
清水邦一：《寇准诗集校勘试稿（2）》，《橄榄》3，1990年。

乙 6631
清水邦一：《寇准诗集校勘试稿（3）——附：题目综画索引》，《橄榄》4，1991年。

乙 6632
末木文美士：《关于〈碧严录〉诸本》，《禅文化研究所纪要》18，1992年。

乙 6633
森田宪司：《关于〈事林广记〉的诸版本——以国内所藏的诸本为中心》，《宋代的知识分子——思想、制度、地区社会》，1993年。

乙 6634
尾崎康：《宋元版的展开（上）》，《新汉文教育》16，1993年。

乙 6635
村越贵代美：《柳永〈乐章集〉诸本的流传——野口一雄〈乐章集源流考〉补正》，《图书馆情报大学研究报告》13—2，1994年。

乙 6636

木田知生：《围绕王安石〈楞严经〉抄本》，《东洋史苑》42、43合并号，1994年。

乙 6637

泽崎久和：《内阁本〈庐山记〉》收诗的本文及其校异与问题点》，《福井大学教育学部纪要第1部人文科学国语学、国文学、中国学篇》48，1997年。

乙 6638

柳川顺子：《〈白氏六帖〉礼部校笺》，《广岛女子大学国际文化学部纪要》5，1998年。

乙 6639

柳川顺子：《关于台湾图书馆藏〈新雕白氏六帖事类添注出经〉》，《广岛女子大学国际文化学部纪要》6，1998年。

乙 6640

富永一登：《关于〈太平广记〉诸本》，《广岛大学文学部纪要》59，1999年。

乙 6641

吾妻重二：《〈家礼〉的刊刻与版本——至〈性理大全〉为止》，《关西大学文学部论集》48—3，1999年。

乙 6642

野泽佳美：《宋版大藏经与刻工——附：宋版三大藏经刻工一览（稿）》，《立正大学文学部论丛》110，1999年。

乙 6643

佐藤进：《宋刊方言四种影印集成》，《日本文部省1998年科研经费可研报告》，1999年。

乙 6644

尾崎康：《演讲〈宋元版的诸相〉》，《Biblia》114，2000年。

乙 6645

东英寿：《关于南宋本〈欧阳文忠公集〉的成立过程》，《人文学科论集》53，2001年。

乙 6646

东英寿：《关于欧阳修〈欧阳文忠公集〉——中华书局〈欧阳修全集〉底本选择的问题点》，《橄榄》10，2001年。

乙 6647

东英寿：《关于天理本〈欧阳文忠公集〉》，《中国文学论集》30，2001年。

乙 6648

牧野和夫：《日宋〈版刻〉的结合者——十三世纪中后期的〈补刻叶〉探寻》，《日本文学》50—7，2001年。

乙 6649

牧野和夫：《宋版一切经补刻叶中的〈下州千叶寺了行〉的周边》，《东方学报》73，2001年。

十八、书志学

乙6650
竺沙雅章：《关于中国古版经》，《位于奈良县的中国古版经调查报告》，2001年。

乙6651
竺沙雅章：《宋代单刻本〈法华经〉》，《汲古》40，2001年。

乙6652
住吉朋彦：《〈韵符群玉〉版本考（1）》，《斯道文库论集》35，2001年。

乙6653
住吉朋彦：《〈韵符群玉〉版本考（2）》，《斯道文库论集》36，2001年。

乙6654
佐野诚子：《关于台湾大学所藏〈太平广记〉孙潜校本》，《中国语中国文学研究室纪要》4，2001年。

乙6655
冈野诚：《关于明钞本北宋天圣令残卷的出现》，《法史学研究会会报》7，2002年。

乙6656
高桥良政：《关于〈鹤林玉露〉的版本》，《樱文论丛》54，2002年。

乙6657
沟部良惠：《关于成任篇刊〈太平广记详节〉》，《东京大学中国语中国文学研究室纪要》5，2002年。

乙6658
会谷佳光：《〈崇文总目〉——从其编纂到朱彝尊旧藏抄本》，《人文论丛》68，2002年。

乙6659
会谷佳光：《关于〈崇文总目〉的抄本与辑佚书》，《日本中国学会报》54，2002年。

乙6660
藤森馨：《列帖装与线装本——同时涉及宫内厅书陵部藏南宋刊本〈王文公文集〉的原装》，《国士馆大学汉学纪要》5，2002年。

乙6661
沼尻俊裕：《朱熹〈韩分考异〉小考——通过与〈韩集举正〉的校勘方法的比较》，《大东文化大学中国学论集》19，2002年。

乙6662
佐立治人：《和氏父子所撰〈疑狱集〉的整理》，《关西大学法学论集》51—6，2002年。

乙6663
高桥芳郎：《关于上海图书馆藏〈名公书判清明集〉校本的校对本》，《史朋》35，2003年。

乙6664
内田诚一：《静嘉堂本〈王右丞

文集〉刊刻年代考》,《日本中国学会报》55,2003年。

乙 6665

吾妻重二:《朱熹〈家礼〉的版本与思想相关的确凿性研究》,《2000年至2002年度科学研究经费补助金基础研究(C)(2)研究成果报告》,2003年。

乙 6666

衣川贤次:《祖堂集的校理》,《东洋文化》83,2003年。

乙 6667

竺沙雅章:《有关黑水城出土的辽刊本》,《汲古》43,2003年。

乙 6668

石冈浩:《北宋景祐刊〈汉书〉刑法志第14页的复元——前汉武帝刑法改革的文字增减》,《东方学》111,2006年。

乙 6669

大津透:《北宋〈天圣令〉的公开出版发行及其意义——日唐律令比较研究的新阶段》,《东方学》114,2007年。

乙 6670

高桥芳郎:《〈名公书判清明集〉的编印者与版本》,《有关传统中国的诉讼、审判史料的调查研究(2004年度至2006年度科学研究经费研究成果报告)》,北海道大学研究生院文学研究科东洋史研究室,2007年。

乙 6671

冈野诚:《有关北宋的〈天圣令〉——其发现、出版发行、研究状况》,《历史与地理》614,2008年。

乙 6672

宫纪子:《关于睿山文库所藏的〈事林广记〉写本》,《史林》91—3,2008年。

乙 6673

浅见洋二:《从校勘到生成论——围绕宋代的诗文集注释,尤其是苏黄诗注中真迹、石刻的活用》,《东洋史研究》68—1,2009年。

人名索引

A

阿部房次郎　57, 58
阿部吉雄　46, 47, 372, 387, 389, 392, 407
阿部兼也　14, 247, 288, 490
阿部隆一　88, 539, 540, 547
阿部泰记　284, 288
阿部肇一　40, 299, 304, 306, 307, 308, 310, 312, 313, 314, 315, 316, 318
阿南史代　146
爱宕松男　7, 9, 13, 29, 70, 94, 121, 137, 138, 140, 142, 193, 195, 205, 220, 259, 472, 473, 474, 515
爱宕元　114, 123, 231
爱新觉罗·乌拉熙春　80, 82, 144, 145, 146, 508, 510, 517, 518, 519, 533, 534
安倍直之　126
安部健夫　74, 222
安达公德　199

安冈正笃　46, 119, 245
安井小太郎　372, 386
安马弥一郎　82, 506
安苏干夫　123, 193, 194, 197, 200, 219, 542
安藤俊雄　39, 304
安藤孝行　34
安藤孝一　473
安藤智信　307, 308, 309, 310, 311, 339, 342, 373
安田二郎　44, 387, 388
安田修一　112, 158, 160
岸本美绪　166
岸边成雄　226, 414, 445
岸边茂雄　74
岸田刘生　59
岸田勉　424, 425
岸田知子　249, 375, 377
奥村佳代子　291
奥村伊九良　59, 419, 420, 421, 422
奥崎裕司　15
奥田诚一　59, 69, 462, 463, 464, 467

奥野新太郎　352
奥野彦六　538

B

八幡关太郎　58
八讲正司　509
八木充幸　195，196
八木奘三郎　81，131，462，521，522
白川静　248
白井长助　531
白井光太郎　68
白井乐山　33
白井顺　370
白木直也　287
白鸟库吉　9，10，487，506，521
白石典之　82，528
白石虎月　460
柏仓明裕　317，318
阪上久规　142
坂出祥伸　243，327，329，446，538
坂东贯山　442
坂井多穗子　271，272
坂井健一　85，507，509，510
坂尻彰宏　384，534
坂内千里　542
坂内荣夫　342
坂上康俊　214
坂上雅翁　322
坂田新　374
坂野良吉　163
板仓圣哲　431，432，433，434，435
板桥伦行　461
板桥真一　115，116，124，197，207
板垣雄三　77
半田晴久　323
浜田久美子　478
浜田直也　239

保坂玉泉　305
保立道久　40
保苅佳昭　254，255，256，265，279，280，281，283
北川房次郎　135，525
北川俊昭　549
北村高　549
北村璐梅　128
北山康夫　154，494
北田英人　97，165，451，496，502
北畠竹之助　17
北原峰树　365
贝塚茂树　85
本间次彦　400
本间日出男　49
本山达郎　478
本田成之　44，347，385
本田济　35，49，348，356，368，369
本田精一　184，185，448
本田治　163，164，165，166，167，199，451，456，493，496，497，502
滨口重园　148
滨名祖光　17
滨田耕作　416
滨下武志　15
并木正韶　42
波多野太郎　33，277，280，326，507，541，544
博林皓堂　338
布目潮沨　30，70，242
布施和洋　527

C

材木谷敦　253，291
仓持德一郎　498
仓光卯平　258，259

人名索引

仓石武四郎　33, 87
仓田淳之助　246, 247, 259, 260, 261, 293, 539, 548
草野靖　23, 95, 148, 151, 152, 153, 158, 160, 161, 162, 163, 165, 166, 173, 182, 183, 190, 191, 196, 198, 200, 205, 239
草野祐子　482
草野忠次　391
柴田笃　352, 399, 400, 401
柴田清继　520
柴田泰　307
柴田宜胜　298
禅野佑博　473
长部和雄　105, 131, 216, 223, 309, 408
长谷部刚　270
长谷部好一　309
长谷部乐尔　69, 472, 473
长谷川昌弘　314, 317, 318, 320
长谷川诚夫　114, 547
长谷川道隆　474
长谷川光昭　376
长谷川己之吉　467
长谷川兼太郎　494
长谷川泰生　254
长广敏雄　61, 64
长井千秋　198, 199, 200, 208, 220, 225
长濑守　23, 69, 100, 112, 157, 158, 159, 160, 161, 162, 163, 165, 449, 450
长田夏树　79, 276, 277, 278, 513, 516, 520
长尾光之　288
长尾秀则　415
长尾正和　262, 293, 439, 440

长泽规矩也　83, 84, 88, 245, 286, 461, 536, 537, 543, 544, 545, 546, 548
长泽和俊　138, 174, 311, 489, 490, 491, 546
常盘大定　38, 55, 56, 58, 298, 300, 302, 336, 337
常盘井贤十　84
成岛浪俭　38
成河峰雄　316, 317
成濑哲生　265, 266
池内功　141, 219, 224
池内宏　3, 72, 129, 130, 131, 141, 336, 478, 480, 488, 490, 494, 495
池田诚　6, 94, 95, 99, 190, 216, 223
池田静夫　76, 93, 150, 154, 176, 180, 492, 493, 499, 504
池田桃川　75
池田四郎次郎　245, 508
池田温　15, 73, 206, 479
池田孝　245
池田雪雄　355
池田哲也　5, 440, 526
池田智幸　283
池泽滋子　254, 255, 285
赤城隆治　89, 206
赤木崇敏　146, 534
赤松纪彦　36
赤塚光男　349
赤塚忠　394
重松俊章　216, 298, 300, 330, 331
重田德　100
重泽俊郎　374
川本芳昭　146
川村康　206, 207, 208, 209, 210, 211, 212, 213, 233

川岛郁夫 249
川合孝太郎 530
川口靖夫 413
川濑一马 337, 453
川崎保 527
川崎芳太郎 54
川上恭司 219, 408, 411
川上泾 62, 425
川胜守 23, 115
川添昭二 27, 73, 483
川田弥一郎 71
川田铁弥 42
川野正裕 367, 398
传田章 289
船津富彦 34, 258, 261, 262, 264, 287, 294, 425
船田善之 532, 533, 534, 539
船越泰次 48, 106, 197, 383, 546
吹野安 36, 37, 246, 251, 399
垂水英彦 277
春日礼智 302, 312, 537
春山信一 356
凑信幸 431
凑逸子 172
村井章介 73
村山吉广 263, 294
村山七郎 513, 514, 516
村山旬吾 53
村山郁子 289
村上公一 289
村上恭通 526
村上嘉实 113, 238, 451
村上哲见 33, 34, 35, 37, 89, 247, 252, 254, 264, 266, 276, 277, 278, 279, 280, 281, 295, 547
村上正二 14, 96, 148, 219
村田雄二郎 49

村田治郎 39, 76, 82, 135, 136, 442, 456, 457, 458, 459, 488, 522, 523, 524
村越贵代美 253, 256, 268, 283, 284, 296, 445, 540, 549
村越英明 414, 415, 449

D

大滨皓 47, 397
大串纯夫 420
大村丰隆 309
大村西崖 54, 55, 56, 443
大村欣一 494
大村兴道 305
大岛晃 48, 350, 361, 363, 364, 366
大岛立子 26, 140, 210
大岛正健 79, 509
大地武雄 280
大谷邦彦 392
大谷光男 381
大谷健夫 449
大谷胜真 489
大槻彻心 32
大槻信良 46, 389, 390
大江万里 354
大江文城 42, 43, 353, 385
大津透 552
大井际断 305
大橘虎雄 384
大龙一雄 287
大木康 251, 291
大内田三郎 288
大平尧道 339
大崎富士夫 172, 175, 177, 189, 190, 193, 194, 196, 217, 496
大桥靖 251, 265
大桥由治 292

人 名 索 引

大森信德　441
大石守雄　339
大室智人　221
大松博典　313, 314, 320, 343
大田由纪夫　185, 484
大庭康时　478
大屋德城　544
大西启司　323, 335
大西晴隆　358, 396
大西阳子　250, 256, 266, 267, 289, 538
大岩本幸次　80
大野贵正　253
大野修作　64, 263, 268, 285, 299, 381, 415, 430, 431, 440, 441, 531
大渊忍尔　89
大原嘉丰　323
大泽正昭　19, 23, 30, 70, 96, 107, 109, 165, 209, 210, 213, 214, 232, 236, 237, 238, 240, 450, 451
大塚纪弘　322, 323
大塚秀高　97, 291, 292, 294, 334
代田贵文　477
丹乔二　96, 149, 152, 159, 161, 162, 163, 166, 196, 208, 219, 231, 239
岛津草子　39
岛居一康　16, 23, 88, 101, 152, 161, 162, 163, 166, 196, 197, 198, 199, 201, 218
岛田翰　83
岛田好　133, 488, 489, 503, 511, 512, 523, 529, 530
岛田虔次　44, 45, 46, 49, 50, 349, 355, 357, 363, 395

岛田修二郎　60, 64, 414, 418, 420, 421, 422, 423, 424
岛田英诚　66, 427, 428, 429, 430
岛田贞彦　81, 465, 523, 524, 525, 530
岛田正郎　7, 11, 12, 15, 18, 19, 24, 25, 26, 28, 76, 82, 133, 134, 135, 136, 137, 138, 139, 140, 148, 159, 204, 218, 226, 230, 231, 241, 242, 331, 332, 348, 443, 454, 455, 459, 477, 493, 495, 513, 516, 524, 525, 526, 544, 546
岛尾永康　71
岛尾新　430, 435
岛屋政一　68
道端良秀　308, 310, 326
稻川弥生　483
稻田尹　287, 288
稻叶君山　511
稻叶岩吉　74, 131, 170, 481, 511, 522, 530
稻叶一郎　50, 125, 382
德川义知　421
德山正人　105, 151, 216
德永弘道　425, 426
德永洋介　125, 207, 208, 210, 518
堤邦彦　250
堤留吉　246, 247
荻须纯道　303, 304, 306, 308, 487
荻野三七彦　418
地浓胜利　163, 174, 195
槙佐知子　453
东一夫　18, 19, 87, 100, 112, 120, 122, 156, 157, 159, 190, 191, 373, 408
东英寿　37, 125, 250, 251, 252, 254,

255, 256, 269, 286, 290, 352, 382, 538, 550
渡边诚　484, 485
渡边道夫　106, 107
渡边道子　424
渡边宏　479
渡边纮良　100, 101, 117, 122, 141, 149, 160, 206, 225, 228, 239, 365, 384
渡边健哉　16, 80
渡边久　116, 117, 128, 210
渡边明义　426
渡边三三　456
渡边喜三郎　515
渡边孝　108, 109, 220
渡边信一郎　15, 29, 97
渡边幸三　70, 452, 453
渡边欣雄　40
渡边薰太郎　511, 512
渡边一　417, 418, 419
渡部武　451
渡部学　393
渡部薰太郎　79, 511
渡部忠世　23
多贺秋五郎　28, 29, 51
多田知子　363

E

儿玉宪明　252, 253, 445
二宫启任　242
二阶堂善弘　335

F

繁原央　289
饭岛勇　425
饭岛忠夫　447
饭山知保　143, 144, 145, 146, 228, 409, 412, 413, 532, 533, 534, 539
饭田利行　79
饭田须贺斯　457, 458, 459
芳村弘道　275, 283, 549
芳贺幸四郎　246
丰岛悠果　128, 487
丰福健二　35, 295
丰后宏记　290
丰田穰　275, 380
丰田五郎　516, 517
凤见章　258
峰村三郎　509
蜂屋邦夫　40, 41, 48, 326, 327
伏见冲敬　33, 439
服部克彦　77
服部一隆　539
服部英雄　485
服部宇之吉　44, 336, 353
福本雅一　254
福岛光哉　40, 317, 319, 321
福岛美千子　196
福岛仁　365
福岛正　383
福岛正夫　25
福冈正博　284
福井康顺　388
福井利吉郎　58, 65, 66, 419, 422
福井文雅　16, 41, 343, 345
福井信昭　109
福田立子　231
福田知可志　291
福田殖　251, 267, 272, 361, 362, 363, 400, 545
福永光司　47
福原隆善　314
福泽与九郎　111, 155, 157, 158, 227,

人 名 索 引

408
榑林津龙 314
副岛一郎 252, 256, 352
富士川游 68
富田孔明 102, 108, 116, 124, 126, 127, 128, 220
富永昌良 185
富永一登 550

G

干河岸贯一 28
干一夫 493
冈本不二明 35, 37, 185, 248, 252, 262, 285, 289, 290, 493
冈本良知 451
冈本慎吾 544
冈本勋 507, 508, 510
冈本雅博 152
冈部长章 309
冈村繁 384, 547
冈村秀典 443
冈内三真 482
冈崎精郎 18, 105, 138, 140, 212, 332, 490
冈崎俊夫 276
冈崎文夫 28, 76, 119, 380
冈晴夫 15
冈山美智子 110
冈田登 70, 446, 455
冈田宏二 29, 107, 108, 198, 490, 491
冈田巧 21
冈田让 413, 442
冈田武彦 46, 47, 48, 50, 350, 357, 364, 394, 396, 397, 401
冈田宜法 301
冈西为人 69, 70, 453

冈玄雄 306
冈野诚 167, 213, 453, 539, 547, 551, 552
冈元司 30, 102, 198, 229, 235, 238, 412, 497, 498, 502, 534
纲野善彦 78
纲祐次 247
高仓克己 257
高仓洋彰 487
高村光太郎 248, 262
高村雅彦 78, 459
高岛俊男 15, 34, 294
高津孝 250, 251, 252, 415, 548
高井康典行 16, 80, 142, 143, 144, 145, 146
高濑武次郎 6, 43, 353, 385
高木达 358
高木文 56
高木智见 103
高木重俊 351
高桥 442
高桥保 476
高桥彻 116
高桥芳郎 26, 27, 96, 152, 153, 163, 164, 165, 166, 205, 207, 208, 211, 212, 214, 240, 551, 552
高桥弘臣 117, 118, 127, 142, 153, 183, 184, 185, 221, 225, 503
高桥进 45, 47, 357, 359, 360, 361
高桥均 548
高桥匡四郎 216
高桥良政 547, 551
高桥明郎 37, 249, 250, 251, 264, 374, 375, 532
高桥稔 257
高桥善太郎 424
高桥文治 251, 275, 284, 414, 532,

　　　　534
高桥武雄　380
高桥幸吉　257, 329, 538
高桥秀英　341
高桥学而　143, 526, 527, 528, 529
高桥贞治　44
高桥正和　358
高桥忠彦　243
高桑驹吉　3
高森良人　388
高田和彦　265, 266, 272
高田真治　44, 353, 393
高畑常信　35, 48, 49, 88, 279, 281, 358, 359, 360, 361, 362, 363, 364, 365, 368, 369, 403, 527, 546
高雄义坚　39, 297, 300, 302, 303, 304, 337
高原武雄　332
根本诚　446
根立研介　444
工藤寿晴　528
工藤祐嗣　520
弓场纪知　65
功刀正　350, 355
宫本胜　540
宫本则之　233
宫川尚志　327, 495
宫次男　428
宫纪子　71, 377, 383, 447, 540, 552
宫内美智子　537
宫崎法子　66, 429, 432, 433, 435
宫崎圣明　20, 117, 118
宫崎市定　7, 8, 10, 11, 12, 14, 19, 21, 28, 33, 51, 94, 95, 98, 99, 105, 110, 111, 119, 131, 147, 148, 150, 152, 154, 155, 157, 182, 186, 204, 206, 215, 238, 241, 288, 332, 348, 407, 414, 437, 454, 493
宫崎顺子　366, 367, 494
宫崎洋一　441
宫田一郎　288, 289
宫下三郎　69, 453
宫胁刚三　463
宫泽勘次　318
宫泽正顺　90, 317, 327, 343, 344, 345, 453
宫泽知之　23, 24, 174, 175, 183, 184, 185, 197, 198, 199, 201, 228, 239
宫之助　306
沟本章治　403, 405, 406
沟部良惠　551
沟口雄三　46, 47, 48, 49, 367, 368
菰口治　357, 358, 359, 361, 374
古城贞吉　31
古川新平　155, 189
古岛和雄　94
古岛琴子　246
古林森广　23, 164, 167, 169, 170, 173, 174, 177, 178, 334, 382, 454, 455
古松崇志　103, 104, 144, 145, 199, 323, 384, 459, 460, 528
古藤友子　48
古田敬一　507
古田绍钦　302, 303, 305, 306
古田真一　434, 435
古垣光一　100, 113, 114, 122, 123, 213, 409, 411, 412
古原宏伸　66, 425, 426, 429
谷川道雄　12, 108, 235
谷川守正　409

谷井俊仁 319
谷口房男 126，490
谷口明夫 382
谷口义介 297
谷田阅次 467，468，469
谷信一 419，422
关口欣也 459
关口正之 425
关野雄 458
关野贞 56，58，68，442，456，522，523
关正郎 360
关周一 483，485
馆林唐一郎 468
广长人世 87
广池千九郎 26
广濑熹六 419
广田不孤斋 69，469
广田宗玄 320，321，346
圭室谛成 302
龟井明德 70，473，475，484
龟田次郎 509
鬼头有一 397，398
鬼原俊枝 65，431
桂华淳祥 316，320，327，342，532
国方久史 164
国枝中郎 216

H

海老根聪郎 62，429
海老名俊树 206
好井隆司 100，158，160
合山究 227，247，248，259，260，359，439
和岛芳男 45，348，349，389，392
和田干男 53，54，55
和田久德 482，490，493，504

和田清 5，8，17，18，138，242，353，488，494，512
和田英信 268，270，272
和田正俊 354
河村晃太郎 256
河合卯之助 463
河口音彦 250，265
河内春人 484
河内良弘 141
河崎章夫 106
河上光一 22，23，110，151，167，168，169，192，195，495
河上洋 142
河上肇 32，34
河野道房 429，430
河野绿 267，296
河野通博 493
河原由郎 22，151，155，156，157，158，159，168，182，189，192，194，195，217，231
河原正博 77，99，216，219，230，332，479，489，490，508
鹤成久章 267
鹤城生 416
鹤田一雄 533
黑坂满辉 280，358，367，375
黑川桃子 275
黑川洋一 294，545
黑山一夫 483
黑田辰男 474
黑田日出男 433
黑田源次 67，470
恒石明宏 143
横河民辅 462
横井圣山 304
横内裕人 321，324，478
横山健一 104，379

横山秀哉　311，314
横山伊势雄　34，249，250，259，260，261，262，263，265，266，267，269，277，288，294，306，349，425，432
横山英　155，228
横手裕　299，327，328，329
横松宗　392
横田辉俊　34
后藤博山　56
后藤朝太郎　442
后藤淳一　293
后藤久胜　175，199
后藤俊瑞　43，44，45，85，86，348，354，355，385，387，388，389，541
后藤秋正　269，273
后藤胜　137
后藤秀穗　480
后藤延子　394，399
忽滑谷快天　38，347
湖外小山　544
户仓英美　292
户川芳郎　34，48
户崎哲彦　274
户田丰三郎　356，358，373，374，392
户田茂喜　489
户田裕司　127，228
户田祯佑　62，63，65，66，426，428，430，431
护雅夫　18
花登正宏　80
花房英树　545
花冈安见　385
花崎采坦　276
花崎隆一郎　328，362，375，398
桦山紘一　13，16

荒川慎太郎　16，80
荒井健　247，260，261，547
荒井幸雄　473
荒木见悟　45，46，48，298，299，356，359，360，362，363，388，389，402
荒木敏一　51，87，99，119，154，158，179，180，205，410，411
会谷佳光　383，384，551
会泽卓司　168
浑沌生　417

J

矶部彰　314
吉川东一　211
吉川幸次郎　32，47，246，286，381，394，414
吉川幸四郎　258
吉川忠夫　299
吉川专心　151
吉村孝义　458
吉冈义丰　39，338，339
吉冈义信　77，110，112，120，157，158，159，161，162，178，449
吉冈真　19
吉井和夫　253，263，440，538，548，549
吉田大进　307
吉田刚　320，321，322，345
吉田公平　48，295，364，365，366，369，370，376，378，397，404
吉田光邦　69，450，454，470
吉田浤一　232
吉田惠二　527
吉田金一　524
吉田隆英　332
吉田清治　7，93，119，120，222，348，

349
吉田顺一　221
吉田贤杭　306，387
吉田寅　85，86，87，89，95，148，
　　172，173，190，191，193，202，
　　227，264，448，449，450，453，
　　547
吉田宇之助　17
吉野富雄　413
吉野美弥雄　508
吉原文昭　50，349，350，361，362，
　　392
吉原重久　35
吉泽三郎　469
吉泽忠　422
纪成虎一　56
加地伸行　377
加濑藤圃　426
加藤繁　17，20，21，23，93，99，148，
　　150，151，153，154，168，170，
　　171，172，178，179，180，181，
　　186，187，188，203，216，226，
　　498，499
加藤国安　254，269
加藤晋平　487
加藤修弘　140
加藤义一郎　467，472
加藤宗孝　361
葭森健介　241
嘉纳治兵卫　57
甲斐雄一　127，257
榎本淳一　209，483
榎本涉　73，97，477，478，484，485，
　　486
榎井岳史　128，534，539
榎森进　143
榎一雄　99，476，545

间野潜龙　46，307，308，374
兼田信一郎　213，214
兼永芳之　390
菅谷军次郎　120，258
菅谷省吾　290
菅野银八　336
菅沼贞三　421
笕久美子　283
笕文生　32，35，37，49，246，255，
　　274，291
见城光威　103，104，117，200
建部遁吾　42
箭内亘　74，76，93，215，222，487，
　　488，522
江岛寿雄　495
江口尚纯　256，265，266，271，375，
　　376，377，378，409
江森一郎　408
江上波夫　13
江田忠　537
角井博　440，531
角田多加雄　409
角田健三　446，451
结成令闻　387
今场正美　264
今村龙一　420，421
今村与志雄　35
今关寿麿　33，42，54，245，417
今井溱　260，447
今井秀周　153，299，311，313，314，
　　332，334，335，342，345，531
今井宇三郎　45，86，306，349，355，
　　372，373，374，389
今堀诚二　22，95，188，189，212，
　　226，227
今泉牧子　118，128，210，214
今西春秋　512，516，531

今西凯夫　243
今野春树　321, 434, 459, 474, 527
今枝二郎　344, 345
今中宽可　349
金谷治　400
金井德幸　152, 193, 234, 299, 307, 311, 322, 324, 325, 332, 333, 334, 379
金井峻纯　316
金井紫云　59
金适　144, 508
金丸邦三　288
金文京　36, 220, 299
金小贤　296
金正耀　90
金子和正　546, 548
金子泰晴　175, 184, 220
金由纪子　127
津坂贡政　441
津田左右吉　8, 44, 129, 130, 380, 387, 413, 486, 494, 521
近藤春雄　245
近藤光男　32, 33, 36, 246, 260, 390
近藤节子　445
近藤良一　311
近藤启吾　251, 259
近藤喜博　439
近藤秀树　231
近藤一成　51, 95, 103, 122, 123, 126, 183, 194, 209, 228, 240, 241, 295, 362, 382, 408, 411, 412, 532, 535
近藤元粹　31, 53
近藤正则　49, 269, 350, 351, 352, 366, 368, 371, 374, 375, 376, 382, 396, 402
晋述一郎　49

井坂锦江　21, 523
井黑忍　73, 143, 145, 166, 167, 451, 532, 533, 534, 539
井口驹北堂　31
井上彻　30, 229, 232, 233, 234, 237
井上范男　167
井上健太郎　472
井上进　71, 383, 549
井上了圆　379
井上顺惠　314
井上泰也　183, 184, 185, 321, 322, 324
井上孝范　174, 175, 195
井上岩山　442
井上以智为　298
井上哲次郎　42
井上正夫　184, 185, 199
井上忠夫　446
井手诚之辅　429, 431, 433
井手达郎　110, 177
井泽耕一　376, 378, 538
静永健　274
镜岛元隆　312
镜三猛　526
久保惠子　206
久保天随　257
久保田和男　78, 102, 108, 118, 125, 127, 129, 153, 221, 225, 501, 503, 527
久保田量远　38, 325
久富寿　192
久须本文雄　47, 312, 348, 357, 358, 359, 362, 392, 394
久志卓贞　467, 468, 470
酒寄雅志　529
酒井规史　329
酒井忠夫　147

酒井紫朗　337，338
臼杵勋　82，145，244，527，528，529
救仁乡秀明　430
鹫尾顺敬　300
鹫野正明　265
驹井和爱　465，525
菊池久理子　128
菊池俊彦　526
菊池英夫　106，148，222，223，496，501
菊田勇雄　115

K

堀池春峰　40
堀池信夫　377
堀丰　382
堀井佳代子　145
堀敏一　8，16，22，94，96，106，110，218，223，535
堀内洋材　127
堀谦德　443

L

赖富本宏　311，312
濑川昌久　29
李文信　466
栗田阳介　535
栗原益男　10，18，19，100，101，102，105，106，107，120
砺波护　18，19，28，111，500
笠井清　358
笠井直美　292
莲实重康　486
镰田柳泓　44
镰田茂雄　307，321
梁音　436
林宏美　345

林朗庵　436
林龙淳　258
林田康顺　343，344
林田慎之助　34
林田益三　99
林屋晴三　470
林秀一　372
林雅清　292
铃木虎雄　32，408，437
铃木健郎　329
铃木敬　61，62，63，64，409，423，424，425，426，427，428，432，433
铃木靖　251
铃木俊　6，7，8，9，84，157，191
铃木亮　452
铃木隆行　108
铃木隆一　491
铃木弥生　292
铃木敏雄　267
铃木忍　436
铃木三八男　260
铃木省训　316
铃木泰山　309
铃木喜一　46，47，350
铃木修次　33，259
铃木宣邦　310
铃木阳一　335
铃木哲雄　41，311，339，344，346，541
铃木正弘　384
铃木政光　292
铃木直治　386，387
铃木治　227
铃木中正　39，302，303
铃木宗忠　303，338，537，538
柳川顺子　550

柳濑喜代志　265，398
柳田节子　8，19，23，30，95，101，111，112，116，122，123，149，151，152，153，159，162，163，164，166，174，191，206，209，219，239，240，455，496
柳田圣山　394，546
柳田裕延　366
柳原敏昭　484
龙泽俊亮　540，541
泷本正史　166，249，250，252，256，266，267，271
泷川政次郎　24，26，204，212，448，524，525
泷精一　55，415，416，417，418，419，420，421，444
泷康秀　366，378
泷辽一　60
泷野邦雄　129
泷泽精一郎　266
卢圣锡　478
芦田孝昭　37
陆义犹　364
鹿岛英一　519
麓保孝　45，47，121，348，354，355，356，357，372
绿川英树　271，285

M

麻生履善　302
马渊昌也　351
马渊和夫　87
麦谷邦夫　90
满冈忠成　465
满田新造　508，509
毛利英介　103，104，144，146，480
毛塚康明　123，185

梅本俊次　522
梅村尚树　410
梅村坦　15
梅津幸子　262，285
梅崎谛道　326
梅原郁　12，13，15，18，19，20，26，51，77，87，88，89，90，97，98，113，114，115，116，117，121，123，126，152，153，158，159，185，191，192，193，194，198，207，208，210，212，228，240，334，382，383，499，500，501，529
妹尾达彦　16，78，229，502，503
米内山庸夫　467，468，469，470，471，472
米山寅太郎　536
米田贤次郎　87，156
米泽嘉圃　60，61，62，423，424，425，426
名畑嘉则　296，368，369，375，403
明木茂夫　252，279，280，281，282
明石染人　455
末广照纯　312
末葭敏久　273
末木恭彦　371，377，378，395，398，401，402
末木文美士　89，322，549
牟田口章人　460
木村肥佐生　298
木村宏　489
木村明史　335，453
木村三四吾　285
木村拓　145
木村英一　388
木村增太郎　76
木村直子　269

人 名 索 引

木宫泰彦 72, 486
木良八洲雄 196, 501
木南卓一 49, 90, 349, 350, 356, 374, 376, 389, 390, 393
木山克彦 527, 528
木田道太郎 482
木田知生 19, 96, 97, 220, 289, 500, 532, 550
木下铁矢 49, 50, 352, 364, 400, 401, 402, 403, 404, 405, 406
木咲富美子 474
目加田诚 387
牧田谛亮 39, 88, 304, 305
牧尾良海 242, 394
牧野和夫 550
牧野修二 141, 142
牧野巽 29, 211, 230, 336

N

内村俊雄 95
内河久平 115, 116, 162, 218, 411
内山精也 38, 255, 264, 265, 266, 267, 268, 269, 270, 271, 272, 273, 274, 281, 293, 296
内山俊彦 373, 375
内山省三 463
内山正博 190
内藤湖南 5, 7, 45, 58, 93, 130, 350, 417, 445
内藤匡 468, 469, 470
内藤龙雄 538
内藤乾吉 25, 437
内藤戊申 84, 89, 99, 380
内田诚一 551
内田道夫 287
内田龙 393
内田启一 433

内田吟风 339
内田正 385
内田周平 347
那波利贞 94, 98, 104, 150, 171, 226, 302, 305, 326, 417, 461, 462, 498, 522
那柯通世 5
纳富常夫 312
楠本正继 45, 46, 348, 350, 354, 355, 356, 388, 389
楠俊道 311
尼古拉·涅夫斯基 131
鸟谷弘昭 108, 224
鸟居龙藏 17, 58, 81, 242, 330, 417, 418, 420, 443, 492, 511, 512, 521, 522, 523, 524, 529, 531
鸟山喜一 3, 81, 130, 131, 215, 226, 489, 511, 523, 524, 530
牛尾弘孝 361

P

棚田直彦 86, 87
片冈一忠 20, 104
片冈政雄 32
片山正毅 111
片野裕子 120
平岛贵义 137, 138, 499
平山力 331
平田茂树 16, 20, 30, 51, 102, 103, 104, 115, 116, 118, 124, 125, 126, 212, 213, 383, 413, 505, 533
平元道雄 367
平中苓次 222, 545
平塚益德 387
坪井直子 256
蒲田大作 331

朴洋子　396，399
浦川源吾　385
疋田启佑　393

Q

妻木直良　336
齐藤圆真　323
旗田巍　476
千仓武夫　6
千叶熙　100，121，122，148，173，182，224，242，287，382，455
千叶正　320
前川亨　125
前川幸雄　546
前村佳幸　103，117，200，240，497，504，505
前岛浩　394，395，397，398
前岛信次　476，488
前田正名　76，77，177，489，490，491，504
前田直典　94，136
前野直彬　33，34，246，288
乾一夫　251
浅川伯教　462
浅海正三　180，222，301，380，447，495
浅见洋二　16，35，37，38，253，257，270，271，272，273，274，552
浅井虎夫　24，71
浅野春二　41，328，329
浅野利三郎　492
浅沼佳子　475
乔炳南　113，114，227，231，408，526
桥本高胜　48，49，403，404
桥本和久　485
桥本纮治　177
桥本敬司　364

桥本雄　477
桥本增吉　132
桥川时雄　257，336
桥口兼夫　134
秦玲子　125
青柳笃恒　21
青木敦　20，117，118，198，209，210，236，382
青木富太郎　74，135
青木晦藏　354，385，386
青木阳岳　374
青木洋司　379
青木优子　433
青木正儿　6，31，32，59，60，242，283，419，420
青山定雄　69，76，87，98，105，120，121，122，148，150，176，177，187，189，231，239，411，460，461，493，504
青山公亮　131
青山宏　35，264，268，276，277，278，279，280，281，282，306，541
清谷嫩子　493
清濑义三郎则府　510，517
清木场东　24，107，169，170，178，194，196，197，200，201
清水邦一　549
清水浩一郎　127，211
清水洁　294
清水茂　32，33，34，230，278，462，540
清水盛光　28
清水泰次　21，119
秋山光夫　56，57
秋山谦藏　72，480，512
秋山元秀　504
秋月观暎　40，298，327

秋月龙珉　41
秋月胤继　31, 43, 98, 354, 386
秋贞实造　132
萩尾长一郎　247, 248
萩原扩　43, 355
萩原哉　324
萩原正树　278, 279, 280, 282, 283, 286, 411, 542
泉安雄　3
泉武夫　430

R

仁井田陞　24, 25, 26, 28, 94, 150, 154, 155, 203, 204, 205, 206, 211, 212, 230, 286, 535, 543, 544
仁木宏　78
日比宣正　310
日比野丈夫　38, 77, 181, 258, 469, 495, 504, 531, 544, 545
日比野贞胜　252
日名智　144
日下翠　290
日野俊彦　282
日野开三郎　4, 13, 14, 15, 27, 73, 94, 95, 105, 106, 136, 137, 138, 139, 148, 150, 154, 155, 156, 171, 172, 173, 174, 176, 177, 179, 180, 181, 182, 186, 187, 188, 189, 190, 191, 196, 216, 217, 222, 226, 227, 331, 446, 454, 456, 489, 495, 499, 506, 507
日原利国　427
日置孝彦　311, 312, 313
宍户启壮　149
如月老人　492

入谷仙介　34, 262, 264
入矢义高　242, 246, 284, 286, 317, 507, 545
入田整三　522
若城久治郎　84, 132, 134, 203, 541
若槻俊秀　401
若松信尔　368

S

三本义三　354
三岛复　43
三岛一　147, 300
三岛毅　105, 298, 377
三岛中洲　31
三方笹吉　418
三根谷彻　510
三谷路夫　474
三好鹿雄　304
三井宇一郎　387
三笠景子　475
三木亘　8
三浦圭一　477
三浦国雄　19, 40, 47, 48, 49, 250, 255, 271, 327, 328, 333, 346, 350, 351, 360, 381, 396, 397, 398, 403, 494
三浦秀一　50, 328, 351, 368, 376
三浦秀之助　56
三崎良周　310
三上次男　11, 17, 18, 28, 70, 93, 131, 132, 133, 134, 135, 136, 137, 138, 139, 140, 230, 242, 330, 411, 474, 478, 479, 481, 512, 523, 531
三上喜孝　214
三上义夫　68, 448
三田村泰助　18, 140, 425, 427

三野丰浩 253, 254, 256, 270, 271, 273, 274, 275, 283
三原博 441
三宅长策 442, 464
三宅俊成 525
三宅俊彦 24, 185
三宅良干 229
三宅宗悦 465, 466
桑濑明子 542
桑山龙平 288
桑田六郎 476, 481, 482
桑田幸三 182
桑原骘藏 3, 6, 9, 71, 72, 93, 179, 241, 446, 480, 492, 529
涩谷誉一郎 289
涩泽尚 273, 274
森安孝夫 101
森博行 270, 282, 371
森部丰 491
森川久次郎 510
森公章 322
森贺一惠 384, 510
森纪子 289
森江俊孝 311, 342
森井启次 441
森克己 11, 72, 73, 181, 337, 339, 421, 477, 479, 480, 481, 482, 484, 486, 487, 525
森口光俊 341
森鹿三 461
森平雅彦 486
森山秀二 252, 265
森上幸义 263, 268
森田健太郎 126, 335
森田宪司 232, 240, 412, 528, 533, 549
森田幸门 452, 453

森田义三 301
森野繁夫 285
森由利亚 97
森正夫 12
森住利直 148, 186, 480
砂山稔 281, 327, 328, 334
砂泽祐子 474
山本澄子 137
山本达郎 9, 489
山本和义 33, 35, 37, 258, 261, 263, 264, 265, 267, 278
山本隆义 18, 110, 223
山本命 46
山本仁 398
山本荣吾 307
山本守 513, 519, 524, 525, 544
山本悌二郎 56, 58
山本义导 303
山本英史 127, 210
山本元隆 323
山边知行 442
山川晓 432
山冈泰造 425
山根三芳 47, 49, 356, 357, 358, 359, 362, 365, 374, 377, 383, 390, 391, 392, 393, 401, 402
山根幸夫 13
山根直生 103, 109, 236, 237, 238, 533
山际明利 366, 367, 368, 369, 370, 379
山角光弘 360
山井涌 47, 362, 375, 395, 396
山口察常 44, 354, 385
山口修 9, 10, 317
山口谣司 272, 537, 542
山口智哉 237, 244, 410, 412

人名索引

山路广明　79, 507, 509, 513, 514, 515, 516, 520, 541
山名善让　88
山内弘一　122, 123, 124, 459
山内晋次　73, 478, 482, 484, 485
山内勤　193
山内舜雄　340
山内喜代美　21
山内正博　112, 120, 182, 194, 217, 218, 223, 251, 381, 539, 541, 545
山崎道夫　349, 359, 391
山崎宏　7
山崎觉士　16, 109, 211, 479, 480, 486, 502
山崎一雄　422, 469
山崎忠　519
山室三良　359, 360
山田厚　372
山田俊　327, 345, 351, 399
山田利明　546
山田美穂　150
山田庆儿　47, 70, 349, 392, 446, 447
山田泰次　444
山田文英　531
山田宪太郎　72, 451
山田幸之　459
山田展子　200, 502
山田准　44, 385
山下龙二　48, 349, 356, 366, 373, 395, 399
山下泰藏　81, 512, 513, 524, 530
山下裕二　66, 430, 431, 432
山下正男　394
山形欣哉　461
山中定次郎　56
杉本直治郎　104, 476, 479, 543

杉村邦彦　262, 414, 426, 440
杉村英治　261
杉村勇造　62, 465
杉山正明　20, 142, 143
上川通夫　320, 321, 322, 324, 346
上村幸次　287
上村忠治　31
上山春平　395, 396
上田恭辅　462, 463
上西泰之　497
上野惠司　393, 509
上野利三　548
上野努　367, 368, 398, 399
上野日出刀　261, 358
上野贤知　447
上悠纪　292
上原究一　229, 292
上原真人　460
深野达　56
深泽贵行　178, 498
深泽一幸　285
神谷衡平　286
神林裕子　377
神田喜一郎　9, 10, 11, 60, 61, 62, 275, 276, 372, 436, 437, 461, 529, 536
神田信夫　15
神尾弌春　38, 99, 136, 301, 331, 457, 513
神鹰德治　272
胜山稔　30, 208, 233, 234, 235, 291, 497
胜野千惠子　482
绳田正造　263
十时淳一　346
石本道明　36, 37, 250, 251, 254, 266, 267, 275, 279, 286, 293,

296
石滨纯太郎 130, 131, 336, 506, 512
石川鸿斋 31
石川泰成 366, 398
石川忠久 37
石川重雄 90, 207, 211, 212, 315, 316, 318, 538
石附胜龙 312
石冈浩 552
石井昌子 89
石井寿夫 388
石井修道 40, 303, 309, 310, 311, 312, 314, 315, 320, 321, 322, 339, 340, 341, 346
石井正敏 73, 319, 323, 324, 483, 484
石母田正 94
石崎又造 506
石桥五郎 172
石桥犀水 31, 440
石上英一 477
石田充之 307
石田干之助 3, 62, 76, 203, 330, 336, 455, 504, 511, 512, 513, 516, 541
石田和夫 361, 364, 367
石田实洋 345
石田秀实 40, 70
石田雅彦 30
石田一良 388
石田肇 123, 141, 206, 232, 295, 350, 363, 366, 381, 395, 439, 440, 526, 534
石野智大 539
石原道博 380, 476
石原明 452
辻宏一 284

辻嘉一 472
辻正博 27, 208, 210
食代慎斋 31
矢板重山 31
矢部良明 472, 473, 474
矢吹庆辉 330
矢代幸雄 58, 59, 418, 419, 420, 422, 423
矢岛玄亮 541
矢田博士 293
矢野勉 462
矢野仁一 455
矢野主税 205, 217, 223
矢渊孝良 273, 285
矢泽仁 296
氏冈真士 291, 378
市川安司 45, 46, 47, 48, 349, 355, 356, 359, 362, 387, 388, 389, 390, 391, 392, 394
市村瓒次郎 3, 6, 215, 325, 347, 476
市古尚三 181
市河宽斋 293
市来津由彦 50, 296, 362, 363, 365, 367, 368, 369, 370, 371, 375, 396, 397, 398, 399, 400, 401, 402, 403, 404, 406, 441, 508
式守富司 187, 494
室永芳三 106, 107, 205, 218
笹岛恒辅 411
笹田朋孝 455
释成寻 38
释清潭 257
释行均 88
手岛崇裕 322
守本顺一郎 18, 389
守中清 464
狩野直喜 45, 286

人名索引

水谷诚　267, 268, 508
水谷真成　284
水口拓寿　235
水鸟　442
水田清一　530
水野弘元　79
水野敬三郎　444
水野梅晓　38, 94, 489
水野清一　523
水野正明　167, 198, 243, 244
水元日子　263, 265
水越知　335, 346
斯波义信　15, 22, 23, 78, 97, 149, 152, 164, 165, 170, 172, 173, 177, 192, 194, 197, 227, 240, 456, 461, 483, 495, 496, 499, 500, 501
糸贺国次郎　43
寺本婉雅　443
寺村政男　517
寺地刚　29
寺地遵　14, 19, 96, 97, 101, 102, 103, 108, 121, 122, 123, 166, 219, 221, 228, 232, 360, 373, 446, 450, 496, 497
寺田范三　43
寺田刚　51, 408
寺田隆信　15, 172, 290
寺尾刚　493
松本浩一　41, 123, 299, 321, 327, 334, 335, 345, 384, 502
松本枪吉　27
松本清藏　385
松本荣一　58, 417, 418, 444
松本守隆　427
松本文三郎　297, 301, 443
松本武晃　379

松本一男　36
松本裕之　186
松本肇　37, 250
松川健二　34, 49, 97, 263, 268, 298, 352, 369, 375, 377, 378, 395, 401
松川节　519
松村慈孝　452
松村雄藏　464, 465
松木哲　483
松井等　74, 83, 105, 129, 130, 175, 186, 215, 222, 241, 331, 445, 487, 488, 492, 494, 521
松井太　221, 519
松井秀一　106, 231, 456
松浦茂　140, 227
松崎久光　382
松山义雄　387
松山直藏　43
松田光次　141, 149, 195, 312
松田吉郎　165, 503
松田寿男　10, 13, 14, 72
松田孝一　24, 167, 195, 196, 519
松田一政　525
松田智惠子　430
松丸道雄　15
松尾良树　510
松尾幸忠　268
松尾肇子　266, 279, 282
松下道信　328, 329
松下隆章　61, 422, 423, 424
松永有见　300
松原三郎　444
松泽博　519, 535, 536
薮内清　68, 69, 70, 446, 447, 448
速水一孔　93
穗积文雄　147, 154, 180, 181, 202

蘘丰 473

T

太田辰夫 509
太田鹤堂 437
太田弥一郎 532
太田平三郎 388
太田七郎 147
太田英藏 455
太宰芳郎 182
汤城吉信 317
汤川敬弘 366
汤浅邦弘 221, 399
汤浅幸孙 47, 361
汤浅阳子 125, 254, 257, 267, 271, 272, 273, 282, 432
堂谷宪勇 58, 59, 422, 423, 424, 426, 427
堂前敏昭 239
塘耕次 66, 248, 249, 256, 415, 440, 441
藤本光 172, 174, 176, 180, 181
藤本猛 118, 127, 128, 441
藤本幸夫 345, 395
藤本幸雄 547
藤岛建树 333
藤冈了一 465, 467, 469, 470
藤吉慈海 306
藤家礼之助 73
藤间生大 8
藤井宏 188
藤井健二郎 386
藤井健治郎 353
藤井京美 368
藤井伦明 352, 370, 371
藤井茂利 408, 409
藤井清 380

藤井善助 55, 57, 59
藤森馨 551
藤善真澄 41, 127, 319, 342, 482
藤堂恭俊 342
藤堂明保 32, 79
藤堂佑范 336
藤田丰八 72, 175, 215, 230, 461, 475, 480, 492
藤田弘夫 77, 501
藤田觉 352
藤田菱花 508
藤田明良 478
藤田伸也 431, 433, 434
藤田胜久 165
藤田元春 72, 147, 177, 492
藤野岩友 326
藤野月子 104
藤原崇人 143, 146, 225, 236, 321, 324, 325, 460, 528
藤原和二 499
藤原静郎 401
藤原松三郎 448
藤原星窝 172
藤原有仁 249
藤原祐子 283
藤泽诚 306, 354, 357
藤枝晃 7, 105, 136, 137, 476, 489
藤塚邻 386, 539
天海谦三郎 22
天野南溟 93
天野元之助 22, 70, 160, 449, 450
天野哲也 497
天竹熏信 448
田坂兴道 39, 133, 330
田边三郎助 444
田村实造 7, 8, 10, 13, 14, 17, 18, 82, 94, 99, 132, 133, 134, 136,

人名索引

　　　137, 176, 202, 241, 242, 301,
　　　422, 423, 427, 488, 499, 512,
　　　513, 515, 516, 525, 530, 531,
　　　545
田村正敬　319
田岛柏堂　339
田岛公　477, 484
田岛志一　52, 53, 54, 55
田横宗直　297
田口稔　5
田笼楠雄　148, 172
田内高次　51
田崎仁义　354
田森长次郎　43
田森襄　35, 249, 259, 276
田山方南　61, 438
田山茂　25
田山宗尧　54
田上惠一　532
田所义行　393
田中传三郎　56
田中丰藏　59, 60, 416, 417, 421, 422
田中干郎　59
田中和夫　402
田中健夫　72, 477
田中靖彦　104
田中克己　34
田中良昭　40
田中美佐　243
田中佩刀　253, 270
田中谦二　49, 276, 284, 287, 394
田中亲美　60, 61
田中文雄　328
田中喜作　58
田中秀树　371, 406, 407
田中秀作　456
田中一松　56, 57, 60, 62, 418, 419,
　　　424
田中有纪　445
田中云　435
田中整治　106, 107, 140, 547
田中正俊　249
田中正树　299, 351, 369, 375, 378
田中正义　84
田中忠夫　167, 178, 245
田中忠治　48
田中萃一郎　4, 230
田中作太郎　468, 469, 470
田仲一成　34, 284, 285
畑地正宪　107, 113, 116, 149, 174,
　　　178, 221, 231
畑靖纪　433, 434
畑中净园　298, 303, 305
町田吉隆　474, 475, 529
樋口龙太郎　543
樋口能成　150, 185, 202
樋口胜　365, 397, 398, 400
樋口秀雄　425
秃氏祐祥　336, 337
土肥义和　460
土肥祐子　111, 479, 482, 483, 486,
　　　504
土桥秀高　309, 314
土田健次郎　50, 96, 299, 351, 352,
　　　361, 363, 365, 366, 369, 374,
　　　375, 376, 377, 398, 399, 401,
　　　403, 404, 406, 407
土屋弘　31
土屋久泰　258
土屋太祐　322
土屋裕史　272

W

窪德忠　39, 298, 326, 328, 337, 338,

339
窪田勘六 53, 54, 55
外山军治 8, 11, 17, 27, 99, 119, 121, 132, 133, 134, 135, 136, 140, 154, 216, 227, 289, 294, 307, 424, 437, 489, 495, 512, 544
丸龟金作 479, 481
丸桥充拓 97, 201, 225
丸山宏 41, 319, 328
王禹浪 144
望月高明 395
望月信成 423
望月信亨 330
隈本宏 358, 545
尾池宜卿 17
尾崎保子 289
尾崎康 88, 89, 540, 546, 547, 548, 549, 550
尾崎雄一郎 509
尾崎洵盛 463, 464, 465, 466, 467, 468, 469, 471
尾崎正治 328
尾上八郎 60, 61
尾上兼英 247
尾形国治 262
卫藤孩 425
卫藤利夫 531
温水三男 115, 116, 223
吾妻重二 50, 127, 235, 236, 299, 329, 343, 344, 345, 351, 352, 368, 369, 371, 377, 395, 397, 400, 401, 404, 405, 550, 552
五味充子 426
五味文彦 483
武井遥香 292
武内孝善 341

武内义雄 44, 347, 355
武藤长平 380
武藤山治 56
武田和哉 83, 142, 143, 144, 145, 146, 236, 460, 528, 529
武田金作 186
舞田正达 122

X

西奥健志 178, 201, 221
西川宁 439
西川新次 444
西川正夫 106, 107
西村富美子 262, 268
西村时彦 42, 347
西村为之助 4
西岛定生 73
西岛隽 155
西冈淳 255, 266, 268, 270, 271, 272, 274, 297
西冈弘晃 78, 162, 163, 164, 165, 501, 502
西冈虎之助 480
西冈康宏 442
西纪昭 277
西晋一郎 44
西口芳男 317, 343
西林昭一 63
西山隆崖 414
西山南天子 463
西山秋崖 440
西山武一 450
西上胜 255, 274, 291, 383, 436, 441
西上实 429
西顺藏 46, 348, 355
西田龙雄 80, 95, 507, 515, 516
西田直二郎 4, 6

西尾步 435
西尾和子 297
西尾尚也 143, 144, 542
西尾贤隆 41, 140, 312
西胁常记 256, 317, 320, 382
西野照太郎 137
西野贞治 121, 247, 248, 249, 259, 260, 268, 293, 426
西原藏 355
西泽道宽 372
西治助 348
细川润次郎 38
细川一敏 206
细谷惠志 405
细野浩二 227
下店静市 59, 420
下斗米晟 360
下中弥三郎 5, 57
仙石景章 343
相川佳予子 242
相见繁一 55, 56, 57
相见香雨 338, 419
相良亨 45
相浦杲 287
相田洋 23, 288, 289, 294
香坂顺一 509
香川默识 54
向岛成美 37
向井佑介 460
小坂机融 309
小仓芳彦 8
小仓进平 511
小仓正昭 126, 198, 199
小川博 490
小川策之介 195
小川贯弌 301, 307, 308, 309, 310, 327, 337, 338, 339, 341

小川光彦 527
小川环树 32, 33, 246, 251, 258, 260, 276, 381, 439
小川快之 27, 209, 210, 211, 213, 214, 539
小川晴久 374
小川阳一 205
小川裕充 63, 65, 66, 67, 427, 428, 429, 430, 431, 432, 433, 434, 436
小川裕人 17, 132, 133, 134, 137, 188, 488, 489
小川琢治 75, 521
小村多加士 361
小村俊夫 463, 464, 466
小岛小五郎 544
小岛毅 16, 49, 50, 124, 229, 233, 236, 240, 333, 367, 402, 403, 405, 445, 497, 504
小岛祐马 4
小二田章 128
小幡信一郎 168
小宫厚 363, 396, 405
小金井东云 258
小口彦太 360
小栗英一 33, 122, 248, 397, 440
小笠原秀实 421
小笠原宣秀 39, 304, 305, 307, 308
小笠原正治 160, 217, 218, 222
小笠智章 364, 368, 370, 371
小林彻行 296
小林高四郎 147, 154, 171
小林和夫 102, 125
小林晃 103, 104, 129, 384, 535
小林俊夫 523
小林隆道 117, 118, 201, 221, 533, 534, 535, 536

小林仁 114，115
小林顺彦 319
小林太市郎 59，61，68，69，413，421，423
小林新三 202
小林信也 502
小林行雄 82，422，423，466，524
小林义广 30，97，102，123，124，126，232，233，234，235，237，238，240，249，257，381，382
小林优子 434
小林又三 330
小林元 72，488
小林正美 329
小林正直 408
小林忠雄 282
小柳司气太 38，43，44，338，347
小鹿青云 54
小路口聪 50，128，367，370，371，402
小平绥方 506
小平总治 99
小崎敦史 491
小森忍 462，464
小山富士夫 68，69，464，465，466，467，468，469，471，472
小山正明 95，101
小杉一雄 443，444
小松惠子 233
小松建男 296
小松原涛 246
小田龙明 326
小田美和子 267
小田切胜哉 394
小田切文洋 41
小西升 287
小岩井弘光 27，102，114，151，178，192，218，221，223，224，225
小野川秀美 79，80，488
小野忍 288
小野胜年 38，340，425，522
小野四平 34
小野寺郁夫 18，159，164，173，193
小野泰 165，178，496，497，501
小野玄妙 54，56，300，336，338，413，418
小野泽精一 47
小叶田淳 72
小越平陆 75
小早川欣吾 204
小泽文四郎 348
小泽桢治 444
小曾户洋 71
小沼胜术 5
小沼正 187，537
小竹文夫 154，498
篠田统 29，449
胁本十九郎 418，419，420
胁谷拚谦 300，308
辛岛升 487
辛岛骁 33
辛兑铉 530
新城新藏 67，68，447
新村出 542
新海一 547
新井彗誉 527
新井晋司 446，447
新美保秀 390
新藤武弘 414，426
新田大作 350
兴膳宏 270
星斌夫 135，492
星川清孝 33
星武雄 521

人名索引

星野锡　54
幸彻　111, 149, 182, 183, 184, 191, 193, 194, 195
幸田露伴　245
熊本崇　19, 115, 116, 117, 118, 124, 125, 126, 195, 196, 197, 252, 383
熊谷宣夫　422
熊原政男　535
须江隆　83, 98, 125, 229, 237, 333, 334, 335, 497, 498, 505, 532, 533, 534
须山长治　313, 346
须山哲治　275
绪方贤一　235, 401, 402, 403
玄幸子　324
穴泽彰子　199

Y

押野庆正　138
岩诚隆利　388
岩城秀夫　260, 264, 278, 284, 285
岩村康夫　318, 319
岩村忍　10, 72, 140, 177
岩间一雄　95, 392
岩见宏　111
岩井大慧　39, 337, 451, 488, 506, 535
岩井谛亮　537
岩井茂树　24, 96
岩崎力　145, 146, 243, 315, 490
盐村亮太　125
盐谷温　283, 444
盐见邦彦　89, 269, 540
盐入亮达　373
盐田力藏　462, 463, 464
盐卓悟　127, 149, 244, 292, 297, 542

野村博　340, 341, 546
野村惠二　373
野村鲇子　49, 236, 255
野村英登　299
野岛进　265
野间法六　443
野间文史　376, 520
野尻抱野　447
野口一雄　277, 278, 547
野崎充彦　290
野上俊静　39, 62, 131, 151, 300, 301, 302, 304, 305, 313, 325, 337
野原康宏　537
野泽佳美　89, 220, 324, 345, 550
一海知义　32, 34, 37, 248, 254, 259, 262, 265, 267, 269, 270, 293, 415
一色英树　317
一之濑雄一　501
伊吹敦　325
伊东贵之　49, 50, 256, 352, 367, 370, 405
伊东忠太　494
伊东卓治　436, 437
伊势专一郎　55, 419
伊藤古鉴　303
伊藤宏明　107, 108, 526
伊藤隆寿　314
伊藤弥太郎　509
伊藤敏雄　165
伊藤伸　439
伊藤正彦　30, 96, 228
伊藤忠纲　433
伊藤忠太　68
伊藤紫仙子　474
伊香贺隆　371

伊原弘　15, 16, 24, 35, 66, 77, 78, 97, 150, 186, 219, 228, 231, 239, 240, 241, 244, 300, 494, 497, 498, 500, 501, 502, 503, 504, 532, 533
衣川强　20, 48, 87, 88, 111, 112, 113, 114, 121, 122, 219, 220, 231, 395, 396, 477
衣川贤次　344, 552
樱田芳树　263
樱部文镜　336, 337
樱井一郎　462
樱井益雄　488
樱井英治　484
樱井由躬雄　23
樱井智美　409
鹰巢纯　433
鹰巢丰治　424
永岛康博　351
永井政之　41, 249, 311, 312, 315, 316, 317, 318, 319, 320, 323, 340, 341
永田三枝　207
永田知之　275
永泽要二　393
油屋达　54
游佐升　345
友永植　108, 109, 114, 115, 116, 225, 453
友枝龙太郎　46, 99, 349, 355, 357, 388, 390, 391, 392, 395
有高岩　5, 6, 94
有贺极光　17
有田和夫　48
有田颖右　396
與座良一　104, 225, 226
宇都宫　119

宇都宫清吉　84, 89, 544
宇井伯寿　38, 301
宇陀则彦　345
宇野精一　372
宇野茂彦　47, 363
宇野伸浩　233, 234
宇野哲人　42, 43, 45, 258, 353, 359, 360, 372, 385
宇野直人　35, 36, 249, 265, 278, 280, 281, 282, 398
宇佐美文理　250, 367, 431
羽床正范　248, 261, 427
羽生健一　106, 223, 227
羽田亨　3, 5, 6, 74, 130, 215, 511
羽田明　18
宇田尚　44
玉村竹二　246
玉井是博　21, 84, 154, 211
鸳渊一　18, 82, 131, 132, 298, 499, 530
园田一龟　81, 99, 129, 131, 132, 176, 177, 442, 457, 524, 530, 531
垣内景子　50, 367, 370, 399, 401, 402, 405, 406
原丰宗　443
原口仁　139
原濑隆司　292
原瑠美　503
原美和子　323, 483, 484, 485
原田爱　462
原田弘道　310, 315
原田淑人　58, 524, 525
原田尾山（谨次郎）　58, 59, 420
原田悟郎　56
原田宪雄　37
原田秀清　258

原田正俊　325
原田忠四郎　301
原田种成　89, 95, 96, 294, 295, 381, 510, 541, 545
原文次郎　463, 465
原种行　84
源川进　430
源子园　393
远藤和男　90, 142, 143
远藤隆俊　16, 20, 24, 27, 30, 73, 78, 97, 127, 232, 233, 234, 236, 237, 238, 322, 324
远藤启介　474
远藤元男　84
远藤哲夫　36
越野美纪　281

Z

藏田藏　469
藏中进　510
早坂俊广　97, 368, 371, 378, 399, 400, 402, 406, 497
早川光三郎　246
早川通介　393
泽本光弘　20, 145, 534
泽村幸夫　451
泽村专太郎　58
泽登佳人　473
泽口刚雄　260
泽崎久和　550
泽田瑞穗　36, 174, 287, 332, 546
泽田总清　285
泽野章之助　386
曾布川宽　66, 427, 428
曾谷佳光　383
曾我部静雄　6, 8, 11, 21, 22, 26, 72, 76, 93, 94, 99, 111, 119, 151, 152, 154, 161, 162, 171, 172, 173, 176, 177, 179, 180, 181, 182, 186, 187, 188, 190, 191, 192, 203, 205, 212, 216, 222, 223, 241, 300, 307, 481
增井经夫　9, 13, 94
增井宽也　141
增田章　134
增田忠雄　461
增永灵凤　306
增子和男　249, 266, 291
斋木哲郎　378, 379
斋藤护一　286
斋藤菊太郎　420, 466, 468, 493
斋藤隆三　55
斋藤茂　538
斋藤胜　175
斋藤胜次　439
斋藤武一　513
斋藤夏来　41
斋藤圆真　41
斋藤悦藏　57
斋藤智宽　320
斋藤忠和　207, 224, 225
战田节男　176
沼尻俊裕　551
针生诚吉　25
真锅正昭　364
真清水藏六　464
真上隆俊　177
正木喜三郎　16
正木佐枝子　253, 282
郑凤雯　346
芝木邦夫　376, 381
植松正　30, 206, 207
志贺义雄　105, 106
志田不动麿　110, 120, 205, 226, 287

蛭田展充　166，220，221
中钵雅量　36，290
中川千咲　469，472
中川学　152
中川薰　284
中川忠顺　56，416，417
中纯夫　345，365，371，397
中纯子　445
中村博保　296
中村不折　54，436，438，531
中村和之　165，479
中村嘉弘　261，262，263
中村健寿　218，331
中村久四郎　3，476
中村菊之进　341，342，343，344，546
中村俊也　374
中村良广　152
中村茂夫　62
中村乔　14，15，29，30，146，169，243，244，449
中村文峰　248，262，439
中村溪男　424
中村孝子　273
中村雅之　518
中村元　39
中村璋八　48
中村哲　15
中村治兵卫　15，111，119，163，175，332，333，483
中岛抚山　44
中岛贵奈　273
中岛兼亮　463
中岛乐章　98，210，237
中岛列一　512
中岛隆博　402
中岛隆藏　255，406，548
中岛敏　11，14，48，50，74，110，125，131，132，179，180，181，182，221，295，411，412，454，488，496，546
中岛千景　122
中根公雄　365
中谷英雄　60，85，531
中里见敬　290
中桥一夫　286
中砂明德　37，240
中山久四郎　4，17，67，94，386，416，461
中山正晃　308，309，319
中田吉信　316
中田实　90
中田薰　230
中田勇次郎　32，36，62，63，253，258，261，275，276，293，414，437，438，439，440
中条道昭　313
中尾健一郎　229，257
中尾弥继　272
中尾万三　67，68，463，464，465
中西朝美　109
中野醇子　316
中野均一郎　261
中野美代子　80，292
中野英雄　499
中野政树　442
中原健二　233，255，256，265，277，282
中泽富士雄　66
中泽宽将　229，475
种村和史　379
塚本宏　252，253
塚本俊孝　305
塚本麿充　128，435
塚本清　462

人 名 索 引

塚本善隆　11, 12, 13, 245, 297, 301, 303, 305, 337
塚原晃　431
塚泽千代　261
周藤吉之　9, 11, 19, 22, 105, 111, 112, 121, 148, 155, 156, 157, 158, 159, 160, 161, 162, 189, 190, 192, 193, 194, 202, 217, 218, 224, 381, 449, 456, 479, 495, 499
诸户立雄　110, 196
诸桥辙次　11, 12, 43, 44, 46, 353, 386
猪城博之　392
竹村则行　268, 290
竹岛卓一　68, 69, 457, 458, 459, 524
竹浪远　434, 435, 436
竹内几之助　509
竹内照夫　294
竹田晃　34
竹田治美　407
竹越孝　377
竺沙雅章　12, 18, 19, 33, 35, 40, 41, 114, 124, 143, 239, 240, 298, 306, 307, 313, 315, 316, 318, 319, 320, 322, 325, 331, 332, 341, 343, 346, 526, 551, 552
竺原仲二　390
住吉朋彦　551
筑浦进一　493
庄司庄一　48, 100, 356, 358, 360, 361, 372, 373,
莊司格一　35, 89, 541
椎名宏雄　40, 309, 340, 341, 342, 343, 344, 346, 549
滋贺秀三　25, 26, 204, 205

滋野井恬　307, 308, 311
子安宣邦　399
足立丰　248, 440, 531
足立启二　70, 165, 198, 483, 484
足利衍述　43
佐伯富　8, 9, 10, 14, 18, 21, 23, 86, 87, 88, 89, 102, 109, 110, 112, 154, 171, 173, 180, 187, 188, 189, 190, 191, 192, 193, 204, 216, 239, 495, 538, 542
佐伯好郎　39, 330
佐伯弘次　483
佐贺东周　416
佐井雅美　279
佐久间重男　71
佐立治人　208, 209, 213, 214, 551
佐藤保　34, 263, 264, 545
佐藤菜穂子　257
佐藤成顺　316, 317, 321, 324, 325, 344
佐藤达玄　308, 339, 389
佐藤富美子　363
佐藤圭四郎　73, 149, 174, 482
佐藤贵保　145, 214, 518, 534, 536
佐藤和弘　218
佐藤进　550
佐藤炼太郎　316, 343, 369, 377
佐藤隆则　366
佐藤明　496, 502
佐藤仁　46, 48, 49, 50, 88, 350, 358, 370, 376, 379, 385, 391, 392, 393, 395, 399, 401
佐藤文比古　530
佐藤武敏　158, 161, 163
佐藤秀孝　313, 315, 318, 323, 324, 346
佐藤一好　296, 364, 365

佐藤则之　457
佐藤佐太郎　33
佐野诚子　551
佐野公治　48，351，366，381，397
佐中壮　70，348，380

佐竹靖彦　16，35，77，89，96，107，108，109，112，152，160，162，213，232，234，235，290，485，495，532
佐佐木爱　235，236，237
佐佐木宗彦　224

机 构 索 引

B

北海道开拓记念馆 96
北京近代科学图书馆 59
博文堂 57
布目潮沨博士记念论集刊行会编集委员会 14

C

池内博士还历记念东洋史论丛刊行会 6

D

大阪市立大学经济研究所 22
大阪市立美术馆 60，63，66
大东美术振兴会 56
大东文化学院研究室 4
大和文华馆 64，66
大塚史学会 4
德川美术馆 63，67
帝室博物馆 59
东北帝国大学法文学部 5
东方文化学院京都研究所 84，85，86
东方文化研究所 85
东方学研究日本委员会 84
东方学术协会 7
东福寺 39
东海大学文学部东洋史研究室 89
东京大学朱子研究会 88
东京帝国大学文学部支那哲学研究室读经会 84
东京帝国大学文科大学 75，76
东京帝室博物馆 55，56
东京国立博物馆 60，63
东京国立文化财研究所 61
东京教育大学文学部东洋史学研究室 45
东京教育大学亚洲研究会宋代史研究部 22
东亚美术文化交流研究会 67
东亚同文书院 4
东亚研究所 6，76
东洋经济史学会 16
东洋史研究会 540
东洋文库前近代中国研究班 80
东洋文库宋代史研究委员会 88，89，90

E

二玄社　39，61，82

F

放送出版协会　65
奉天图书馆　81
服部先生古稀祝贺记念论文集刊行会　5

G

冈山县立美术馆　64，66
根津美术馆　58，63，66
宫内省图书寮　83
国华社　53，61
国际历史学会日本国内委员会　8，9
国立博物馆附属美术研究所　60，85
国立历史民俗博物馆　70
国民精修养会　32

H

和田博士还历记念东洋史论丛编纂委员会　7
河出书房　60，61

J

吉田寅先生古稀记念论文集编集委员会　15
加藤博士还历记念论文集刊行会　6
建国大学研究院编纂室　21
橿原考古学研究所附属博物馆　484
讲谈社　62
近世文学研究会　507
京城帝国大学法文学部　4，5
京城帝国大学文学会　44
京都大学大学院文学研究科　16，82
京都大学文学研究科21世纪COE项目　82
京都书院编辑部　68
静嘉堂文库　64，83，89，539
静嘉堂文库美术馆　67
九州大学中国哲学研究室　87
九州帝国大学法文学部　5
九州帝国大学支那学研究会　4

L

历史学研究会　7
丽泽社　7
栃木县立博物馆　64
铃木敬先生还历记念会　63
刘子健博士颂寿记念宋史研究论集刊行会　14
柳田节子先生古稀记念论集编集委员会　29

M

梅溪会　5
米泽嘉圃美术史论集编辑委员会　64
勉诚出版　23，37，66
名古屋大学文学部东洋史研究室　77

N

内阁文库　86
奈良国立博物馆　65，67

P

平凡社　60

Q

启明会　55
青山博士古稀记念宋代史论丛刊行会　11
清福会　56
庆应义塾大学附属研究所斯道文库　15

R

仁井田陞博士追悼论文集编集委员会　25
日本关东局　59

机构索引

日本美术研究所 58, 59, 85
日华古今绘画展览会 57

S

桑原博士还历祝贺会 4
社会经济史学会 21
神奈川县立历史博物馆 66
神田博士还历记念会 86
审美书院 55
史学会 72
史学研究会 42
市村博士古稀记念东洋史论丛刊行会 4
狩野教授还历记念会 4
宋代史研究会 13, 15, 19, 29, 30, 40, 73, 78, 87
宋史提要编纂协力委员会 9, 11, 86, 87
宋元时代史的基本问题编纂委员会 15

T

台北帝国大学文政学部 5
唐代史研究会 29
唐宋元明名画展览会 56, 57
田中良昭博士古稀记念论集集刊行会 41
田中一松绘画史论集刊行会 64

W

五岛美术馆 64

五岛美术馆学艺部 65

X

西东书房 64
小川博士还历祝贺会 4
新京满洲古迹古物名胜天然记念物保存协会 81
学习研究社 62, 63, 70

Y

伊藤忠太建筑文献编纂会 68
羽田博士还历记念会 7

Z

杂志学会 83
早稻田大学史学会 6
早稻田大学文学部东洋史研究室 13
斋藤斐章先生古稀祝贺会 5
支那地理历史大系刊行会 58
中国史研究会 14, 23
中国思想宗教史研究会 39
中央公论社 63
筑摩书房编集部 8
综合美术馆 65
座右宝刊行会 70

后　　记

在河北大学领导的关心和支持下，宋史研究中心筹划的《20世纪以来国外学者宋史研究论著集成》项目终于正式启动了，这是一件嘉惠后学的巨大学术工程。承蒙国家图书馆海外中国问题研究资料中心、科学出版社历史分社、中国对外翻译有限公司中译语通科技（北京）有限公司、北京百航翻译有限公司、北京京典祥译翻译有限公司、广州汇泉翻译服务有限公司等单位的大力支持，特别是经过科学出版社有关领导和历史分社编辑的共同努力，《20世纪以来国外学者宋史研究论著集成》日本编文献目录卷今天终于进入了出版程序，我们也可以暂时松一口气了。

从形式上看，整理文献目录好像是一项比较简单的劳动，然而实际过程并非如此。由于国内能见到的日文出版物较少，故而在编纂目录时首先就遇到了寻找资料困难这样的问题，尤其是20世纪初期的相关资料尤为难寻。因此，编者在编纂过程中努力通过各种方式搜寻相关日文原版资料，以期确保目录的准确性与完整性。本目录条目之多且部分条目转引自海内外相关研究动态和已出版的目录，在编纂过程中遇到了条目重复的情况，需要合并、删除重复条目，其中有些条目容易区分，但有些条目则不易区分。比如，部分条目需要判断其是否为同一论著，因为有的条目由日文翻译成中文后出现了同文不同题的情况，这需要认真核对日文原版资料，以便做出判断；还有部分条目需判断其作者是否为同一人，因为除使用常用名外，使用笔名、字号、堂号等发表论著的也不在少数，如泷精一与泷拙庵是同一人、今关天彭与今关寿麿是同一人，拙庵和寿麿都是其号。这些都增添了编纂难度。此外，在编纂过程中还遇到关于论著出版年份的问题，原始条目纪年不尽相同，出现了公元纪年法、天皇年号纪年法等，这就需要将所有论著的出版年份都统一成公元纪年法，但在编纂过程中发现部分相同论著的出版年份相差一年的情况，这就使在统一公元纪年时出现了问题，需要再去核对原始资料加以改正。

除以上所遇到的问题外,在编纂过程中还有许多问题需要解决,编者在此仅列几条加以说明编目之辛苦。

需要指出的是,本目录在编纂过程中参考了河南省社会科学院情报研究所编《日本宋史研究文献索引(1873—1980年)》、方建新编《二十世纪宋史研究论著目录》(北京图书馆出版社)、刘浦江编《二十世纪辽金史论著目录》(上海辞书出版社)、李庆著《日本汉学史》(上海人民出版社)等著作。在此,谨向以上编著者表示由衷的感谢!

另须作说明的是,由于本卷编撰牵涉许多部门和人员,我们在报选题计划时,只是对20世纪日本学者的论文和论著做了大致的估算,但是在具体编撰过程中我们考虑到《集成》的学术性,故对书评一类的论文不予收录,同时有些找不到出处的论文或论著也进行了删减,这样比原来计划的字数,就大大缩减了。

拙编虽经仔细校对,但仍然难免出现差错、遗漏,恳请专家学者不吝赐教。

编委会
2017 年 5 月